Peter R. Misch
**Ein Zeitgenosse schmunzelt trotzdem ...**

Peter R. Misch

# Ein Zeitgenosse schmunzelt trotzdem ...

*Ernstes und Unernstes aus dem Leben »an sich«*

edition fischer

Illustrationen: Thomas von Wikullil, Düsseldorf

**Bibliografische Information Der Deutschen Bibliothek**
Die Deutsche Bibliothek verzeichnet diese Publikation in der
Deutschen Nationalbibliografie; detaillierte bibliografische
Daten sind im Internet über http://dnb.ddb.de abrufbar

© 2007 by edition fischer GmbH
Orber Str. 30, D-60386 Frankfurt/Main
Alle Rechte vorbehalten
Schriftart: Palatino 10°
Illustrationen: Thomas von Wikullil, Düsseldorf
Herstellung: Satz*Atelier* Cavlar / NL
Printed in Germany
ISBN 978-3-89950-297-8

Dieses Machwerk widme ich meiner Frau – als ultimative Antwort auf die sich zwar widersprechenden, aber immer wiederkehrenden, bohrenden Fragen, wann a) ich endlich »all diese wunderbaren Geschichten« aufschriebe, und b) was ich denn schon wieder am Laptop triebe, ob ich in meinem Berufsleben als Werbetexter nicht schon genug Stuss verzapft hätte.

Und ich erinnere mich dabei voller Wehmut an mein großes Vorbild Harald Körke.

## Warum ich wohl überhaupt etwas geworden bin

Meine Mutter, die ich immer verehrt und bewundert habe, hatte leider auch unangenehme Eigenschaften, als Skorpion wohl sternenbedingt. Diesen Menschen sagt man ja unter anderem nach, sie würden erst reden und dann denken.

So geschah es, wenn ich mal (wieder) später nach Hause kam oder (wieder) eine »Fünf« in Mathe heimbrachte, dass sie mich mit düsteren Prognosen wie: »Aus dir wird nie etwas« oder, noch drohender: »Du bringst uns noch alle unter die Erde« empfing.

Es ist naheliegend, dass ich mit allem, was ich später gerissen habe, nur das Gegenteil beweisen wollte. Dieses »Projekt« ist ein weiterer Versuch, ihr, wenn sie von oben gerade mitliest, eine helle Freude zu machen.


## Output lähmt Input

Es heißt ja, man müsse normalerweise viel in sich hineinstopfen, damit auch viel wieder heraus-kommt. Das soll nicht nur für den Magen- und Darm-Trakt gelten, sondern auch für das Gehirn. Und grundsätzlich stimmt das wohl auch, denn wissen kann man nur, was man auch gelernt hat. Auf meine Schreiberei aber trifft das leider nicht zu. Nicht, dass nichts dabei herauskommt, dieser durchaus zufriedenstellende Vorgang aber verhindert bei mir die Aufnahme von intellektuellem Nachschub.

Dies aber sei nicht weiter Besorgnis erregend, und: »Du bist kein Einzelfall«, versuchte mein Freund Dietmar Grieser zu beruhigen. Und der muss es wissen, ist er doch in Österreich zum Professor und zum vielfach preisgekrönten Autoren geworden. Ich hatte ihn beunruhigt gefragt, ob mit mir vielleicht etwas nicht stimmt, denn ich, einst ein wahrer Bücher-Verschlinger, hätte überhaupt keine Lust mehr auf Lektüre, seit ich an meinem eigenen Buch arbeite.

Ihm ginge es genauso, beschied er mich, deshalb könne ich in meinen Briefen an ihn gleich unterlassen zu fragen, ob er dieses oder jenes neue, fulminante Werk schon gelesen habe. (Eine Frage, die ich so gar nicht hätte stellen dürfen, denn wie kann ich beurteilen, ob etwas fulminant ist, in das ich selbst nicht geschaut habe. Wahrscheinlich wollte ich mich damit nur als Kenner auf dem Büchermarkt wichtig machen.) Er verwies dann noch auf andere Felder, in denen es ebenfalls sich gegenseitig ausschließende Phänomene gäbe. So würde zum Beispiel der Suchtkranke nichts anderes tun, als süchtig zu bleiben, und Alkoholiker würden, sobald sie es dann endlich sind, aufhören zu essen. So gesehen sei die Schriftstellerei für mich etwas wie ein Rauschmittel, von dem ich möglicherweise nie mehr loskäme.

Das beruhigte mich ungemein, wenigstens in diesem einen Punkt, denn sonst sind wir schon noch verschieden. Hat er doch in den vergangenen 12 Jahren 33 Bücher erfolgreich veröffentlicht, und ich noch keines.

Wenn Sie diese Zeilen gelesen haben sollten, muss ich mich korrigieren, denn dann ist es immerhin schon eins.

Bleibt dann nur noch die Frage, ob es erfolgreich wird.

## Vom Eise befreit sind ...

... nicht nur Strom und Bäche, auch ich bin es, seitdem ich aufgehört habe, unschuldiges weißes Papier mit maßlos übertriebenen Behauptungen zu beschriften, mit glatten Lügen, die man tolerieren konnte, wenn sie nur glaubhaft klangen, alles natürlich in kürzest möglicher

Form, weil damals ja die vorgedruckten Textmanuskripte am Kopf eine Leiste mit den Zahlen der Anschläge hatten, was einen, der gern schreibt, von vornherein maßlos einengt. So war es in der Werbung, so ist es wahrscheinlich noch immer. Dann gab und gibt es natürlich die zumeist humor- und weitgehend intellektfreien Berater, die einem immer vorgaben, was im Text unbedingt zu stehen habe, am besten gleich zweimal, damit es auch der Doofste begreifen möge, wenn möglich auch mit vielen intelligent klingenden Termini technici, damit man den Eindruck erwecke, es handele sich um ein Produkt vornehmlich für schlaue Menschen. Dabei musste ich erschrocken und verstört feststellen, dass sich mein Wortschatz mangels Verwendungsmöglichkeit immer weiter verkleinerte. All das war zunehmend frustrierend.

Jetzt ist dieses stille Leiden glücklicherweise schon seit vielen Jahren Vergangenheit, die Gedanken fließen wieder frei dahin, niemand kann mich zwingen, etwas zu schreiben, wovor mir graut, niemand zählt Anschläge und Zeilen, niemand tadelt mich ob meiner Leidenschaft für komplizierte Satzkonstruktionen mit möglichst vielen eingeschobenen Nebensätzen, wie sie Thomas Mann schrieb und Herbert Wehner sprach. Es sind die Sätze, an deren Ende sich die Verben der Nebensätze so häufen, dass man höllisch aufpassen muss, nicht eins zu vergessen. Ach, ist das schön!

Ein Blick auf den Drucker zeigt mir, dass das Papierfach gut gefüllt ist und ich Platz genug habe, in meinen Träumen weit auszuschweifen und mir selbst mit all den verschüttet geglaubten und wieder aufgetauchten Formulierungen und Wörtern eine Freude zu machen. Viel von der neu gewonnenen Lust, Papier zu entjungfern, verdanke ich diesem Buch. Die ersten Kapitel waren unbeholfen, artifiziell und konstruiert und sind deshalb längst im Papierkorb gelandet. Mit jeder Zeile mehr aber wurde ich lockerer und wagemutiger, wovon Sie sich hier Ihr eigenes Bild machen können. Zum Schluss möchte ich mich bei den höheren Mächten bedanken, die mir die Gabe geschenkt haben, dies alles zu können und zu lieben.

## Vom narkotisierten Fisch und den »Göttern in Blau«

Wenn mich nicht alles täuscht, ging es um einen Karpfen, den ein Bauer im Oberpfälzischen nahe Weiden gefangen hatte, in einem Teich, der in der Jagd liegt, die der Vater meines Freundes gepachtet hatte. Das Problem mit dem Karpfen war nun, dass nicht nur der Bauer einen zu Weihnachten verspeisen wollte, sondern mein Freund und dessen Eltern im Hunderte von Kilometern entfernten Essen auch. Wie bekommt man nun einen Karpfen lebendig und frisch dorthin, wenn man ihn nicht in einer mobilen Badewanne im Auto transportieren will? Das geht ganz einfach: Man stopfe ihm einen möglichst großen Klumpen Weißbrot, das man zwei Tage in hochprozentigem Alkohol gelagert hat, ins Maul, verpacke ihn sorgfältig und gebe das Päckchen sodann zur Post. Den Hinweis »Eilpost« kann man sich ersparen, denn der Fisch ist so blau, dass es mehrere Tage dauert, bis er wieder nüchtern ist. Und so langsam ist die Post selbst vor Weihnachten nicht.

Der Empfänger muss ihn dann nur noch so lange in der Wanne liegen lassen, bis er wieder bei Bewusstsein ist, was irgendwie grausam ist, ein armes Tier erst wieder zu sich kommen zu lassen und dann zu killen.

Damals aber gab es keine Grünen, mein Freund, der Arzt in spe mit Ausbildung auch in der Pathologie, war hartgesotten, und auch den Tierschützern ist dieser spezielle Fischtransport nie aufgefallen. Und heute ist das Vergehen längst verjährt.

Zurück zu diesem wunderbaren Plätzchen. Einmal im Jahr veranstaltete mein Freund, der damals als Chirurg an der Uniklinik in Gießen schnippelte, mit seinen besten Kumpels, den Doctores und Professores der unterschiedlichsten Disziplinen, dort ein mehrtägiges Gelage. Es gibt für dieses Ereignis kein besseres Wort, wenn man nicht Orgie sagen will, was aber einen unangenehmen Nebensinn hat. Abgesehen davon, dass bereits um 10.00 h in der Früh das erste Fass angestochen wurde, ging es dort auch sonst ungezügelt hoch her, besonders schlimm trieb es Claus, den wir immer Zlaus nennen mussten, weil er darauf bestand, mit »C« geschrieben zu werden. Seine liebste Beschäftigung, außer dem Trinken, war es, Mädels durch hohe Kornfelder zu treiben, um erst wieder sehr spät aus dem Schutz der hohen Halme aufzutauchen. Hopper, der Urologe, hatte es gewiss genauso faustdick hinter den Ohren, war aber angesichts der Anwesenheit seiner Frau in seiner Bewegungsfreiheit sehr eingeschränkt. Er konnte also nur trinken. Den Vogel aber schoss ein hoch renommierter Professor ab, der den Tag zumeist in einer Zinkbadewanne, mit Hut auf dem Kopf, sitzend verbrachte, gegen die Sonne zusätzlich von einem schwarzen Regenschirm geschützt, in der rechten Hand das Bierglas, in der linken die lange, dicke Zigarre. Das war Spitze. (Dieses Prädikat habe ich gewählt, weil es allen Insidern sagt, wer gemeint ist.) Ob Spulski auch dabei war, weiß ich nicht mehr. Wenn nicht, war es schade, denn er pflegte für je fünf Mark eine Schöpfkelle Wagenschmiere zu essen oder einen lebendigen Frosch zu schlucken, was ihm sichtlich Vergnügen bereitete. Es gab aber auch sinnvolle Joint Ventures, zum Beispiel dieses: Als wir gegen Mittag betrunken von einem Badeteich zurückkamen, zu dem wir um 11.00 h (betrunken) zu sechst in einem Käfer gefahren waren, wollte es das Schicksal, dass uns ein Spatz ins Auto flog.

Natürlich wurde sofort angehalten, um erste Hilfe, zu der sie schließlich verpflichtet seien, wie die besorgten Ärzte meinten, zu leisten. »Commotio« wurde übereinstimmend diagnostiziert, was mir als Gehirnerschütterung übersetzt wurde. Mangels der notwendigen medizinischen Geräte aber wurde ein Eingriff vor Ort verschoben und der Spatz dorthin mitgenommen, wo die feinsten Instrumente auf ihren Einsatz durch die Spezialisten warteten. Leider ist der Spatz bereits nach der Öffnung der Schädeldecke verstorben.

Als ich den Operateur traurig anschaute, meinte der beruhigend, es sei ärger als eine Commotio gewesen, der arme Kerl hätte sowieso keine Überlebenschance gehabt, und so habe er sein Leiden verkürzt, eine etwas merkwürdige Interpretation des Slogans der Chirurgen, der in der Übersetzung aus dem Lateinischen »indem wir verletzen, heilen wir« bedeutet. Ich habe mich bei den Kumpels unvergesslich gemacht durch die Erkenntnis, »dass schon der Biss eines Pferdes für eine Hornisse tödlich sein kann«. Dabei hatte ich den Spruch nur irgendwo geklaut. Also, ich bin auch später nie wieder Typen begegnet, die so vielen Lastern ungehemmt und gleichzeitig frönten, sozusagen beziehungsreich in aller »Bierruhe«. Auch dafür ein Exempel: Da habe ich meinen Freund während seines Bereitschaftsdienstes an einem Sonntagabend in der Klinik besucht. Während wir da in seinem kleinen Raum hockten und unser Bier tranken, piepste es bei ihm dauernd, was ich als Signal wertete, er werde im OP benötigt. Als ich ihn deshalb bat, doch wenigstens mal nachzusehen, erwiderte der völlig unbeeindruckt: »Wenn die sich am heiligen Sonntag gegenseitig abmurksen, sollen die gefälligst warten, bis wir unser Bier ausgetrunken haben«, in aller Ruhe natürlich. Und das versteht sich jetzt fast von selbst.

## Das (Doppel-)Leben ist schön

Meine zweite Station als Oberschüler in Essen war ein wahrer Albtraum. Warum, das kann ich bis heute nicht erklären. Wahrscheinlich lag es daran, dass wir arm und nur von Reichen umzingelt waren, was meine Mitschüler dazu nutzten, sich über meine alten Klamotten und mein vorsintflutartiges Fahrrad lustig zu machen. Null Bock hatte ich, wenn es diese präzise Beschreibung meines Gemütszustandes damals schon gegeben hätte. Da Christine Teusch, die damalige Kultusministerin Nordrhein-Westfalens, unfairerweise auch noch den Jahresdurchschnitt einführte, was mir als Tertialarbeiter den Weg verbaute, mit einem guten letzten dritten die zwei schlechten Tertiale vorher wieder auszugleichen, war mir klar, dass ich diesmal das so genannte Klassenziel nicht erreichen würde.

Aber ohne Knalleffekt wollte ich mich nicht von dieser höheren Lehranstalt verabschieden. Dafür bot sich die letzte schriftliche Arbeit in Biologie an, in der es um die Mendelschen Erbgesetze ging. Und da ich einmal gehört hatte, dass Kühe und Kartoffeln dieselbe Anzahl von Chromosomen besitzen, habe ich die beiden gekreuzt. Was sich dabei über die Generationen auch zeichnerisch entwickeln ließ, fand ich sehr komisch. Der Lehrer aber nicht. So kam es, dass ich zur Ausgabe der Versetzungszeugnisse gar nicht erst zu erscheinen brauchte, weil meines, welch ein Komfort, schon am Tag vorher per Post angekommen war. Dankenswerterweise machte mein Vater nach der ersten Enttäuschung seine Drohung, mich in den »Pütt«, auf Hochdeutsch in den Bergbau und die Zeche, zu schicken, nicht wahr und suchte für mich stattdessen eine neue Penne, das Gymnasium in Kettwig.

Damit begann für mich ein neues, wunderbares Leben, in einer Idylle fast so wie in der guten alten »Feuerzangenbowle«, in einem verschlafenen Örtchen mit einem uralten Schulgebäude, mit liebenswerten, oft etwas kauzigen Lehrerinnen und Lehrern und, sozusagen als der absolute Hammer, mit Mädchen in der Klasse, was man koedukativ nennt, was aber weitaus besser ist als es klingt. So war ich jetzt »Fahrschüler« geworden, woraus sich die Überschrift erklärt. In Essen hatte ich meine Freunde wie sehr bald auch in Kettwig, hier ein Lebensumfeld, dort ein anderes. Das einzig Unangenehme waren das frühere Aufstehen und der Transport, bei gutem Wetter mit meinem blauen Moped Vicky II, bei schlechtem mit dem Linienbus, einem Hanomag oder MAN. Beide Gefährte verursachten bei mir peinlicherweise immer Erektionen, sei es durch das ständige Schütteln und Rumpeln, sei es durch die unterwegs zusteigenden aufreizend hübschen Sekretärinnen und Verkäuferinnen.

Ich verbrachte also eine herrliche Zeit mit ziemlich guten Noten, weil auch das gemäßigte Lernen wieder Spaß machte. Der besondere Vorteil des Pendelns zwischen meinen zwei Leben war, dass man der jeweils anderen Hälfte immer das verschweigen konnte, was sie nicht zu wissen brauchte. Zum Beispiel, dass ich am Kontrabass ganz gut war. Wäre das in Kettwig herausgekommen, wäre ein Nachmittag pro Woche schon dahin, denn dann hätte ich mit dem Schulorchester proben müssen. So war es auch naheliegend für mich, bei meiner ersten Teilnahme an den Feiern zum »Tag des Baumes« so laut falsch zu singen (was für musikalische Menschen viel schwieriger ist als den richtigen Ton zu treffen), dass mich meine Musiklehrerin mit großem Bedauern aus dem Kreis der neuen Kandidaten für den Schulchor ausschloss, womit der nächste freie Nachmittag gerettet war. Als ich auf dem Abi-Ball mit meinem Spielgerät auftrat und auch noch notengetreu »Armer Gigolo« gesungen hatte, brach für sie fast eine Welt zusammen. »Wenn wir einen Bass in unserem Orchester und Ihre Stimme im Chor gehabt hätten! Warum haben Sie nie etwas gesagt?« »Ganz einfach«, war meine Antwort, »weil ich nachmittags in Essen was Besseres vorhatte.«

Jahre später, bei einem unserer ersten Klassentreffen, gestand sie mir schmunzelnd, sie hätte es genauso gemacht. (Sie lebt heute noch und ich verehre sie sehr, besonders wegen ihrer tiefen Abneigung gegen die Musik von Wagner, die ich ihres megalomanischen Aufgeblasenseins wegen noch heute teile.) 30 Jahre später setzte sie noch einen obendrauf und outete sich sozusagen als Mit-Verschwörerin, als Chefin einer Essener Tanzkapelle, womit sich auch erklärt, warum ich in der Musikstunde oft Vorträge über Jazz halten durfte. »Wenn das in Kettwig jemand erfahren hätte, wäre ich unten durch gewesen«, fügte sie schmunzelnd hinzu.

Beim Ausnutzen der Vorteile des Doppellebens in Sachen Liebe stieß ich aber an meine Grenzen. Wegen einer gewissen Missbildung meiner Gene war und bin ich ein monogamer Mensch, was damals bedeutete, dass ich nur eine Freundin hatte, und die lebte in Essen. Noch heute ist sie in meiner Erinnerung unter dem Stichwort »erste Liebe« ablegt. Vermisst habe ich die Alternative in Kettwig nie, denn meine war so toll wie zwei, eigentlich wie drei, denn sie fuhr, von Vaters Gnaden, schon ein Auto, einen DKW Meisterklasse, der dank Vorderradantrieb und des damit verbundenen Fehlens des Tunnels am Boden Liebesspiele in laternenfreien Nebenstraßen erheblich erleichterte. (Später, als ich für jenen großen Automobilbauer im Süddeutschen die Werbung machte, erfuhr ich, dass »das« auch in einer »Isetta« ginge, man müsse nur die einzige Tür vorn öffnen, womit sich Lenkrad, Armaturen und Pedale vom Innenraum entfernten und schon habe man ausreichend Platz. Auch Regen würde nicht stören, es sei denn, er käme von vorn. Aber auch das mache nichts, man könne ja die Stellung verändern, die des Autos.) Erschwert haben wir uns den Austausch von Zärtlichkeiten leider immer selbst. Meine Freundin hatte die unangenehme Angewohnheit, zu besonderen Anlässen wie »Jazz at the Philharmonic«, wo Oscar Peterson den Flügel bearbeitete und sich Gene Krupa und Louis Bellson ihre legendären »Drum Battles« lieferten, ein Mieder anzuziehen, was im Auto sich als sehr schwierig zu öffnen erwies, zum einen der Füllung vorn wegen, aber auch ob der komplizierten Mechanik der 1000 Häkchen hinten. Nach meinem Kommando, wie beim Röntgen der Lunge: tief einzuatmen und die Luft anzuhalten, bestätigte sich auch hier die Erkenntnis, dass, wo ein Wille ist, auch ein Weg existiert. Das mit dem »normal weiteratmen« haben wir uns dann geschenkt.

Mein Ansehen in der Penne stieg dann noch einmal gewaltig, als meine Freundin vom Vater zum Abitur, das sie ein paar Wochen vor mir auf einer Nonnenschule (!) bestanden hatte, einen 1300er Porsche geschenkt bekam, den sie wegen seiner etwas merkwürdigen Farbe »Pudding« taufte. Wann immer möglich, fuhr sie mit »Pudding« zum Ende meiner 6. Stunde demonstrativ vor meiner Schule vor, um mich abzuholen, was meine Freunde stets vor Neid erblassen ließ. Der Ansehenszuwachs war wirklich toll, andererseits aber litt das Liebesleben doch erheblich unter der windschnittigen Form, was mich oft wehmütig auf die »Meisterklasse« zurückblicken ließ. (Wäre ich noch einmal jung, käme für mich nur eine Freundin mit einem Renault »Espace« oder etwas Ähnlichem in Frage.)

Noch kein Wort habe ich über meine Klassenkameraden gesprochen. Die waren alle so toll wie in der »Feuerzangenbowle«. Einen will ich besonders hervorheben, »Alti«, dessen Nachnamen man latinisiert hatte, mein Nachbar am Tisch und Mathematik-Genie, in Englisch aber fast das Gegenteil, was aber für das Abitur eine sehr gute Konstellation ergab, denn bei mir war es genau umgekehrt. Vor den Drohungen im Falle des Erwischtwerdens beim Mogeln hatten wir keine Angst, denn zum einen hielten wir unser Versteck in der Toilette für unauffindbar, zum anderen waren wir sicher, einen Betriebsunfall durch gute Noten im jeweils anderen Fach wieder glattbügeln zu können. Dazu besorgten wir uns vorher das mit dem zur Arbeit ausgegebenen Schmierpapier identische Material, unauffällig, das heißt nicht auftragend unter dem Hemd zu tragen. So ging ich relativ unbeschwert ins schriftliche Matheabitur, das »Alti« für mich so geplant hatte, dass eine »4« dabei herauskommen würde, womit ich meine Vornote erreicht und kein Kandidat fürs »Mündliche« gewesen wäre. Dazu musste ich super sauber zeichnen (kein Problem), Aufgabe eins im Ansatz lösen (kleines Problem), Aufgabe zwei ganz (unlösbares Problem) und mit Aufgabe drei nicht fertig werden (wäre ich sowieso nicht). Als Erstes signalisierte ich »Alti«, der elendig weit von mir entfernt saß, durch abgezähltes Hüsteln, welche der Aufgaben er für mich zu übernehmen hatte, womit er sogleich begann. Auch ich habe damit angefangen, auf dem für den späteren Austausch vorgesehenen Blatt, habe wunderschöne Zeichnungen angefertigt und mich mit dem Ansatz beschäftigt. Ich meine mich zu erinnern, dass »Alti« bereits nach einer Stunde mit allem fertig war, denn er bat, zur Toilette gehen zu dürfen, was ihm bewilligt wurde. Und da niemand auf die Idee gekommen wäre, er könne Hilfe gebrauchen, begleitete ihn niemand. Das war bei mir, eine weitere halbe Stunde später, nicht so. Aber vor der Tür des stillen Örtchens blieb der »Posten« stehen. Die laute Wasserspülung übertönte das Rascheln des Papiers. Ich ging entspannt zurück zu meinem Platz, löste die Aufgabe nach »Altis« Muster, wobei mir allerdings die Kürze seines Weges zum Ergebnis unheimlich vorkam, und bemühte mich dann im Anschluss in aller Ruhe, nicht fertig zu werden. Das schaffte ich locker. Der Schreck und die Panik setzen auf dem Schulhof ein, denn die Mehrzahl meiner Freunde hatte diese Aufgabe gar nicht oder nur auf einem langen Umweg lösen können. Nur »Alti« und ich waren auf genialem Weg zum Ergebnis gekommen. Was tun, um nicht aufzufliegen? Die rettende Idee hatte ich, was mir durch die Tatsache erleichtert wurde, dass »Alti« mir mit Wissen unseres von uns allen verehrten Matheleherers von Zeit zu Zeit Nachhilfestunden gegeben hatte. Das entsprechende Heft besaß ich noch. Also raste ich mit dem Moped nach Essen ins »Kepa«- Kaufhaus, wo ich das Heft erstanden hatte, kaufte ein zweites und fuhr nach Kettwig zurück. Dort lösten »Alti« und ich das Bändchen, das die Seiten zusammenhält, nahmen eine Doppelseite aus dem vorderen Teil heraus und ersetzten sie durch eine neue, auf die ich unter »Altis« Anleitung genau diese verräterische Aufgabe, nur mit anderen Zahlen, schrieb. Den Rest malte ich mit »Männekes« und dummen Sprüchen voll, noch etwas Kaffee wurde auf die Seiten getupft und dann machte sich »Alti« auf in die Wohnung des Mathelehrers, was er öfter tat, um sich auszutauschen.

Wie er mir am späten Nachmittag nach seiner Rückkehr berichtete, hatte er mit dem Lehrer erst die Schwierigkeit der Arbeit diskutiert und ihm dann wie nebenbei gesteckt, er möge sich bitte nicht wundern, dass außer ihm nur ich diesen einfachen und schnellen Weg gefunden hätte, er habe genau diese Aufgabe mit mir während einer Nachhilfestunde durchgerechnet, hier sei der Beweis. Der Lehrer war perplex und hat sich sehr für die Information bedankt, er hätte mir sonst ja Unrecht getan. Nach dem gleichen Verfahren habe ich »Alti« einen Tag später fast die ganze Englisch-Arbeit geschrieben und hätte, nachdem meine fertig war, auch noch eine dritte hinbekommen. »Alti« hat seine 4 in Englisch geschafft, ich meine in Mathe.

Auf dem Abi-Ball hat mich dieser vorbildliche Lehrer, er war auch unser Klassenlehrer, ein liebenswürdiger, verantwortungsvoller und toleranter Mensch, an die Seite genommen und ohne Vorbereitung und Einleitung schmunzelnd gesagt: »Meinen Sie, ich hätte Ihnen das Abitur vermasselt, wo doch die wunderbare, geheimnisvolle Welt der Mathematik ganz bestimmt vor Ihnen sicher sein wird. Aber der Trick mit dem Heft war schon genial!«

Das waren noch Lehrer oder besser, um zum Ausgangspunkt zurückzukehren: Das waren Zeiten!

# DANKE, EDVARD MUNCH!

Zu seinem berühmten Motiv »Die Mädchen auf der Brücke«, das er gleich in mehreren Variationen gemalt hat, habe ich ein besonders inniges Verhältnis. Und das kam so: Unser Kunstlehrer in der Oberprima, der von Zeit zu Zeit auch die evangelische Schulandacht abhalten durfte, was wir immer mit »Bock zum Gärtner gemacht« kommentierten, hatte den Minderwertigkeitskomplex, sein Fach würde von uns nicht ganz ernst genommen, womit er natürlich richtig lag. Deshalb hatte er schon seit Jahren versucht, eine »Bildbeschreibung« in die Themenliste für die schriftliche deutsche Abitursarbeit zu hieven, bis dahin immer ohne Erfolg. Uns war klar, dass er bei uns einen neuen Anlauf wagen würde, obwohl die meisten von uns ihm schon längst versichert hatten, sich niemals für eine »Bildbeschreibung« zu ent-

scheiden, das wäre ihnen ob der großen möglichen Meinungsbreite viel zu riskant. Dennoch trauten wir dem Braten nicht, oder anders gedacht, wenn man herausbekommen könnte, um welches Bild es sich handeln würde, stiegen doch die Chancen auf eine Supernote gewaltig. Also starteten wir mit unserer Recherche und baten ihn beim nächsten Mal, das in der Stunde besprochene Bild doch in der Klasse hängen zu lassen, es gefiele uns so gut, womit er, glücklich erregt, sofort einverstanden war. Das konnte es also nicht sein. Nun hatten wir ja zum Glück Alti als stellvertretenden Schulsprecher, und der hatte wiederum Ottokar N., den Amtsinhaber in der Unterprima, zugleich auch Frauenheld wider Willen, der jetzt die Klassensprecher bis zur Untersekunda (weiter darunter gab es keine Bildbesprechungen) drängen musste, auch um einen weiteren Verbleib des jeweils besprochenen Bildes im Klassenzimmer zu ersuchen und uns dann von der Reaktion des Kunstlehrers zu berichten. Bald hingen in den Räumen der Oberstufe Bilder, nur nicht in der Obersekunda. Hier hatte man die netten Mädchen auf der Brücke analysiert, aber auf den schon bekannten Wunsch hin hatte der Meister eigentlich gar nicht so kryptisch geantwortet: »So sehr mir euer Interesse gefällt, das geht leider nicht. Warum kann ich euch nicht sagen.« Na also, geht doch, dachten wir uns in einer damals anderen Formulierung. Jetzt wurden die Späher ausgeschickt, die in den Bibliotheken von Essen, Düsseldorf und Köln alles nur verfügbare Material zusammenzusuchen, alles Wichtige herauszuschreiben und danach die Infos wandern zu lassen hatten. So geschah es, dass die überwältigende Mehrheit ihr Deutsch-Abitur mit an Sicherheit grenzender Wahrscheinlichkeit schon vor der Arbeit, die fünf Stunden dauern sollte, in der Tasche hatte. Wer geht, so ausgestattet, nicht gern in eine Prüfung?

In der Aula hing vor der Tafel ein weißes Betttuch, um es für uns noch spannender (ha, ha!) zu machen. Nach Erklärung der brutalen Folgen für Schummler wurde von unserem Deutschlehrer das Geheimnis gelüftet. Da stand doch tatsächlich hinter Aufgabe 4: Bildbeschreibung »Die Mädchen auf der Brücke«, unten darunter schaute uns ein Mädchen an, drei wandten uns den Rücken zu.

Wie abgesprochen wurde jetzt lamentiert: »Mensch, wenn ich das gewusst hätte«, oder: »Darauf hätte man doch kommen müssen«, bis hin zum lakonischen: »Gemein!«

Die Unruhe legte sich aber schnell, was angesichts der zur Verfügung stehenden Zeit eigentlich unnötig war. Kurzum: Die vielen, nennen wir sie mal Betrüger, wählten die Bildbeschreibung, was der Kunstlehrer noch nach Jahren nachfolgenden Generationen von Sekundanern und Primanern stolz erzählte. Der Notenspiegel schwankte, und das konnte nicht überraschen, zwischen 1 und 3. Auch das hatte es in einem schriftlichen Deutsch-Abitur noch nie vorher auf unserer Penne in Kettwig gegeben. (Ob die, die nicht mogeln wollten, besser abgeschnitten haben, weiß ich nicht mehr, glaube es aber nicht, gilt doch auch im Ernst des Lebens das »Ehrlich währt am längsten« eher seltener.)

Für mich hatte die » 2« noch ein Nachspiel. Da ich auch in den anderen schriftlichen Fächern ziemlich genau im Vornoten-Durchschnitt geblieben war, jeder aber mindestens zwei »Mündliche« ablegen musste und man bei mir offensichtlich nicht wusste, worin, sah ich außer meiner Geschichtslehrerin auch den Herrn von der Kunst wieder. Mit dem Bewusstsein, nicht mehr durchfallen zu können, steigt auch der Mut, so jedenfalls bei mir. Auf die Frage des Herrn, den ich wegen seiner Bigotterie damals nicht sonderlich mochte, warum Albrecht Dürer sich im Vergleich zu Vincent van Gogh so oft selbst porträtiert habe, antwortete ich, obwohl ich genau wusste, was er hören wollte (tiefe Gläubigkeit, Darstellung des Ebenbilds Gottes und so weiter): Weil er eitel war. Dann schob ich noch nach, dass Dürer, ganz im Gegensatz zu Vincent ein geldgieriger Halsabschneider gewesen sei, der kein Bild ohne Auftrag und Vorkasse gemalt habe, das wäre in meinen Augen scheinheilig. Und deshalb könne ich ihn nicht leiden.

Damit war meine mündliche Prüfung abrupt zu Ende. Vom Klassenlehrer habe ich während des Abi-Balls erfahren, dass mir eine 5 sicher gewesen wäre, hätten nicht mehrere andere Lehrer, besonders meine von mir besonders verehrte Englisch-Lehrerin, mit Hinweis auf die Unwiderlegbarkeit meiner Behauptung (war auch so, denn das hatte ich mal zufällig gelesen) interveniert. Man einigte sich auf eine 3. Das hat den guten Mann so verärgert, dass er meinem Vater während des Abi-Balls glaubte mitteilen zu müssen, dass aus mir nie was werden würde. Nachdem ich am selben Abend als »Schnellzeichner« aufgetreten war, suchte mein Vater die Revanche. »Fehlt Ihnen vielleicht das Einschätzungsvermögen?«, hat er ihn gefragt, ohne jedoch eine Antwort darauf bekommen zu haben. (Nicht nur des »de mortuis nihil nisi bene« wegen hat sich später zwischen uns ein gutes Klima entwickelt.)

# Zurück zum Proporz

Sicher ist auch Ihnen schon aufgefallen, dass im Fernsehen immer seltener, bzw. gar nicht mehr geraucht wird, was, mit Blick auf die Gesundheit unserer Kinder, für die die handelnden (sprich qualmenden) Personen durchaus Vorbild-Charakter haben können, wirklich gut ist.

Aus dem Rahmen fiel da nur ein Herr da Volpe, seinerzeit Trainer der mexikanischen Fußball-Elf, die am Fed Cup 05 teilnahm. Dieser Ignorant steckte sich auf der Trainerbank, wohlgemerkt vor einem Millionen-Publikum in aller Welt, so lange einen Glimmstängel nach dem anderen an, bis ihn der 4. Schiedsrichter resolut zur Mäßigung mahnte. Für unsere Kinder ist das wiederum gut, als Mensch aber, der abends unbemerkt gern mal eine dicke Zigarre schmaucht, finde ich dieses schon militante Nichtrauchertum ungerecht und übertrieben und meine, dass mit etwas Kreativität und gutem Willen beide Seiten befriedet werden könnten, zumindest im Fernsehen.

Man könnte zum Beispiel Filme in zwei Versionen drehen, so wie es das bei der Zuschauerwahl eines bösen oder schlechten Filmendes schon einmal gegeben hat. Oder man besetzt die Rollen Raucher, Nichtraucher im fairen Verhältnis von 50:50, was natürlich schon bei Drehbuch und Casting berücksichtigt werden müsste (Kinder und Jugendliche zählen nicht mit). Man könnte Filme auch in zwei Hälften teilen, in der ersten darf gepafft werden, in der zweiten nicht. Noch einfacher und kostengünstiger: Exakt nach der Hälfte des Streifens drücken alle Raucher ihre »Lungentorpedos« aus. Als kleine Hilfe für den Zuschauer läuft dann wie bei N-TV oben links im Bildfenster zur Kontrolle eine Uhr mit. Dann sind nur noch die TV-Zeitschriften anzuweisen, die Programmhinweise mit entsprechenden Piktogrammen zu kennzeichnen, und jeder weiß, wann er ein- oder ausschalten muss. So etwas nenne ich Service.

P. S. Im Übrigen bin ich sicher, dass die Zigarettenindustrie etwaige Mehrkosten beim Dreh gern übernimmt.

## Betr.: Diese elenden Anreden

Lieber Thomas, dich so anzureden, fällt mir natürlich leicht, denn du bist mir lieb und teuer. Mein Problem beginnt, wenn ich mich an jemanden wende, den ich nicht mag und den ich deshalb auch nicht lieben oder ehren möchte. Trotzdem zwingt mich die Etikette immer wieder, aus meinem Herzen eine Mördergrube zu machen und ihn widerwillig als mindestens »sehr geehrten« zu titulieren. Ich plädiere deshalb für mehr Ehrlichkeit in der Korrespondenz. Dann weiß der Empfänger auch gleich, was man von ihm hält und was er im Folgenden zu erwarten hat. Sinnvolle Anreden wären zum Beispiel: Sie ekliger ..., hinterhältiger ..., verlogener ... usw. Dank der Möglichkeit, noch ein »sehr« voranzustellen, ergeben sich dazu Steigerungsmöglichkeiten. Folgerichtig müssten Briefe an Unbekannte auch mit Unbekannter ... beginnen. Schwer tue ich mich auch mit den freundlichen Grüßen am Ende der Schreiben, mit denen ich mich etwa über Betrug, schlechten Service und überhöhte Rechnungen beschwere. Selbst das neutralere »Hochachtungsvoll« kostet mich jedes Mal Überwindung, da ich es für aufrichtiger halte, statt dessen »in tiefer Verachtung« zu enden. Als Vorbild eines Auswegs aus diesem Dilemma könnten unsere französischen Nachbarn dienen, die ihre Schreiben in solchen Fällen einfach bisexuell und wertfrei mit »Herren, Damen« (oder umgekehrt) beginnen und an den Schluss so verklausulierte, Ehre erweisende Formulierungen stellen, dass sie eh niemand für bare Münze nimmt. Was sagst du dazu?
    Herzlichst, dein Peter

## Von den hilfreichen Nebenwirkungen der Volltrunkenheit

Das Alter hat neben einigen kleineren Nachteilen (wenn man morgens wach wird, und es tut einem nichts weh, ist man wahrscheinlich tot) auch seine positiven Seiten. Man hat viele Jahre hinter sich, auf die man zurückschauen und aus denen man seine Lehren ziehen kann, zum Beispiel zum Umgang mit Alkohol. Ich gehöre, das muss ich einflechten, schon seit frühester Jugend zu den Bedauernswerten, die nicht langsam betrunken werden, sondern es auf einmal sind, was besondere Vorsicht angeraten erscheinen lässt. Überschreite ich die Marke, habe ich sehr unangenehme Doppelbilder, Schwindelanfälle und Fallsucht mit anschließender Ohnmacht. Das war die schlechte Nachricht. Die gute ist, dass mir das erst zweimal in meinem Leben passiert ist, dass zwischen beiden totalen Blackouts 25 Jahre liegen und seit dem zweiten auch schon wieder mindestens 15 Jahre vergangen sind. Dem ersten verdanke ich, außer dem Tadel meiner Eltern, eine schwere Mittelohrentzündung. Da dies nun keine typische Katererscheinung ist, will ich gern erklären, wie es dazu gekommen ist. Nach dem Abitur vereinbarten meine drei besten Freunde und ich, uns jährlich einmal einen Tag vor Heiligabend bei einem von uns zu treffen, was jedes Mal schrecklich ausarten musste.

Beim Fall eins erinnere ich mich nur, dass ich zur Toilette gegangen bin, nicht etwa, weil mir schlecht war, nein, nur so. Filmriss! Als ich viele Stunden später wach wurde, lag ich in meinem Bett, den linken Arm in einem Eimer mit kaltem Wasser. Was war dazwischen geschehen? Meine Freunde, denen meine unverhoffte, längere Abwesenheit wohl erst sehr spät aufgefallen war, fanden mich nach einer wegen ihrer eigenen Trunkenheit auch nicht ganz einfachen Suchaktion hinter der abgeschlossenen Tür der Toilette, brachen sie auf, bestellten ein Taxi und trugen mich auf die Straße.

Als der Taxifahrer mich gesehen hatte und sich weigerte, wohl um seine schönen Polster fürchtend, mich mitzunehmen, kamen die Freunde auf die rettende Idee, mich hinten quer liegend auf den Schoß zu nehmen und meinen Kopf aus dem geöffneten Fenster zu halten. So geschah es. Bei mir angekommen, meinte einer der drei, angehender Arzt im 3. Semester, zur Beruhigung meiner Eltern mit ins Haus kommen zu müssen. Er hat dann all sein bis dahin erworbenes medizinisches Wissen gebraucht, um den Verzweifelten klarmachen zu können, dass ich »daran« nicht sterben würde. Das könne er als Arzt garantieren. Nachdem er zur Stärkung des Kreislaufes meinen Arm in den Eimer gehängt hatte, fuhr er mit den anderen zurück, meine nur mäßig beruhigten Eltern gingen wieder schlafen.

Hätte ich von all dem nur etwas mitbekommen, wäre ich am nächsten Morgen etwas diplomatischer vorgegangen. Aber ich hatte ja nicht. Als ich putzmunter am Frühstückstisch Platz nahm, trafen mich, Unheil kündend, die finsteren Blicke meiner Mutter (mein Vater hatte für »so etwas« immer Verständnis). »Ausgerechnet einen Tag vor Heiligabend musst du dich so betrinken, damit hast du uns das ganze Weihnachtsfest verdorben«, sprach sie, was ich nicht verstand, weil ich ja höchstens mir das Fest hätte verderben können. Jedenfalls ging es mit den Vorwürfen weiter, bis mir einfiel, dass mir jetzt ein Bier gut tun würde, wie man ja weiß. Kaum hatte ich das gesagt, verlor auch mein Vater leicht die »Contenance«. »Aber das muss doch nun wirklich nicht sein, Junge!« Da habe ich darauf verzichtet. Aber die Ohren taten mir über einige Tage wirklich weh. Wer hält schon bei Temperaturen unter Null seinen Kopf in den eisigen Fahrtwind? Eben.

Fall zwei spielt in Brasilien, in Maceió, was noch nördlicher liegt als Salvador do Bahia. Hier verbrachte ich mit Frau und Sohn ein paar Tage Urlaub. Um möglichst viel zu sehen, bestellten wir eines Tages ein Taxi, dessen Fahrer uns zu den schönsten Stränden und interessantesten Plätzen kutschieren sollte. Es versteht sich von selbst, dass ich ihn an jedem schönsten Strand und an jedem interessantesten Platz zu einer Caipirinha eingeladen habe, was weder ihm noch mir etwas auszumachen schien, obwohl Maceió viele schönste Strände und interessanteste Plätze besitzt.

Als er uns abends wieder am Hotel abgeliefert hatte, wollte er uns eine zusätzliche kleine Freude als Zeichen des Dankes für die fürstliche Entlohnung und als Sympathiebekundung bereiten. Also bat er uns, ihm unseren damals 9-jährigen Sohn anzuvertrauen, um ihm sein »schönes Haus« zu zeigen. Meine Frau lehnte das aus Angst, unser Sohn könne entführt und / oder ermordet werden, sofort kategorisch ab. Weniger aus Mut als aus dem Gefühl heraus, diesem Mann vertrauen zu können, willigte ich unter der Bedingung ein, mitfahren zu dürfen. Auf die Beschreibung des »Weges« dorthin und der Besichtigung des »schönen Hauses« verzichte ich aus Gründen fehlender Relevanz für das bittere Ende. Bei ihm angekommen, fühlte sich unser Fahrer nun verpflichtet, sich weiter revanchieren zu müssen und mit mir noch drei bis vier weitere Caipirinhas zu trinken. Das hätte ich wahrscheinlich auch noch unfallfrei überstanden, wäre nicht der Kühlschrank außer Betrieb gewesen. Wer schon mal dieses Getränk badewannenwarm aus Wassergläsern genossen hat, weiß, wovon ich rede. Nein sagen wollte ich als höflicher Mensch aber natürlich auch nicht.

Dann fuhr er, immer noch völlig unbeeindruckt von den konsumierten Prozenten, uns zurück zum Hotel, geleitete uns an die Drehtür und setzte dieselbe in Bewegung. Filmriss! Bei der Schilderung der folgenden Geschehnisse berufe ich mich auf die glaubhaften Aussagen meiner Frau, nach denen ich besinnungslos im Foyer auf dem Boden gelegen hätte. Sie und ein Angestellter hätten mich dann drei Etagen per Lift und anschließend mit vereinter Kraft ins Zimmer geschleppt, aufs Bett gelegt und mich dann allein gelassen, allerdings in einer sehr unwürdigen Lage. Ich war wohl zu diesem Zeitpunkt noch oder wieder so bei Sinnen, dass ich mir die Schuhe ausziehen wollte, wobei ich das Gleichgewicht verloren haben muss und auf den Boden gerutscht bin. Alle Versuche von inzwischen zurückgekehrter Frau und Sohn, mich wieder auf das Bett zu hieven, schlugen fehl. Also mussten sie mich dort liegen lassen, denn meine Frau hatte an diesem Abend noch ein Rendezvous mit zwei Zucker-Produzenten, die sie und unseren Sohn zum »black change« von harter Währung in Cruzeiros zum Essen in unserem Hotel eingeladen hatten.

Der »Handelsplatz« dafür war schon zivilisiert im Vergleich zu Salvador Bahia, wo wir, umgeben von trauernden Eltern, im Hinterzimmer eines Kindersarg-Geschäftes getauscht haben. Unser Sohn war übrigens von den beiden Herren sehr beeindruckt, denn die hatten in ihrem mehrfach gesicherten Pilotenkoffer nicht nur Schweizer Franken, D-Mark, britische Pfunde und Dollar, sondern auch mehrere Handfeuerwaffen. Aber wie gesagt, das ist mir alles entgangen. Am nächsten Morgen wurde ich beschwerdefrei und gut gelaunt wach, frühstückte mit meinen beiden und ging auf unser Zimmer, um mich zum Schwimmen umzuziehen. Da lag das aufgeschlagene Tagebuch unseres Sohnes mit dem Eintrag vom Abend zuvor: »Papa betrunken auf dem Boden, Mama mit fremden Männern zum Essen.« Da habe ich mich verdammt geschämt.

Aber gut war es doch, schließlich bekam meine Frau einen Superkurs und hat danach auch noch königlich gespeist.

Heute ist das alles anders, auch was den Alkohol betrifft. Denn man hat gleich mehrere Regulative: den Vorsatz, sich nie wieder solche Ohrenschmerzen einzufangen, sich vor seinem Kind nicht mehr schämen zu müssen, die Wehrhaftigkeit des Herzens, das aus dem Rhythmus geraten könnte, wenn man ihm zu viel zumutet, und zu guter Letzt eine liebende Frau, die schon den Anfängen mit Formulierungen wie: »Nicht mehr für Peter«, »Sag doch mal, dass du nichts mehr willst« oder ganz kurz und knapp: »Mein Mann dankt« wehrt. So werden aus Schluckspechten gemäßigte Alkoholiker. Weite Teile der Geschichte sind dennoch nicht zur Nachahmung empfohlen.

## Der Mond des Verfassers

Es versteht sich von selbst, dass ich in Wien viele faszinierende, witzige, kauzige und sehr nette Menschen, meistens Künstler, kennen gelernt habe. Dazu musste man nur »so nebenbei« Theaterwissenschaften belegen, und man bekam die günstigsten Karten für Stehplätze hoch unter dem Dach im »Burgtheater« und zugleich die

Chance, einigen der Mimen auch backstage oder fernab der Bretter, die die Welt bedeuten, zu begegnen.

Eine besonders freundschaftliche Beziehung entwickelte ich dabei zu Dietmar Grieser, einem Exkommilitonen der Publizistik aus Münster, der heute Österreicher, Professor und in Wien dank seiner wunderbaren Bücher zu verdientem Ruhm und hohen Ehren gekommen ist. Für ihn illustrierte ich von Zeit zu Zeit sophistische Glossen wie »Liebeserklärung an einen Würstlstand«, die regelmäßig in einer großen Wiener Tageszeitung veröffentlicht wurden.

Eines Tages schleppte er mich mit in »seinen« Club, der sich »Waldandacht« nannte, getauft nach dem gleichnamigen Gebräu mit ähnlich verheerender Wirkung wie eine Feuerzangen-Bowle, nur deutlich kälter. Dort traf ich auch Victor de Kowa, der ein großartiges Entree hatte, als er auf die spöttische Bemerkung »endlich ein richtiger Mann« der ebenfalls anwesenden Lotte Lang, die man als Partnerin von Hans Albers in »Die große Freiheit Nr. 7« unbedingt kennen müsste, süffisant feststellte, diesen Beweis habe er glücklicherweise noch nie antreten müssen.

Besonders erfreuliche Erinnerungen habe ich an ein weiteres prominentes Mitglied dieses Zirkels, Franz Hrastnik, ein seinerzeit in Österreich sehr berühmter Maler und Schriftsteller, aus dessen Feder zum Beispiel »Die Jungfrau(en?) vom Kahlenberg« stammt. Von ihm erfuhr ich, er habe in Kürze eine Vernissage und müsse dafür noch heftig malen. Einschieben muss ich hier, dass meine Wirtin, deren gleich mit mehreren Franz-Liszt-Büsten dekoriertes Zimmer in der Webgasse im 6. Bezirk ich bewohnen durfte, eine Freifrau von und zu, mir strikt verboten hatte, mich abends oder nachts anrufen zu lassen, sie brauche schließlich ihre Nachtruhe dringender als ich, womit sie natürlich Recht hatte.

Dennoch geschah genau das in einer lauen, mondbeschienenen Sommernacht gegen null Uhr. Es klopfte, Frau von und zu flüsterte mir, überhaupt nicht wütend, sondern im höchsten Maß beglückt klingend, vom Flur aus zu: »Da will Sie der berühmte Professor Dr. (was der aber gar nicht war) Hrastnik sprechen, kommen Sie bitte ans Telefon.« Am anderen Ende der Leitung meldete sich eine verzweifelte Stimme, mit etwas schwergängiger Zunge und leicht lallender Sprache. »Hier ist der Franz, ich sitze hinter meiner Staffelei vor der Stephanskirche und kriege den Mond nicht mehr hin, weil ich zuviel Rotwein getrunken habe. Du malst doch auch, kannst du mir nicht helfen, ich schicke dir auch meinen Chauffeur. Ich habe auch noch genug Rotwein.« (Auf Wienerisch hörte sich das noch viel charmanter an.)

Die Aussicht, für ein paar Pinselstriche mit Ölfarben Rotwein genießen zu können, den ich mir als vergleichsweise armer Studiosus sonst nicht leisten konnte, war ebenso verlockend wie das Bedürfnis groß war, einem Freund aus der Bredouille zu helfen. Kaum hatte ich mich angezogen, da hupte es bereits auf der Straße, Franz' livrierter Chauffeur, mit der Mütze in der Hand, erwartete mich an der geöffneten Tür eines Rolls Royce (ich muss Dietmar fragen, ob er silbern war). Vor der Stephanskirche angekommen, trank ich erst einmal einen, dann tröstete ich meinen Franz in Richtung »es wird alles gut« und schaute mir sein Werk an. Es war unglaublich beeindruckend geworden, nur oben rechts neben dem Kirchturm klaffte ein kreisrundes Loch, freigelassen für den Mond, den Franz der alkoholbedingten gewissen Tattrigkeit wegen nicht mehr hatte vollenden können. Nach dem zweiten Glas Rotwein und weiteren mitleidsvollen Worten mischte ich auf der Palette etwas Kadmium gelb hell und ein wenig Kadmium orange hell zusammen (ich berichte das so präzise, damit Sie mir auch glauben, dass ich was vom Malen verstehe) und füllte das Loch mit einem zu dem großartigen Oeuvre passenden, traumhaft schönen Mond. Auf die dezente Andeutung von den zweifelsfrei sichtbaren Mondkratern habe ich verzichtet. Der glückliche Franz hat es mir nachgesehen.

Als ich einige Tage später die Vernissage als Ehrengast besuchte, entdeckte ich auf dem Messingschild unter »Stephanskirche bei Nacht« und seinem Namen noch etwas: Mond von Peter Ermisch. Zeugt das nicht von Souveränität und Größe? Meine Bewunderung für Franz als Mensch und Multi-Talent ist danach nur noch größer geworden.

## Der germanische Streber

In Wien habe ich zunächst nicht ganz freiwillig studiert, es war eher eine Flucht aus Münster, aber nicht wegen des ewigen Regens und Glockengeläuts, wenn beides zusammenfällt, ist Sonntag, sondern wegen einer heftigen Auseinandersetzung mit einem gut aussehenden Professor, der mir meine damalige große Liebe ausgespannt hatte. Voller Wut beschuldigte ich ihn nach drei »Hennessy«, die er mir wahrscheinlich absichtlich eingeschenkt hatte, der »Unzucht mit Abhängigen« und drohte, ihn vor das Studentengericht zu zerren. Er konterte mit der Warnung, mich wegen Verleumdung und Beleidigung zu verklagen und von der Uni verweisen zu lassen, versprach mir aber alle Scheine, wenn ich sofort und endgültig aus seinem Leben und dem meiner jetzt schon Exfreundin verschwinden würde. Schon am nächsten Tag saß ich im berüchtigten »Jugoslawien-Express«, der mich in kurzen 22 Stunden in die Donau-Metropole brachte, in eine damals, 1958, noch ganz andere Welt.

Die Kriegsverletzungen der verwahrlost wirkenden Stadt, die Spuren der Nahkämpfe waren noch gut zu sehen, statt des bestellten (Palat-)Schinken bekam ich Pfannkuchen serviert, beim »Alten Berger« in Grinzing zum Heurigen 100 von der und 100 von jener Wurst zu bestellen, war auch ein Fehler, denn natürlich stand auf dem kleinen Preisschild vor den Delikatessen als Einheit nicht Gramm sondern Deka, was für mich, damals unbekanntlich, schon 10 Gramm waren und was bei 100 mal 10 1000 Gramm, also ein Kilo macht, bei zwei Sorten zwei Kilo. (Ich hätte mir vorher einen Reiseführer kaufen sollen, aber es gab ja hungrige Nachbarn am Tisch.)

Unvergesslich auch die erste Begegnung mit der alten Dame hinter dem Tresen meines Büdchens, an dem ich immer meine »Austria«-Zigaretten kaufte. Zunächst stellte sie unmissverständlich fest: »Ah, Sie sind Reichsdeutscher.« Nachdem ich das unwidersprochen habe stehen lassen, meinte sie hinzufügen zu müssen: »Ja, so einen bräuchten wir auch wieder«, womit sie zweifelsfrei Konrad Adenauer gemeint haben müsste, dachte ich. Als ich aber den Namen fallen ließ, korrigierte sie mich wütend: »Nein, den Hitler!« Prost Mahlzeit, wir zählten immerhin schon das 13. Jahr nach Kriegsende. Irgendwie muss ihr entgangen sein, dass wir ihn auch schon länger nicht mehr brauchen.

Aber jetzt endlich zum: »Wer immer strebend sich nicht bemüht, den können wir erlösen« oder, auf die nun folgenden Schilderungen aus dem Lateinischen: »Wenn auch die Kräfte nicht fehlen, so ist auch der gute Wille nicht zu loben.« (Die sinnverändernde Entstellung der Originale geschieht bewusst!) Nachdem ich die so genannte »Ausländer-Gleichschaltung« bestanden hatte, womit man keinen Schilling mehr Studiengebühr als die Österreicher bezahlt, machte ich mich an die Arbeit, allerdings mit dem festen Vorsatz, ein früher jedem Studenten zustehendes Bummel-Semester einzulegen. Aber alle und alles schienen sich dagegen verschworen zu haben. Wie faul auch immer ich war, bei den Prüfungen schnitt ich immer ganz oben ab und musste mir dann das abfällige »germanischer Streber« anhören. Bei schönem Wetter, das auch in Wien in einem Sommersemester oft vorkommt, was die meisten Kommilitonen zu einem Tagesausflug ins Schwimmbad »Krapfenwaldl«, hoch über dem Prater, nutzten, ging ich treu und brav in die Vorlesung. Da saß ich mutterseelenallein und wartete auf meine Dozentin Frau Professor Dr. Die erschien endlich, musterte mich beinahe feindselig und meinte: »Warum sind Sie denn nicht auch zum Schwimmen, Ihretwegen muss ich jetzt hierbleiben«. Da bin ich auch zum Schwimmen gefahren und traf sie dort wieder.

Die letzte mündliche Prüfung, die ich vor Semesterende bestehen musste, hieß »English for Journalists.« Natürlich hatte ich mich schlecht vorbereitet, aber nicht schlecht genug, wie sich herausstellen sollte. Mein Professor Dr. hatte mich in sein Privat-Büro gebeten und begrüßte mich dort charmant mit (ins Deutsche übersetzt): »Ganz schön heiß heute, machen wir's uns gemütlich und sprechen deutsch. Sagen'S bitte, was heißt Kinderlähmung auf Englisch?« Wie aus der Pistole geschossen antwortete ich »infantile Paralysys« »Jetzt machen'S sich schon wieder schwer, sagen'S doch einfach Polio.« Dies war auch schon die letzte Frage, denn er zog das ausgefüllte und unterschriebene Zertifikat aus einer Schublade, gab mir dieses und seine Hand, mit den Worten: »Glückwunsch, geh'n mer ins Beisl auf'n Obi gespritzt«, was so viel wie eine Einladung zur Apfelschorle in einer Kneipe bedeutete. Aber da war meine Entscheidung, wieder nach Germanien zurückzukehren, längst gefallen. Ich fürchtete tatsächlich, auch den letzten Rest von Dynamik zu verlieren. Denn die Nächte, in denen ich, voll des Heurigen und mit dem Schild »Webgasse« um den Hals in der Straßenbahn nach Hause fuhr, häuften sich bedenklich. Das Schild erinnerte den Schaffner stets zuverlässig, vor welcher Station er mich zu wecken hatte. »Sie müssen'S jetzt aussteigen, Herr Doktor«, sagte er dann. Dabei war ich doch erst im dritten Semester. Und ausgestiegen bin ich, auch aus Wien, wo jetzt die Bäume im Prater wieder blühen, aber ohne mich.

## Nachruf auf Dr. D.

Es muss 1960 gewesen sein, als ich mich, gerade neu in der Werbung, plötzlich wegen heftiger Schmerzen im Rücken nicht mehr lässig in meinem Bürostuhl zurücklehnen konnte. So jung, so bequem, so leichtfertig machte ich mich auf die Suche nach dem erstbesten, sprich nächst gelegenen Arzt und fand auch gleich einen gleich um die Ecke, gegenüber vom Hamburger Hauptbahnhof, in der Kirchenallee. An seiner Tür das Schild: Arzt für Haut- und Geschlechtskrankheiten. (Wer die Gegend kennt, könnte jetzt schon wissen, was kommt.) Dr. D. öffnete mir selbst, ein Schrank von Mann über 60, wie Curd Jürgens, mit dem Aussehen des grandiosen Erich von Stroheim in »Sunset Boulevard«, auch mit kahlem Schädel, aber ohne Monokel. Er bat mich in sein riesiges Wohn-Sprechzimmer und, als würden wir uns schon Jahre kennen, zeigte er mir als Erstes sein schrankgroßes Terrarium, als Zweites zog er sein weißes Hemd aus und verwies stolz auf die Narben von »71 Säbelmensuren, die ich mit nacktem Oberkörper geschlagen habe.« Als Drittes fragte er mich, woher ich denn käme. Meine Antwort »Essen« quittierte er mit der Bemerkung: »Ah, von den Pollacken.« Dann endlich wollte er den Grund meines Kommens wissen und schien auch bereit, meinen Rücken zu inspizieren.

»Ach, das ist nur ein Schleimbeutel, den schneide ich Ihnen morgen schnell raus«, fasste er das Untersuchungsergebnis zusammen. »Unter lokaler Narkose?«, wollte ich wissen. Da zog er die Augenbrauen ziemlich verächtlich hoch und entgegnete mit drohendem Unterton: »Das Wort Schmerz existiert nicht im Wortschatz des deutschen Mannes!« Noch immer jung, bequem und leichtsinnig stimmte ich ihm in allen Punkten zu.

Am nächsten Tag ließ mich eine Schwester ein, eine Seifenschale mit Rasierpinsel in der Hand. Als ich im Behandlungsstuhl Platz genommen hatte, schlich sie sich von hinten an und begann, mir Rasierschaum in die Haare zu schmieren. Ich konnte das Missverständnis schnell aufklären, was sie sagen ließ: »Ach so, auf dem Rücken, davon hat mir der Doktor aber nichts gesagt.« Eben dieser kam hinzu, bat mich, mich so weit wie möglich vorzubeugen, ich verspürte einen stechenden Schmerz und Warmes den Rücken herunterlaufen, hörte das Geräusch des Abziehens des Schutzes vom Pflaster und merkte, wie er es aufklebte. Dann entließ er mich, noch mit der Beruhigung, ich könne durchaus gleich duschen, da es mir schließlich ja doch etwas warm geworden wäre. Das tat ich dann auch, mit dem Resultat, dass sich die Wunde schon einen Tag nach dem »kleinen Eingriff« allerheftigst entzündete und ich nun auch nicht mehr schmerzfrei liegen konnte.

Immer noch jung, aber nicht mehr so bequem und so leichtsinnig, konsultierte ich einen anderen, weiter entfernt praktizierenden Mediziner, der als Erstes entsetzt die Hände hob. »Wie kann man für ein so kleines Ding einen solch gigantischen Schnitt machen und darauf ein so winziges Pflaster kleben, und wie konnte er Ihnen nur gestatten, sofort zu duschen?« (Nach dem Namen seines »Kollegen« hat er sich nicht erkundigt, typisch.) Kurzum, es tat noch lange elendig weh, ich musste alle drei Tage zur Kontrolle, durfte zwei Wochen nicht duschen und habe noch heute eine Narbe, die Ärzte, die mich nicht kennen, bei deren Anblick neugierig fragen lässt, ob ich vielleicht mal eine Pneumonie gehabt hätte.

Was aus Dr. D. geworden ist? Eine Woche nach meiner totalen Gesundung war das Schild an seiner Tür verschwunden. Insider aus der Szene St. Georg berichteten, Dr. D. habe seine Approbation verloren, weil er den Damen jenes dort auch ansässigen Gewerbes in jeder nur denkbaren Form zu Diensten gewesen sei, gegen Bezahlung in Naturalien, ja, möglicherweise auch das, was Sie jetzt denken.

## Skal we go igsengenü

Da ich des Norwegischen immer noch nicht mächtig bin, habe ich den obigen Satz so aufgeschrieben, wie er mir akustisch in Erinnerung geblieben ist.

Die Vorgeschichte: Ein enger, in Hamburg lebender Freund aus Oslo bat mich eines Tages unter Hinweis auf meine »doch sehr geräumige Bude«, eine gute Bekannte für ein paar Tage bei mir aufzunehmen und vergaß dabei nicht den verlockenden Hinweis, »dass alle Norwegerinnen unheimlich scharf sind, weil es da ja bekanntlich so viele Schwule gibt«. Sofort willigte ich ein und versprach hoch und heilig, alles perfekt vorzubereiten, die Wohnung gründlich zu säubern, so dass man vom Boden essen könne, und sogar Blumen hinzustellen. In meinen Plan, »Escorial Grün« und Endiviensalat anzubieten und Nat King Cole's »When I fall in love« auf Wiederholung abzuspielen, dieser Mischung wurde damals eine zusätzlich scharf machende Wirkung nachgesagt, habe ich ihn natürlich nicht eingeweiht. Und dann bat ich ihn noch um eine formvollendete, charmante norwegische Begrüßungsformel, worauf er besagten Satz formulierte, den ich mir sogleich phonetisch aufschrieb.

Der Tag, an dem die unbekannte, angeblich scharfe Schöne kommen sollte, rückte näher, meine Spannung stieg. Dann war es endlich so weit, es läutete, ich, lässig-elegant gedressed, öffnete die Tür und – stand einer wahren Traumfrau gegenüber, gewachsen wie Yvonne de Carlo (da die aber heute keiner mehr kennt, ziehe ich zum Vergleich Penelope Cruz heran), aber mit langen blonden Haaren und grünen Augen. Noch nicht gänzlich atemlos ließ ich den einstudierten Satz schmelzend über die Lippen gleiten.

Wer jetzt glaubt, die Dame hätte mich umarmt oder wenigstens auf die Wangen geküsst, liegt total daneben. Statt der erwarteten herzlichen Erwiderung kassierte ich eine schallende Ohrfeige, und ohne mir die Chance einer Reaktion zu geben, nahm sie ihren Koffer, drehte sich auf den Absätzen um und verschwand. Mein erster Gedanke war, dass wohl doch nicht alle Norwegerinnen »so scharf« sind. Mein Freund, dem ich für kurze Zeit dieses Attribut aberkannte, übersetzte mir auf Befragen lächelnd, was ich gesagt hatte: »Wollen wir nicht ins Bett gehen?« Freunde sind eben auch nicht mehr das, was sie mal waren.

## MODERNE PERSONENKRAFTWAGEN SIND UNMUSIKALISCH

Als Hobby-Musiker, der während des Studiums in Hamburg in allen möglichen Jazzkellern, Kneipen und Kaschemmen schwitzend hinter dem großen Kontrabass gestanden hat, weiß ich, wovon ich schreibe, von einer tiefen Verbeugung vor dem geliebten alten VW-Käfer. Dank dieses Wunders an Fassungsvermögen hatte unser Quartett nie ein Transportproblem, wenn wir mal zu einer »Strippe« (Jazzer-Sprache: Engagement) aufs Land fahren mussten. Und zwar so: Zuerst wurde der Platz hinten rechts besetzt, der Gitarrist bekam sein Instrument auf den Schoß, jede Menge Zubehör für das Schlagzeug landete im Fußraum. Als Nächster stieg der Klarinettist links ein, mit seinem »Blasrohr« und wiederum viel Kleinzeug vor seinen Füßen. Danach kam mein Bass an die Reihe. Er wurde durch die geöffnete Beifahrertür über die Köpfe der hinten sitzenden Freunde, mit dem Steg nach oben und dem Bauch voran, so weit auf der Hutablage nach hinten geschoben, bis nur noch der Hals, geschützt durch ein Badetuch, aus dem Fenster der Beifahrertür ragte. Dann klemmte ich mich vorn darunter. Jetzt musste der Fahrer nur noch meine Tür von außen schließen, durch die heruntergekurbelte Scheibe schauten dann zwar noch etwa 30 cm des Bass-Halses heraus, die aber bei schlechtem Wetter mit Handtüchern weiträumig umwickelt wurden. Bestimmt haben Sie bemerkt, dass der »Kofferraum« vorn noch gar nicht belegt wurde. Richtig, da hinein kamen Drummers Ständer, Bongos, Stöcke, Fußmaschine etc. Die große Trommel war bereits an der Heckklappe befestigt. Nun mussten wir uns nur noch darauf verlassen, dass der Veranstalter nicht vergessen hatte, einen Flügel oder ein Klavier für uns zu ordern.

Alle Bands, die in unserer Besetzung heute spielen, fordere ich höflich auf, die erwähnten Instrumente in einem modernen, großen Auto, einem 7er BMW oder einem Wagen der Mercedes S-Klasse zu verstauen zu versuchen, Betonung auf versuchen. Ein Transporter wäre unfair, das kann jeder.

# Begegnung mit einem (toten?) Genie

Es war 1960, unser Jazz-Quartett hatte eine »Strippe« in einer Kellerkneipe mit dem wahrheitsgemäßen Namen »Waschküche«. Der Besucher wusste also schon vorher, was ihn außer Swing noch erwartete: Dunst, Schweißgeruch und Qualm. Wir spielten an jenem Abend gerade »Undecided«, als eine seltsam wirkende Gestalt zeitlupenhaft die Treppe zu uns herunterkam. Der Mensch war altmodisch gekleidet, trug eine Art viel zu großer Schlägermütze und hielt ein Instrument, beide Hände schützend darüber gelegt, vor der Brust. Eine Gitarre, wie sich nach Entfernen der Hülle herausstellte. In unserer ersten Pause nach seinem »Erscheinen« wagte er sich an die Bühne vor und fragte unseren Piano-Mann, höflich und bescheiden, in einem slawisch angehauchten, holprigen Deutsch, ob er bei uns einmal einsteigen dürfe. Natürlich hatten wir nichts dagegen. Seine Gitarre sah wunderbar aus und hatte, trotz ihres erkennbaren Alters, einen beinahe überirdischen Schimmer. Auf den ihm angebotenen Stuhl wollte er sich nicht setzen, lieber gleich vorn auf die Bühne. Wir sprachen Titel und Tonart ab, ich glaube, es war Shearings »Jumpin' with Symphony Sid«.

Der Pianist klopfte das Tempo vor, Einsatz, und ab ging die Post. Auf die Soli von Piano und Klarinette folgte er, und schon nach wenigen Takten hörten in der Kneipe alle auf zu essen, zu reden, zu trinken ..., und auch wir stellten ohne Absprache unsere Arbeit ein. Was wir hörten, war technisch so virtuos, so swingend und kreativ, dass ich mich sogleich vorbeugte, um seine Finger besser sehen zu können. Sie waren aber alle dran. Er hat 20 Minuten improvisiert, dann signalisierte er: Schluss. Auf alles Bitten, Betteln und Flehen, doch wenigstens heute weiterzuspielen, oder für gutes Geld unser Quartett auf Dauer zum Quintett zu machen, schüttelte er nur stumm den Kopf. Dann verpackte er seine Gitarre, machte einen unbeholfenen Diener und verschwand unter tosendem Applaus – auf Nimmerwiedersehen. Es muss ihm in der Zeit danach etwas zugestoßen sein, sonst hätte man von ihm gehört und in »Down Beat« gelesen. Meine Kumpels, die schon etwas Marihuana gepafft hatten (gab es damals auch schon), äußerten eine ganz wahnwitzige Vermutung: Es könne sich nur um den fünf Jahre vorher gestorbenen Django Reinhardt gehandelt haben, dem es auf seiner Wolke ohne Stephane Grapelli und den Hot Club de France zu langweilig geworden sei, und dem der liebe Gott deshalb einen Abend Ausgang gewährt hätte, damit er seine Fans noch einmal »live« beglücken könne. Ich glaube, es war das Marihuana, das zu dieser Annahme verführte, denn schließlich hatte er, anders als Django, noch alle zehn Finger. Aber wer weiß?

## Der Bass als »Puppenfänger«

»Man müsste Klavier spielen können, wer Klavier spielt, hat Glück bei den Frau'n«. Verzeiht, liebe Pianisten, das ist leider totaler Quatsch, was ich als ehemals aktiver Bassist sehr wohl beweisen kann. Bevor bei uns das erste, »one, two – one, two, three, four« vom Pianisten auf den Boden gestampft wurde, hatten wir immer eine Wette abgeschlossen, wer denn nun als Erster … und so … bei den weiblichen Fans … und so …

Es war nie der Pianist, warum auch immer, es war nie der Gitarrist, der mit einem Bein über dem anderen, auf seinem Stuhl hockte. Es war nicht der stets spitzmündige Klarinettist oder der Trompeter mit seinen aufgeblasenen Bäckchen. Nein, es traf immer den Drummer oder den Bassisten, wohl ihrer animalisch wirkenden Schwerstarbeit wegen. Dabei hatten wir beide bei unseren Flirtversuchen »on stage« immer ein zusätzliches Handicap auszugleichen: Alle anderen haben irgendwann einmal Pause, nur die Rhythmus-Gruppe nicht. »The beat must go on.« (Wobei ich als bescheidener Mensch die Erfolge immer zuerst meinem elegant geschnittenen, gut aussehenden Instrument zuschreibe.) Der Bass ist also weit mehr als ein Musikinstrument. QED.

P.S. Dieses Glück bei den Frauen hat mich übrigens oft über die spöttischen Bemerkungen jener Banausen hinweg getröstet, die mich in öffentlichen Verkehrsmitteln mit der Bemerkung: «Hättste Flöte gelernt, bräuchtest du nicht so viel zu schleppen» aufzogen.

### WARUM ICH DIE »CALLAS« UND CO. LIEBTE

Schon die »Gänsefüße« unten und oben sollen einem Missverständnis vorbeugen. Es geht nicht um die Callas mit dem Onassis und dem unvergleichlich hohen C. Meine Callas hieß womöglich Ingrid, Jutta oder Susanne und war eine Prostituierte in Hamburgs St. Georg, wo auch ich mit zwei Kommilitonen vorübergehend Quartier bezogen hatte, in einem fünfstöckigen Haus, in dem nur eine halbe Etage, die von uns, nicht vom ältesten Gewerbe der Welt okkupiert war.

Nachschieben muss ich noch, warum die »Callas« Callas genannt wurde: Wenn sie einen Kunden bediente, konnte man ihren Sopran im ganzen Haus hören. Wahrscheinlich hat sie ihre Stimme sozusagen als Climax-Beschleuniger eingesetzt.

Nun kann es nicht ausbleiben, dass sich aus so großer räumlicher Nähe auch persönliche Kontakte ergeben – nein, nicht was Sie jetzt denken –, ganz platonische meine ich, und erfreuliche dazu, denn »Callas«, Mausi und all die anderen Mädels waren uns gegenüber unaufdringlich, höflich, lieb, und sie besaßen ein ausgeprägtes soziales Bewusstsein, das über kurz oder lang zwangsläufig auf Gegenseitigkeit beruhen musste. Wenn zum Beispiel die »Maîtresse de Plaisir« unter uns wieder einmal volltrunken im »Zillertal« auf der Reeperbahn die Bayern-Kapelle dirigieren wollte, sprangen wir bereitwillig als Empfangskomitee ein, begrüßten, manchmal sogar mehrsprachig, die Freier formvollendet »im Namen des Etablissements«, erledigten den Papierkram, bei dem sich die Gastgeberinnen immer als »Arbeiterinnen« eintrugen, teilten die Kondome aus, ja, wir wechselten »hinterher« sogar die Bettwäsche, dies allerdings nur mit einer eigens von mir erworbenen Holzzange, so wie sie meine Mutter früher zum Waschen benutzte.

Um einen besonderen Service bat mich eines Tages Mausi, die mitbekommen hatte, dass ich einen Braun »Schneewittchen-Sarg« (Plattenspieler) und jede Menge Scheiben besaß. Ob ich nicht auf ein auszumachendes Klopfzeichen an der Wand (einmal Klassik, zweimal Swing, dreimal Sinatra, Presley etc) eine Platte auflegen könnte, fragte sie mich, das würde nicht nur für Kurzweil sorgen, sondern auch ihren Einsatz verkürzen. Sie hatte also schon von Callas gelernt, ging aber doch wesentlich vielseitiger und professioneller an die Sache heran. Das habe ich natürlich gern getan, da ich bei meinen Arbeiten fürs Studium mit Musik auch viel schneller fertig wurde.

Der Lohn für solche Unanstrengungen war für uns ziemlich mittellose Studenten sehr willkommen. Zum einen hatten wir bei unseren Vertretungen eine Menge Spaß, zum anderen wurden wir stets fürstlich entlohnt, mit Champagner und »kalten Platten« aus dem nah gelegenen Hotel »Reichshof«, um nur zwei Vergünstigungen zu nennen – nein, nicht was Sie jetzt denken. Ein Entgelt in anderen »Naturalien« hat es bei keinem von uns je gegeben.

Welches Format »Callas« und Co. hatten, zeigt ein anderes Beispiel. Wenn ich spätnachmittags oder abends eine Freundin auf die Bude schleppen wollte, führte an den in Reih und Glied aufgestellten Damen kein Weg vorbei. Die Callas erwiderte dann meinen freundlichen Gruß immer mit »Geh weiter, Adlernase!« Sie hat sich und mich damit verleugnet, meines guten Rufes wegen. Das hatte schon Klasse. Ich will noch von einem anderen Mädel dieser Profession berichten. Es saß auf der Reeperbahn hinter Glas, links etwa in der Mitte der Herbertstraße, die Jugendlichen unter 18 keinen Einlass gewährt. Es waren die beschwerlichen Monate, in denen ich meinen Kontrabass zum Jazzen, aus der U-Bahn-Station kommend, über die Reeperbahn schleppen musste und dann, um schneller zum Hafen zu gelangen, die Abkürzung durch die Herbertstraße nahm. Wenn »meine« Blondine nicht gerade »belegt« war und mich kommen sah, öffnete sie das Fenster und rief mir zu: »Komm auf einen Sprung rein, ich gebe einen aus!« Abermals nein, nicht, was Sie jetzt denken! Zur Begründung fügte sie dann noch mitfühlend hinzu: »Du bist ein genauso armes Schwein wie ich.« Ein Piccolo war dann schon kalt gestellt.

Als sich mein Vater wenige Tage später nach einem dreitägigen Besuch von mir verabschiedete, meinte er schmunzelnd, ich hätte es ja sehr gut angetroffen und mache es richtig, die schönste Zeit des Lebens zu genießen, ich möge aber doch bitte dafür sorgen, dass meine immer das Schlimmste ahnende, besorgte Mutter nichts von meinem momentanen Umfeld erführe. Das ist auch so geschehen, schon aus Angst vor dem Menetekel, das sie dann wieder mit den drohenden Worten »Wenn du so weitermachst, wirst du noch in der Gosse landen« ideell an die Wand unseres Wohnzimmers in Essen malen würde. Manchmal beschlich mich damals allerdings das Gefühl, ich sei irgendwie schon mitten drin, in der Gosse.

## DIE ERMORDUNG DES GÜNTHER K.

Die Handlung dieses Thrillers spielt Ende der 50er Jahre in der Hamburger Elmenreichstraße. Den Standort darf ich jetzt verraten, da an der Stelle dieses alten, verrotteten Hauses heute ein ziemlich neues steht, das wohl dem oder zum »Europäischen Hof« gehört. Glücklicherweise steht aber noch das Gemäuer gegenüber, es ist das Schauspielhaus.

Ich hatte dort mit zwei Freunden Quartier bezogen, beide so faul in der Werbefachschule wie abenteuerlustig und trinkfest außerhalb davon, eben genau wie ich. Vermieterin war eine ehemals wohl hübsche, aber mit ihren etwa 55 Jahren nicht mehr ganz so knackige Dame, die bis zu unserem Auszug die Hoffnung nicht aufgegeben hatte, einen von uns Jungspunden becircen zu können. Besonders Rudi konnte sich der Annäherungsversuche, die in reichlicher Versorgung mit seinen Lieblingsgerichten bestanden, kaum erwehren. Einmal steckte ich ihr möglichst diplomatisch, dass sie für Freund Rudi doch schon ein wenig alt sei, was sie mit der schnippischen Antwort parierte, für den ginge sie noch als 30 durch. Wohl gemerkt, wir waren damals zwischen 24 und 27! Vor allem aber war die Dame eine auf Dauer unerträgliche Nervensäge, denn wenn sie unter dem Einfluss von Alkohol stand, was täglich einmal geschah, geriet sie in eine spezifische Form von Ausgelassenheit, was sich wie folgt äußerte: Sie wechselte aus ihrem Wohnzimmer in die Küche, in der sich auch ein Plattenspieler und eine einzige Schallplatte befanden, spähte auf den Flur, ob die Türen unserer Zimmer geöffnet oder geschlossen waren, was starken Einfluss auf die zu wählende Lautstärke haben sollte. Und dann erschallte, immer viel zu laut, dieses schreckliche Lied von Freddy Quinn, das sie mit ihrer blechernen Stimme glaubte begleiten zu müssen: »Du hast alles vergessen, was ich einst besessen, Amigo – oijoijoi, oijoijoi – das ist längst vorbei.« (Als musikalischer Mensch mit gutem Erinnerungsvermögen bekomme ich soeben vor Schreck wie seinerzeit eine Gänsehaut.) Vielleicht war es in dem Song auch umgekehrt und er hat vergessen, was sie einst besessen, aber ob so oder so, es war Furcht erregend. Manchmal zog sie dazu auch Kleider aus ihrer

Jugendzeit, den 30er Jahren, an und »steppte« auf dem Tisch. Fred Astaire und Gene Kelly hätten angesichts der Performance sofort den Beruf gewechselt. Als Else, so hieß sie, uns eines Nachmittags wieder über eine Stunde mit dem vergesslichen Amigo bei der Arbeit störte und unter Hinweis, sie wohne hier und dürfe tun, was sie wolle, nicht aufhörte, sannen wir auf Rache.

Für die Werbefachschule hatten wir gerade eine große Fläche mit Silberspray bearbeitet und danach fünf Dosen zur »weiteren sinnvollen Verwendung« übrig behalten. Wenig später war Else wieder einmal eine Etage tiefer bei Ilse zum Süffeln, da verwandelten wir drei in Windeseile die gesamte Küche einschließlich Plattenspieler in eine silberne Kammer. Nach getaner Arbeit legten wir uns auf die Lauer, um Zeugen ihrer Reaktion zu sein. Abends kam sie dann erheblich duhn, wie die Hamburger sagen, zurück, ging in die Küche und knipste das Licht an. »Oh mein Gott, alles silbern« waren ihre einzigen Worte, was uns vermuten ließ, es könne ihr sogar gefallen. Wer jetzt glaubt, wir seien gefeuert worden, irrt. »Sieht eigentlich ganz hübsch aus, aber wegmachen müssen Sie das schon«, meinte sie. Die erhoffte Wirkung tendierte also gegen Null, dazu hatten wir auch noch die Arbeit. Kurzum: Das war wohl nichts.

Und schon am nächsten Tag ging es mit dem Amigo weiter. Da kam Günther K., der Dritte im Bunde, auf eine Idee, die zwar nicht so »glänzend«, aber hervorragend geeignet zu sein schien für die ultimative Abschreckung der Else. Unser genialer Plan war folgender: Günther K., der im »Schinkenkrug« volle Fünfliter-Bierkrüge mit einer Hand stemmen konnte und deshalb auch sehr beleibt war, was ihm den Spitznamen »Big Bier« eingetragen hatte, legte sich in Netzhemd und Slip, alles ganz in weiß, scheinbar entseelt auf sein Bett. Auf seiner Brust hatten wir ein langes Küchenmesser deponiert, dessen Klinge wir ebenso wie die Hemdbrust mit roter Farbe beschmiert hatten. Dazu ließ er den rechten Arm über die Bettkante hängen. Rudi, der wegen einer lädierten Hüfte nicht der Schnellste war, durfte in seinem Zimmer lauschen. Jetzt mussten wir nur warten, bis Else sich definitiv zur Siesta zurückgezogen hatte. Günther K. würde erstickt Hilfe rufen, schreien und dann ersterbend röcheln. Das tat er auch bühnenreif.

Nun musste ich blitzartig hinter mir zuerst die Tür zu seinem Zimmer und dann die Flurtür zuschlagen und mit lautem Gepolter die Treppe hinunterrennen. Eine Etage tiefer habe ich gewendet, bin wieder hochgeschlichen, um zu sehen, was geschehen würde. Ich kann es vorwegnehmen: Die Wirkung war fürchterlich. Else, die aus ihrem Zimmer mit dem Ruf »Was ist hier los?« stürzte und Günther K. »blutüberströmt« auf seinem Bett liegen sah, wurde erst blau, dann weiß im Gesicht, fiel, (fast) vergeblich nach Luft ringend, auf die Knie und stammelte kaum hörbar: »Alles voller Blut! Hilfe! Polizei!« Günther K., der ja Else am nächsten war, fürchtete das Schlimmste und erhob sich von seinem Bett, um die Arme zu beruhigen. Das aber verstärkte ihre Panik noch weiter, und sie schrie jetzt unaufhörlich: »Der lebt ja noch, einen Arzt!«

Rudi, ihr Favorit, behielt glücklicherweise die Nerven, nahm sie in den Arm und tröstete sie mit den Worten: »Es ist doch alles gut, das war doch nur ein Spaß, jetzt trinken wir erst mal einen.« Wir haben uns dann alle vier mehrere Versöhnungsschnäpse gegönnt.

Else hat danach über Wochen ihren Amigo vergessen, wir konnten uns wenigstens zeitweise und in Ruhe auf das Examen vorbereiten, das wir dann auch mit Glanz & Gloria bestanden haben.

Sehr stolz bin ich retrospektiv auf unsere Idee aber nicht, denn der »Mord« an Günther K. hätte von »grobem Unfug« auch zu einem bösen Ende für Else und uns führen können. Glücklicherweise aber war ihr Herz offenbar genauso widerstandsfähig wie ihre Leber. Gott hab' sie selig! Da alle Kommilitonen diese Story bei unseren Klassentreffen immer wieder hören wollen, habe ich sie ihnen zuliebe aufgeschrieben.

## Als Günther K. noch lebte

Beim Schreiben dieser Zeilen erfasst mich Wehmut, denn ich muss daran denken, was aus meinem Freund geworden ist, der nicht nur trinkfest war, sondern auch exzellent schreiben und zeichnen konnte, der nur teure Anzüge trug und außer Deutsch perfekt Englisch sprach, und Spanisch, da er eine Zeitlang als Außenhandelskaufmann in Argentinien gearbeitet hatte, bevor in ihm der Drang, Werber zu werden, übermächtig wurde und sich unsere Wege in Hamburg in der Werbefachschule kreuzten.

Er ist vor mir nach Düsseldorf gegangen, ist in zwei Agenturen gescheitert, hat sich dann ein Jahr eingeschlossen, um ein Buch zu schreiben, das nie vollendet wurde, und danach Großphotos produziert. Während dieser Zeit blockte er jeden meiner Versuche, wieder mit ihm in Kontakt zu kommen, ab. Er schämte sich offensichtlich, seine vielen Talente so zu vergeuden. Die letzte tragische Information, die ich von einem Kommilitonen erhielt, war, dass er sich an der Costa Brava das Leben genommen habe. Da war er Leiter eines Camping-Platzes.

Kehren wir aber zu ihm in Hamburg und in Hochform zurück. Es war kurz nachdem wir zusammengezogen waren. Eines Morgens schellte es, ein riesiges Paket wurde für ihn abgegeben. Da es noch früh war und Günther noch nicht sein Frühstück zu sich genommen hatte, das stets aus drei »North State« ohne Filter bestand, muffelte er angesichts des Paketabsenders vor sich hin, was das solle, dass ihm seine Eltern ein Paket schickten. Er machte es auf, las den Brief und sagte trocken: »Ach so, ich habe ja heute Geburtstag.« Das fanden wir beiden anderen cool. (Ich weiß nicht mehr, welchen Begriff wir damals für diesen Zustand verwendet haben, »kühl« aber bestimmt nicht, »lässig« vielleicht?)

Noch cooler die folgende Geschichte: Da war Günther noch nicht über, sondern an der Wupper, wo sein Elternhaus stand, hatte geheiratet und arbeitete in Düsseldorf. Ich war immer noch in unserer »alten« Behausung in Hamburg. Es war Samstagmorgen gegen 10 Uhr, als mich heftiges Klingeln aus dem Bett warf. Als ich die Tür geöffnet hatte, stand Günther vor mir, mit einem schicken Bademantel über einem schicken Schlafanzug (alles reine Seide) und schwarzen Lackschuhen an den unbestrumpften Füßen. Natürlich war ich total verblüfft und zunächst sprachlos, habe ihn dann aber doch gefragt, was er hier mache. »Dich besuchen«, war die lapidare Antwort. »Und warum in diesem Aufzug?«, wollte ich wissen. »Das war so«, fuhr er fort, »als ich heute früh wach wurde, wollte ich Zigaretten aus dem Automaten ziehen, und, um nicht so über die Straße latschen zu müssen, habe ich das Auto aus der Garage geholt. Und urplötzlich überkam es mich, ich musste aus dem langweiligen Wuppertal weg und zu dir nach Hamburg. Da bin ich dann gleich durchgefahren.« Auf die Frage nach seiner Frau, die ich nachträglich für den eigentlichen Grund seiner Flucht halte, teilte er mir mit, die schliefe sicher noch, aber er würde sie gleich anrufen. Nach einem Begrüßungs-Whisky gab er mir Geld und Konfektionsgröße und bat mich, ihm doch für zwei Tage »was zum Anziehen« zu kaufen, was ich sogleich auch auf der Mönckebergstraße erledigte. Dunkler Anzug, Einstecktuch, Gürtel, zwei Oberhemden, Unterwäsche und Socken sorgten dafür, dass zwei Gentlemen ein sehr abwechslungsreiches Wochenende verbrachten. Auch das fand ich cool. Seine Frau aber offensichtlich nicht, denn nur wenig später war Günther wieder ledig. Aber auch das hat das tragische Ende seines Lebens und das eher heitere dieses Berichtes nicht verhindern können. See you, Big Bier!

# Macumba

Wer glaubt schon an solch heidnisches Teufelszeug? Ich bestimmt nicht, und meine Frau als übertriebene Realistin schon gar nicht. Von den Brasilianern dagegen sagt man, 100 % glaubten daran, die restlichen 100 % seien Christen.

Wie auch immer, als wir vor einigen Jahren über Weihnachten und Silvester in Rio de Janeiro waren, hatten wir das zweifelhafte Vergnügen, mit diesem Phänomen Bekanntschaft zu machen. Wir waren nach einer privaten Party, mit Zwang zum »langen Schwarzen« und Smoking, auf dem Weg an den Strand von Copacabana, um dort mit Millionen anderen den Jahreswechsel zu feiern. Dazu muss man wissen, dass dieser wunderbare, lange Streifen schon Tage vorher dicht bevölkert ist von Tausenden von Macumba-Anhängern, die sich ihre Sandburgen gebaut, weiße Madonnen, von unzähligen weißen Kerzen umgeben, aufgestellt und gleich auch ihren weiß gekleideten Medizinmann mitgebracht haben, der seine Gemeinde mit merkwürdigen Gesängen und einem Schuss Zuckerrohrschnaps in dauerhafte Trance versetzt. Natürlich ist auch seine Gemeinde weiß gekleidet und muss um 00.00 h weiße Blumen ins Wasser werfen, hoffend, dass diese vom Sog ins weite Meer hinausgezogen werden, womit alle Sünden des zu Ende gehenden Jahres vergeben seien. Gut, wir waren schwarz gewandet, was aber auf den Fortgang des Geschehens eigentlich keinen Einfluss gehabt haben dürfte.

Da standen wir nun in drei Reihen hintereinander händchenhaltend am Wasser und bewegten uns gemessenen Schrittes, jeder wie in »Some like it hot« die weiße Blume quer im Mund, auf die Brandung zu. Meine Frau, die ihre natürliche Schönheit noch durch eine teure (einzeln geknüpfte) Perlenkette und ein entsprechendes (einzeln geknüpftes) Armband gesteigert hatte, musste kurz vor Erreichen der Wasserkante natürlich noch ganz schnell den Freunden rechts und links zurufen, sie hielte von dem ganzen Mumpitz gar nichts, was ihre beste, in Rio lebende Freundin mit der Warnung quittierte, so etwas auf keinen Fall zu sagen, das brächte Unglück. Ich, der ich genau hinter meiner Frau stand, kann dies und alles, und was noch folgte, auch an Eides statt beschwören. Die Freundin hatte das Wort Unglück noch nicht ganz ausgesprochen, da explodierten mit einem unheimlichen Geräusch Kette und Armband meiner Frau gleichzeitig, eine besonders hohe Welle rollte auf uns zu, teilte sich aber so, dass niemand nass wurde – außer meiner Frau, die bis zum Hals im Wasser stand.

Mit den verloren gegangenen Perlen und dem nassen Abendkleid haben wir auch den Glauben verloren, dass es »solchen Mumpitz« nicht gibt. Zweifelnd geworden, haben wir uns am nächsten Tag vorsichtshalber von einem Macumba-Priester in einer Grotte ins Meer tunken lassen. Seitdem ist bei uns nie wieder ein Schmuckstück explodiert.

## Einbruch auf Brasilianisch

Zu dieser Geschichte hat mich der Bruder meiner Frau animiert. Er verbringt als Carioca, wie sich die Menschen in Rio nennen, die meisten Monate des Jahres an der Copacabana und an Ipanema, wo er ein Apartment besitzt, das trotz eines martialisch aussehenden Sicherheitsmannes im fürstlichen Entree, der natürlich mit den Banditen gegen einen Fernseher oder eine Stereoanlage gemeinsame Sache macht, in den vergangenen drei Jahren vier Mal leer geräumt wurde, immer dann, wenn er sich in Deutschland aufhielt.

Einbrecher dort können ganz schön gemein sein, nicht nur, weil sie einbrechen und klauen, sie können vielmehr noch gemeiner sein, wenn sie dabei das Phänomen des »Jeitinho«, auf das ich später noch zu sprechen komme, verinnerlicht haben, wie die folgende Episode beweisen wird.

Es ist seit langem ein guter Brauch, dass sich die so genannten Besserverdiener, ob verheiratet oder nicht, in der Mittagspause in den vielen Motels der Innenstadt mit hübschen Mädchen zum fröhlichen Zeitvertreib treffen, weshalb zu dieser Stunde die Offices leer und die Motels, in denen es außer einem Bett und einer Toilette nichts gibt, voll sind, was natürlich auch die Einbrecher wissen.

Brechen die also neulich mittags in ein solches Motel ein, fesseln die beiden Portiers, halten mit vorgehaltener Waffe die Pärchen in Schach und berauben die Männer der Uhren, des Bargeldes und der Kreditkarten. (Den Mädchen können sie nichts entwenden, die sind aus Erfahrung schmuck-, wenn auch nicht freudlos.) Bis hierhin ist das ja für Rio alles noch normal. Besonders gemein aber wird es, wenn die Gangster die Beinkleider und Schuhe der Herren mitgehen lassen, was in diesem Fall geschehen ist, nicht nur, um die Verfolgung zu erschweren, nein, mit noch schlimmeren Hintergedanken, wovon gleich die Rede sein soll.

Ganz so schlimm ist das aber auch noch nicht. Schließlich kann man die Portiers entfesseln und ausschwärmen lassen in Shops, in denen man bekannt ist und so für alle eine Runde Hosen und Schuhe auf Kredit schmeißen kann. Ob die im Büro gebliebenen Kolleginnen und Kollegen glauben, man hätte eine neue Hose kaufen müssen, weil man die alte beim Lunch bekleckert habe, und man mit Badelatschen einliefe, weil die alten Budapester immer schon so elendig gedrückt hätten, ist für den tragischen Ausgang meiner Erzählung unerheblich.

Der absolute Gipfel der Gemeinheit ist, wenn die Einbrecher anonym Rios größter Tageszeitung von ihrem »Streich« berichten, die der Sache auf den Grund geht und ihr zwei Monate später eine ganze Seite in der Rubrik »Gesellschaft« widmet.

Mein immer gut informierter Schwager, der auch einige der Motel-Besucher kennt, erzählte mir, dass sich plötzlich einige der betrogenen Ehefrauen der bis zu diesem Abend unbekannten neuen Hosen und Schuhe erinnerten. Einige von den Ertappten wurden von ihren besseren Hälften verprügelt, andere zahlen inzwischen klotzige Alimente, weil die Ehefrau auf Brasilianisch »Tschüss« und: »Dein Gepäck befindet sich bereits auf der Straße« gesagt hat. Und das ist irgendwie auch gemein, finde ich, zumal mein Schwager zu wissen vorgab, dass es für die Damen definitiv ähnliche Einrichtungen gibt.

## Aufgepasst in Rio!

Trotz irrer Hitze und wahnsinnig hoher Luftfeuchtigkeit sollten Sie im brasilianischen Sommer nie in ein Restaurant (oder in Kneipe gehen), das in der örtlichen Presse mit »Air Condition« wirbt. Es könnte durchaus sein, dass eine existiert, es ist sogar wahrscheinlich. Dennoch, besser ist, wenn Sie nach Anzeigen suchen, in denen ganz fett gedruckt »No Air Condition« steht. Und warum das? Weil Sie dann wohl temperiert essen und trinken werden, aber nicht in der Gesellschaft der von den Brasilianern so gehassten amerikanischen »Gringos«, die laut seien, Cola statt Caipirinhas tränken und im fortgeschrittenen Zustand des Angeheitertseins mit Pommes würfen. Und die würden niemals in eine nicht klimatisierte Location gehen. Beim Schreiben habe ich gemerkt, dass dies durchaus auch eine Form von Jeitinho sein könnte. Wenn Sie meinen, Sie müssten unbedingt an den Strand von Copacabana oder Ipanema gehen, weil Sie ja gerade auch wegen des Schwimmens nach Rio geflogen wären, dann tun Sie es bitte in Gottes Namen, aber kommen Sie nie auf die Idee, einem Buben auf dessen Wunsch hin für einen Moment den Drachen zu halten, mischen Sie sich nicht ein, wenn sich zwei Jugendliche vor Ihren Augen wirklich heftig verprügeln, und lehnen Sie jedes Angebot ab, sich mit Ihrer Begleitung photographieren zu lassen. Täten Sie es, können Sie sich gleich von allem, was Sie an den Strand mitgenommen haben, verabschieden. Denn irgendwo im Hintergrund lauern deren Komplizen nur auf fette Beute. Wenn Sie dennoch meinen, schwimmen zu müssen, ein Badehandtuch tut es auch. Anderenfalls sitzen Sie nach der Lektüre dieser Ratschläge nur ängstlich bei Ihren Klamotten, denn an den Stränden sind ständig Drachen in der Luft, verprügeln sich immer welche und wollen Sie ablichten.

Wenn Sie unbedingt abends bummeln wollen, tun Sie das am besten in T-Shirt, Bermudas und Badelatschen, natürlich ohne Uhr und Schmuck. Ein paar »Real« für einen Drink oder Snack können Sie in der Tasche haben, am besten durch zwei teilbar. Und lassen Sie sich in der Rezeption Ihres Hotels aufschreiben, was »Wir sind auch nur arme

Schlucker, lasst uns wenigstens die Hälfte, wir haben auch Hunger und Durst« auf Portugiesisch heißt. Damit haben Sie die besten Chancen beim fast sicheren Überfall. Mein Schwager macht das so, und es hat bisher immer geklappt. (Es kann sogar sein, dass sie später am Abend den Übeltätern noch einmal begegnen, und die Ihnen dann schon aus der Entfernung »Hallo, Amigo!« zurufen.)

Diese Art von Ausstattung für die Ferien erleichtert natürlich auch Ihr Gepäck, so wie es mir seinerzeit der stellvertretende Chefredakteur des »Playboy« vorexerziert hat. Wir kannten uns bereits und trafen uns im Flieger nach Rio wieder. Kurz vor der Landung entledigte er sich seines Pullis, seiner Popelinhose, der Schuhe und Socken und steckte alles in seine relativ kleine Reisetasche, aus der er Latschen hervorzauberte. Er auf der Gangway in T-Shirt und Bermudas unten, ich noch oben, rief ich ihm zu: »Wir sehen uns am Gepäckband!« »Ich habe kein Gepäck«, hieß es zurück. Auf dem gemeinsamen Weg zur Passkontrolle berichtete er, dass er immer »nur so« reise, da könne ihm wenigstens nichts geklaut werden. In einem Supermarkt würde er sich morgen noch schnell ein paar Shirts und Slips kaufen, die er vor dem Rückflug an Straßenkinder verschenken würde. Auf die Swatch-Uhr könne er im Urlaub sowieso leicht verzichten. So hat er seine Vorsorge noch intelligent mit einer guten Tat verbunden. Wirklich nachahmenswert.

## JEITINHO (PORTUGIESISCH)

Jetzt will ich dieses Phänomen doch einmal genauer erklären. Man spricht es korrekterweise fast so aus, wie man es schreibt. Aber selbst, wenn man das perfekt kann, weiß man meistens noch lange nicht, was es bedeutet, weil es dann ja auch kein Phänomen mehr wäre. Selbst die eingeborenen Cariocas können es einem kaum erklären. Das sei so etwas wie absichtlich in der falschen Richtung durch eine Einbahnstraße zu fahren, oder, wenn ein junges Paar, das scharf ist auf Zuschauer beim Sex, 20 mal »auf Rezept« zum Psychiater geht, um es dort unter Hinweis darauf, man sei nicht sicher, alles richtig zu machen und der Doktor möge doch einmal draufschauen, treibt. Jeitinho, das sei eben nie ganz richtig zu beschreiben, am besten übersetze man es mit »Regeln umdribbeln«, »Fighting the Rules« oder so …

Eines Tages ging ich mit meinem Schwager, der ja in Rio lebt, durch Ipanema spazieren, vorbei an der berühmten »Garota«, in der Tom Jobim und Vinicius de Moraes die Bossa Nova erfunden und ihr »Girl from Ipanema, die »One Note Samba« und all die anderen Songs geschrieben haben, nach denen heute die Welt tanzt. Wir erreichten die Rua Visconde de Piraja, über die man selbst bei »Grün« nicht kommt, weshalb es die meisten Cariocas unter Einsatz ihres Lebens gleich bei »Rot« versuchen. Da stand ich also mit meiner anerzogenen Gesetzeshörigkeit (um mich nicht zu gefährden, hatte sich mein Schwager wohl vorübergehend wieder auf seine besonnen), jedenfalls standen wir da und warteten, sicher schon beim fünften »Grün«, aber vergeblich, kein

Auto hielt an, von den Bussen ganz zu schweigen! Neben uns stand ein armseliges Häuflein Mensch, ein etwa 40-jähriger Mann, gut gekleidet zwar, aber offensichtlich schwer verkrüppelt, den schiefen Kopf wie Quasimodo im »Glöckner von Notre Dame« tief eingezogen, der Rücken buckelartig krumm, die Arme schräg abgewinkelt, total linkslastig und mit einem steifen Bein. Dieser arme Kerl, dachte ich bei mir, als sich die traurige Gestalt plötzlich anschickte, die Straße bei laufendem Verkehr zu überqueren. Es war schrecklich, ansehen zu müssen, wie er sich im Schneckentempo vorschleppte. »Wenn das nur gut geht«, meinte mein Schwager. Aber siehe da, der Verkehr stand wie von Zauberhand still, alles hielt und ließ ihm eine Gasse. Nach fast einer Ewigkeit auf der anderen Seite angekommen, verharrte der Mann kurz, drehte sich zu uns und den wartenden Fahrzeugen wie zu seinem Publikum um und verwandelte sich im Nullkommanix in einen höchst unverkrüppelten, lebendigen Springinsfeld, riss die Arme hoch, hüpfte von einem Bein aufs andere und tanzte Samba.

Da sagte mein Schwager: »Siehste, jetzt weißt du, was Jeitinho ist.« Sehen Sie, und jetzt wissen Sie es auch.

## Prost Freischütz!

Dass Dresden wunderschön ist, weiß jeder. Deshalb muss ich endlich eine Bildungslücke schließen und demnächst dringend dorthin, auch weil es mich brennend interessiert, wie es die Elb-Florentiner geschafft haben, in der berühmten Semper-Oper eine Brauerei zu betreiben, ohne den Spielbetrieb zu stören. Gut, im Zuschauerraum geht das nicht, denn gerade die Leute auf den teuren Plätzen müssen doch einen nicht von Kesseln und Rohren getrübten, freien Blick auf die Bühne haben. Auch die Gerüche und Geräusche würden das Kunsterlebnis erheblich beeinträchtigen. Aber im Keller, wo es ohnehin ausreichend Platz für Technik, Requisite und Kostüme geben muss, da müsste es doch gehen.

Und schon beginne ich bei dieser angenehmen Vorstellung vom nächsten, revolutionierenden Schritt zu träumen, wenn endlich ein renommiertes Haus den Mut zur Innovation hätte, während der Vorstellung Pils vom Fass auszuschenken. Dazu könnte man, um musikalisch konsequent zu bleiben, als Snacks »Mozart-Kugeln« und »Wagner Steinofen-Pizza« servieren. Agathes Arie mit Blume auf dem Glas, das wäre doch wahrhaft doppelter Genuss! Damit würde man auch die ewige Drängelei an den Bars in den Pausen minimieren, und auch unter wirtschaftlichen Aspekten als intelligente Arbeitsbeschaffungsmaßnahme ist diese Vision hoch interessant. Denn irgendwer muss doch zapfen, kredenzen, wieder abräumen und Gläser spülen. Nun sagte mir ein Freund, dem ich von meinem Reiseplan erzählte und der geschäftlich häufig in Dresden ist, in der Semper-Oper gäbe es gar keine Brauerei. Das glaube ich aber nicht, heißt es doch in dem Fernsehspot für »Radeberger Pilsener« nach dem aus wettbewerbsrechtlichen Gründen etwas verwundenen Slogan »Ein Bier, wie es so gebraut, in Deutschland nirgendwo ein zweites gibt«: »Und hier ist es zu Hause.« Dabei zeigt die Kamera eindeutig erst in der Totalen den Zuschauerraum und dann die Fassade des Musentempels.

Das ist doch Betrug, oder?

Statt nach Dresden werde ich nach dieser Enttäuschung jetzt in den Spreewald reisen, in der Gewissheit, dass es dort Spree und Wald gibt und tatsächlich Gurken wachsen. Das hat Dresden davon!

## »How to succeed in business with really trying«

(Mit den »Gänsefüßen« möchte ich den Autor des wunderbaren Büchleins »How … without really trying« für den verfremdeten geistigen Diebstahl um Vergebung bitten.)
　Viele meiner Freunde haben mich schon gefragt, warum ich nicht meine »Memoiren« schriebe. Eigentlich haben sie Recht, denn als einer der beiden Bosse einer ziemlich großen und erfolgreichen deutschen Werbeagentur hätte ich in der Tat aus 30 wilden Jahren unzählig viele zauberhafte wie schauerliche Geschichten zu erzählen. Aber man müsste, will man nicht beim Genre des Schlüsselromans enden, Ross und Reiter nennen, was ich nicht will. Man beschmutzt nicht das Nest, in dem man sich über so viele Jahre wohlgefühlt hat.
　Hier ist eine kleine, namenlose Ausnahme von der freiwilligen Selbstverpflichtung:
　In unserem Job galt immer die Erkenntnis: Einen Etat zu gewinnen und zu verlieren, sind zwei verschiedene Paar Schuhe. Aber beides muss man können. Dass wir bei Ersterem gut waren, belegen die »Jahrbücher der Werbung«, noch besser aber waren wir beim »Verlieren«. Unsere Ausstiege bei bestimmten Kunden waren an Intelligenz, Eleganz, Grandezza und Charme nicht zu überbieten.
　Hier sind zwei Beispiele, wie man mühelos, ohne Einbuße an Renommee und ohne Gesichtsverlust aus einer Beziehung herauskommt, wenn man die Zeit für gekommen hält. Fragte uns einst ein Kunde, der nie Geld für Farbanzeigen hatte, warum unsere Anzeigen, im Gegensatz zu den vielen bunten Anzeigen der Konkurrenz »immer so grau und schwarz« aussähen. Nach der ehrlichen Antwort: »Weil wir davon im Atelier am meisten haben«, konnten wir uns erleichtert verabschieden, nicht bis zum nächsten Meeting, sondern für immer.
　Als noch effektiver erwies sich folgende Methode, die der unverhüllten Drohung. Wir arbeiteten damals für ein wirklich großes, hoch angesehenes Unternehmen, dessen Chef Klasse, dessen Werbeleiter aber eine beschränkte Flasche war. Er beäugte meinen Partner und mich immer argwöhnisch, wenn uns der Chef unter sechs Augen spre-

chen wollte, also ohne ihn. Als Folge dieser Ausschlüsse legte uns der Nickel immer mehr Steine in den Weg, was uns bewog, diesem Schrecken ohne Ende ein Ende mit Schrecken zu bereiten. Damals war es noch ehrenhaft, die Schmerzgrenze für Prostitution in einer Geschäftsbeziehung selbst zu ziehen. (Wer wagt das heute noch?)

Also nahm mein Partner bei nächster Gelegenheit, nach einem opulenten Mahl in einer Dorfschänke, besagten Werbeleiter zur Seite, schaute ihm drohend in die Augen (Spitzname »der Mörder mit dem Kalbsblick«) und ließ dann, wie im Vorübergehen, folgende Empfehlung fallen: »Also, Herr Werbeleiter, wenn Sie sich weiter gegen das sperren, was Ihr Chef mit unserer Hilfe umzusetzen gedenkt, sollten Sie sich schon einmal nach einer gut gehenden Würstchenbude umsehen.« Operation geglückt. Kunde futsch.

PS. Ich biedere mich gern an, Not leidenden Kollegen mit destruktivem Rat kostenfrei zur Seite zu stehen.

## Ein Ehrentag als Profit-Dämpfungsmittel

In der guten, alten Zeit, als es in der Werbung noch keine Kostenkontrolle gab, wirkten Geburtstage äußerst produktivitätsfördernd, behaupteten jedenfalls die Beteiligten, weil man doch nach einer feucht-fröhlichen Feier mit ganz neuem Elan an die Arbeit ginge. (Dieser Interpretation kann ich mich nachträglich nicht mehr anschließen, denn soweit ich mich erinnere, habe ich am Tag danach

durch vermehrten Konsum von Aspirin eher die Produktion von Bayer gefördert.)

Controller können heute leider mühelos nachweisen, wie schädlich sich Geburtstage auf die Zahlen ausgewirkt haben. Nehmen wir meine damalige Agentur mit rund 240 Leuten als Beispiel:

Da bekanntlich jeder Mensch im Jahr einmal Geburtstag feiert (Schaltjahre ausgeklammert), müsste rein rechnerisch alle 1,5 Tage angestoßen werden. (Geburtstage, die auf Feiertage oder in den Urlaub fielen, wurden grundsätzlich vor- oder nachgefeiert.) Nimmt man nun den zusätzlichen Aufwand hinzu, Dekoration, Miete eines Konzert-Flügels, Engagement eines Kleinkünstlers, dazu das frohe Schaffen der Texter und Gestalter auf der Suche nach brillanten Ideen für Einladungen, Poster und Karten, was erfahrungsgemäß Tage dauern konnte, kam schon einiges an Kosten zusammen, ganz zu schweigen von der Zeit, aber die kostet ja auch. Dann wären die Controller zu dem deprimierenden Ergebnis gekommen, dass die gesamte Agentur p.a. weniger als ein halbes Jahr gearbeitet hat.

Den Oberboss, für den wohl immer noch genug dabei übrig blieb, trieben andere Sorgen um. Immer, wenn er so um die 30, 40 fröhliche Menschen mit Gläsern in der Hand in Rudelbildung herumstehen sah, befahl er, man solle sich auf mehrere Zimmer verteilen. »Sonst wird die Quadratmeter-Belastung zu groß!«

Sie sehen, auch damals schon hatte man Sorgen in der Werbung. Und wenn der Laden damals nicht pleite gegangen ist, bleibt nur der Schluss, dass entweder die Kunden zuviel Geld bezahlt haben oder wir doch verdammt gut gewesen sein müssen.

# I remember the Early Roaring Sixties of Advertising

Das waren noch Zeiten, als wir, die wenigen schon richtig Aus-Gebildeten, vornehmlich von an der Schreibmaschine gescheiterten Sekretärinnen, Piloten ohne Flugzeug, Sängern ohne Stimme, aus der U-Haft entlassenen Advokaten, Filmvorführern ohne Kino und Ärzten ohne Approbation umgeben waren, alles strömte in die »Reklame«, weil dort das große Geld lockte. Angst um seinen Job hatte man eigentlich nie, wenngleich das Prinzip »Hire and Fire« an der Tagesordnung war. Man befand sich ja mitten im Aufschwung und fand in der Regel sofort wieder einen Arbeitgeber, meistens bei der unmittelbaren Konkurrenz.

Ich erinnere mich an die montäglichen Rituale, wenn sich die Bosse mit der so genannten erweiterten Geschäftsleitung zusammensetzten, um das »weitere Vorgehen« zu besprechen. Sehr häufig kam es vor, dass der stets griesgrämige Oberboss mit den Personal-Anzeigen der örtlichen Tageszeitung hereinkam und muffelte. »Die (damit meinte er unsere größte Konkurrenz) suchen schon wieder drei Kontakter, drei Texter und drei Layouter, und was suchen wir?« Trotz der Einwände des mutigen zweiten Mannes, wir seien doch sehr gut ausgestattet, erging dann an den Personalchef die Anweisung, sofort jeweils einen mehr zu suchen.

So kam es, dass die Agentur durch die meisten Abteilungen hindurch aus Eitelkeit doppelt besetzt war, man konnte vormittags Billard spielen oder nachmittags ins Kino gehen, es war doch immer einer da, der die Arbeit machte. Spötter verbreiteten schon das Gerücht, auf die enge Treppe vom Eingang zum Empfang nach oben würde ein Mittelstreifen gemalt, damit die, die gehen, nicht mit denen zusammen stoßen, die kommen, eine arbeitnehmerfreundliche Variante der erst viel später eingeführten Teil- und Gleitzeit, oder anders gesagt: Schichtwechsel ohne Schicht.

Das fröhliche Treiben hatte plötzlich ein trauriges Ende, als einer der Geschäftsführer auf die schreckliche Idee kam, die Kostenerfassung zur Feststellung von Aufwand, Umsatz und Ertrag einzuführen.

Es wurde kolportiert, dies sei auf Initiative der Frau des Oberbosses geschehen, die es angeblich leid sei, erst zum Jahresende zu erfahren, wie viele Pretiosen aus unserer Arbeit für sie heraussprängen. Wir fanden das gar nicht gut, denn wenn mal nicht genug Kohle für den Schmuck da war, gab es auch kein Weihnachtsgeld.

Ausbeutung und Kapitalismus hatte ich schon bei meinem 1. Arbeitgeber in Hamburg am eigenen Leibe erfahren müssen Es war das Jahr der Flutkatastrophe, deren Wellen den gerade neu angelegten Park des Schlosses unseres obersten Kriegsherrn an den Hängen der Elbchaussee hinfortgespült hatten. Auf der Weihnachtsfeier verkündete dieser noble Herr, dass es diesmal leider kein Weihnachtsgeld geben könne, da er den Unternehmensgewinn doch dringend zum Wiederaufbau seines Parks benötige. Ehrlich war man damals wenigstens.

Ein unangenehmes, aber folgenloses Zusammentreffen mit selbigem Herrn hatte ein armseliges, verschwiemeltes, weil in der Nacht zuvor abgestürztes Texterlein. Kaum wähnte es sich um 11.00 Uhr im Fahrstuhl sicher, als sich die Tür noch einmal öffnete und der Boss zustieg. Der schaute demonstrativ auf seine wahnsinnig teure Uhr und näselte: »Schon ein bisschen spät, oder?« Trotz des »hang-overs« hatte das schon durch Kopfschmerzen genug geplagte Texterlein den Mut und die Geistesgegenwart, sich an die Taktik »Angriff ist die beste Verteidigung« zu erinnern und meinte keck: »Ach, Sie als Chef können sich das doch erlauben!«

Ermutigt durch diese Tat, hatte ich nur wenig später selbst die Gelegenheit, tapfer zu sein. Gerade wollte ich kurz vor fünf am Empfang vorbeischleichen, um auf der Elbe zu segeln, als, wie aus dem Boden geschossen, besagter Herr vor mir steht und fragt: »Wie, Sie wollen schon gehen?« »Nein, ich fahre.« Auch diese Antwort blieb ohne Nachwirkungen.

Wesentlich folgenschwerer war später, bei meinem zweiten Arbeitgeber, die Begegnung eines sehr lieben Kollegen mit dem schon erwähnten meist muffeligen Chef vom Ganzen, der es auf den Tod nicht ausstehen konnte, wenn wir »Kontakter«, also die Leute mit Außenkontakt, daher stammt dieser dumme Titel wahrscheinlich, in den Fluren ohne Jackett auftauchten. Anmerken muss ich dazu, dass mein lieber Kollege im 2. Weltkrieg Stuka-Pilot gewesen war und deshalb von Zeit zu Zeit unter »Blackouts« litt. Das käme davon, dass er sich ohne Sauerstoff und Druckausgleich zu oft aus großen Höhen auf den Feind hätte stürzen müssen, entschuldigte er sich dann.

Trifft also dieser arme Kerl, natürlich in Hemdsärmeln, auf den Oberboss, der, selbst ohne Jacke, ihn von oben bis unten mustert und dann mit schneidend-kalter Stimme fragt: »Haben Sie kein Jackett?« Genau in diesem Moment muss mein Kollege wieder einen Blackout gehabt haben, denn er antwortete: »Ja schon, aber das leihe ich Ihnen nicht.«

Zwei Tage später saß ich allein im Büro.

Ebenso mutig und zugleich ehrenvoll die Gründe für den »sudden death« eines anderen Kollegen, der gerade Vater von weiblichen Zwillingen geworden war, rothaarigen, wie er stets ausdrücklich hinzuzufügen pflegte.

Auf der Weihnachtsfeier geschah es, dass ihn Frau Oberboss in ein Gespräch verwickelte und sich nach dem Wohlergehen von Mutter und Kindern erkundigte. Ich vermute, dass sie während der Unterhaltung das Gefühl entwickelte, mein Kollege sei wegen der roten Haare nicht ganz so glücklich. Also sprang sie ihm mitleidsvoll mit der Bemerkung zur Seite, ihre Tochter sei mit 1.85 Meter auch nicht gerade rank, schlank und graziös. Was immer meinen Kollegen, der die Tochter natürlich kannte, geritten haben mag – waren es die Grogs und/oder das Hochgefühl über das ihm kurz vorher zugesagte Weihnachtsgeld – jedenfalls beendete er das Gespräch mit dem spaßigen Satz: » Dann lieber rothaarige Zwillinge als solch ein Trampel.« Versteht sich von selbst, dass er damit zeitgleich auch seine Karriere bei uns beendet hatte, ohne Weihnachtsgeld, versteht sich.

# Ein Auto als Millionengrab

Es machte sich einst auf nach Düsseldorf der Werbeleiter eines großen deutschen Autobauers, um hier drei Werbeagenturen zu Teilnehmern an einer großen Wettbewerbs-Präsentation zu küren.

Natürlich wurde er von den ersten Kandidaten nach allen Regeln der Kunst hofiert, hier abgeholt, dorthin wieder gebracht und zwischendurch selbstredend fürstlich bewirtet. Wir, als die damals noch Unbedeutendsten, Unbekanntesten und Mickrigsten und deshalb auch Letzten in der Runde bekamen heftiges Muffensausen, als die Stunde der ersten Begegnung näher rückte. Mein Partner, von der Sinnlosigkeit des »größenwahnsinnigen« (wie er es nannte) Unterfangens überzeugt, ließ sich von vornherein mit Kopfschmerzen entschuldigen. Also stieg ich mit einem mutigeren Kollegen ins Auto, einen BMW 2002 ti, den ich vor längerer Zeit in einem spätpubertären Anfall mit so unnützem Zeug wie Öldruckmesser, Volt- und Ampère-Meter, mit »Campagnolo«-Felgen und »Nardi«-Holzlenkrad hatte ausrüsten lassen. Auf der Fahrt beschlich mich plötzlich Angst: »Meine Güte, was wird der von dir und dem ganzen halbstarken Schnickschnack bloß halten?« Aber es gab ja kein Zurück mehr.

Kaum aber hatten wir vor dem Breidenbacher Hof, wo wir ihn abzuholen versprochen hatten, und nach einigen Begrüßungsfloskeln und Komplimenten Fahrt in Richtung Restaurant aufgenommen, meinte unser Gast cool: »Einen Pluspunkt haben Sie schon. Stellen Sie sich doch vor, die Agentur XYZ hat doch tatsächlich die Unverschämtheit besessen, mich in diesem schrecklichen Citroen Palace herumzukutschieren! Bei Ihnen sitze ich zum ersten Mal in Düsseldorf in einem richtigen Auto!«

Bleibt hinzuzufügen, dass es sich bei dem Werbeleiter um den von BMW handelte, wir den Etat gewannen und die Herren der Agentur XYZ wahrscheinlich noch lange den entgangenen Gewinnen nachtrauerten.

Nicht nur Können muss man haben, sondern auch das richtige Auto, zur rechten Zeit an der richtigen Stelle.

## Warum ich zweimal heiraten musste

Meine Frau hat mich davor gewarnt, diese intime Episode aus meiner Sturm- und Drangzeit niederzuschreiben. »Du könntest damit den Eindruck erwecken, früher ein Bruder Leichtfuß gewesen zu sein«, meinte sie. Als ehrlicher Mensch habe ich dieser Unterstellung nicht widersprochen. Ich veröffentliche sie dennoch, vor allem um nachfolgenden Generationen aufzuzeigen, wie gefährlich und folgenschwer Glücksspiele aller Art sein können, in diesem Fall sogar waren.

In meiner damaligen Agentur gab es einen schönen Brauch. Am 1. April und 1. Oktober, an den Tagen also, an denen »Neue« anfingen, wettete man immer mit einem gleichgesinnten Kollegen, wem es gelänge, die attraktivste der Damen, die, darauf wartend, abgeholt zu werden, im Empfang wie Hühner auf der Stange saßen, zu erobern. Mein Wettpartner hieß Jupp, aber wir nannten ihn immer nur Moische. Seinen richtigen Namen verschweige ich, da er noch lebt und ich nicht weiß, ob er seiner Frau diese Schandtaten jemals gebeichtet hat.

Da »Neue« zumindest an ihrem ersten Tag erfahrungsgemäß pünktlich sind, musste man sich selbst früher als gewohnt aus den Federn quälen, wenn man um 8.30 h an den Damen vorbei defilieren wollte. Man schmiss sich in Schale, musterte die Damen im Vorübergehen scheinbar völlig desinteressiert, grüßte sie weltmännisch-lässig, ging ins Büro, griff zum Hörer und gab seinen Tipp ab. In meinem Fall war es »die dunkelhaarige dritte von rechts«. Natürlich hielt Moische drei Flaschen Champagner dagegen, denn diese Dame bekäme ja schon er.

Die wirklich bildhübsche neue Kollegin, die mein Interesse geweckt hatte, wurde leider eine der beiden neuen Chefsekretärinnen. Was den Kontakt und das Anbaggern zusätzlich erschwerte, war mein (begründeter) Verdacht, ihr Chef habe auch ein Auge auf sie geworfen, mit Handicap allerdings, denn er war verheiratet.

Kurzum, ich konnte alle Hindernisse überwinden und sie betören, mit der ersten Konsequenz, dass wir unmittelbar nach Ende ihrer Probezeit verlobt waren.

Schon da merkte Moische an, der den Champagner längst spendiert hatte, ob dies nicht etwas übertrieben sei, so weit müsse man es doch nun wirklich nicht kommen lassen, schließlich hätte ich die Wette doch gewonnen und sei damit aus dem Schneider. Als »Sieger« konnte ich natürlich nicht mit »Wettschulden sind Ehrenschulden« antworten. Also entgegnete ich nur: »Wer A sagt, muss auch B sagen«, und das Schicksal nahm seinen Lauf. Ein weiteres halbes Jahr später war ich verheiratet. So kurz die Ehe, sie hielt ein Jahr und wird von mir noch heute als lehrreicher Versuch ins Unreine bezeichnet, so kurz jetzt das Ende der Geschichte: Ich wollte gewisser Annehmlichkeiten wegen nicht allein bleiben, aber auch niemals mehr eine Frau per Wette gewinnen. Also habe ich mir meine zweite hart erarbeitet, mit dem erfreulichen Resultat, dass wir jetzt schon länger als 37 Jahre verheiratet sind.

## Neunundsechzig

An diese Zahl habe ich sehr unangenehme, schmerzhafte Erinnerungen, denken Sie aber bitte nicht, sie habe etwas mit Sex und ähnlichem Schweinkram zu tun.

Wir waren zu dritt von unserem Kunden, jenem großen süddeutschen Autobauer, auf Münchens bekanntesten Faschingsball eingeladen. Zu beschäftigt, schickten wir eine hilfsbereite und karnevalserprobte Sekretärin mit der Bitte los, für uns drei identische Kostüme zu besorgen. Sie kam zurück mit drei Baseball-Kappen, drei Schnurrbärten unter Sonnenbrillen und drei cremefarbigen Trikots, auf deren Brust in riesigen rot-schwarzen Lettern »69« prangte.

Wir verloren uns auf dem Ball absichtlich schnell aus den Augen, denn wer teilt schon gern seine Beute durch drei? (Da meine Frau das liest, möchte ich feststellen, mich nicht an der Jagd beteiligt zu haben.)

Ich promenierte also da »so herum«, und das lief eine Stunde auch ganz störungsfrei. Dann aber stellten sich unerwartete und zunächst unerklärliche Probleme ein. Jedes Mal, wenn mir ein Mädel auf Tuchfühlung nahe kam, was bei den engen Gängen unvermeidbar war, wich dieses erschrocken zurück und versuchte, einen großen Bogen um mich zu machen, nicht ohne vorher alle Freundinnen rechts und links von ihr lautstark vor mir zu warnen. Eine hat mich sogar geohrfeigt. Was war geschehen?

Eine Antwort darauf hatte auch die zweite »69« nicht, der es wie mir ergangen war. Neugierig und mutig, wie wir waren, fragten wir eine Dame, die auch schon im Begriff war, vor uns die Flucht zu ergreifen, nach den Gründen für solch merkwürdiges Verhalten, wir hätten doch niemandem etwas getan. »Ja, Sie nicht, aber da läuft noch eine ›69‹ rum, die geht einem gleich an die Wäsche und so …!« Nie wieder bin ich mit einem dopplungsfähigen Kostüm in den Karneval gezogen. Meistens ging ich als Beethoven, denn der war und bleibt nachweisbar einmalig.

## Sex auf dem Lande

Als wir unseren ersten, wirklich großen Kunden gewonnen hatten, lud uns dessen Werbe-Chef zu einem »Kennenlern-Treff« nach Frankfurt ein, nicht wissend, dass dort die Buchmesse alle Hotels hoffnungslos übervölkert hatte. Der Ausweich-Ort entpuppte sich als ein verschlafenes hessisches Örtchen, in dem schon bei unserer Ankunft um 18.30 h die Bürgersteige hochgeklappt waren. Aber halt; weit gefehlt, nicht ganz, in unserem Hotel gab es eine Kneipe, die geöffnet war und über der eine poppige Neon-Schrift mit der Verheißung »Sex auf dem Lande« prangte.

Also, schnell die Koffer ins Zimmer, ruckzuck frisch gemacht und dann runter an die Bar, an der mein Partner schon lässig lehnte. Hinter derselben eine barbusige Frau, hinter deren artifizieller, aufgetünchter Verruchtheit die zwar hübsche, aber biedere Haufrau, wahrscheinlich liebende Ehefrau und gute Mutter zum Vorschein kam. Dass dieser Eindruck aus jedem zumindest oben nicht vorhandenen Knopfloch strahlte, konnte man wegen besagter Umstände und Dunkelheit nicht feststellen. Mein Partner, sonst kein Kostverächter, bestellte seinen Drink und sagte: »Zieh dir was an, Mädel, sonst erkältest du dich noch!« Das hat mich sehr überrascht, denn so kannte ich ihn noch gar nicht.

Was dann allerdings später in den heimelig beleuchteten Séparées zwischen unseren Leuten und denen unseres neuen, ersten, wirklich großen Kunden abging, ist mir als treuem Ehemann entgangen, der zu diesem Zeitpunkt schon allein im Bett lag. Es muss extraordinär gewesen sein, denn diese Kundenbeziehung hat dann immerhin fast 14 Jahre gehalten.

Also Werber, die ihr auf dauerhafte Geschäftsverbindungen steht, auf ins Hessische aufs Land!

## Das toskanische Städtchen

Als ich es aus der Ferne erblickte, glaubte ich zunächst, einen riesigen Turm oder eine gewaltige Burgmauer vor mir zu haben, bei der Annäherung aber konnte ich schnell feststellen, dass es sich um eine Vielzahl von, jedes für sich genommen, gar nicht so hohen Häusern handelte, die sich, auf einen Hügel gebaut, verschachtelt aneinander schmiegten und, sich gegenseitig Schatten spendend, um den hoch oben herausragenden, quadratischen Kirchturm, der aber statt eines Turms eine Balustrade am oberen Abschluss trug, scharten.

Die Anstreicher hatten sich für eine einzige Fassadenfarbe entschieden. Wahrscheinlich war es ihnen in der Hitze zu beschwerlich, für jedes Haus eine andere Nuancierung anzumischen. Oder der Mengenrabatt für diese eine Kolorierung war so hoch, so dass man ihm die Individualität geopfert hatte. Oder es ist so in der Toskana. Nach meinen Aquarellfarben würde ich auf Siena natur oder Ocker natur hell tippen, kein Wunder, zumindest nicht bei Siena, liegt doch diese Farbnamen gebende Stadt ebenfalls in dieser Region. Auch die Dachziegel waren identisch, durchgehend in einem blassen Rot gehalten. Was mir sofort noch auffiel, war die Größe der Fenster, die man in das dicke Mauerwerk gestemmt hatte. Wir, in unseren Breiten, würden eher von Schießscharten oder Gucklöchern sprechen. Aber bei uns ist es ja auch nicht so hell und so heiß. Jedenfalls gefiel mir dieses Motiv so gut, dass ich beschloss, es mit Acrylfarben auf eine Leinwand zu bannen. Da ich mein Malzeug aber nicht dabei hatte, schoss ich ein paar Photos, die ich dann zu Hause künstlerisch zu reproduzieren gedachte.

So weit, so gut. Es ging mir dann auch alles flott von der Hand, vielleicht auch, weil ich jeden erkennbaren Fortschritt mit einem Schluck Rotwein begrüßte. Nach vier Stunden war das Werk vollendet, ich war mit der Farbwahl zufrieden, auch die Fluchtlinien der Perspektiven und die Licht- und Schatten-Verteilung bei westlichem Sonnenstand machten mich stolz. Darauf musste ich gleich noch einen trinken, aber erst musste ich noch meine Initialen rechts unten in die Ecke setzen. Dann wartete ich auf das überschwängliche Lob meiner Frau, die gerade zum Einkaufen unterwegs war. Mein Bild hatte ich so platziert, dass es ihr beim Betreten des Zimmers sofort auffal-

len musste. Das war auch so. Noch von der Tür her rief sie, das sei aber wirklich toll geworden. Bei näherer Betrachtung aber ließ ihre Begeisterung aus mir unerklärlichen Gründen irgendwie nach. »Ist was?«, fragte ich beunruhigt. »Ja, schau dir doch mal dieses Haus an, das hat ja gar keine Seitenwand!« Und damit hatte sie leider Recht.

In doppeltem Sinn ernüchtert, musste ich mich fragen: Was nun? Obwohl man Acrylfarben leicht übermalen kann, schloss sich eine Detail-Korrektur aus, denn danach hätte dem Nachbarhaus die Seitenwand gefehlt. Und alles überpinseln? Nein, auch das kam für mich nicht in Frage, zumal meine Frau meinte, man könne diese Macke nur aus kürzester Entfernung bemerken, und solche Bilder schaue man sich doch gemeinhin aus gebührender Distanz an. Ich konnte noch den genialen Gedanken beisteuern, all unseren Gästen vor dem Marsch vorbei an unserer Galerie ausreichend Wein anzubieten, dann würde ihnen, wie mir vorher, die blöde fehlende Wand auf gar keinen Fall auffallen. Was mich danach noch beschäftigte, war die Frage, was passiert wäre, wenn die verwirrenden Vertikalen und der Wein einen großen alten Meister genauso verwirrt hätten wie mich? Und dabei stieß ich dann auf den Unterschied zwischen Amateurstatus und Berühmtheit ...

Würde man mir einfach anhängen, malen kann der auch nicht, riefe diese Schlamperei des renommierten Künstlers sofort weltweit Hundertschaften von Experten und Kunstkritikern auf den Plan, die sich dann ausschließlich mit einer Frage beschäftigen: Was will uns der Meister mit der fehlenden Seitenwand sagen? Welches Geheimnis steckt dahinter, ist es gar ein verstecktes Zeichen für seine Geliebte oder einen verhassten Berufskollegen?

Wie auch immer, ich würde einfach nur behaupten, er habe mindestens ebenso viel Rotwein beim Malen intus wie ich, wahrscheinlich aber noch mehr.

## Voll zum Erfolg

Der Körper ist willig, der Geist ist schwach – ich ertappe mich (schon wieder) dabei, das Gelübde, niemals aus dem Nähkästchen zu plaudern, zu brechen. Halten wir es einfach mit dem Ruf der Fußball-Fans: Eine (Story) geht noch.

Wir hatten einst im tiefem Süden Deutschlands für ein großes, weltweit operierendes amerikanisches Unternehmen zu präsentieren, dessen Boss, Marketing-Chef und persönlicher »Reise-Marschall« (der Mann, der für den Chef im Vorfeld der Meetings immer die schönsten Hotels zu buchen hatte) leider kein Wort Deutsch sprach. Unser Englisch reicht allemal, glaubten wir zunächst. Nachdem uns aber der Reise-Marschall signalisiert hatte, wie extrem anspruchsvoll, ungeduldig und sogar jähzornig sein Meister werden könnte, buchten wir eine bildschöne, rothaarige Simultan-Dolmetscherin.

Nun muss man wissen, dass mein Partner schon immer dazu neigte, so komplizierte Konzepte zu entwickeln, dass selbst ich sie nicht immer ohne gesonderte Interpretation verstand, und da es heißt: »Gut Ding will Weile haben«, wurde auch dieses leidige Konzept erst so spät fertig, dass sich unsere Dolmetscherin erst am Morgen unseres Fluges in den Süden damit beschäftigen konnte. Sehr beunruhigt musste ich schon im klimatisierten Flieger erste Schweißperlen auf ihrer Stirn entdecken.

Nächstes Hindernis auf dem Weg zum Erfolg war, dass wir zwar schon um 7.30 h im Zielflughafen weilten, die Präsentation aber erst für 10.30 h angesetzt war. (Der amerikanische

Boss kostete die Annehmlichkeiten des Hotels natürlich in vollen Zügen aus.) Als schlaue, weit voraus planende Kerlchen hatten wir aber vor der Reise das Flughafen-Restaurant, das um diese Zeit sonst noch geschlossen ist, um vorzeitige Öffnung gebeten, was auch klappte. Da saßen wir also müde im »Fürstenzimmer« und bestellten auf Rat meines Partners (»ein Schuss Alkohol macht unheimlich locker«) jeder einen Sherry. Die für uns extra abgestellte »Zensi« hatte wohl vorher noch nie einen Sherry ins Glas gefüllt, sie servierte ihn jedenfalls wie Weißbier im gleichnamigen Glas. Mein Partner meinte danach, man könne auf einem Bein nicht stehen, und das Verhängnis nahm seinen Lauf.

Nachdem ich mit den Amerikanern am Tisch Platz genommen und mein Partner sich vor einer großen Tafel aufgebaut hatte, geschah Folgendes: Unsere Dolmetscherin wurde ohnmächtig und musste auf eine Liege im Zimmer daneben gebettet werden.

Was blieb mir, in der Tat unheimlich locker, anderes übrig, als die Übersetzung zu übernehmen. Das gestaltete sich allerdings von Minute zu Minute schwieriger, da die ohnehin schon unleserliche Schrift meines Partners immer unleserlicher, seine Sprache immer schwerfälliger wurde. Da er aber wirklich genial ist, hat er sicher gleichzeitig über die zu formulierenden, tiefschürfenden Gedanken und die Richtigkeit seiner Erkenntnis mit dem »einen Bein« nachgedacht.

Wie auch immer, wir haben das irgendwie zu Ende gebracht, wohl wissend, dieses Projekt vor dem höchst anspruchsvollen und ungeduldigen Boss, von dem wir damals noch nicht wussten, dass er ein nicht trinkender, nicht rauchender, schon ewig mit derselben Frau verheirateter Puritaner ist, in den Sand gesetzt zu haben.

Getreu der Einstellung unheilbarer Optimisten, die auch auf eine Niederlage anstoßen, haben wir uns auf der Rückfahrt im Zug noch einige Sherrys genehmigt.

Um es kürzer zu machen: Am nächsten Morgen erhielten wir einen Anruf aus dem tiefsten Süden, in dem uns vom Boss ausgerichtet wurde, wir hätten den Etat (gegen schärfste Konkurrenz) gewonnen. Der Mensch am Telefon bestand darauf, uns Ungläubigen auch die

Begründung dieser Entscheidung mitzuteilen: »Wer in einem solch desolaten Zustand, unter so miserablen Bedingungen eine solch faszinierende Präsentation hinlegt, muss gut sein!« So sind sie, die Amerikaner mit ihrem Faible für »Winners«.

## FLIEGEN IST SCHÖN

Die Verballhornung gewisser Fluglinien kennt man ja, zum Beispiel »Such A Bloody Experience Never Again«, womit eine, vielleicht genau dieser Erfahrung wegen Pleite gegangene, belgische Gesellschaft gemeint war.

Die Airline, von der ich berichten will, darf ich nicht beim Namen nennen, denn sie ist noch nicht pleitegegangen. Oder vielleicht doch? Aber eine späte Abrechnung muss sein, dann eben anonym, aber in der Hoffnung, dass wenigstens Vielflieger wissen, wen ich anklage. Wir hatten im Januar Ferien in Brasilien gemacht, erst in Salvador da Bahia, da, wo man immer lächeln muss, wenn man da ist, und dann in Maceió »an den Lagunen«, ein paar hundert Kilometer weiter nördlich.

Unser Rückflug sollte über Salvador, Porto, Paris nach Düsseldorf gehen. Auf dem Hinflug stimmte alles. Wir waren pünktlich, selbst in der »Holzklasse« aß man von Porzellan mit versilberten Bestecken, seinen Drink schlürfte man aus gläsernen Gläsern und auch der Service war, wie in der Werbung gepriesen, erste Klasse.

Gut erholt und froh gestimmt nach drei Wochen flogen wir also von Maceió nach Salvador und warteten dort auf den Weiterflug nach Paris. Nach einer intensiven Auseinandersetzung mit einer italienischen Reisegruppe, die, lautstark und mit allen Gliedmaßen gestikulierend, versucht hatte, sich vorzudrängeln, saßen wir in unserem Flieger. Es war 20.00 h, wir waren zwar schon zehn Stunden unterwegs, aber noch nicht weit gekommen.

Die Fluggastbrücke wurde weggerollt. Mehr aber geschah nicht, die Stewardessen hockten irgendwo hinten, und von den drei Männern im Cockpit bekamen wir nichts zu hören und zu sehen. Nach einer halben Stunde ohne Aktivität wurde es mir zu bunt, ich ging nach hinten zu den Flugbegleiterinnen, die in dieser Situation nur den hinteren Teil ihrer Berufsbezeichnung verdienten, um bat um Aufklärung. »Wir warten noch auf ein Teil«, hieß es. Ob ich nicht wenigsten eine Limo für unseren kleinen Sohn haben könne, fragte ich (noch) höflich: Das ginge leider nicht, da man alle Getränke für den langen Flug nach Paris brauche, erfuhr ich. Ein Passagier auf der anderen Seite der Maschine hatte sich derweil im vorderen Teil umgesehen und berichtete irritiert, in der ersten Klasse schliefen Pilot, 1. Offizier und Bordingenieur.

Inzwischen waren im Flughafen die Lichter ausgeschaltet worden. Nach einer weiteren halben Stunde entwickelte sich die erste Revolte, angezettelt und angeführt von der italienischen Reisegruppe, worauf sich der durch den Lärm wach gewordene Kapitän bequemte, zum Mikrophon zu greifen.

So leid es ihm täte, verkündete er, wir müssten die Nacht im Flugzeug verbringen, da das bewusste Teil erst am nächsten Morgen aus Sao Paulo einträfe. Man könne auch nicht mehr ins Flughafengebäude zurück, da es bereits geschlossen sei, außerdem seien wir ja abgefertigt und befänden uns bereits im Zollausland, Getränke könnten aber serviert werden, weil man ja nun neu catern könne (wenigstens etwas). Die Klimaanlage aber dürfe er wegen des hohen Energieverbrauchs nicht laufen lassen, deshalb sei auch das Rauchen untersagt, und die Türen wolle er wegen der Außentemperatur von 33° bei 90% relativer Luftfeuchtigkeit lieber geschlossen lassen.

So mussten wir tatsächlich die ganze Nacht schwitzend im Flieger sitzen, einer DC10 übrigens, liebe Vielflieger. (Dass niemand den Folgen einer Thrombose oder Embolie erlegen ist, wunderte mich.)

Am nächsten Morgen rüttelte uns hektisches Treiben auf, die Türen wurden geöffnet, die alte Crew verschwand grußlos, die neue kam, am Bug der Maschine bastelten Mechaniker herum. Und wir? Ja, auch wir durften endlich an die nicht so frische Luft. Was mich am meisten erschreckte, war, dass sich alle Raucher, die nächtens unter Entzug gelitten hatten, eine nach der anderen ansteckten, wohlgemerkt an und unter der voll getankten Maschine, ohne dass sie ein Mensch vom Bodenpersonal daran gehindert hätte.

Dann ging es endlich los, mit geplantem Zwischenstopp in Porto, wo viele Portugiesen, besonders Brautpaare, die traditionell in Brasilien Ferien machen, von Bord gehen sollten. Wir flogen über die Kapverden, an Faro und Lissabon vorbei, und müssten doch jetzt allmählich unsere Reiseflughöhe verlassen, sagte ich meiner Frau. Aber nichts da, der Flieger zog weiter seine Bahn in 10.000 m Höhe. Vor uns saß so ein junges Brautpaar aus Porto, das, immer nervöser werdend, aus dem Fenster sah. Da hatte ich längst gesehen, dass wir gerade im Begriff waren, Porto rechts liegen lassen (links wäre dem Sinn nach treffender gewesen).

Der zweite Aufstand brach los, diesmal ohne Beteiligung der italienischen Reisegruppe, was den Kapitän veranlasste, eine Erklärung abzugeben: Man habe wegen eines plötzlichen Wintereinbruchs und des damit verbundenen Risikos, nicht vor Schließung des Flughafens in Paris-Orly herunterzukommen, nicht in Porto landen können, die Porto-Passagiere könnten natürlich kostenlos mit dieser Maschine noch in der gleichen Nacht zurückfliegen. Dann meldete sich die Ober-Stewardess zu Wort und versprach, in Paris würde sich das gesamte Bodenpersonal einschließlich der Mitarbeiter des Stadtbüros ausschließlich um uns kümmern, wir möchten doch bitte auch Namen und Telefonnummern der zu benachrichtigenden Angehörigen aufschreiben und ihr geben, man würde nach der Landung dann sofort überall anrufen.

Das mit dem Wintereinbruch stimmte. Nach uns ist keine Maschine mehr reingekommen oder rausgegangen. An allen Schaltern herrschte unvorstellbares Chaos, es war später Abend geworden, und die Tausende, die unfreiwillig in Paris übernachten mussten, schlugen sich um die letzten Hotelzimmer, um die öffentlichen Telefone bildeten sich Menschentrauben. Von der ... (beinahe hätte ich den Namen genannt) ließ sich niemand blicken. Die kümmerten sich lieber um die, die ihre Reise nach Brasilien noch nicht angetreten hatten, was natürlich denen auch nichts brachte, denn nichts ging schließlich mehr. Meiner Frau gelang es, durch welchen glücklichen Umstand auch immer begünstigt, ein Zimmer im »Hilton Orly Ouest« zu ergattern. Obwohl es dem Flughafen gegenüber liegt, konnte man es wegen einer davor vorbeiführenden Schnellstraße nicht zu Fuß erreichen. Ein Bus brachte uns also dorthin, im Foyer stand tatsächlich ein Mitarbeiter von ... und lud uns ein, auf Kosten von ... nach Herzenslust zu essen und zu trinken. Mit der Herzenslust aber war das so eine Sache. Es gab eine schrecklich schmeckende Suppe, zu der eine Flasche Rotwein auf den Tisch gestellt wurde. Monsieur Kellner, dem ich klarzumachen versuchte, dass mein Sohn (noch) keinen Alkohol tränke, erwiderte sinngemäß, dass dies von der ... nicht vorgesehen sei, nein auch nicht gegen cash.

Danach begab ich mich mit einem anderen Vater auf die Suche nach der Hotel-Bar, wo es natürlich »Perrier« (und für uns Champagner) gab.

Das Frühstück am nächsten Morgen war erstaunlicherweise von der ... vorgesehen. Allerdings hatte man vergessen, uns telephonisch zu wecken. Aber schon mit den Gepflogenheiten der ... vertraut, hatten wir unseren eigenen Wecker gestellt.

Jetzt mussten wir nur noch zum Abflug. Vor dem Hotel stand bereits ein schon gut besetzter Shuttle-Bus, in dem gerade noch 2,5 Plätze für uns frei waren. Nach uns stieg noch einer ein, ein Italiener (!), der sich mangels Sitzplatz in den Gang stellte.

Warum fährt denn dieser verdammte Bus nicht los? Den Grund erfuhren wir sogleich vom Fahrer. Es sei ihm per Gesetz zu fahren verboten, solange nicht alle Passagiere säßen. Jetzt stürzten sich alle auf den armen Italiener, der auch Angst hatte, seinen Flieger zu verpassen, um ihn zum Aussteigen zu bewegen, was der, besagter Angst wegen, strikt ablehnte. »Los, raus hier, sonst sitzen wir wieder fest, irgendwie kommen wir da schon rüber!«, gab ich als Parole an die Familie aus. Obwohl der Abflug nur 150 m Luftlinie entfernt ist, waren wir mit unserem Gepäck chancenlos. Kein Taxi weit und breit, das Laufen mit Mokassins auf Schnee und Eis erwies sich als zu gefährlich, außerdem hätten wir die besagte, seitlich gut gesicherte Schnellstraße überqueren müssen. In meiner Not rannte ich auf den Hotel-Parkplatz, wo gerade ein netter (wie sich später herausstellte) Australier sein Auto von Schnee und Eis befreite. Ich flehte ihn an, uns zu helfen, wozu er sofort bereit war. Allerdings bekam er den Kofferraum und die hinteren Türen nicht auf. Also kletterten meine ungemein gelenkige Frau und der Sohn durchs Fenster, unsere Koffer schob ich nach. Den Flieger nach Düsseldorf erreichten wir gerade noch. Gegen 15.00 waren wir zu Hause, nach einer Reise von etwa 29 Stunden. Die … hatte meine Schwiegereltern, die schon sehr besorgt waren, natürlich nicht angerufen.

Daraufhin schrieb ich den ersten Beschwerdebrief meines Lebens, an die Europa-Zentrale von …. in Paris, er war sicher nicht kürzer als dieser Bericht. Zunächst geschah gar nichts. Nach etwa zwei Monaten wurde ich von einem Menschen angerufen, der sich als Chef-Repräsentant von … in Europa vorstellte. Er möchte mir eine Flasche Champagner vorbeibringen, was ich mit »den können Sie sich an den Hut stecken« konterte. Nein, es ginge um weit mehr, der Champagner sei nur eine Randerscheinung, versicherte er mir.

Also verabredete ich mich mit ihm. Nach der Flasche zog er aus seiner Aktentasche eine voluminöse, rotlederne Mappe, auf der über dem Logo von … in goldenen Lettern »Dossier« stand. Was ich las, war erstaunlich, man könnte es auch Kahlschlag nennen: Alle beteiligten Cockpit-Leute durften jetzt mit zweimotorigen Propeller-Maschinen am Amazonas herumgurken, das gesamte Bodenpersonal in Bahia und Paris war entlassen oder in entlegene Winkel Brasiliens strafversetzt worden.

Einen großen Vorteil hatte die Odyssee dennoch, denn das in Salvador vergeblich gesuchte, in typischer Bahia-Manier gemalte Bild mit flächig angelegten Menschen ohne Gesicht, lachte mich in einer kleinen Ausstellung schon gerahmt in unserem Hotel in Paris an. Ich habe es gekauft, auch als erinnernde Warnung, nie wieder mit … zu fliegen.

Nachwort: Landen kann auch schön sein.

Wenn ich früher, meistens spät am Nachmittag, für den nächsten Morgen um 10.00 h zu einem Meeting nach München gebeten wurde und der so genannte »Muffelbomber« um 6,35 h (weil die Passagiere wegen der nachtschlafenden Stunde ihren Kaffee stets griesgrämig unausgeschlafen schlürften) ausgebucht war, konnte man nur mit dem Auto nach Köln fahren und dort in die aus New York gekommene Boing 707 zum Weiterflug nach München steigen.

Als ich diesen Umweg wieder einmal machen musste und die Maschine in München aufsetzte, nein, als der Pilot sie aus vier Metern Höhe auf die Piste »bretterte«, brachen auf beiden Seiten der Kabine und über deren volle Länge die Hutablagen aus ihren Verankerungen.

Da hockten wir nun, zu Tode erschrocken und die schweren Behälter wie Atlanten mit den Händen über dem Kopf abstützend, als uns die völlig emotionslose Stimme einer nicht sichtbaren Stewardess über Lautsprecher mitteilte: »Meine Damen und Herren, wir sind soeben in München-Riem gelandet.«

Als hätten wir das nicht schon selbst gemerkt.

## Eigentlich bin ich verkuppelt worden

Interessiert es Sie zu erfahren, wie ich nach der Scheidung von meiner unendgültigen Frau meine endgültige erobert habe, beziehungsweise zunächst habe erobern lassen? Nach dem Richterspruch »im Namen des Volkes« hatte ich erst einmal alle Lust an festen Verbindungen verloren. Stattdessen zog es mich verstärkt wieder in unsere Firmen-Stammkneipe zum lieben alten »Milo« in der Hüttenstraße, bei dem man nach Feierabend, bei leckerem Alt und delikaten jugoslawischen Spezialitäten, wunderbar ungestört bis in die Puppen Mau-Mau spielen konnte.

Meine beiden engsten Kumpels in der Agentur, die besorgt feststellen, dass ich äußerlich immer mehr zunahm und mich deshalb plötzlich mit »Fatty« anredeten, innerlich aber, wohl wegen des erzwungenen Verzichts auf lieb gewordene Annehmlichkeiten, in gleichem Maße abnahm, meinten, es müsse »doch irgendwo ein Mädel geben, das mich interessiere«.

Mit: Ja, das gäbe es auch, aber ich wisse nicht wo, versuchte ich die Befragung zu beenden. Was die beiden Jungs nicht ahnen konnten, war, dass ich während meiner Verlobungszeit (mit der unendgültigen Dame) am Kaffeewagen in der Agentur fast täglich einer Sekretärin aus einem Büro gegenüber begegnet bin, die ich mit Sicherheit angebaggert hätte, wäre ich nicht schon »zum Teil« gebunden gewesen.

Ob ich mich nicht an den Namen erinnern könne, fragten mich meine Kumpels bei nächster Gelegenheit, nachdem ich die Existenz der Dame zugegeben hatte. »Ehrlich, leider nein«, musste ich gestehen. Was ich auch nicht vermuten konnte, war, dass die beiden jetzt so lange in der Personalabteilung nachforschten, bis sie »die« gefunden hatten, ohne mir das allerdings zu sagen.

Eines Morgens saß ich da, eigentlich wie immer in den Wochen davor, aufs höchste demotiviert und missmutig, als das Telephon läutete. Ich meldete mich und vernahm am anderen Ende eine sehr traurige, sanfte Stimme, die mir ihren Namen sagte. »Ja bitte, was kann ich für Sie tun?«, fragte ich höflich. »Ich habe Sie doch gar nicht angerufen« erwiderte sie. »Ich Sie auch nicht«, war meine Antwort. Aber irgend etwas hatte bei dem Namen in meinem Hinterkopf geklingelt, und richtig, auf der Suche nach möglichen Berührungspunkten stellte sich heraus, dass sie schon einmal in unserem Laden gearbeitet hatte. Die Einladung zur Vertiefung des Kontaktes bei einem guten Glas lehnte sie aber, wieder mit trauriger Stimme, entschieden ab.

Was für mich zunächst eine unerklärliche Art höherer Fügung war, entpuppte sich nur wenig später als zwar genialer, aber dennoch infamer Streich meiner Kumpels. Als sie den Namen kannten, hatten sie alle Gleichnamigen in Düsseldorf angerufen und waren schließlich bei »ihrer« Mutter gelandet, die nach längerem Beschwatzen die Telefonnummer von Tochters Arbeitgebers preisgab. Danach hatten sie dort angerufen, sich verbinden lassen und dann das Gespräch auf meinen Apparat gelegt. Der so Überrumpelten schickte ich noch am selben Tag einen großen Blumenstrauß mit einem herzergreifenden, um Verzeihung bittenden Brief.

An dieser Stelle muss ich kurz die Seite wechseln und berichten, warum »sie« am Telephon so traurig geklungen hatte. Mein Anruf erreichte »sie«, als sie sich zum Ausweinen in einen Lagerraum der Firma, für die sie arbeitete, verkrochen hatte. Am Morgen dieses Tages war ihr amerikanischer Freund nach mehrmonatigem Aufenthalt in Düsseldorf wieder in die USA zurückgekehrt. Gleich mitzufliegen, hatten ihr die Eltern verboten.

Nach mehreren sehr vorsichtigen telefonischen Annäherungsversuchen gelang es mir endlich, sie zu einem »Dinner for two« zu überreden. Als sie mir da so gegenüber saß, so schön, so zart, so sanft und klug, bekam ich vom Chateaubriand keinen Bissen mehr herunter, worüber sie sich noch heute lustig macht. Ich habe sie wohl weniger beeindruckt als sie mich, denn sie aß mein Fleisch ungerührt gleich auch noch auf.

Was sie mir bei den folgenden, oft geheimen Rendezvous immer verschwieg, war der Riesenärger, der sie nach jedem Wiedersehen mit mir zu Hause erwartete. »Kaum ist der eine weg, musst du schon mit einem anderen ausgehen, außerdem ist der evangelisch und dazu noch geschieden, du wirst dich nur ins Unglück stürzen«, bekam sie zu hören. Auch auf mich hatten Skepsis und Ablehnung gewöhnungsbedürftige Auswirkungen: So musste ich eine penible Inspektion meiner Wohnung durch meinen späteren Schwager überstehen und mich einem strengen Verhör unterziehen, mit Erfolg.

Ende gut, alles gut, nur wenig später haben wir geheiratet.

(An anderer Stelle habe ich geschrieben, dass ich mir mein Glück hart erarbeiten musste. Das ist richtig. Der Beginn, nicht nur dieser Geschichte, ist aber doch eher spielerisch verlaufen.)

## Spätes Geständnis

Es fällt mir schwer, dies zu schreiben, aber irgendwie musste es mal raus: Als ich noch klein war und für zwei Jahre von einer lieben Tante im Westfälischen verwahrt wurde, weil meine Eltern in der Ostzone den Sowjets noch nicht entkommen waren, habe ich mit meinen Kumpels bei Nacht und Nebel und den benachbarten Bauern alles geklaut, was auf Bäumen hing und essbar war.

Das hat mich mein ganzes Leben lang schwer belastet, gesagt aber habe ich nichts, aus Angst, zum Beispiel nicht zum Abi zugelassen oder in den Dekanaten der Unis dieser Schandtaten wegen abgewiesen zu werden.

Zum Glück hat mich auch später, bei den beiden einzigen Bewerbungsgesprächen in meinem Leben, niemand nach den Kirsch- und Pflaumenflecken auf meiner sonst makellos blütenweißen Weste gefragt.

(Es wundert mich heute schon sehr, dass ich trotz meines schlechten Gewissens und unter diesem ungeheuren Druck in meinem Job als Werbetexter eine ganz ordentliche Arbeit abliefern konnte.)

Und noch einmal war es Glück, dass ich für meine Schreiberei weder einen Nobel- noch einen Pulitzer-Preis gewonnen habe, und schon gar nicht einen jener Awards, hinter denen ambitionierte Werber herhecheln, auch nicht die Ehrenbürgerschaft einer Stadt oder den Dr. hc., alles Ehrungen, die man mir ja wieder aberkennen könnte.

Ich hatte erstaunlicherweise auch nie das Bedürfnis, mich als Moralapostel, Weltverbesserer und Gut-Mensch aufzuspielen und für diese Ideale und eine politische Partei auf die Straße zu gehen.

Deshalb muss mich, Gott sei Dank, jetzt auch niemand zur »Un-Person« degradieren oder sich weigern, sich jemals wieder mit mir an einen Tisch zu setzen.

Um ehrlich zu sein, bestimmt hätte ich weiter geschwiegen, wenn meine große Schwester, die als Einzige von meinen schweren Verfehlungen weiß, nicht angedroht hätte, alles herumzuerzählen. Und dem meinte ich zuvorkommen zu müssen. Hiermit geschieht das.

Vielleicht hilft dieses Outing auch, endlich einen Verleger für das Buch zu finden, das ich unter dem Titel »Beim Schälen der Kartoffeln« (dabei muss man wenigstens nicht weinen) verfasst habe. Und das dann in zigtausenden von Exemplaren dem Buchhandel von der Theke gerissen wird.

Danke für die Anregung, G. Grass. Gäbe es einen Preis für Bekennermut, sollten Sie den bekommen, aber bitte posthum. Den für gutes Merchandising haben sie sich sowieso schon zu Lebzeiten verdient – unehrenhalber, Abkürzung: pc (perfidiae causa).

## Rache macht warm

In jenen Tagen, als in Berlin die Mauer fiel und wir für die Post in Bonn arbeiteten, wurden wir nach Berlin bestellt, um der Postverwaltung der später ehemaligen DDR auf die Sprünge zu helfen. Es war die Zeit um 1990, in der man zwar schon die Grenze passieren konnte, aber immer noch von unfreundlichen Grenzern misstrauisch beäugt wurde. Der einst wilhelminische Prachtbau in der Nähe der Friedrichstraße, in dem die DDR-Post residierte, war innen wie außen in einem jämmerlichen Zustand, die Leute, die uns begrüßten, waren frostig, ja feindselig, bis auf einen älteren Herrn, der sich für das Angebot der Hilfe bedankte.

Wir machten unseren Job und wurden dann zum Essen eingeladen, zu einem ganz besonderen, in einer ganz besonderen Restauration – im ehemaligen Gästehaus des Ministerrates, wie wir dann erfuhren.

Es war Mitte Juli und brütend heiß, nicht nur draußen sondern auch drinnen, das vergaß ich zu erwähnen. Wir nahmen Platz, bestellten unser Essen, mussten zur Kenntnis nehmen, dass Weine aus der DDR »mindestens so gut seien wie Ihre aus dem Westen«, und begannen, wie verrückt zu schwitzen, obwohl wir uns schon unserer Jacken entledigt hatten. Nein, eine Klimaanlage gäbe es bedauerlicherweise nicht, so heiß wäre es ja nun auch nicht, ihnen mache das nichts aus, versicherten unsere Gastgeber. Nur der nette ältere Herr schien auch zu schwitzen, jedenfalls wischte er sich ständig übers Gesicht.

Wir waren froh, nach knapp zwei Stunden diese Abart einer finnischen Sauna verlassen und wieder nach Düsseldorf fliegen zu können.

Am nächsten Tag rief uns der nette ältere Herr an, um uns zu erzählen, dass es im Gästehaus sehr wohl eine Klimaanlage gäbe, schon wegen Gorbi und anderer Größen des Warschauer Paktes, seine Kollegen hätten jedoch den Techniker des Hauses angewiesen, sie nicht einzuschalten. Damit wollte man uns nur zeigen, dass Ossis doch mehr vertrügen als Wessis, eine wirklich schweißtreibende Methode, aber umgebracht hat sie uns nicht. Nur verständnislos gemacht.

## Hilfreiche Sabotage

Bleiben wir weiter in der Hauptstadt der ehemaligen DDR, auch im Jahr nach der Maueröffnung, aber diesmal direkt an diesem »Bauwerk«. Auch wir waren wieder in unermüdlichen Einsatz, zur Abwechslung für die Telekom, die ja versprochen hatte, die Kommunikation zwischen Ost und West in Rekordzeit wieder auf Vordermann zu bringen. Von einer Jahrhundert-Aufgabe wurde damals gesprochen, denn Pieck, Ulbricht, Honnecker & Co hatten natürlich auf ihrer Seite für eine gründliche Zerstörung aller Kabel und Leitungen gesorgt.

Um so überraschender, dass ein Bautrupp der Telekom, ganz dicht am Brandenburger Tor auf östlicher Seite, beim Ausbuddeln auf nahezu intakte Kabelstränge stieß, sie waren lediglich an einer Stelle sorgfältig getrennt. Nachdem dies durch die Berliner Presse gegangen war, meldete sich ein Techniker aus dem Osten Berlins und bekannte, damals bewusst gegen seinen Auftrag gehandelt und dieses gute Werk getan zu haben.

»Hah ick nich jemacht«, erzählte er, das blöde Monstrum sei ja sowieso bald wieder weg, und dann brauche man die Strippen ja nur miteinander zu verbinden, und schon liefe wieder alles »wie jeschmiert«.

Mit der ersten Vermutung lag er falsch, mit der zweiten richtig, denn es gelang den Technikern in kürzester Zeit, weite Teile Ostberlins an das so genannte Westnetz anzuschließen. Ich weiß nicht, ob der Mann einen Orden bekommen hat, verdient hat er ihn allemal.

## Linkes Ohr, rechtes Ohr

Auch diese Geschichte spielt in Berlin, aber wesentlich früher, etwa Mitte der 60er Jahre, als nur Ausländer und Westdeutsche nach strengen Kontrollen die Mauer passieren durften. Die Agentur, für die ich arbeitete, hatte einen kleinen, aber interessanten Kunden namens »Hintz & Küster Kaffee« in West-Berlin, den ich einmal im Monat besuchte. Nach den Besprechungen schenkte mir der Chef des Hauses immer ein Pfund Kaffee und eine 100-Gramm-Tafel Schokolade, in Geschenkpapier verpackt. Nicht, dass ich mir das selbst nicht leisten konnte, aber er wusste, dass ich nach den Treffen immer in den Osten »rübermachte«, um mich dort, nach Möglichkeit in einem Auto der Eisenacher Motoren Werke, durch die Viertel fahren zu lassen. (Das waren Autos, als Ableger von BMW in München so geschnitten wie der legendäre V 8 »Barockengel«, nur mit roten statt blauen Segmenten im Firmenzeichen, doch das nur nebenbei.)

Irgendwann einmal, wenn ich Kinder spielen sah, würde ich den Fahrer halten lassen und meine Geschenke verteilen, ohne allerdings »der gute Onkel aus dem Westen« sein zu wollen. So war es wieder einmal geplant, ich passierte die Grenze, zeigte zum Vergleich mit meinem Passbild »linkes Ohr, rechtes Ohr« und war meine Papiere erst einmal los. Wegen des wunderschönen Sommerwetters hatte man im Freien für die Gepäckkontrolle einen langen Tisch auf Böcken aufgestellt. Dahinter stand eine bildhübsche Grenzerin. Ich legte meine beiden Präsente vor die Dame auf den Tisch und machte, angeregt durch ihre Schönheit und die strahlende Sonne, einen verhängnisvollen Fehler. Ich sagte ihr, im Gefühl, dass Frauen sich auf beiden Seiten der Grenze über ein Kompliment freuen, ohne diese hässliche Uniform sei sie noch viel hübscher. Hatte sie sich bis dahin die beiden Päckchen nur angeschaut, begann sie jetzt, das Geschenkpapier lieblos aufzureißen, so, dass man es danach nicht mehr verwenden konnte, dann riss sie auch die Verpackungen auf, holte unter dem Tisch eine altertümliche Waage hervor und wog Kaffee und Schokolade penibel ab. »Stimmt leider«, sonst sagte sie nichts, schüttete den Kaffee, wieder bewusst lieblos, in die Verpackung zurück und wickelte auch die Schokolade wieder ein.

Ich fand mein Taxi und meine spielenden Kinder und ließ mich danach zurück an die Grenze bringen, um meinen Flieger nicht zu verpassen. Nun muss man wissen, dass die Rückkehrer in den Westen eine Nummer bekamen, die dann der Reihe nach über Lautsprecher von einer Person aufgerufen wurde, die in einer Bretterbude ohne Fenster, aber mit Schlitz vorne und Tür hinten, saß. 63 war ich, 60 ertönte es, weitere Minuten später 61, 62 und dann … 64. Als die Stimme bei 66 angekommen war, klopfte ich gegen die Holzhütte, worauf die Stimme, dieses Mal nicht über Lautsprecher, verhieß, sie käme heraus. Der Grenzer, der erschien, befahl mir zu warten, bis ich abgeholt würde, ich sei Republikflüchtling. Dazu zeigte er mir die mit der korrekten Einreisezeit versehenen Papiere, dazu aber einen weiteren Vermerk mit Stempel, nach dem ich die DDR genau zu dem Zeitpunkt verlassen haben sollte, als ich den Kindern die kleine Freude machte.

Man ließ mich eine halbe Stunde warten, nichts geschah, der Mann saß wieder in seiner Hütte und rief Nummern aus.

Da riss mir der Geduldsfaden, ich klopfte wieder an die Hütte und bat den Typen, noch einmal mit mir zu reden. Das könne er nicht, ich solle weiter warten, entgegnete er. Da habe ich ihn durchs Holz so laut wie möglich gefragt, wie es denn möglich sei, über die sicherste Grenze der Welt in den Westen zu entkommen, und was denn einen vernünftigen Menschen bewegen könne, sich freiwillig wieder einsperren zu lassen, ich würde mich jetzt bei der »Ständigen Vertretung« beschweren. Da ertönte über den Lautsprecher meine 63, meine Papiere erschienen im Schlitz, jetzt aber andere, ohne den Ausreisevermerk, und ich hörte den nicht verstärkten Satz: »Hoffentlich verpassen Sie jetzt Ihr Flugzeug!«

Ob man mich wegen Verunglimpfung der Uniform schikaniert hat oder der Mensch in der Hütte mit der hübschen Grenzerin verbandelt war, weiß ich nicht. Ist ja auch egal, denn meinen Flieger habe ich doch noch erreicht.

## Wie schön Berlin doch hätte werden können

Die Rede ist nicht von den Um- und Neubauten im Zuge des Umzugs der Regierung vom Rhein an die Spree, ich meine vielmehr die großartigen Bauten, die in den 40ern für die Jahre nach dem gewonnenen Weltkrieg geplant waren. Ich weiß, wovon ich spreche, denn mein Vater war in jenen Tagen »Regierungs-Baumeister« bei einem der größten Bauunternehmen in Deutschland.

Von ihm wusste ich schon sehr früh, wie »toll« (von ihm ironisch gemeint!) Berlin dann ausgesehen hätte, denn er hat mir einige der geplanten Prachtbauten aufgezeichnet. Alle Hauptstraßen wären deutlich breiter geworden als die Champs-Elysées in Paris. (In New York war der Führer ja nicht, sonst hätte er Speer sicher den Auftrag gegeben, wenigstens einen höheren Wolkenkratzer als das »Empire State Building« zu bauen.) Alles überragt aber hätte diese großartige

Kuppelhalle mit dem Adler oben darauf, der den Globus in seinen Klauen hält. Daneben hätte der Kölner Dom höhenmäßig wie eine Dorfkirche gewirkt. Man hätte dieses wirklich gigantische, formschöne Monument bei klarer Luft über Hunderte Kilometer sehen können. Aber die klare Luft, die hätte es leider kaum gegeben, denn der Qualm aus den Verbrennungsöfen der Berlin umgebenden Konzentrationslager hätte sie wohl dauerhaft getrübt. Es sei denn, die willfährige deutsche Industrie hätte in einem vorher nie da gewesenen Kraftakt innovative, effektive Filteranlagen gebaut. Wer Cyclon B erfindet und in rauen Mengen produziert, müsste auch das schließlich locker schaffen.

Läuft es Ihnen bei diesen Vorstellungen auch kalt über den Rücken?

Das ist gut so. Seien wir also mit dem zufrieden, was aus Berlin geworden ist, wenngleich das Bundeskanzleramt meiner Meinung nach doch etwas zu monströs ausgefallen ist.

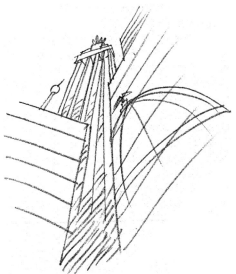

Ich hätte, wäre es anders gekommen, diese Zeilen sowieso nicht schreiben können – als linientreuer, inzwischen aber pensionierter Statthalter des 1000jährigen Reiches in einer ländlichen Provinz im nordöstlichen Sibirien.

## Betr: »Wir wollen uns'ren alten Kaiser Wilhelm wiederhaben!«

Liebe Landsleute,
geht es Ihnen zur Zeit wie mir? Haben auch Sie die Nase gestrichen voll von dem unwürdigen Schauspiel, das unsere Politiker in Berlin aufführen? Trauerspiel nach Vorbild der ausweglosen griechischen Tragödien von Aischylos, Sophokles und Euripides wäre die treffendere Bezeichnung dieses Genres. Da kungeln die Leute, die sich und ihrer Partei näher stehen als dem Volk und seinen Bedürfnissen, die eigene Interessen vor die der Allgemeinheit stellen, die krause Rechenexempel anstellen, um eine nicht vorhanden Mehrheit für sich zu reklamieren, die Pöstchen verteilen, noch bevor sie ihnen überhaupt zustehen und die sich nicht schämen, sich angetrunken vor den Fernsehkameras herumzuflegeln.

Lasst uns doch diese egoistischen, von der Macht besessenen Heuchler, Lügner, Zocker und Scharlatane ein für alle Mal aus Amt und Würden scheuchen und wieder, wenn schon keinen Kaiser, dann wenigstens einen König wählen. Da Wilhelm II wohl keine geeigneten Ableger hinterlassen hat, wäre mir am liebsten Günther Jauch, der auch als Staatsoberhaupt überragende Einschaltquoten hätte. Und sein multiples Frage- und Antwort-System ist wirklich demokratisch, demonstriert an einem guten Beispiel, bei dem die Frage sein könnte: »In wie viele Länder sollte der Bundestag noch deutsche Soldaten schicken?

A: Keins. B: Bis zu zehn. C: Bis zu 50. D: In alle.

So etwas würde die Macht wieder in die Hände derer legen, denen sie eigentlich zusteht, in unsere. Gleichzeitig wäre dies ein viel versprechender Weg, auch die Politik-Verdrossenheit in unserem Lande zu überwinden.

## »Nijcht mäglich«

Dies ist keine Abwandlung des vom berühmten Schweizer Musik-Clown Grock stammenden »Nid mö-ö-ö-glich«, es hat auch, im Gegensatz zum großen Vorbild, bei den Leuten, die es in einer knappen Woche an die 100-mal hören mussten, nicht den kleinsten Anflug von Heiterkeit ausgelöst. Im Gegenteil!

Zu diesen Leuten gehörte auch ich, als ich von einem Männer-Magazin, zu dessen Anzeigenkunden unsere Agentur seinerzeit gehörte, zu einer, heute würde man sagen, Incentive-Reise nach Pula, Istrien im damals noch vereinten Jugoslawien eingeladen worden war.

Zum Verhängnis für mich wurde dabei, dass ich rund ein halbes Jahr vorher mit Tennis angefangen und dies auch der Werbeleiter unseres größten Kunden getan hatte, und dieser meinte nun, von »seiner« Agentur müsse mindestens einer dabei sein, das gehöre sich so. Leider war ich im so genannten Führungskreis der Einzige im weißen Sport. Also fiel die »Wahl« auf mich.

Der Werbeleiter, der meinen Widerwillen wohl ahnte, tröstete mich mit der Aussicht, wir könnten doch unter der fachmännischen Anleitung der ehemaligen deutschen Meisterin Helga Hösl und des Chef-Trainers des renommierten Münchner Clubs »Iphitos«, Franz H., wahre Cracks werden, die nach dieser Woche doch fast jeden in unseren Vereinen vom Platz fegen könnten. Das konnte meine Grundstimmung aber nicht verbessern, gehöre ich doch zu den Menschen, die nur dann Lust auf Sport (und andere Freizeitbeschäftigungen) haben, wenn sie Lust darauf haben. Jeden Tag Tennis spielen – welch grausame Vorstellung! Aber da der Kunde ja immer Recht hat, gab der getreue Dienstleister nach und packte seinen Koffer. Schon die Anreise in wenig Vertrauen erweckenden Aeroplanen mit dreimaligem Umsteigen und mehreren Stunden Verspätung war nervend.

Das fängt schon gut an, dachte ich. Pula aber, mit seinem römischen Amphitheater und einer riesigen Schiffswerft, zeigte sich, entgegen meinen Erwartungen, von der besten Seite. Die Sonne schien, die Menschen waren freundlich und aufgeschlossen (Marschall Titos

Land galt ja als eines der liberalsten im Ostblock), und auch das Hotel machte einen guten Eindruck. Zunächst, muss ich einschieben.

Zu diesem Zeitpunkt wusste ich noch nicht, dass ich in den folgenden Tagen nichts mehr von Pula sehen würde, da wir, wie gesagt wurde, nicht zum Sightseeing, sondern zum Tennisspielen hier seien. So kommt es, dass ich heute nur die Tennis-Plätze und den Konferenzraum ausreichend gut beschreiben kann, nicht aber die Sehenswürdigkeiten.

Zum ersten Abendessen nach der Ankunft wurde uns eine erstaunlich umfangreiche Speisekarte mit lecker klingenden Gerichten gereicht. Nachdem ich mich mit Kellners Hilfe durch das Angebot gewurschtelt hatte, begann ich mit der Bestellung. Aber zu jedem ausgesuchten Gang meinte der Kellner immer nur: »nijcht mäglich«. Nachdem ich in einer minutenlangen Unterhaltung, unter Einmischung der Kollegen, das Nichtmögliche vom Möglichen getrennt hatte, blieben uns zwei Gerichte zur Auswahl. »Morgen besser«, vertröstete uns der Kellner.

Nach dieser ersten Enttäuschung hieß es auch in der großen Bar, die wiederum durch eine umfangreiche Getränke-Karte mit den exotischsten Drinks, aber durch nur spärlich gefüllte verspiegelte Regale glänzte.

Um es kurz zu machen, eigentlich gab es nur Bier, kratzigen Wein und Sliwowitz in mehreren Varianten. Auf jeden anders gearteten Wunsch vernahmen wir den bewussten Satz, ja, es machte uns jetzt sogar Spaß, dies durch die Bestellung der absurdesten Getränke mexikanischer, karibischer und brasilianischer Herkunft zu provozieren. Der Spaß dauerte leider nur bis 23.00 h, denn mit dem Rücken des Uhrzeigers auf diese Position machten die Barkeeper das Licht aus, obwohl mindestens 30 durstige Leute, die noch für einen Mords-Umsatz hätten sorgen können, vor dem Tresen herumlungerten. »Wenigstens noch ein Bier«, hörte man hier, von da aber »Nijcht mäglich!«, den geflügelten Satz des real existierenden Sozialismus.

Nicht möglich am nächsten Morgen waren auch das Frühstücksei, der Tomatensaft, das Omelett und so viele andere Köstlichkeiten, die in der Karte aufgeführt waren, so dass wir uns von der Bedienung stets mit einem freundlichen »Morgen besser« verabschieden mussten. Da war der erste Morgen schon dahingegangen.

Möglich aber war bedauerlicherweise das Tennisspielen in exzessiver Manier. Um 10.00 h hatte man auf dem Platz zu stehen, bis 12.30 h. Es folgte das »nijcht mäglich« zum Mittagessen, dann, statt Mittagsschläfchen, Theorie im Konferenzraum, wechselnd zwischen spannenden, an einer Schiefertafel aufgezeichneten Strategie- und Taktik-Tricks und Video-Vorführungen, aus denen ich mitnahm, wie faszinierend es ist, Björn Borg und John McEnroe 350-mal hintereinander aufschlagen zu sehen und ihre Bewegungsabläufe zu analysieren, und wie spannend es sein kann, die Beinarbeit der Herren Jimmy Connors und Iwan Lendl an der Grundlinie und am Netz gründlich zu studieren und »einzuatmen«. In Buchheims »Boot« sagt der Kaleu einmal »Ich glaube, das Geistige kommt hier etwas zu kurz«, oder so ähnlich. Bei uns in Pula gab es das überhaupt nicht, stattdessen nur Tennisarme, Rückenschmerzen, Blasen an der Schlaghand, Wadenkrämpfe und vor allem Frust. Und abends? Da war man so kaputt, dass man den kurzen Weg an die Bar mit dem »Nichjt mäglich« dem langen ins Zentrum vorzog.

Bleibt zu berichten, dass ich das Endspiel im Doppel mit Helga Hösl gegen den Medialeiter von DDB mit Franz H. an seiner Seite gewonnen, ein von meiner Partnerin handsigniertes Buch und einen ziemlich hässlichen Teller erhalten habe und danach, wieder zu Hause angekommen, gegen jeden verloren habe, den ich herausgefordert hatte. Auch das sei normal, meinte einer, der mich gerade gnadenlos vom Platz gehauen hatte, »du bist einfach überspielt!«

»Nicht möglich«, konnte ich da nur noch abschließend kommentieren. Danach habe ich nur noch Einladungen zu Segeltörns in der Ägäis und im Mittelmeer angenommen, weil ich dabei dank meiner angeborenen Seefestigkeit allen überlegen war.

## Muss das sein?

Seit ich angeblich im Ruhestand bin, bucht meine sparsame Frau für unsere kurzen Flugreisen fast nur noch Billigflieger. Und jedes Mal ärgere ich mich, dass die Mehrheit der Passagiere klatscht, wenn der Captain sein Fluggerät sanft (oder auch nicht) aufgesetzt hat. Ich frage mich dann, ob diese Leute auch klatschen, wenn sie die Straßenbahn verlassen, der Arzt sie abgehört oder der Kellner die Suppe serviert hat. Der Mann im Cockpit verrichtet doch nur seine Arbeit wie viele andere auch, und er wird dafür noch besser bezahlt als viele andere. Dennoch wird mein Wunsch, mal ohne Claqueure zu fliegen, wohl unerfüllt bleiben, denn wie gesagt, meine Frau ist sehr sparsam.

## Eine wahre Geschichte ...

... eine zauberhafte zudem, die mir ein guter Freund aus Nizza erzählte. Woher er sie hat, weiß ich nicht. Deshalb hoffe ich, dass sie vorher noch nicht in Deutschland veröffentlicht wurde und Sie sie deshalb auch nicht kennen.

1969, als Kommandant von Apollo II, setzte bekanntlich Neil Armstrong als erster Mensch seine Füße auf den Mond. Genauso bekannt seine ersten Worte: »That's one small step for a man, but one giant leap for mankind.« Sie wurden zur Erde übertragen und von Millionen in aller Welt gehört, aber kurz bevor er wieder in der Kapsel verschwand, machte er noch eine geheimnisvolle Bemerkung: »Viel Glück, Mister Gorsky.« (»Good Luck, Mister Gorsky!«)

Viele Leute bei der NASA vermuteten zunächst, dass dieser Wunsch auf einen rivalisierenden sowjetischen Kosmonauten ziele, sorgfältige

Nachforschungen ergaben aber, dass weder im amerikanischen noch im russischen Weltraum-Programm ein Gorsky existierte.

Über die Jahre danach haben viele Leute Armstrong gefragt, was es mit »Viel Glück, Mister Gorsky« auf sich habe. Armstrong aber lächelte immer nur.

Am 5. Juli 1995 beantwortete Armstrong in Tampabay, Florida, im Anschluss an eine Rede, Fragen der Zuhörer. Ein Reporter brachte die 26 Jahre alte Geschichte wieder zur Sprache. Diesmal war Armstrong bereit zu antworten. (Mister Gorsky war gestorben, und Armstrong fühlte sich nicht mehr zum Schweigen verpflichtet.)

1938, als er noch ein Kind in einer kleinen Stadt im Mittelwesten war, erzählte Armstrong, habe er mit einem Freund im Hinterhof Basketball gespielt, der Ball sei nach einem Schlag seines Freundes in Nachbars Garten gelandet und dort unter dem Schlafzimmerfenster liegen geblieben. Seine Nachbarn waren Herr und Frau Gorsky. Als sich Jung-Armstrong nach dem Ball bückte, hörte er Frau Gorsky Herrn Gorsky wütend zurufen: »Sex, du willst Sex haben? Den bekommst du, wenn der Lümmel von nebenan auf dem Mond spazieren geht!«

## Schmerzhafte Floskel

Es nervt mich immer ungemein, wenn wir eingeladen sind und mir meine Frau kurz vor der Haustür das Gebinde in die Hand drückt, das ich der Gastgeberin dann mit charmanten Worten zu übergeben habe.

Noch mehr nervt mich allerdings, wenn diese hoch geschätzte Person angesichts der Blumenpracht erfreut ausruft: Aber das war doch nicht nötig! Sofort erscheint dann vor meinem geistigen Auge ein Cartoon, den ich vor etwa 30 Jahren im »Playboy« entdeckt habe. Da steht van Gogh auch vor der Tür seiner Angebeteten, ihr das abgeschnittene Ohr auf einer Silberschale darreichend. Und was entgegnet die: »But this wasn't necessary, Vincent!«

In der Befürchtung, dass es damals so gewesen sein könnte, kein Kunsthistoriker hat sich bislang mit dieser Version beschäftigt, müsste ich jetzt so mutig und ehrlich sein zu sagen: »Nein, Gnädige Frau, das ist wirklich nicht nötig«, die Blumen einpacken und wieder mitnehmen.

Warum ist man nicht so konsequent? Weil einen die gute Erziehung domestiziert hat und man darüber hinaus weiß, wie scharf die Gastgeberin auf den Strauß ist. Armer, fehlgeleiteter Vincent!

## Zu spät

Immer, wenn meine Frau sich im Fernsehen Serien wie »CSI Miami«, »Criminal Intent« oder »Crossing Jordan« anschaut (und ich zufällig dabei bin), wünsche ich mir, doch besser Rechtsmediziner als Werber geworden zu sein. Ich erinnere meine Frau dann daran, schon während meiner ersten Semester »Publizistik« in Münster die Leerzeiten immer mit Vorlesungen der Gerichtsmedizin überbrückt zu haben. Mich faszinierten die Methoden, die Verbrechern nicht die geringste Chance ließen, und Kreativität sei schließlich auch gefragt. Das aber ist alles gelogen.

In Wirklichkeit ziehen mich die wahnsinnig scharfen, leicht oder eng gekleideten, tief ausgeschnittenen Rechtsmedizinerinnen an. Damit das nicht eines Tages meiner Frau auffällt, schaue ich mit ihr oft und gern in die spannende »Ziehung der Lottozahlen« und das ergreifende »Wort zum Sonntag« an.

Ihre Sorgen wären eh unbegründet, denn zum einen bin ich schon zu alt für »so was«, zum anderen hat mir neulich eine echte Rechtsmedizinerin glaubhaft versichert, dass die meisten ihrer Kolleginnen dick und hässlich wären, »und außerdem bei uns keine so nuttig herumläuft.« Wieder eine Enttäuschung mehr.

## Der perfekte Mord

Es gibt ihn, und ich bin sogar felsenfest davon überzeugt, ihn als Zeuge hautnah mitzuerleben. Ich schreibe meinen Verdacht auf, für den Fall, dass der Übeltäter herausfindet, was ich heraus gefunden habe und mich dann auch um die Ecke bringt

Wenn das passiert, weiß meine Frau, was sie zu tun hat.

Das Infame an der Geschichte ist der doppelte Boden, den der Killer in sein Verbrechen eingezogen hat, so dass die Kriminalpolizei, was ja leider häufig geschieht, auch diesen Fall ungelöst zu den Akten wird legen müssen.

Es geht um eine Dame, die ich seit längerem kenne und die ich neulich rein zufällig in einer Kneipe wieder gesehen habe, nahezu willen- und antriebslos, die Zigarette und das stets volle Weinglas mit zittrigen Händen nur mühsam festhaltend. Was war nur aus dem ehedem funkensprühenden, lustigen und lebensfrohen Menschen geworden? Ein Wrack.

Sie versicherte mir, dass sie ihren Mann liebe und er das auch tue, er sei so um sie besorgt, dass er ihr das Rauchen in den vier Wänden, die eigentlich ihr gehören, verboten habe, außerdem verwehre er ihr ein neues Auto, mit der Begründung, die moderne Technik könne sie verleiten, zu schnell zu fahren und dann würde sie, mit Blut im Alkohol, verunglücken. (Um sich selbst macht er sich offenbar keine Sorgen, denn er fährt zwei rassige Sportwagen, aber nicht gleichzeitig.)

Er würde sich überhaupt rührend um sie kümmern, würde er doch jedes Mal, wenn sie Freunde oder Bekannte zu Besuch hätte, nach ihr sehen. (Ist er vielleicht eifersüchtig oder sogar misstrauisch geworden, dass man ihm auf die Schliche kommt?)

Seine Liebe geht so weit, dass er sich, um sie bloß nicht über das normale Maß an Zuwendung hinaus zu belasten, eine Geliebte hält, vielleicht wegen der beiden Sportwagen demnächst auch zwei.

Sie vertraute mir auch an, sie sei bei einem Wahrsager gewesen, der ihr mit größtem Bedauern eröffnet habe, dass sie nur noch vier Jahre leben würde, das letzte davon im Rollstuhl.

Nun habe ich noch nie einen Wahrsager erlebt, der sich nicht, selbst wenn er es aus Handlinien, Karten oder Kugeln hätte lesen können, um eine so ultimative Aussage gedrückt hätte, denn auch in diesem Metier verkauft sich Optimismus besser.

Also hege ich den Verdacht, dass dieser vom fürsorglichen Mann bestochen wurde, in der, wie ich erleben musste, berechtigten Hoffnung, dass die arme Frau angesichts der Aussichtslosigkeit noch mehr raucht und trinkt, nach dem Motto: Dann ist es doch egal, woran ich sterbe.

Und wenn dann Herz, Lunge und/oder Leber ihren Dienst versagen, hat der Mörder sein schändliches Ziel erreicht, ohne selbst irgend etwas außer »Liebe und Fürsorge« dazu beigetragen zu haben.

Den Arzt, der den Totenschein auszustellen hat, muss er nicht auch noch bestechen, denn natürlich wird keine Fremdeinwirkung erkennbar sein, jedenfalls keine körperliche. Die seelische Grausamkeit aber wandert unerkannt mit den Blumen ins Grab, es sei denn, ich würde …

Ist das nicht der perfekte Mord?

## Wie intelligent sind Tauben?

Wir sind in Frankreich mit einem Ehepaar befreundet, dem eines Tages ein kleiner, zotteliger Hund zugelaufen war, das Ideal einer Promenadenmischung, treu und angeblich hoch intelligent, aber mit eigenartigen, zum Beispiel für Einbrecher verwirrenden Ausdrucksformen: War er glücklich, knurrte er, wurde er zornig, wedelte er mit dem Schwanz. Eines Tages war er verschwunden, da hatte er 13 Jahre auf dem Buckel. Unsere Freunde konnten das nicht begreifen, sie behaupteten, er sei schon so alt, gebrechlich und immobil gewesen, dass er sich schon in den Wochen vor dem mysteriösen Verschwinden kaum mehr von seinem Körbchen weggewagt hätte.

Drei Tage später wurde er gefunden, drei Kilometer(!) von Herrchen und Frauchens Heim entfernt, halbiert auf den Schienen der Französischen Staatsbahnen. Bis heute habe ich unsere Freunde nicht von der absurden (?) Theorie abbringen können, der Hund habe in seinem Kummer über die Leiden seines hohen Alters den Freitod gewählt und sich vor den Zug geworfen.

Soviel zum Hund als Einleitung. Jetzt zu den Tauben. Anzumerken ist vorab die Erkenntnis der Ornithologen, dass diese Spezies absolut monogam ist. Gestern nun flog eine Taube mit vollem Speed gegen eine Scheibe unseres Wintergartens, unverständlich, denn sie ist mit diesem Gebäudeteil groß, beziehungsweise feist geworden. War das der Selbstmordversuch einer Witwe oder eines Witwers, deren oder dessen bessere Hälfte von einem Taubenfeind mittels Luftgewehr erlegt worden war? Wenn ja, ein misslungener, denn schon nach einer kurzen Erholungsphase konnte sie von dannen fliegen.

Heute morgen sehe ich diese Taube in unserem Garten, in meinem optimalen Schussfeld auf einem kahlen Ast gurrend und flügelschlagend hocken, so, als wolle sie mir provokativ zu verstehen geben: Nun schieß doch endlich! (Aber ich habe doch gar kein Gewehr, was die Taube natürlich nicht wissen kann.)

Jetzt, drei Stunden später, sitzt sie wieder da, ganz offensichtlich auf jemanden mit Gewehr wartend. Da sich meines Wissens nach Tauben weder vergiften, erhängen oder die Pulsadern aufschlitzen können, wäre diese Methode des Freitodes durch die Kugel, besonders nach dem Fehlversuch an der Scheibe, tatsächlich die einzig zielführende, weil intelligente. Mich würde schon interessieren, was Tierforscher dazu zu sagen haben.

## Ein herber Verlust?

Zunächst nicht so sehr für mich, denn ich bin, wenn überhaupt, evangelisch. Aber für meine Frau, die, wenn überhaupt, katholisch ist, denn, wie ich heute morgen aus der Zeitung erfahren musste, nimmt ihr der Vatikan »einfach so« das Fegefeuer weg. Und mir damit die schon oft ausgesprochene Drohung, dass sie, mache sie so weiter, bestimmt eines Tages da landen werde.

Jedenfalls hat eine Internationale Theologische Kommission (ITK), auch noch auf Anweisung »unseres« Papstes, diesen Verzicht auf 41 Seiten beschlossen. Außerdem hat Benedict der XVI. schon als Kardinal Ratzinger diesen Vorhof der Hölle als »nur eine theologische Hypothese« bezeichnet und empfohlen, den Glauben daran abzulehnen.

Einen »Pferdefuß« (passt doch prima) hat die ganze Sache für mich dennoch. Was ist denn mit der Hölle, gibt es die weiter? Und, ist das Fegefeuer nun tatsächlich für immer geschlossen, nur weil einige glauben, dass nicht sein könne, was nicht sein dürfe?

Oder anders herum gefragt, können Menschen etwas möglicherweise doch Existentes, das aber jenseits ihres und unseres Vorstellungsvermögens und Einflussbereichs liegt, für null und nichtig erklären?

Wie gesagt, bei mir bleiben Zweifel bestehen, weshalb ich meine Frau auch weiterhin mahnen werde, sich anständig zu benehmen. Man weiß ja nie.

Ich warte jetzt nur noch darauf, dass irgendeine noch forschere Expertengruppe vorschlagen wird, den Himmel auch gleich mit abzuschaffen. Aber dann wäre auch ich traurig, denn daran glaube ich bis heute.

# Ein grosser Gewinn!

Es ist schon seltsam. Neuerdings werden die sensationellsten Nachrichten aus dem Vatikan von meiner Tageszeitung immer in kleinen, unauffälligen Meldungen, bevorzugt in der Rubrik »Kultur« im hinteren Teil des Blattes, versteckt. Vielleicht geschieht dies auch auf Geheiß der katholischen Kirchen-Oberhäupter in Rom, die so verhindern wollen, dass es der Öffentlichkeit erst bei der Abkehr von Althergebrachten siedend heiß klar wird, wie kraus und wirr das Gedankengut ist, dass man über Jahrhunderte mitgeschleppt hat.

So auch die Information, nach der die Errettung ungetauft gestorbener Kinder doch möglich ist, was nach der Lehre des Heiligen Augustinus bisher ausgeschlossen war, weil diese armen Kleinen in eine Art Vorhölle kommen, die nach bisheriger allgemeiner theologischer Einschätzung noch schlimmer als das Fegefeuer sein soll, was aber jetzt sowieso nicht mehr geht, da jene Internationale Theologische Kommission, die hinter der aktuellen guten Nachricht steht, auch diese ja gerade erst für geschlossen erklärt hat.

Und warum musste der bisherigen Überlieferung zufolge den Kindern bis in alle Ewigkeit, trotz der »Erfahrung eines Zustandes natürlicher Glückseligkeit«, wie es Theologen formulieren, »der Himmel verschlossen und die Gemeinschaft mit Gott verwehrt bleiben«? Wo sie diesen zwar nicht genießen, aber auch nicht leiden, was, wie es der Mainzer Moraltheologe Johannes Reiter gerade erst meiner Zeitung gegenüber versicherte, ihnen nicht als Mangel erscheinen würde.

Klar doch, weil sie mangels Taufe nicht von der Erbsünde Adams & Evas befreit wurden.

Das ist mir schon eine moderne Kirche! Statt in bester Tradition Jesu Vergebung zu verkünden, klammerte sie sich bislang doch augenscheinlich fest an eher alttestamentarischen Rachegelüsten wie: »Wir werden die Sünden der Väter verfolgen ... (und auch das noch!) ... bis ins soundsovielte Glied.« Ungerecht gegenüber den Kindern, die doch noch gar keine Sünde begehen können, dass der so genannte »gemeine

Sünder«, der durchs Fegefeuer geht, geläutert wird und so schließlich doch »das Heil erfahren kann«.

(Gott sei Dank, was hier gut passt, wurde dieser Schwachsinn wenigstens nie zur offiziellen Doktrin der katholischen Kirche.) Und übrigens, woher wissen die das alles so genau?

Also, liebe katholische Eltern, die Ihr Eure Kinder, aus welchen Gründen auch immer, noch nicht habt taufen lassen, folgt weiter den Ideen des romantischen, aber trotzdem pragmatischen Lyrikers Johann Freiherr von Eichendorff, der mal bekannte, dass für ihn »unter freiem Himmel ein Blick zu demselben hinauf besser sei als in der Kirch' ein falsch' Gebet«, lehrt Eure Kleinen weiterhin zu beten: »Ich bin klein, mein Herz ist rein«, und: »Ich bin fromm, mach, dass ich in den Himmel komm!«

Wie ich den lieben Gott kenne, wird er das schon erhören, denn er und seine Gebote können meinem Verständnis nach sowieso nur in uns selbst stattfinden.

Erhört hat mich jedenfalls unsere Tageszeitung, die irgendwie mitbekommen haben muss, dass ich die Kürze der ersten Nachricht beklagt habe, denn heute schiebt sie einen großen Artikel nach, der den Schwachsinn auch dadurch nicht mildert, dass weiteres ihn Entlarvendes hinzugefügt wird.

So erfahren wir, dass diese schon vom Konzil in Karthago 418 eingeführte »Topographie der Angst« nun zumindest von der theologischen Landkarte verschwunden ist, dass man die Vorhölle auch Limbus nennen kann, und dass noch bis vor einigen Jahrzehnten tote nicht getaufte Kinder auf Friedhöfen nur am Rande oder jenseits der Mauern bestattet werden durften.

Interessant auch, dass Dante (1265–1321) offenbar noch mehr wusste als die Kirchenfürsten, denn er beschreibt in seiner berühmten »Göttlichen Komödie« sogar die genaue Einteilung der Vorhölle und drei weiterer Höllen: In der oberen mussten die »Sünder der Maßlosigkeit« büßen, in der mittleren die »Sünder der Bosheit« und in der unteren die »Sünder des Verrats«. (Da muss ich nur die Zeitung ganz lesen, um zu erkennen, dass noch viele weitere, gemeine Abstufungen fehlen, Herr Dante Alighieri!)!

Nachschlag: Wenn Sie jetzt wissen möchten, was an dieser Geschichte satirisch ist, fragen Sie einfach den nächsten katholischen Geistlichen. An seiner Reaktion werden Sie es sofort erkennen.

## MEIN DANK AN BEIERSDORF

Wie kann es sein, dass einem so viele faltige, zerknautschte und tränensackbehangene, graue, blasse und picklige Damen auf der Straße begegnen? Die Fernseh-Werbung ist doch voll von faszinierenden Offerten fortschrittlichster Laboratoires, die Produkte mit den geheimnisvollsten und effektivsten Wirkstoffen, nach ganz neuen, revolutionierenden Formeln komponiert, feilhalten. Meine Frau behauptet immer, ich dagegen sei für mein hohes Alter noch ziemlich glatt, was ich natürlich immer wieder gern höre. Deshalb möchte ich das Geheimnis meines scheinbar ewig jugendlichen Aussehens lüften: Seit ich als Werber für Beiersdorf 1960 in Hamburg den überschwänglichen Brief einer dankbaren Nutzerin gelesen hatte, in dem diese Frau mitteilte, mit Nivea Creme würden die Bratkartoffeln immer noch am

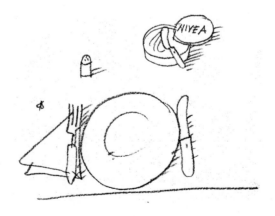

leckersten schmecken, bin ich diesem Produkt auch über das Ende des Deputats hinaus treu geblieben. (Bis auf die kurze Zeit, in der ich »Eau de Givenchy« oder »Eau Sauvage« auf die Ablage unter dem Spiegel meiner jeweiligen Behausung platzierte, um aktuelle und potentielle Freundinnen mächtig zu beeindrucken. Aber dieser Abschnitt hat mich offensichtlich nicht wesentlich zurückgeworfen.)

## NACH-WEIHNACHTS-DEPRESSION

»Advent, Advent, ein Lichtlein brennt« – schon dass ist faustdick gelogen, denn es brennen Millionen Lichter, und das meistens schon im Oktober, begleitet von Bing Crosby und Kollegen bis zum Nichtmehrhörenkönnen. Und wenn dann plötzlich und unerwartet nach Neujahr alles vorbei ist, fällt man in ein riesiges, tiefes, schwarzes Loch: keine Lichterketten, kein »I'm dreaming of ...« mehr, es ist furchtbar. Deshalb meine dringende Frage an den Handel: Warum geht nicht alles nahtlos in einander über?

Auf Weihnachten folgen doch die »Heiligen Drei Könige«, Karneval, die Tag- und Nacht-Gleiche im März und September, Ostern, der 1. Mai, Pfingsten, Christi Himmelfahrt, Fronleichnam, das Erntedankfest, der Tag der Deutschen Einheit, Halloween, zig Tage des ..., Allerheiligen, Allerseelen, Nikolaus etc. Als klassisches Einwanderungsland könnten wir zusätzlich den am häufigsten bei uns vertretenen Ausländern jeweils auch noch einen Feiertag einräumen, den wir als Muster-Liberale auch gleich mit begehen.

Damit hätten wir praktisch durchgehend ganzjährig festliche Beleuchtung und feierliche Stimmung. Hoffentlich kommt bloß keiner mit dem Einwand, dass zu viel ist, was zu viel ist.

Noch schlimmer allerdings wäre die Behauptung, wir seien von diesem Idealzustand schon heute gar nicht mehr so weit entfernt.

## Das das Goldland und andere Verbrechen

Das zweite »das« unterschlängelt mein schlauer Laptop sofort rot, weil er mich auf diesen Schreibfehler aufmerksam machen möchte. So intelligent zu erkennen, dass dieser Pleonasmus ein beabsichtigter Fehler ist, ist er aber trotz aller Fortschrittlichkeit nicht, ein gutes Zeichen!

Ich möchte mich damit lustig machen über die Journalisten bei Presse, Funk und Fernsehen, die uns zum Beispiel immer mal wieder versichern, dass dies und jenes doch »das El Dorado« schlechthin sei.

Nun muss nicht jeder Mensch spanisch sprechen, aber es muss doch nette Kollegen geben, die einen darauf aufmerksam machen oder, wenn man es nicht besser weiß, kann man doch in schlauen Büchern nachschauen, um herauszufinden, dass »El« der bestimmte spanische Artikel ist und in der Übersetzung »das« heißt.

Sehr falsch ist leider auch, wenn man etwas durchdiskutieren will, denn das bedeutet, korrekt aus dem Lateinischen übertragen, durch durch besprechen, und wer das sagen würde, geriete in Verdacht zu stottern. Diesen Vorwurf sollte sich doch wenigsten der Leiter des ARD Hauptstadtstudios ersparen, den ich neulich wieder einmal bei diesem Sprachfehler ertappt habe. Sie können das natürlich auch alles auseinander dividieren, dann sagen Sie schon wieder etwas doppelt.

An den bedauerlichen Verlust des »zu« im Zusammenhang mit dem Verb »brauchen« muss man sich wohl zähneknirschend gewöhnen, auch den Dativ nach »wegen« toleriert der Duden inzwischen unter »umgangssprachlich«. Schande über ihn! Macht »wegen mir« ruhig so weiter, möchte man da resignierend schreiben, obwohl »meinetwegen« richtig ist. Bei unseren Politikern habe ich längst die Hoffnung aufgegeben, dass sie den Unterschied zwischen »anscheinend« und »scheinbar« kennen. Aber das muss Politikern wegen des oft fehlenden Sinns für die Realität auch schwerfallen. So machen sie weiter, »trotzdem« sie peinlich sind. Auch das ist leider wahr, aber falsch, denn es muss »obwohl« heißen. Selbst den Werbetextern muss ich ins Stammbuch schreiben, wie beunruhigend und sträflich ich ihren schlampigen und schludrigen Umgang mit unserer Sprache finde. Wir dürfen darüber nicht »einfach so« hinwegsehen, sondern müssen mannhaft diese Verstöße gegen die Regeln schon der Grundschule anprangern.

Weiß man bei Veronas »hier werden Sie geholfen« wenigstens, dass es nicht ernst gemeint ist, sträuben sich die Haare spätestens beim »perfektesten Angebot« oder bei der Behauptung, »kein anderes Programm sei kompletter«. Man darf eben einen Superlativ nicht noch einmal steigern.

»Beyond deutsch« möchte ich am liebsten zu einem Werbespot eines großen internationalen Mineralöl-Unternehmens feststellen.

Schaut man sich heute Werbung im Fernsehen an, ärgert man sich nicht nur über die penetrante Häufigkeit, den anscheinend bewussten Verzicht auf jede Kreativität, sondern auch über – siehe oben …

In dem Spot für Solarenergie, den ich meine, stellt ein kompetent aussehender Architekt fest, dass am Münchner Flughafen »bereits schon« heute etwas Tolles funktioniert, schon wieder diese Doppelung! Ist das Werbebudget so knapp bemessen, dass man diese kurze Sequenz nicht noch einmal hätte drehen können? Ich befürchte allerdings eher, dass dieser Fehler niemandem aufgefallen ist und man sich später, als er bemerkt wurde, einfach gegenseitig versichert hat, »das klinge doch sehr natürlich« oder »das fällt doch keiner Sau auf«. Beide Erklärungen sind für die Macher peinlich.

Also, liebe Chef-Texter, klopft Euren Schreiberlingen häufiger auf die Finger, das hat früher schon in der Schule gewirkt, denn Ihr habt eine Verantwortung mit Vorbild-Charakter. Wie sollen wir es unseren Kindern richtig beibringen, wenn die sich mit »die sagen das doch auch« herausreden können.

Jetzt bekommt noch der Moderator eines deutschen Sport-Senders, ehemals prominenter Fußballer, schwer einen auf die Mütze. Bemerkte der doch neulich in einer Bundesliga-Reportage, dass Bayern München die »best ausgestatteste« Ersatzbank besitze. Das ist nun wirklich am superlativsten falsch, denn »best« ist doch schon der Gipfel von allem, jetzt aber noch ein Partizipium zu steigern, das ist geradezu aberwitzig. Ich kann mich nur wiederholen, wenn Ihr es nicht besser, das heißt richtiger, könnt, gebt Euch als einfacher Mann von der Straße zu erkennen, dem man das weniger übel nimmt. Bleibt dem Niveau des deutschen Fußballs treu, als Trainer oder Manager, dabei sind die Anforderungen nicht so hoch, denn in ihrer Mehrzahl sind die Kicker doch längst Ausländer und sprechen im günstigsten Fall nur gebrochen deutsch.

Weh tut dem Freund der reinen Lehre auch der Verlust des zweiten Verbs in einem Satz mit zwei Hauptwörtern in Ein- und Mehrzahl, was sehr oft in TV-Spots vorkommt, deren notwendige Kürze vom Werber fordert, jede nur mögliche Millisekunde einzusparen. Dann kommt so etwas heraus wie: »Die Mieten sind teuer, das Geld auch.« Traurig, traurig!

Wer auch immer hier erwähnt wurde, möge sich bitte am Riemen reißen und lernfähig bleiben, wenn er sich nicht das bekannte, vernichtende Urteil gefallen lassen will, das da lautet: Setzen, fünf!

# Es stinkt zum Himmel

Entdecke ich doch in meiner Tageszeitung, ausgerechnet in der Rubrik »Gesellschaft«, einen kurzen Artikel, den der Autor mit der reißerischen Schlagzeile »Kühe ohne Blähungen gegen den Treibhauseffekt« überschrieben hat. Ich zitiere daraus:

»Mit einem millionenschweren Projekt wollen australische und neuseeländische Wissenschaftler Blähungen bei Kühen und damit den Ausstoß von klimaschädlichen Treibhausgasen verringern. Das Projekt ziele darauf, dass Rinder ihr Futter mehr in Milch und weniger in Methangas umsetzen ...«

(Um unsere Umwelt sorgte sich übrigens schon Martin Luther. Sein Vorschlag zur Abhilfe war allerdings weniger wissenschaftlich als von der Etikette bestimmt. Von ihm stammt schließlich die rustikale Empfehlung: »Ein Bäuerchen über dem Tisch ist besser als eins darunter.«)

Sogleich musste ich den Gedanken fortspinnen: Wie toll wäre es, wenn sich die Rinderzüchter, besonders in Argentinien und Brasilien, dieser innovativen Idee anschlössen. Da kämen bestimmt etliche Millionen Wiederkäuer zusammen. (Bei den Amerikanern habe ich da wenig Hoffnung. Schließlich haben die das von Bill Clinton bereits unterzeichnete Kyoto-Protokoll sofort wieder aufgekündigt und bis heute nicht unterschrieben.)

Meine Vision geht aber noch weiter. Wie wäre es, wenn die Regierungen der Welt in einer gemeinsamen Initiative und unter Einsatz der Milliarden Dollar, die von der Tabakindustrie weltweit für Werbung ausgegeben werden, die Öffentlichkeit dringend vor dem Verzehr von Zwiebeln, Bohnen und Kohl, nur um einige Beispiele zu nennen, warnten. Hinweise auf den entsprechenden Verpackungen wie »Die Weltgesundheitsminister: Pupsen kann tödlich sein« oder »Pupsen schädigt auch die Gesundheit Ihrer Nachbarn« könnten dabei hilfreich sein.

Man stelle sich dann nur vor, welch positive Auswirkungen es auf die Umwelt hätte, wenn rund 6,6 Milliarden Menschen (Quelle »Zeit-Lexikon«), abzüglich der unverbesserlichen Amerikaner, niemals mehr Methan-Gas ausstoßen würden. Dass Kleinst- und Kleinkinder weniger davon produzieren, machen allein die Balkanvölker wieder wett.

Die Pole würden nicht weiter abschmelzen, das Ozonloch würde nicht größer, was die Zahl der Erkrankungen an Hautkrebs dramatisch senkt, und es gäbe weniger Naturkatastrophen wie Überschwemmungen, ganz davon abgesehen, dass es in den öffentlichen Verkehrsmitteln besser riechen würde. So sollte die Welt sein, die wir unseren Nachfahren hinterlassen.

PS. Apropos Kühe, die werden für die Wissenschaft zunehmend interessanter. In Großbritannien will man nun beweisen, dass diese Tiere, je nach der Region, in der sie grasen, mit unterschiedlichen Dialekten muhen. Auch das scheint für die Entwicklung unserer Welt wichtig zu sein.

### TIERLIEBE – EINMAL ANDERS

Ich kenne eine Dame, die so sehr in ihren Hund vernarrt ist, dass sie selbst beim kleinsten Wehwehchen ihres Vierbeiners gleich mit krank wird.

Seit sie Oma geworden ist, hat sich die Lage weiter verschärft: Immer, wenn die Enkelin zu Besuch kommt, wird der liebe Hund so eifersüchtig, dass er sogleich alle Symptome von Epilepsie, manisch-depressiver Anfälle, Schizophrenie gleichzeitig mit totaler Apathie danach zeigt, was jedes Mal einen teuren Klinikaufenthalt (noch nur für den Hund) notwendig macht. Auf die Frage der verzweifelten Frau, was sie denn tun solle, konnte ich ihr nur raten: »Lassen Sie doch das Baby einschläfern.«

# Musik ist für die Ohren

Vorausgeschickt sei, dass ich Musik liebe, in beinahe allen Varianten, auch die klassische, und dabei besonders die von Tschaikowski und Beethoven, obwohl ich ein alter Jazzer bin, mit besonderer Vorliebe für den Swing der 30er Jahre, Oscar Peterson und Erroll Garner, der als Student eine Zeitlang als Kontrabassist durch die Hamburger Kneipen und Clubs getingelt ist. Ich verstehe also etwas davon.

Gestern nun habe ich mir das Konzert zu Ehren des achtzigsten Papst-Geburtstags im Fernsehen angeschaut, obwohl es schon verdammt spät war. Und dabei ist mir wieder aufgefallen, dass auch Antonin Dvoraks Symphonie »Aus der Neuen Welt« nichts für die Augen ist.

Wenn Sie das bezweifeln, können Sie es sich ganz einfach mit einem Selbstversuch beweisen: Schließen Sie die Augen, und was passiert? Sie hören die Musik. Jetzt halten Sie sich die Ohren zu, und ? Absolute Stille!

Wer dennoch weiter hinsieht, wird wie ich feststellen, wie unappetitlich die Musiker bei der Ausübung ihres Berufes wirken, wenn die Kamera nah auf sie zufährt.

Die Violinistinnen zum Beispiel, mit ihrem gezierten Gehabe und dem entrückten Blick, sie alle müssen Parkinson, ein anderes Schüttel-Trauma oder wenigstens einen Tatterich haben, so sehr zittern die Finger der die Saiten drückenden Hand, das heißt in der Musik aber »Vibrato«, beschreibt eine zur Gruppe der Triller gehörende Verzierung und ist gewünscht. Außerdem müssen rechthändige Geigerinnen und Geiger hässliche Quetschfalten, blaue Flecken oder sogar dauerhafte Beulen links am Kinn bekommen, dort, wo sie dieses krampfhaft an den Geigenboden pressen. Bei Linkshändern ist das natürlich umgekehrt.

Und dann die bemitleidenswerten Oboisten und Fagottisten! Sie laufen immer leicht blau an, man kann sogar die Adern am Hals sich aufblähen sehen, was eine ganz natürliche, aber schädliche Ursache (und Wirkung) hat. Natürlich haben sie durchtrainierte Lungen, die viel mehr Luft freisetzen können als die von normalen Menschen. Und wenn sie diese überschüssige Luft jetzt im Überschwang der Gefühle und mit Leidenschaft durch das dünne Röhrchen an ihrem Instrument pusten, muss das zwangsläufig zu Rückstau und dadurch zu heftigem Druck aufs Hirn führen. Mir hat mal ein Musiker erzählt, dass viele Oboisten deshalb später einen leichten Dachschaden bekommen.

Die Klarinette machte es ihren Spielern da schon wesentlich leichter, da der Luftdurchlass des Blättchens größer ist. Sie leiden dafür aber häufig an einem Überbiss oder einer deutlich hervorstehenden Oberlippe. (Zu den Flöten ist mir leider nichts eingefallen.)

Die so genannten Blechbläser, die Hornisten, Trompeter und Posaunisten, wirken nach ihrem Einsatz so, als litten sie alle unter starkem Bluthochdruck, so rot laufen ihre Gesichter an.

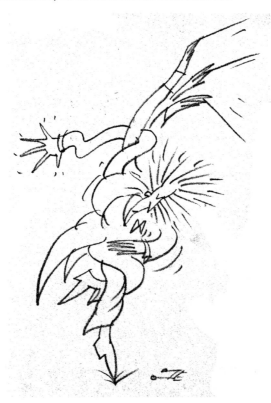

Allein die Kontrabassisten mit ihren würdigen Instrumenten wirken gelassen und unangestrengt, sie streichen ohne größere sichtbare innere und äußerliche Bewegung so vor sich hin, selbst wenn dann in den Noten »Pizzicato« steht, was im Italienischen »gezwickt, gekniffen« bedeutet, und sie folgsam, weiterhin mit dem Bogen in der Hand, die Saiten zupfen, geraten sie nicht in Aufregung.

Für die Cellisten gilt das im Prinzip genauso. Und auch der hinter und über allen thronende Schlagzeuger oder Paukist wirkt sehr souverän, was ihm auch leicht gemacht wird, weil er doch meistens Pause hat.

Gern hätte ich auch über mein klassisches Lieblingsinstrument, das Triangel, geschrieben, aber da man es nicht stimmen kann und es keiner Bedienung durch einen Extra-Musiker bedarf, verwaltet es wohl der Paukist einfach mit. Nur der geniale Wiener Kabarettist Georg Kreisler hat diesem oft unterschätzten und vernachlässigten Instrument und seinem Bediener ein Denkmal gesetzt – in Form eines wunderschön wehmütigen Liedes. Darin heißt es programmatisch: »Ja da sitz' ich mitten im Orchester drin und halte bereit mein Triangel, und endlich zeigt der Dirigent auf mich, und dann steh' ich auf und mach' Pling.« So weit so gut. Den wahren Gemütszustand des traurigen Musikers lässt Kreisler aber später so anklingen: »Ich komm' erst auf Seite 89 dran …«. (Leider hatte das Triangel »in der Neuen Welt« keinen Einsatz, oder ich habe es, was typisch wäre, überhört.)

Bei allen, die sitzen müssen, fällt auf, dass sie stets ein wenig unruhig auf ihren Stühlen hocken, nervös hin und her rutschen und manchmal sogar ganz leicht den Allerwertesten liften. Als Jazzer weiß ich, dass das eigentlich auch so sein muss. Selbst wenn sie alle insgesamt irgendwie zivilisierter wirken, wozu auch das kleine Schwarze und der Frack beitragen, muss es in ihnen, als nicht minder leidenschaftlichen Musikern mit Verve und Pep, brennen und lodern. Aber sie können das nicht »rauslassen«, nicht einmal das Mitklopfen des Rhythmus' mit den Füßen ist ihnen gestattet. Es sind wahrhaft arme Schweine.

Die Saxophonisten mögen mir ihr Fehlen in dieser Beschreibung verzeihen. Ihr Instrument existiert erst seit 1842 und konnte somit in den Partituren von Bach, Haydn, Mozart & Co noch keine Berücksichtigung finden. Aber Dvorak hätte es durchaus einsetzen können, hat er die bewusste Symphonie doch erst 1893 geschrieben. Aber vielleicht hatte er während seines dreijährigen Aufenthaltes in den USA den (berechtigten) Eindruck gewonnen, dieses Gerät wirke bei seiner Nutzung optisch zu animalisch, was später Leute wie Charlie Parker, Lester Young und Coleman Hawkins auch eindrucksvoll bewiesen haben.

Fehlt noch der Dirigent. Auch der des Papst-Konzertes muss auf den unbefangenen Betrachter wie einer gewirkt haben, der erst kürzlich aus der Heilanstalt ausgebrochen ist. Auch dazu gibt es einen überzeugenden Versuch, deren Anordnung Sie wiederum selbst vornehmen können: Stellen Sie dazu den Ton Ihres Fernsehers ab, formen Sie Ihre Hände zu einem Trichter, und versuchen Sie, durch diesen blickend, sich nur auf den Maestro zu konzentrieren und alles rechts und links, oben und unten davon auszublenden. Wie der da rumhüpft und tobt, welche Grimassen er schneidet, der ständige, blitzschnelle Mienenwechsel zwischen Leid, Weltschmerz, Glückseligkeit und Verzückung, die bizarren Verrenkungen und das scheinbar unkontrollierte Herumstochern mit dem Taktstock, das alles ist doch nicht normal.

Diese abschließende Diagnose erleichterte bei der geschilderten Aufführung auch die Frisur, eines zweiten Struwwelpeters in Schwarz würdig, die unsortierten Haare wild vom Kopf abstehend und jede der hektischen Körper- und Kopfbewegungen noch verstärkend. Mit Glatze sähe das viel weniger dramatisch aus, weshalb mir wohl spontan auch kein renommierter kahler Dirigent einfällt. (Außer einem, der in einem TV-Spot für Heilsalbe vorkam und der dank dieser Salbe, frei von störenden Gelenkschmerzen, bis tief in die Nacht bei einem Volksfest Glenn Miller dirigieren konnte, aber eben nur in der Werbung und »nur« Glenn Miller.)

Manchmal hat die Kamera auch den Papst im close up in die Bildmitte gerückt. Dabei konnte ich sehen, dass er häufig die Augen geschlossen hatte, ob als Zeichen einer seligen Verträumtheit oder als Beweis meiner Behauptung, Musik sei nichts für die Augen, weiß ich natürlich nicht. Außerdem hatte er es sowieso besser als ich, saß er doch wesentlich weiter von der Bühne weg als ich vom Fernseher. Und seine Brille hat er vorsorglich auch nicht benutzt.

## SCHLECHTER SERVICE MACHT SICH BEZAHLT

Jeder, der versucht, sich bei großen Unternehmen nach irgendetwas telefonisch zu erkundigen, hat seine Erfahrungen gemacht, schlechte natürlich, denn er wird Leidtragender der fortschreitenden Rationalisierung, kennt er doch in den seltensten Fällen die Durchwahl des gewünschten Gesprächspartners. (Und der berät in der Regel gerade einen Kunden und kann nicht abnehmen.)

Mangels einer besetzten Telefonzentrale hängt man dann in endlosen Warteschleifen, wird, wenn man Glück hat, wie einst Karl Valentins bedauernswerter Buchbinder Wanninger, hin und her verbunden, oder man muss auf Befehl synthetischer Stimmen erst auf verschiedene Knöpfe drücken, man lernt Fremdsprachen wie Englisch (please hold the line) und Französisch (restez en ligne), man kann dabei, das sei zugegeben, mehr oder weniger schöne Musik hören, die einen dann aber mehr und mehr auf die Palme bringt, oder, wenn es ganz schlimm kommt, schmeißt einen die Automatik des Angerufenen irgendwann einfach aus der Leitung, und das ganze Theater beginnt von vorn. Und natürlich ticken während dieses Leidensweges bei den Telekommunikations-Unternehmen die Zähler, es klingelt in der Kasse. Wer Zeit und Zugriff auf die Zahlen hat, sollte mal errechnen, was diese Unternehmen »dank« schlechten oder schlichtweg nicht vorhandenen Services zusätzlich einnehmen, sozusagen Geld, das sie sich im eigentlichen Sinn des Wortes nicht »verdient« haben.

Und dann sollte man in Berlin über ein Gesetz nachdenken, das Telekom & Co. zwingt, den Unternehmen von den Mehreinnahmen einen ständigen Telefonisten oder eine Telefonistin an der Zentrale zu finanzieren. Wenn das nicht möglich ist, sollte man die großen Unternehmen wenigstens zu einer freiwilligen Selbstverpflichtung bewegen, statt der fröhlichen Pausenmusik Motive aus Beethovens Fünfter (»Schicksals-Symphonie«), aus Mozarts »Requiem« oder irgendeinen Trauermarsch abzuspielen, womit man der Gemütslage der verzweifelnden Anrufer deutlich näher käme.


## Protektionismus auf Französisch

Europa ist schon eine feine Sache: kein Geldwechsel mehr in der großen Eurozone, überall in Frankreich stehen Maggi und Nivea in den Regalen. Aber versuchen Sie doch einmal in Südfrankreich, zwischen Marseille und Cap d' Ail, einen italienischen Digestif der Marke Averna oder Ramazzotti zu kaufen. Fehlanzeige. Ich habe es in einer Weinhandlung in Beaulieu probiert, einem Laden, der vollgestopft ist mit den exotischsten Gesöffen aus aller Welt, aber nicht mit nur einer Flasche meiner Favoriten.

Nun muss man wissen, dass dieser Ort höchstens 45 Autominuten von der italienischen Grenze entfernt liegt, dicht dahinter das Einkaufsparadies Ventimiglia, wo man das Zeug hektoliterweise sogar an Marktständen kaufen kann.

Als meine erste Enttäuschung über das »je suis très desolé« meines Weinhändlers verflogen war, versuchte ich es mit feinsinniger Ironie. Ich sagte dem Chef mit freundlichem Lächeln und in verständlichem Französisch, dass ich sein Land sehr liebe und deshalb auch so oft hier sei, nur das mit dem Ramazzotti und dem Averna empfände ich doch als »un peu« chauvinistisch, und mit den bei ihm aneinander gereihten Pullen Picon, Dubonnet und ähnlichen einheimischen Getränken könne ich mein spezifisches Verlangen nicht stillen. Darauf erwiderte er ebenso feinsinnig (aber sicher gelogen), eben weil die Grenze zu

Italien so nahe sei, brauche er das nicht zu führen, denn man könne ja schnell mal selbst rüberfahren, wenn die Sehnsucht übermächtig würde.

Dann versprach er aber, mir je eine Flasche zu besorgen, ganz fix, bis übermorgen. Bei der ersten Nachfrage drei Tage später hieß es, sein Lieferant sei wegen des Grand Prix von Monaco total überfordert gewesen, bei der zweiten meinte er betrübt, sein Spezi sei merkwürdigerweise überhaupt nicht erschienen, jetzt wolle er sich persönlich darum kümmern. Und siehe da, vier weitere Tage später standen meine Flaschen auf seiner Theke.

Ich überlege jetzt, ob ich beim nächsten Mal meinen Vorrat im Koffer mitnehme, selbst nach Ventimiglia fahre oder überhaupt abstinent bleibe. Auf seinem Picon, Dubonnet etc. soll der gute Mann gefälligst sitzen bleiben, iss doch wahr, oder?

## Hausfriedensbruch

Ich habe noch nie etwas gewonnen, was mich aber nicht traurig macht, weil es meine eigene Schuld ist, denn ich spiele grundsätzlich nicht, weder Toto, noch Lotto, ein Preisrätsel habe ich auch noch nie abgeschickt, obwohl ich die meisten davon in Rekordzeit lösen kann. Trotzdem gewinne ich dauernd, was mir maßlos auf die Nerven geht.

Mindestens fünf Mal pro Woche teilt mir am Telefon entweder eine synthetische Stimme mit, welch großartigen Preis ich gewonnen habe; um aber zu erfahren, welchen genau, müsste ich jetzt dies oder jenes tun. Oder ein richtiger Mensch gratuliert mir dazu, dass ich innerhalb der nächsten Wochen eine Reise nach Antalya, Hotel und Flug kostenlos sowie mit »all inclusive« antreten könne. Antalya interessiert mich eigentlich überhaupt nicht, trotzdem habe ich mich breitschlagen lassen, mir die zugestellten Informationen anzusehen. Und dabei stellt sich heraus, dass das Hotel nur zwei Sterne hat, also so etwas wie eine bessere Absteige ist, noch schlimmer aber, ich müsse mich verpflichten, steht da geschrieben, an zwei Tagestouren im Reisebus ins Hinterland teilzunehmen, mich also sozusagen wehrlos und ohne Fluchtmöglichkeit der Gefahr aussetzen, mit so genannten Schnäppchenkäufen, von der Heizdecke bis hin zum »antiken« Teller oder anderem Touristen-Schnickschnack bombardiert zu werden. Also habe ich mit meiner Frau, denn der »Gutschein« galt sogar für zwei, diesen gar nicht eingelöst.

Erst gestern wieder habe ich gewonnen – einen Reisescheck über 1000 Euro, angeblich ausgestellt von einem renommierten deutschen Reiseveranstalter und einer ebensolchen Fluglinie. Glücklicherweise war nicht ich am Telefon, sondern meine Frau.

Aber schon als Zeuge der Unterhaltung, die ich ja nur einseitig miterleben durfte, riss mir nach zwei Minuten der Geduldsfaden. Meiner Frau gelang es nämlich trotz insistierenden Fragens nicht herauszufinden, wofür ich denn nun gewonnen hätte. Die Stimme am anderen Ende der Leitung war offensichtlich vor allem darauf aus, unsere genaue Bankverbindung zu erfahren. (Mir ist unbekannt, ob die, die den »Gewinn« ausschütten, überhaupt von solchen dubiosen Attacken wissen. Eigentlich müsste man da mal anrufen!)

In den Sternen steht sicher auch, ob wir dieses Angebot tatsächlich jemals schriftlich erhalten, denn darauf hat sich letztlich meine Frau mit der Anruferin geeinigt, die seltsamerweise auch wissen wollte, wie uns Gelsenkirchen gefalle, wo doch dort weder ein großer Reiseveranstalter noch jene Fluggesellschaft ihren Sitz hat.

Sehr gefährlich ist auch, bei italienischen Firmen auf deren telefonische Anfrage in interessant klingendem, gebrochenem Deutsch hin erstmalig Weine zu bestellen. Dann bekommt man zwar als kostenlose Zugabe tatsächlich das versprochene schöne Tablett und je ein Fläschchen angeblich erlesenen Essigs und Öl dazu, man wird diese großzügigen Leute in der Folge aber nicht mehr los. Als wäre man ein Säufer, rufen die dann in immer kürzeren Abständen an, ob man nicht Nachschub brauche.

Zu warnen ist auch vor im Fernsehen auftretenden Anbietern von

CDs, die hoch und heilig versprechen, sie seien kein Club, und ihre Angebote könne man garantiert nicht im Handel erwerben. Wenn man diese drei CDs kaufe und per Bankeinzug bezahle, bekäme man als Geschenk diese zwei einmaligen Aufnahmen noch kostenlos dazu. Auch das stimmt. Was aber der Anwerber zu sagen vergisst, ist folgenschwer: Ohne etwas nachbestellt zu haben, kommen alle folgenden Editionen nach und werden, sofern man nicht höllisch aufpasst, klammheimlich und in allerkürzester Zeit vom Konto abgebucht.

Sehr unangenehm ist mir auch eine Zeitschrift aufgefallen, deren Verlag großzügig und gratis gleich mehrere seiner Ausgaben anpreist, wenn man nur einen Fragebogen, auf dem natürlich auch wieder nach der Bankverbindung gefragt wird, ausfüllt und zurückschickt. Besondere Vorsicht ist geboten, wenn über dem Anschreiben dick und fett steht: »Sie, lieber Herr Ermisch, gehören zu den wenigen Glücklichen, die wir für wert befinden, an unserem großen bla, bla, bla teilzunehmen.«

Ich habe einmal einen solchen Fragebogen ausgefüllt, ahnungslos und mit dem selbstlosen Gedanken, man müsse solchen Leuten bei der Marktforschung helfen. Das hätte ich besser sein gelassen, denn erst musste ich ein mir schon in Rechnung gestelltes Abonnement stornieren und dann noch per Einschreiben mitteilen, ich wolle nie mehr mit Broschüren über Gärten, große Persönlichkeiten der Geschichte oder »Menschen, die man nie vergisst« usw. belästigt werden.

Sie haben sicher auch schon Ihre eigenen schlechten Erfahrungen gemacht und stimmen mir deshalb bestimmt zu, dass man diese penetranten Aufreißer, wenn schon nicht hinter Schloss & Riegel, dann doch wenigstens in ein Zelle stecken sollte und sie dort mindestens einmal im Monat mit ihrem eigenen aufdringlichen Gesülze und Geschwafel berieselt. Das wäre dann zwar auch eine Form von Gehirnwäsche, aber eine wenigstens für uns sehr hilfreiche.

# Das Herren-Täschchen

Ich bin schon seit den Zeiten, als noch autoritär erzogen wurde und von der »Selbstverwirklichung der Frau« nicht die Rede war, ein erklärter Freund der Emanzipation, das heißt, ich habe seinerzeit im ZDF Carmen Thomas das »Schalke 05« nachgesehen, ich schätze heute die Moderatorinnen unserer Nachrichtensendungen, wie die Damen Will, Gerster und Slomka, ich ziehe Frau Maischberger und Frau Illner den Herren Friedmann und Bremer eindeutig vor, begrüße es, dass unserer Damen-Fußball-Nationalmannschaft erfolgreich von Damen trainiert wird, und natürlich finde ich Mädchen überhaupt toll.

Andererseits empfinde ich es auch nicht als Kulturschock, wenn Johann Baptist Kerner im Fernsehen kocht oder kochen lässt, ich verachte weder Lesben noch Schwule, im Gegenteil, einige meiner besten Bekannten sind auf liebenswürdige Weise homosexuell, und zu einem Lehrer unseres Sohnes, dem man durchaus nachmittags auf den Straßen, sorgfältig geschminkt, in Frauenkleidern und mit schickem Handtäschchen, begegnen konnte, hatte ich ein ausgezeichnetes Verhältnis, war er doch ein erstklassiger Pädagoge. Lesben kann ich nicht zu meinem engeren Umfeld zählen, was wahrscheinlich gar nicht so schlecht ist, denn so wird verhindert, dass ich (vergeblich) versuche, sie umzubiegen.

Es gibt natürlich auch emanzipierte Damen, die ich überhaupt nicht leiden kann, wegen ihrer aufgesetzten, artifiziellen, dreist zur Schau gestellten (mindestens) Ebenbürtigkeit mit den Herren der Schöpfung, dazu gehören Sabine Christiansen, Claudia Roth und Ursula Engelen-Käfer. Die kann ich nun wirklich auf den Tod nicht ausstehen, was aber gar nichts mit ihren Funktionen zu tun hat. Wären sie Landesbischöfin, Präsidentin des Roten Kreuzes oder Vorsitzende des Zentralrats der Juden in Deutschland, ginge es mir nicht anders. Auch den »Männern« gegenüber, die in gewisser Weise ihr Geschlecht partiell verleugnen, entwickle ich Sympathie, machen doch auch die Herren Wowereit, Westerwelle und der grüne Beck in der Politik eine ganz ordentliche Figur. Sie sehen also, ich bin rundherum total liberal.

Eine Schmerzgrenze für meine Toleranz aber gibt es dennoch: Das Herren-Täschchen. Das fängt schon mit der femininen Bezeichnung an, besonders der Diminutiv von Tasche klingt in meinen Ohren scheußlich. Männertasche wäre da doch viel markiger, wenn es solch ein Ding schon geben muss.

Bevor ich ein derartiges Behältnis, vielleicht noch am eleganten Lederbändchen, tragen würde, stopfe ich mir lieber alle Hemd-, Hosen- und Jackentaschen mit Papieren, Kreditkarten, Handy, Zigarillos und Feuerzeug, Brillenetui, Papiertaschentüchern und Schreibgerät bis zum Überquellen voll, oder ich muss meine Frau fragen, ob wohl noch etwas von meinem Zeug in ihre Botanisiertrommel passe (die Form dieses Behälters erinnert mich immer daran). Das ist der Preis, den ich für meine Animosität bezahlen muss.

Woher diese Abneigung kommt, kann ich beim besten Willen nicht erklären. Vielleicht stammt sie aus meiner Jugendzeit, als man sich am 17. 5. wegen des unter dieser Nummer laufenden, heute vergessenen Paragraphen, der Homosexualität unter Strafe stellte, untereinander immer hämisch zum Geburtstag gratulierte, oder wegen des Rufes, der Gustav Gründgens als Privatperson anhing, nachhaltig mag auch die verletzende Frage der Mitschüler gewirkt haben, ob man schwul geworden sei, wenn man außer der möglichst vergammelten Schultasche noch etwas anderes, Täschchen- oder Beutelhaftes, mit sich führte. Besonders abschreckend das Beispiel eines armen Mitschülers in der Sexta, der im Sommer immer kurze Bleyle-Strickhosen tragen musste und deshalb »Puella« (lat. Mädchen) genannt wurde.

Vor allem aber glaube ich, es liegt an meiner Frau, die mir, und sei sie noch so überladen, stets strikt verbietet, ihre Handtasche auch nur über die kleinste Distanz zu tragen. »Ich will nicht, dass du wie ein Mädchen aussiehst!«, bekomme ich dann zu hören. Dabei müsste sie doch selbst am besten wissen, dass in dieser Richtung nicht nur optisch keine Gefahr besteht. Vielleicht aber ist der Gedanke der verzeihenden Toleranz nur noch nicht bis zu ihr vorgedrungen, obwohl sie, solange ich sie kenne, die Hosen anhat, was sie, solange ich sie kenne, natürlich vehement bestreitet.

(Schon komisch, was einem alles im Zusammenhang mit einem so läppischen Accessoire durch den Kopf gehen kann.)

## Das ungerechte Vogelhäuschen

Wir waren sehr stolz, als wir es erworben hatten. Es ist aus massivem Holz und bietet oben, unter dem edlen Kupferdach, ausreichend Platz für die gefiederten Freunde. Es stand auch im vorigen Jahr schon in unserem Garten, da es aber nicht richtig kalt wurde und auch kein Schnee fiel, konnten wir es nicht auf seine Tauglichkeit prüfen. Vorgestern hat es nun geschneit, dazu ist es eisig kalt bei einem schneidenden Wind aus Nord-Ost geworden. Über Nacht ist sogar unser kleiner Teich zugefroren, so dass unsere Freunde auch nicht mehr baden können.

Und da haben wir leider einen schweren Konstruktionsfehler an unserem Häuschen feststellen müssen, ob vom Hersteller beabsichtigt, wissen wir natürlich nicht. Es ist nämlich so, dass nur kleinere Vögel wie Meisen, Spatzen, Rotkehlchen und unser Zaunkönigpaar unter dem Dach sicher anlanden können. (Dabei habe ich übrigens eine bei Menschen sehr selten anzutreffende, wundersame Disziplin und Ordnung festgestellt. Nach Art getrennt kommt immer nur ein

Vöglein zum Fressen, die anderen fliegen Warteschleifen oder lassen sich in kurzer Entfernung zunächst auf einem kleinen Weidenkätzchenstrauch nieder.) Die armen Drosseln, Amseln und Tauben aber hocken dann auf den Steinen darunter und warten, dass ein paar Krümel »vom Tisch der Reichen« für sie herunterfallen.

Das ist doch ungerecht, denn die armen Kerle können den Boden schließlich auch nicht mehr aufhacken, und ob sie an den Resten tiefgefrorener Insekten an Stämmen und Zweigen der Bäume interessiert sind, entzieht sich meiner Kenntnis. Nur der Sau-Bazi von Eichelhäher, der doch viel größer ist als Amsel und Drossel, schafft es ins Häuschen. Sobald ich das sehe, reiße ich möglichst laut ein Fenster auf und klatsche in die Hände. Voller Freude habe ich dabei bemerkt, dass die kleinen Vögel schnell gelernt haben, wem der Krach gilt, denn sie bleiben meistens hocken, während der Räuber flieht. Unser Buntspecht weiß offenbar noch nicht, was er von dem Ganzen halten soll. Er beobachtet das Treiben vom hohen Stamm unserer Birke aus. Vielleicht aber ist das Häuschen doch nicht ganz so ungerecht, denn wenn der Frühling wieder einkehrt, sind die Großen unter freiem Himmel wieder im Vorteil. So gleicht sich irgendwie alles im Leben wieder aus, und das ist dann doch wieder gerecht.

## Die Medien-Grippe

Gemeint ist jene Influenza, von der man, anders als bei der unter den Vögeln, bereits weiß, dass sie in diesem Metier von Mensch zu Mensch übertragbar ist, und das, ohne das Hamburger Tropen-Institut oder andere renommierte Laboratorien überhaupt eingeschaltet zu haben. Gut dabei ist, das diese Form der Grippe bei den Befallenen keinerlei akute Beschwerden oder bleibende Schäden verursacht, wenn man mal von dem kleinen Makel, gegen die Berufsehre zu verstoßen, absieht.

Für die Empfänger der Botschaft kann sie aber katastrophale Folgen und Nebenwirkungen haben, die sich über Schlaflosigkeit mit Angstschweiß bis hin zur Panik ausweiten können.

Im Visier habe ich die Gepflogenheiten der Berichterstattung zum Thema Vogelgrippe. Als einer, der Journalistik vor langer Zeit studiert hat, weiß ich, wie hart der Wettbewerb der Verlage und TV-Anstalten ist, dass es natürlich auch darum gehen muss, Auflage zu machen, beziehungsweise möglichst viele Seher vor den Bildschirm zu zwingen. Das eingeschobene »auch« reflektiert aber meine Meinung, dass dies nicht alles sein kann und darf. Für die Medien muss die vielleicht unspektakuläre, sorgfältig recherchierte Wahrheit immer deutlich wichtiger sein als eine Meldung, deren Inhalt aus Gründen des Kommerzes sensationslüstern verfälscht wurde

So ist es in meinen Augen verwerflich, in riesigen Lettern zu melden, »Vogelgrippe in Deutschland?«, natürlich mit dem Feigenblatt eines Fragezeichens dahinter, und dann, drei Tage später, »April, April« zu schreiben.

Die Kehrseite der Medaille, die journalistisch honorablere, kaufmännisch aber höchst mangelhafte, sieht so aus: Ein Berichterstatter erfährt vom Verdacht, zum Beispiel durch die Deutsche Presse Agentur (DPA), entschließt sich aber zum Schweigen, solange sich der Verdacht nicht bestätigt hat. Folge: Das »Revolverblatt« hat zwei Gelegenheiten, die schlechte und die gute Nachricht klotzig zu »verkaufen«, das seriöse Medium dagegen keine. Da kann man als ambitionierter Journalist, der sich seine Brötchen ja auch verdienen muss, schon ins Grübeln geraten.

Diese zweifelhaften Usancen, nach dem Motto, Glaubhaftigkeit ist wichtiger als Wahrheit, haben im Übrigen Tradition. Der Vater einer Freundin zum Beispiel, der vor vielen Jahren Lokalreporter einer großen Tageszeitung im Rheinisch-Westfälischen war, erzählte mir einmal stolz, er habe nach einem Kirmes-Unfall, bei dem drei Menschen umgekommen und 15 verletzt worden seien, davon fünf schwer, nach »alter Journalisten-Faustregel« den drei Toten gleich noch zwei zugeschlagen und damit genau richtig gelegen. Wie gesagt, er war stolz.

Eine Schlagzeile aus den 50er Jahren wurde uns Studenten sogar als Schulbeispiel für guten Journalismus vorgeführt. Da schrieb Hans Zehrer, natürlich auch mit dem alles offen lassenden und deshalb so beliebten Stilmittels der Frageform in der »Welt«: »Kommen die Russen?«

Klar, dass er zum Ende des Artikels zu dem Schluss kommt, dass sie wohl doch nicht kommen, aber, das erfuhren wir dann auch, die »Welt« hatte an diesem Tag ihre Auflage fast verdoppelt. Man nennt das Geschäft mit der Angst.

In diesem Zusammenhang erinnere ich mich auch an den Hollywood-Streifen »Reporter des Satans«, in dem Kirk Douglas als sensationsgieriger Journalist die Story eines verschütteten und eingeklemmten Bergmanns so lange und gnadenlos im Alleingang ausschlachtet, bis der arme Kerl tot ist. Der Film wurde ein Welterfolg. Das nennt man dann wohl: Aus Freude am Geschäft mit der Angst.

Aber zurück zur »Medien-Grippe«: Die Damen und Herren von der Zunft sollten sich daran erinnern, dass es seit Urzeiten ein körpereigenes Serum als unübertrefflich sicheren Schutz gegen eine Infektion gibt. Und das heißt Verantwortungsbewusstsein, zunächst gegenüber den Konsumenten der Botschaft und dann erst gegenüber den Kaufleuten. Egon Erwin Kisch, der ja bekanntlich kein Kind von Traurigkeit war, würde im Grab rotieren, müsste er heutzutage Zeitungen lesen oder ins Fernsehen schauen.

Etwas Gutes hat der ganze Wirbel aber dennoch: Forschung und Pharmaindustrie werden jetzt noch mehr Gas geben, um, sollte das Virus doch eines Tages zu einer ernsten Gefahr für den Menschen mutieren, sofort geeignete Gegenmittel anbieten zu können. Und die Nachricht, dass mein Intim-Feind, der aktuelle Präsident der USA, erklärt hat, mehrere Milliarden Dollars in ein gewaltiges Vorsorge- und Abwehrprogramm zu investieren, stimmt auch froh. Denn das ist allemal besser, als das Geld in den Irak zu stecken, wo, da bin ich mir fast sicher, mehr Menschen bei kriegerischen Handlungen ihr Leben lassen als in der restlichen Welt an den Folgen der Vogelgrippe.

## Irgendwer tickt hier nicht richtig, oder doch?

Es sollte nicht verwundern, wenn sich die Macher des genialen Werbespots, in dem man einen Seat in raffinierten Zwischenschnitten durch eine erlkönighaft gespenstische, finstere Landschaft geistern sieht, demnächst etwas Goldenes in Cannes oder sonst wo für ihr cineastisches Meisterwerk abholen dürfen. Und das zu Recht, denn was sie da auf Zelluloid gebannt haben, ist, ganz im Stil der legendären »schwarzen Ära« mit Humphrey Bogart, Robert Mitchum und anderen Fatalisten in höchstem Maße preisverdächtig.

Gut, auf mich wirken die augenscheinlich in einer verruchten und verräucherten Bodega hockenden Darsteller etwas zu alt, zu arm, zu iberisch, zu verlottert und verwildert (Vorsicht: Zielgruppe!), als seien sie direkt von der spanischen Armada nach der Schlacht von Trafalgar gegen Nelson kommend, angeheuert worden. Aber das trägt ja nur zur knisternden Spannung bei.

Und dann diese Dialoge!

Es fängt noch scheinbar harmlos an, als Desperado 1 mit brüchiger Stimme im erzählerischen Perfekt behauptet, er habe »das Ding« um 8 Uhr aus der Stadt kommend gesehen. Desperado 2 greift das Thema auf, jetzt aber im spannungserhöhenden Imperfekt: »Ich sah es, auch um acht, oben in den Bergen«, und lässt dann noch ein diabolisches Kichern folgen. Wer bis jetzt noch keine Gänsehaut hat, schaudert, wenn es Desperado 3 auch um acht sah, »unten am See, und dann verschwand es im Nebel.«

Das unheimliche Fazit zieht Desperado 4, sich aus dem Dunkel ins fahle Licht einer Lampe drehend: »Sieht so aus, als wäre das Ding ziemlich schnell«, was aber bei dem durch Nacht und Wind rasenden Auto eher untertrieben ist.

Also, ich finde den Spot toll. Gestört hat mich nur ein wenig, dass »das Ding«, absolut verkehrswidrig ohne korrektes amtliches Kennzeichen unterwegs ist, als wollten die Kreativen unterschwellig suggerieren, es sei erst vor kurzem aus einem Seat Show Room geklaut worden und, vielleicht sogar mit Geiseln, auf der Flucht. Wie auch immer, nehmen wir den Seat beim Wort, was aus dem Lateinischen übersetzt, ja »sei's drum« bedeutet.

Und die kleine Ungenauigkeit, dass mindestens drei Leute dasselbe Auto, zur selben Zeit an drei offenbar weit aus einander liegenden Orten gesehen haben wollen, verzeiht man den Werbern auch gern, denn, hätten sie es, präzise getimed, um 20.00 h hier, um 20.19 h dort und um 20.43 h da gesehen, würde sich das zum einen nicht mehr so gut anhören, zum anderen hätte diese Distanz natürlich auch ein »Smart« locker geschafft. Aber dann wäre es zwar wahr, aber nicht sonderlich »aufmerksamkeitsstark«. Und wer will das schon? (Außerdem unterstellt man den sanguinischen Spaniern sowieso, dass sie immer maßlos übertreiben.)

Vielleicht aber haben sich die Leute in der Werbeagentur und bei der Produktion mit diesem erinnerungswürdigen Spot nur darum beworben, demnächst einmal einen Film für eine genau gehende Schweizer Uhr zu drehen, was eine wirklich wahnsinnig intelligente Form von Akquisition wäre. Hut ab!

## Wie man geschickt Arbeitsplätze vernichtet

Während in unserem Land schwierige Verhandlungen beginnen, wie man einigermaßen sozialverträglich zum Beispiel 10.000 Stellen abbaut, hat eine französische Gewerkschaft gezeigt, wie man ein derartiges Problem ultimativ löst.

Es gibt eine Fährverbindung zwischen Nizza und Korsika, halbstaatlich, seit Jahrzehnten fest in französischer Hand, konkurrenzlos und deshalb stets unpünktlich und mit unfreundlicher Besatzung.

Als in Brüssel entschieden wurde, dass 20 % der Matrosen nicht mehr Franzosen sein müssten, ging man in den Streik, in einen so langen, dass eine italienische Reederei den Job übernommen hat, immer pünktlich und zuvorkommend, wie es heißt. So musste die französische Linie den Betrieb aus Mangel an Passagieren einstellen, womit nicht nur 20 % Nicht-Franzosen nicht eingestellt wurden, sondern auch die verbleibenden 80 % ihren Arbeitsplatz verloren haben. Dies berichte ich mit freundlichen Grüßen an unsere Gewerkschaften. Davon könnt Ihr noch was lernen, bei IG Metall, Verdi & Co.!

## So streng sind hier die Bräuche

Im vergangenen Spätsommer habe ich unter dem Einfluss des Lichtes in Südfrankreich, das auch die Großen mit Pinsel und Palette immer wieder fasziniert hat, mit Acrylfarben ein 81x60 Zentimeter großes Bild gemalt, das eine stark arabisch angehauchte Villa zeigt, die im Original vermutlich irgendwo am Mittelmeer westlich von Marseille steht, da, wo die Muselmanen ja schon mal waren, bis sie 732 von Karl Martell (dem »Hammer«) bei Tours und Poitiers was aufs Haupt bekamen. Wo genau, weiß ich nicht, da auf der Postkarte, die mir als Vorlage diente, jeder Hinweis fehlte.

Vor kurzem, zurück in Düsseldorf, besuchte mich ein Mensch, der wohl irgendwann einmal etwas mit Bauen zu tun gehabt haben musste, obwohl er nicht deshalb mein Gast war. Er sah das Bild, das noch ungerahmt am Boden stand, begutachtete es kritisch und fragte dann nach einem kurzen Kompliment, ob ich nicht wüsste, dass »so etwas« nicht erlaubt sei. Erst dachte ich, er wolle mir kraft irgendeines Amtes das Malen verbieten oder mich tadeln, das Motiv unerlaubt von einer Ansichtskarte abgekupfert zu haben (aber dazu hätte er die Villa kennen müssen). Auf mein »Warum« hin klärte er mich auf. Vorausschicken muss ich aber die Besonderheit der Architektur meines Motivs: Keine der Treppen, selbst eine steil hinab ins Meer führende, hat ein Geländer.

Mit einem seltsamen Lächeln, von dem ich nicht wusste, ob es ehrlich gemeint war, sagte er: »Solche Treppen werden auch in Frankreich niemals von den Behörden abgenommen, das ist doch lebensgefährlich!« Da ich guter Laune war, gern male und man Acrylfarben sehr gut überpinseln kann, bot ich ihm an, die Geländer malerisch selbst anzubringen. »Nein, das wäre nun wirklich päpstlicher als der Papst«, war seine, wieder von diesem Lächeln begleitete Reaktion. »Also gut, dann bleibt es so«, beendete ich das Gespräch.

Dennoch glaube ich, es wäre ihm im tiefsten Inneren lieber gewesen, wenn ich das »Werk«, den strengen bautechnischen Vorschriften entsprechend, perfektioniert hätte.

## Einem geschenkten Gaul …

… doch, ich tue es, auch wenn das bekannte Sprichwort das Gegenteil fordert. Und dieser zweifelnde Blick hat nicht nur wegen des trojanischen Pferdes schon seit zig Jahren seine guten Gründe.

Waren einst die Socken, der Schal, das so genannte gute Buch, mit dem man gefälligst schulische Wissenslücken aufzufüllen hatte, oder später die Krawatte die am meisten gefürchteten Geschenke, weil man sich nur unter inneren Verrenkungen dafür aus vollem Herzen bedanken konnte, so sind das heute für mich höchst fortschrittliche Geräte, deren Bedienungsanleitungen allein einem Senior wie mir Angst und Schrecken einflößen, weniger des Inhalts wegen, vor dessen Lektüre man sich unter Hinweis auf die fehlende Zeit ja durchaus ein paar Wochen drücken kann, ohne den es wohlmeinenden, großzügigen Spender zu kränken, nein, schon der Dicke des Werkes wegen, die selbst Leseratten wie mich einschüchtert.

Als ich noch jung war, zählte ich mich noch stolz zu den progressiven, fortschrittsgläubigen Technik-Freaks, was sich im Besitz gleich mehrerer Stereoanlagen ausdrückte. Das war ja auch einfach, damals. Man stöpselte irgendwas an der richtigen Stelle ein, drückte auf den einen oder anderen Knopf, legte einen oder mehrere Kipphebel um und drehte an einem dicken Rad – schon lief alles wie von selbst. Auch einen Home-Video-Recorder besaß ich als einer der Ersten in Deutschland, dank unseres Kunden Sony, dessen Werbeleiter es glänzend verstand, mir immer wieder alle Novitäten, sozusagen frisch aus der Entwicklungsabteilung in meine Schrankwand, aufzuschwatzen. Der Recorder arbeitete mit dem Beta-System, weshalb seine Verwendbarkeit sehr schnell endlich wurde, weil VHS nicht das bessere System war, aber zum besser vermarkteten wurde.

Auf genau diesem Weg kam ich einst auch an eine Sony Quadrophonie-Anlage, was nach meinem Verständnis das vorweggenommene Dolby Surround von heute war, eigentlich eine einzigartige Pionierleistung, wenn man bedenkt, dass man sich damals erst in der Mitte der 70er Jahre befand. Leider wurde aber auch das ein Flop, weil es dafür statt Konkurrenz, die sich am Promoten dieser Sensation hätte beteiligen können, nur ein paar Schallplatten von Sony gab, aber keine 4-Kanal-fähigen Aufzeichnungsgeräte, auch von Sony nicht. That's bad marketing.

Gestehen muss ich zusätzlich, dass ich auch begeisterter Photograph bin, was ich wohl von meinem Vater geerbt habe, der in den 30er Jahren eine Leica erworben hatte (die ich, nachdem er sie im Harz dreimal in einer verschweißten Konservendose vor den nacheinander einmarschierenden Amerikanern, Engländern und Sowjets im Garten verbuddelt hatte, heute noch sorgsam pflege) und eine Bolex Filmkamera, mit der er in seiner freien Zeit sehr witzige Trickfilme drehte.

So versteht es sich von selbst, dass ich zu irgendeinem Geburtstag eine Agfa-Box-»Kamera« geschenkt bekam, eine der wenigen Gaben, denen ich nicht ins Maul geschaut habe. Mit zunehmendem Alter und Einkommen wuchsen bei mir die Ansprüche und damit auch die Apparate. Über eine Minolta ging es, eine Nikon F 2, bis hin zu einer neuen Kamera dieser Marke, erstmalig für mich mit Autofokus, womit auch der Ärger über die ständigen Unschärfen endlich beendet war.

(Das hätte ich selbst auch ohne technische Hilfe hinbekommen, wäre ich nur früher zum Augenarzt gegangen.)

Sie haben Recht mit Ihrem Vorwurf, ich sei doch irgendwie vom eigentlichen Thema abgekommen. Diese Abschweifung war aber notwendig, um klarzumachen, dass ich ursprünglich nicht grundsätzlich technikfeindlich war.

Die wirklich tiefe Abneigung dagegen, oder noch besser, der Hass darauf, begann erst mit der Geburt unseres Sohnes und dem Geschenk einer Videokamera. Denn damit wurde ich endgültig zum Sklaven der Technik, der sich, »weil«, so meine Frau, »jeder Entwicklungsschritt unseres Kleinen entweder als Photo oder als Video-Sequenz, am besten aber beides, festgehalten werden sollte«, still in sein Schicksal ergeben musste.

Von da an erlebte ich zum Beispiel auch die schönsten Urlaube an den exotischsten Plätzen dieser Erde vornehmlich durch Sucher, was mich danach, bei der Betrachtung meiner dennoch sehenswerten Produktionen, immer erstaunt feststellen ließ, wie toll es auch außerhalb des Bildausschnittes gewesen sein musste. Natürlich wurden dabei auch meine Arme immer länger, waren die Super 8-Geräte damals noch groß und schwer, und auch das vielfältige, für Perfektionisten unverzichtbare Photo-Zubehör wie unterschiedliche Objektive, Stativ, Blitz etc. hatten ihr Gewicht. (Pflichtschuldig flechte ich hier für meine Frau ein: Aber schön war es doch!)

Danach wurde es dank Miniaturisierung deutlich besser, und ich überstand sowohl das Geschenk eines CD- und, später, das eines DVD-Players schadlos, da ich die Annahme der Geschenke an das Versprechen des Sohnes geknüpft hatte, beide anzuschließen und mir die Handhabung genauestens zu erklären. Ähnlich lief es mit der Computerei, der ich mich bis zum Ausscheiden aus unserer Firma unter Hinweis auf die Dame, die das sowieso besser könne, widersetzte. Da diese Ausrede zu Hause natürlich nicht gelten konnte und meine Frau schon immer einen Laptop haben wollte, kam der dann auch.

Mit einem von ihr erstellten Spickzettel gelang es mir tatsächlich, ihn wie eine Schreibmaschine zu bedienen. Unser Sohn bemerkt zwar immer wieder spöttisch, ich würde maximal 20 % seiner Möglichkeiten nutzen. Aber das ist mir egal, Hauptsache, ich kann damit das Manuskript meines Buches schreiben, in das auch diese Schilderung kommen soll.

Als ausgerechnet einen Tag vor dem Beginn der Fußball-WM unser Zweitfernseher den Geist aufgab, lag es auf der Hand, den Ersatz in dem Geschäft zu kaufen, das mir versprach, das Gerät bereits programmiert zu liefern. Hätte ich selbst allen 37 Programmen ihren Platz zuweisen müssen, wäre ich damit höchst wahrscheinlich erst nach dem Abpfiff des Endspiels fertig geworden.

So war ich wiederum rundum glücklich und zufrieden. Bis zu meinem 70. Geburtstag. Da kommen doch Frau und Sohn auf die verhängnisvolle, irre Idee, mir einen DVD-Camcorder zu schenken. Begründung: Nun würde ja bald unser erstes Enkelkind geboren, und es gäbe doch nichts Schöneres für Opa, als den kleinen Kerl, den man ja oft bei uns zu »parken« gedächte, möglichst durchgehend zu filmen. (Für die Fähigkeit, zwei so schlechte Nachrichten in nur einer Botschaft so intelligent zu verpacken, gebührt den beiden ein Kompliment.)

Nichts Gutes verheißend ist schon der von meiner Frau berichtete Mangel, mit dem Ding nichts löschen und neu aufnehmen zu können, es sei denn, man habe eine spezielle DVD und einen entsprechenden Player mit dieser Funktion. Unglücklicherweise habe ich einen, was bedeutet, dass ich jetzt auch dessen Bedienungsanleitung wieder sorgfältig studieren müsste.

Ich betone: müsste.

Gewiss macht es Spaß, ein so super aussehendes High-Tech-Gerät zu betrachten, aber nur aus sicherer Entfernung. Auch in das wiederum sehr umfangreiche Manual habe ich noch nicht einen einzigen Blick geworfen. Stattdessen steht mein Entschluss fest, mich einfach weiter dumm zu stellen und meine Frau anzufeuern, doch ruhig weiterzulesen, denn es wäre doch sehr hilfreich, wenn wir beide mit dem Ding umgehen könnten. Ungesagt bleibt bis auf weiteres, dass ich nicht die Absicht habe, mich noch einmal in eine solche Abhängigkeit zu begeben, wo ich doch noch nicht einmal begriffen habe, was ich alles mit meiner kleinen Sony Digitalkamera anstellen könnte. (Um ehrlich zu bleiben, die habe ich mir selbst gekauft und mich damit auch der Chance beraubt, ihre Nutzung zu verweigern.)

Also, wenn meine Frau das Gerät dann aus dem FF beherrscht, werde ich mich bereit erklären, unseren Enkel immer sehr photogen vor die Linse zu halten, ihm das Fläschchen zu geben und danach das Bäuerchen auf meiner Schulter zu gewähren, vor allem aber ihn bevorzugt mit solchen Dingen zu füttern, die später, wieder ausgespuckt, auf dem Monitor sehr farbenfroh wirken, wie zum Beispiel Spinat und junge Möhren. Das wäre doch eine faire Aufteilung der Verantwortlichkeiten, finde ich.

Um zu einem versöhnlichen Schluss zu kommen, behaupte ich erneut, allem bisher Geschilderten zum Trotz, technisch gesehen, doch kein ganz hoffnungsloser Fall zu sein. Schließlich finde ich inzwischen, nachdem gute Freunde sie mir geschenkt hatten, diese matt glänzenden, gleich von mehreren Batterien angetrieben Salz- und Pfefferstreuer mit dem legendären Mahlwerk jenes französischen Autoherstellers gut, bei denen auf Knopfdruck sogar die zu bestreuende Fläche ausgeleuchtet wird. Das ist für mich »State of the Art«, wirklich.


## Schaulaufen

Ursprünglich sollte über diesem Kapitel »Zivil-Courage« stehen, die E-Mail eines guten alten Freundes aus Hamburg hat mich dann aber zu dieser Veränderung veranlasst, dies um so mehr als Schwulen-, Lesben- und Transvestiten-Days heute niemanden mehr groß aufregen, und selbst die Meldung, dass sich der bekennende Homosexuelle, MdB Volker Beck, bei einer nicht genehmigten Demo in Moskau eine blutige Nase oder etwas Ähnliches geholt hat, am nächsten Tag schon wieder Schnee von gestern ist.

Also werde ich die Geschichte vom persönlichen Mut aufheben, bis eines Tages vermeldet wird, was ich aber für eher unwahrscheinlich halte, dass selbstlose, tapfere Deutsche sich dem Angriff einer Rotte von Rechtsextremen auf eine junge farbige Frau in der Berliner S-Bahn entgegen gestellt haben.

Aber zurück zum Stück, zur Mail meines Freundes, in der Folgendes zu lesen ist:»Es war Anfang Mai, während der ersten paar heißen Sonnentage. Ich ging auf der Langen Reihe (Hamburg) in Richtung Hbf spazieren. Da kommt mir eine Gestalt entgegen gestöckelt, auf himmelhohen Hacken, mit Mühe das Gleichgewicht haltend. Der Kopf sowie die Augenbrauen waren säuberlich rasiert, die Augenränder mit dickem Kajalstift eingerahmt. Das Gesicht schweinchenrosa geschminkt, dieses auch an den anderen sichtbaren Körperteilen. Zwei bis drei Pierce-Punkte im Gesicht vermittelten einen Eindruck von künstlicher Lebendigkeit. Dazu ein hellpastell-blaues, lack-glänzendes Plastikkleidchen mit kurzen Ärmelchen, knall-schwarzem Lackgürtel und einer Rocklänge bis superknapp unter den Beinansatz. Daraus ragten dünne, etwas schlappe, aber sehr lange, ebenfalls schweinchen-rosa getünchte Beine, die in diesem hochhackigen Schuhwerk steckten, das ich vor lauter Staunen über die Gesamterscheinung beinahe übersehen hätte. Denn eines faszinierte mich ganz besonders: Es waren die beiden trichterförmigen Brüste, die aus dem Kleid herausstachen und in ihrer Form an die Spanischen Reiter des Westwalls, allerdings im Kleinformat, erinnerten.

Hätte ich einen Photoapparat dabei gehabt, hätte ich um die Genehmigung einer Aufnahme gebettelt. Die anderen Passanten blieben buchstäblich mit vor Staunen weit geöffnetem Mund stehen, obwohl ungewöhnliche Gestalten auf der Langen Reihe eigentlich zum Alltäglichen gehören. Wäre ich gläubiger, konservativer Katholik, hätte ich wahrscheinlich altklassisch formuliert:»Dies ist der Teufel, sicherlich!«

Und dann fragt mein Freund, ob ich eine solch absurde Begegnung auch schon einmal erlebt hätte. Natürlich habe ich, dazu später. Zuvor musste ich in meiner Antwort noch einen weiter gehenden Gedanken los werden, und das hat am Rande doch wieder etwas mit »Zivil-Courage« zu tun.

Mir wurde nach einigen Minuten verschärften Nachdenkens sonnenklar, dass meine Verwunderung in Bewunderung umgeschlagen wäre und ich meinen imaginären Hut vor dieser Person gezogen hätte. Weil ich es einfach toll finde, dass es in Zeiten, in denen der schlechteste amerikanische Präsident aller Zeiten Millionen ahnungsloser, unschuldiger Mitbürger abhören lässt, in denen unser BND, mit oder ohne Auftrag der Regierung, Journalisten anheuert, um andere Journalisten zu bespitzeln, die möglicherweise Mitarbeiter des Nachrichtendienstes angezapft haben, Menschen gibt, die sich in aller Öffentlichkeit als »in höchstem Maß suspekt« outen, so dass man sich die Mühe, die Zeit und das Geld, »Undercover-Agenten« auf sie anzusetzen, sparen kann. Ganz bestimmt hätte die »Zielperson« auf Befragen sogar bereitwillig Adresse, Telefonnummer (und Preis?) preisgegeben.

Nun aber zu meiner Begegnung der anderen Art. Sie liegt rund 17 Jahre zurück und hat zu tun mit dem besten Lehrer, den unser Sohn in der Oberstufe hatte. Aus den Erzählungen des Filius wusste ich schon, dass mich Merkwürdiges erwarten würde, als ich ankündigt hatte, diesen offenbar vorbildlichen Pädagogen als einzige »Lehrkraft« beim nächsten Elternsprechtag zu besuchen. Das geschah auch, und es machte mir sehr viel Spaß, mit diesem »Mann« auf höchstem intellektuellen Niveau über »Gott und alle Welt« zu parlieren. (Auf eher niedrigem über die Leistungen des Sohnes.)

Es war schon auffallend – sein Outfit! So trug er ein lilafarbenes Seidenhemd, das er über seiner unbehaarten Brust so weit geöffnet hatte, dass man die verschiedensten Kettchen und Anhänger nicht übersehen konnte. Dazu eine türkisfarbene, ebenfalls seidenglänzende Hose mit weißem Gürtel, rosa Socken und hellblaue Schuhe. Die Ohrringe und Armbänder nicht zu vergessen! Ich fand das eher witzig als anstößig, zumal ich schon nach kurzer Zeit von seinen Qualitäten als Erzieher mehr als überzeugt war. Ins Grübeln geriet ich nur darüber, wie es möglich sein konnte, dass dieser Mensch in einem Stadtteil toleriert wurde, der sich fest in der Hand der so genannten Christdemokraten und der katholischen Kirche befindet. Mir war aber auch bekannt, dass die Versuche einiger erzkonservativer Eltern, ihn zu mobben, schon einige Male vom progressiveren Teil der Elternschaft und der Schüler abgeblockt worden waren.

Das muss diesen wirklich sympathischen Lehrer zu übermütig gemacht haben oder, was ich bei seinem Format eher vermute, er hat einen Eklat absichtlich herbeigeführt, um den ständigen (unberechtigten) Verdächtigungen endlich zu entkommen. Wie auch immer, als er eines Tages in einem hübschen Kleid, gediegen geschminkt, mit blonder Perücke, auf Stöckelschuhen und mit flottem Handtäschchen beim Shopping auf der Haupteinkaufsstraße unseres Viertels gesichtet wurde, war es um ihn geschehen, und selbst die progressivsten Eltern konnten seine augenblickliche Entlassung nicht mehr abwenden. Ich war damals darüber traurig, denn die Leistungen unseres Sohnes wurden unter neuer pädagogischer Anleitung nur noch schlechter.

Nun zu einer ganz neuen, hochmodernen Variante des

Schaulaufens, die man zeitgemäß als »in« zu bezeichnen hat. Gemeint sind die Schwangeren, von denen ich im Moment geradezu umzingelt werde, und die mich befürchten lassen, dass unsere hübsche, vormals ruhige Ecke zu einem riesigen Spielplatz für Kinder werden könnte. Denn schick ist es heute nicht nur, ein Kind zu bekommen, nein, drei, noch besser vier, sollten es schon sein.

Erinnere ich mich an die Schwangerschaft meiner Frau, und sehe ich mir die Photos von damals an, fällt mir auf, wie dezent das wachsende Bäuchlein, nicht nur von ihr, in den unterschiedlichen Phasen, kaschiert wurde. Ich sage nur: schwarzes Hängerchen.

Und heute? Da strecken die werdenden Mütter, allen voran die schon etwas älteren, provokant und ohne Rücksichtnahme auf zum Beispiel mein ästhetisches Empfinden ihren Vorbau weitestgehend heraus, mehr noch, sie tragen dazu Klamotten, die ihre Schwellung mittels strammer Schnürung unter und über derselben auch noch betonen. Mir gefällt das nicht, ich finde es sogar unappetitlich, zumal es doch nicht so außergewöhnlich ist, ein Baby zu bekommen, angesichts der Billionen und Aber-Billionen von Geburten in aller Welt.

Diese penetrante Zurschaustellung der Fruchtbarkeit ist auch gegenüber denen nicht fair, die einen gewissen Anteil an diesem Zustand haben, gemeint sind wir Männer.

Vielleicht sollten wir vom schwachen Geschlecht am Revers unserer Jacketts auf einem Button eine geschickt verschlüsselte Botschaft tragen, die dem Kenner Frequenz und Kürze der Intervalle beim Sex signalisiert. Dazu eignen sich gut die Piktogramme der Fluggesellschaften, die über die Häufigkeit der Flüge Auskunft geben. So könnte hinter dem Symbol für zum Beispiel »täglich außer Montag« »Mo, 2h, 1« stehen, was dann »Dienstag bis Sonntag, alle zwei Stunden, Dauer eine Stunde« bedeuten würde. Das wäre ein Musterbeispiel für dezente, gelebte Gleichberechtigung.

Sollten wir angesichts des Sturms der Entrüstung der Frauenwelt damit aber nicht durchkommen, was leider zu befürchten ist, könnten wir es alternativ mit unserem IQ versuchen, sofern er denn hoch genug ist.

# Er oder ich

Wer jetzt denkt, »er« sei ein Hausfreund meiner Frau oder ein Nebenbuhler, ist total auf dem Holzweg. »Er« ist zwar größer als ich, weitaus farbenfroher, vermutlich auch insgesamt gesünder, obwohl »er« doch, im Vergleich zu mir, viel mehr Zuwendung und Liebe braucht, ganz abgesehen von Unmengen Flüssigkeit und Kraftfutter zum Wachsen und Gedeihen. Was »ihn« glücklicherweise aber immer noch ganz wesentlich von mir unterscheidet, sind jene kleinen, aber wichtigen Eigenschaften, die erst den wahren Mann ausmachen.

Sie sind vielleicht schon darauf gekommen, die Rede ist vom Garten meiner Frau.

Vorwegnehmen muss ich, auch wenn ich damit die Pointe versaue, dass ich es niemals wagen würde, sie vor die oben angeführte Entscheidung zu stellen, obwohl wir schon über 37 Jahre (bei Leistungen wie diesen klatscht beim Quiz von Jörg Pilawa immer das Publikum) sehr glücklich verheiratet sind. Denn vermutlich würde ich den Kürzeren ziehen. Aber ein bisschen Jammern und Wehklagen muss dennoch sein.

Zugeben muss ich auch, dass ich manchmal etwas sperrig bin, wenn es um die Verbesserung meines Aussehens geht, das ihr (auch) wichtig sei, wie sie immer wieder behauptet.

So kann ich es auf den Tod nicht ausstehen, wenn sie mir im Gesicht herumfummelt, um mir etwas abzuwischen. Ich hasse es, wenn sie meint, sie müsse mir mit einer riesigen Schere die Augenbrauen stutzen und das einzige lange graue Haar abschneiden, das alle vier bis sechs Wochen aus dem geöffneten Oberhemd heraus »wuchert«. Um Geld zu sparen, lässt sie sich auch nicht davon abbringen, den dringend anstehenden Besuch bei meiner Frisöse dadurch hinauszuzögern, dass sie mir den Nacken ausrasiert. Auch das ist für mich ein Graus, denn danach jucken die kleinen Haarfitzel ganz schrecklich auf der Haut, so dass ich gleich wieder duschen muss.

Mit solchen Widerständen hat sie in ihrem Garten nicht zu kämpfen. In dem geht sie wahrhaft auf. Da kann sie nach Herzenslust schnippeln und schneiden, wässern und düngen, verblühte Rosen abknipsen, Rasen mähen, neue Blumen ein- und alte auspflanzen, Gartenmöbel reinigen und Bodenplatten mit Hilfe eines Hochdruckreinigers absprühen. Sehr viel Spaß macht ihr auch das Verlegen der kleinen Schläuche unserer automatischen Bewässerung.

Jetzt denken Sie aber bitte nicht, sie käme beseelt und glücklich nach getaner Arbeit wieder ins Haus. Nein, dann tut ihr alles weh, weil sie das lange Bücken und Knien, das ich übrigens nie von ihr verlangt habe, nicht mehr verträgt. Trotz meines prophylaktischen Hinweises, ich hätte auch deshalb so lange und so hart gearbeitet, damit wir uns im Alter einen Gärtner erlauben könnten, prasseln dann die von ihren Augen ablesbaren Vorwürfe auf mich hernieder, ein, wenn schon nicht gesagtes, dann doch gedachtes »Das hättest du machen müssen«. Das lässt mich nicht kalt, weil es am Abend mindestens zwei amerikanische Krimiserien dauert, bis sie mir wieder wohl gesonnen ist.

Eigentlich bin ich ein Freund des Frühlings und des Sommers. Mehr und mehr aber missfallen mir diese Jahreszeiten. Und ich sehne schon wieder einen langen, harten Winter mit viel Schnee und Eis herbei, denn dann gehört meine Frau ausschließlich mir. (Raten Sie mal, wo sie sich aufhält, während ich diese Zeilen schreibe. Richtig, genau da.)

## »Neue Formel, bis zu ...«

Bei der Entscheidung, ob ich meine Ex-Kollegen aus der Werbung wieder einmal tadeln oder loben soll, orientiere ich mich an jenem weisen Mann aus der Bibel, dem man nachsagt, er habe stets salomonische Urteile gefällt, das heißt, ich tue keinem richtig weh und spreche ihnen als ehemaliger Werber ein Kompliment aus, bin als Verbraucher aber doch ein wenig sauer. Aber es bleibt ja meine Schuld, wenn ich als Profi nicht erkenne, wo ich beschummelt werden soll.

Mein Gespaltensein wurde zum einen ausgelöst beim Kauf einer Dose Schaum, mit dem man sich die Barthaare aus dem Gesicht schabt. Da habe ich seit Jahren meinen Favoriten. Auf der Suche nach diesem in einem großen Drogerie-Markt blieb ich zunächst erfolglos, fand es dann aber doch, im Layout verändert und, ganz neu, mit dem rot gedruckten Hinweis: »Neue Formel«. Eigentlich wollte ich ja nur die alte Formel kaufen, aber die war laut Verkäuferin ersatzlos gestrichen. Der Versuch, durch die Lektüre des Kleingedruckten herauszufinden, wodurch sich die neue von der alten unterscheidet, musste mangels eines stark vergrößernden Glases scheitern. Da sagt man sich dann, mach doch nicht so ein Theater wegen ein paar Euro, und geht zur Kasse.

Zu Hause fiel mir dann ein, dass es sich bei der neuen Formel wahrscheinlich so verhält wie bei zwei Gleichungen mit demselben Ergebnis. Wenn ich zum Beispiel zu acht zwei addiere, kommt dabei genauso viel heraus wie bei sieben plus drei. Das meine ich natürlich nur bildhaft. Aber raffiniert gemacht ist das schon.

Als ich mich zum ersten Mal mit dem neuen Schaum rasierte, merkte ich natürlich keinen Unterschied zum alten, entdeckte aber beim Druck auf den Knopf ein weiteres neues, hübsches, kleines Label mit dem Text: »Ultra Glide.«

Sofort war mir klar, wie die fortschrittliche Entwicklung dieses Produktes weitergeht.

Von Zyklus zu Zyklus wird die Gleichung so variiert, das immer zehn dabei heraus kommt, dann beginnt man bei der nächsten neuen Formel wieder bei »Super Glide«, steigert das dann zu »Perfect Glide«, um dann in ein paar Jahren wieder beim »Ultra« angekommen zu sein. Kein Wunder, dass bei so geschicktem, kreativem Marketing und Merchandising die Kassen beim Hersteller klingeln. Und der Verbraucher, der, wie ich, ja auch nicht mit Lupe einkauft, hat dennoch das Glücksgefühl, immer nur das Modernste und Beste erworben zu haben.

Eine Sorge bleibt aber: Wie in dem bereits an anderer Stelle erwähnten Brief, in dem eine sehr zufriedene Kundin schrieb, mit dem Creme des Herstellers, der auch den Schaum produziert, würde sie die leckersten Bratkartoffeln brutzeln, könnte ja jemand auf die Idee kommen, damit auch etwas anderes besser zum Gleiten zu bringen. Das aber würde sicher höllisch brennen.

Zum anderen stieß mir eine TV-Werbung übel auf, in der eine sehr attraktive junge Frau, vor der sich, wie von Geisterhand bewegt, unaufhörlich ein roter Teppich ausrollt, durch ein Kaufhaus spaziert.

Man hört im Off, dass sie eines jener Damen-Hygiene-Produkte verwendet, die nicht stören und deren Wirkung unheimlich lange anhält – in diesem Fall »bis zu 12 Stunden«. Man sieht, wie ihr auf einer Rolltreppe etwas aus der Hand fällt und ein hilfsbereiter Mann, sich tief bückend, dieses für sie aufhebt. Danach steht sie auf einem Podest, vor dem kniend eine Schneiderin den Rocksaum absteckt. Und später am Abend erfasst sie, von der man immer noch nichts riecht, die Kamera beim Betreten einer gut besuchten Bar. Dazu sagt dann noch eine vertrauenerweckende Stimme: »Erwiesen«, was sich auf die bis zu 12 Stunden wirkende Hygiene-Maßnahme bezieht. Toll, Hunderttausende Frauen, die das gesehen haben, sind jetzt total begeistert und verlassen sich auf das Versprechen.

Aber was ist mit den beiden Wörtchen »bis zu«?

Für mich heißt das im Klartext, dass die phänomenale Wirkung im günstigsten Fall 12 Stunden anhält. Gut für die Werber, dass es dieses juristische Schlupfloch gibt, wenn der Schutz schon nach vier, sechs oder zehn Stunden verflogen ist.

Schlecht für die Verbraucherin, die, voller Vertrauen auf eine Erneuerung verzichtend, noch ins Theater gegangen ist und sich wundert, dass nach der Pause die Plätze neben ihr leer bleiben, obwohl das Stück doch wirklich großartig ist. Irgendwie riecht es hier nach Betrug. Dann sind Scham und Wut groß. Erwiesen.

## Der Papst lässt hoffen

Als »wir Papst geworden waren«, fürchtete zunächst die gesamte Christenheit, gestützt auf verlässliche Insider-Informationen aus dem engeren Umfeld des vormaligen Chefs der Glaubens-Kongregation, Kardinal Ratzinger, hier übernähme ein Pontifex Maximus das Kommando, der noch reaktionärer als, mindestens aber genauso betonköpfig und verknöchert sein würde wie sein legendärer Vorgänger.

Aber weit gefehlt! Erst erfährt man, dass im Vatikan ernsthafte Überlegungen angestellt werden, *in besonderen Fällen* Kondome für Paare unterschiedlichen Geschlechts zuzulassen, bei denen ein Partner HIV-positiv oder an bereits an Aids erkrankt ist. Das hört sich gut an. (Wie aber diese *besonderen Fälle*, zum Beispiel im südlichen Afrika, wo diese Seuche eher Normalität denn Besonderheit ist, zu interpretieren sein werden, wissen wahrscheinlich, um einigermaßen im Bild zu bleiben, nur die Götter, oder der Papst.)

Auch den Dialog mit Protestanten, Orthodoxen und Juden, die Moslems und Buddhisten hat man ihrer relativen Bedeutungslosigkeit wegen wohl einfach vergessen, wolle man konsequent vorantreiben, verlautet weiter aus gut unterrichteten Kreisen des Vatikans. Auch das hört sich gut an. (Das kategorische »Nein« zu katholischen Priesterinnen und zum gemeinsamen Abendmahl gemischt Verehelichter soll hier nicht kommentiert werden. Es würde den positiven, eigentlich hoffnungsfroh stimmenden Gesamteindruck nur unnötig düster überschatten.)

Es kommt aber noch besser. Lese ich doch heute in meiner Tageszeitung, dass Benedikt XVI. für Kirchenoberhäupter geradezu revolutionär modebewusst, gar »trendy« sei. So habe er erst vor kurzem eine »Serengeti-Bushnell«-Sonnenbrille auf der Nase gehabt, das neue Statussymbol schlechthin, das seinen Trägern einen »touch« von uriger Männlichkeit verleihe. (Das verwundert mich schon, verweigert die katholische Kirche ihren Dienern nicht gerade dieses ganz natürliche Recht und treibt sie damit in ganz natürliche körperliche und seelische Not? Ohne Zölibat würden Priestern anvertraute kleine

Jungs sicherer leben, und auch die in diesem Zusammenhang oft zitierte Hausdame würde von einem Makel befreit. Aber sorry, ich wollte doch nicht meckern.)

In dem Bericht stand auch, der Papst habe eine hohe Affinität zu edlem Schuhwerk von »Prada« und »Geox«. In seiner Freizeit in der Sommerresidenz liebe er es, in jenen luftgefederten Sportschlappen herumzulaufen, die unter Kennern zur Zeit als das absolute Maß allen In-Seins gelten.

Zu Recht stellt die Zeitung fest, dass dies doch auch förderlich für das Image der so ausgezeichneten Unternehmen sei, denn Prominente als Vorbildverbraucher ziehen immer. Sie ging in ihrer Meldung aber nicht so weit, sich eine Werbung vorzustellen, in der jener Hersteller aus Herzogenaurach, der bekanntlich auch andere Sport-Asse beschuht, stolz behauptet: »Auch unser Papst läuft zur Höchstform auf ... mit Adidas!« Mir, als ehedem weitestgehend von Skrupeln und Selbstzweifeln freiem, dazu noch respektlosem, aber ungemein kreativem Werber, wäre das sofort in den Sinn gekommen. (Vom »Heiligen Stuhl« im Zusammenhang mit einem Abführmittel zu sprechen, ginge aber selbst mir etwas zu weit.)

Gut stehen würden dem Papst auch Polo-Shirts von Ralph Lauren, Lacoste und Fred Perry, denn die gibt es in vielen, oft auch gediegenen Farben, die wunderbar zu denen der festlichen Roben und Gewänder passen würden, die der Oberhirte zu besonderen Anlässen tragen muss.

Als nächsten Schritt zu einer weiteren Liberalisierung und Lockerung der strengen Bräuche erwarte ich, dass er den liebevollen Kosenamen »Bennie« offiziell absegnet. (Gorbi fand sich so auch immer super.) Das wird sicher schnell gehen, denn auch bei der Selig- und/oder Heiligsprechung von Johannes Paul II. legt er ja ein forsches Tempo vor.

Bleibt noch die spannende Frage nach dem Rasierwasser des Papstes. Es könnte sein, dass sich Bennie, schon seiner zweiten Funktion als Bischof von Rom wegen, etwas Italienisches auflegt, etwa Aqua di ... von Giorgio Armani. Das aber fände ich wirklich übertrieben, hat er doch mit seinem Bekenntnis zu »Prada« schon genug für die Belebung des italienischen Marktes getan. Deshalb vermute ich sehr stark, dass er als ausgewiesener Patriot, der niemals seine deutschen Wurzeln verleugnen wird, auf »Boss« vertraut, vom urgermanischen Hugo. Das belebt nicht nur müde Haut, auf die auch ein 80-Jähriger Anspruch hat, sondern sagt gleich auch etwas über die Höhe der Stufe aus, die Bennie auf der Karriereleiter erklommen hat.

Glücklicherweise wird Bennie auch ein ausgeprägtes Faible für feinsinnigen Humor nachgesagt, der nirgendwo deutlicher zu Tage trat als in dem zauberhaften Geständnis, der »Herr habe, als er nicht habe Papst werden wollen, einmal sein Bitten nicht erhört«. (Wenn es wirklich nur einmal geschehen ist – Kompliment zu dieser phantastischen Erfolgsquote!) Das ist »charming« in höchster Potenz. Und eine gute Stelle, mich trotz aller kritischen Einwürfe als stillen Fan von Bennie zu outen. Nicht nur seines Humors wegen bin ich (fast) sicher, dass er mir, sollte er diese Zeilen jemals von einem verärgerten Kardinal oder seinem aufgeregten Pressesprecher vorgelesen bekommen, nicht gleich die ewige Verdammnis oder, unter Berücksichtigung mildernder Umstände, 15 Jahre Fegefeuer an den Hals wünscht.

Aber dieser, exklusiv für Katholiken eingerichtete und deshalb von ihnen so gefürchtete Vorhof der Hölle soll angeblich für Evangelen wie mich sowieso geschlossen bleiben, möglicherweise wegen Überfüllung. Aber das weiß man nicht so genau.

All das ermutigt mich, diese Geschichte, den wüsten Vorwürfen meiner katholischen, aber sonst toleranten Frau zum Trotz, sie sei geschmacklos, ja lästerlich, zu Ende zu schreiben. Und sie, eben die Geschichte, dann doch nicht, zutiefst beschämt über den mir offensichtlich fehlenden letzten Rest an Respekt für Mensch und Institution, dem Papierkorb zu überantworten.

Also mache ich das, was für reuige, des Lateins kundige Sünder in solchen Fällen üblich ist: Ich schlage mir unter lautem »mea culpa, mea culpa, mea maxima culpa« dreimal heftig auf die Brust und bitte alle, die sich möglicherweise verletzt fühlen, um Vergebung. Die steht einem unter echten Christen auch zu (siehe Neues Testament!).

## Das zahle ich dem aber heim!

War das eine schöne Zeit in Düsseldorf-Oberkassel, so um 1970, damals, als es die Rheinkniebrücke noch nicht gab, die Düsseldorfer Straße eine verschlafene Gasse war und das »Sassafras« noch »Zur alten Linde« hieß, in der sich vornehmlich gemütliche Bäuerlein nach Feierabend von einer scharfen, rothaarigen Bedienung die leckersten Bratkartoffeln, ein oder mehrere Alt, flankiert von einem oder mehreren Samtkragen, servieren ließen. Eine Kegelbahn mit Kegeljungen existierte auch, die wir von der Agentur einmal in der Woche besuchten, was für den Kegeljungen immer sehr gefährlich war, weil wir welche in den Reihen hatten, vor deren Würfen auf den linken oder rechten Bauern sich der arme Kerl nur durch den Sprung auf einen antiken Tisch retten konnte.

Das mit den Bauern hat aber in den seltensten Fällen geklappt, was wir immer auf den extrem schlechten Zustand der Bahn geschoben haben. Es ging uns eigentlich auch gar nicht um Sport, es sei denn, man würde verschärftes Wirkungstrinken zu demselben zählen, weshalb aus den Würfen auf die Bauern meistens Pudel wurden. Aber ich schweife schon wieder ab.

Erzählen wollte ich, dass eines Tages ein weitsichtiger Investor namens S. kam, der aus besagter »Alten Linde« für alte Leute das »Sassafras« fürs Jungvolk machte und dazu, rund 50 Meter davor, wenn man von der Kniebrücke kommt, eine weitere, neue Kneipe eröffnete, die ein gewisser Paul führte. Deshalb wurde sie auch »Paul's« getauft. Paul blieb aber nicht lange, es kam Beppo, der den Laden zu einem wahren Mekka für Jazz-Fans machte, was mir die Lust am Kegeln verleidete und mich dort nach dem Büro zum gern gesehenen, auch weil immer bar zahlenden und nie auf Deckeln aufschreiben lassenden Stammgast machte. Außer dem Jazz und der Frau von Beppo, der leider viel zu früh gestorben ist, beeindruckte mich am meisten aber die Einrichtung. Barmäßiger konnte es meiner Meinung nach nicht sein. ( Der Vollständigkeit halber sei noch erwähnt, dass auf Beppo Manni folgte, der noch immer im »Paul's« den jazzigen Ton angibt.)

Also heuerte ich die Jungs, die für die Inneneinrichtung verantwortlich zeichneten, an, mir eine möglichst originalgetreue Replik der Bar im Keller des Hauses zu basteln, das ich gerade erworben hatte. Bis auf ein paar handwerkliche Mängel – so hat man einfach weitergesägt, als der Bootslack auf der dicken Mahagoni-Theke noch nicht trocken war, so dass man sich noch heute an der Oberfläche kratzen kann, wenn es an den Unterarmen juckt – verlief alles optimal. So vermittelt heute der ganz in sanftem Rotbraun gehaltene Raum eine wahrhaft kuschelige, intime Atmosphäre.

Über dem Tresen hängt ein Regal für Gläser aller Art. Aus diesem Regal senken sich mittig Industrie-Lampen, die außen schwarz und innen silbern sind. Hinter mir, wenn ich Barkeeper spiele, steht eine leistungsstarke Stereoanlage, über ihr beeindrucken jede Menge Flaschen mit Hochprozentigem, was aber schon seit vielen Jahren vor sich hin verdunstet, da man ja außer Bier und Wein heute nichts mehr an den Mann, geschweige denn an die Frau bringen kann. Aber es sieht gut aus.

Strahlender Mittelpunkt dieses Arrangements ist ein überdimensioniertes, gefülltes und von unten beleuchtetes Heineken-Glas mit überquellendem Schaum aus Plastik. Die Wände der Bar sind übrigens mit den Deckeln und Seitenteilen von Holzkisten getäfelt, in denen die Sektkellerei Deinhardt ihren Lila-Sekt in alle Welt verschickte. In schwarzen Druckbuchstaben stehen darauf so ferne, gediegene Zielorte wie (in alphabetischer Reihenfolge) Bangkok, Basra, Bogota, Buenos Aires, Cape Town, Hongkong, Lisboa, London, Madrid, Montreal, Nairobi, Paris, Rom, San Francisco, Wien, ja sogar Bagdad. (Haben die da vielleicht früher auch gesoffen?) Das verleiht der Bar zusätzlich einen starken internationalen Touch, für den ich aber nichts kann, weil der Vorbesitzer des Hauses hier einst eine Reiter-Bar betrieb, die Deinhardt für die Werbung nutzen wollte und deshalb die Bretter für Fotoaufnahmen, die später in einer Zeitschrift für schönes Wohnen erschienen, an die Wand genagelt hatte. (In einer Zeitschrift »Schöner Trinken« wären sie besser aufgehoben gewesen, aber die gibt es leider nicht.)

Zu meinem Inventar sind im Lauf der Zeit sechs zünftige Barhocker gekommen, ein großer Tisch und ein Stehtisch, wie man sie in der Düsseldorfer Altstadt zum Beispiel im »Füchschen« und im »Ürigen« findet, mit einer Holzauflage, deren Oberfläche man bedenkenlos mit Ata sauber schmirgeln kann. Wie das Holz heißt, weiß ich nicht, aber es muss sehr wertvoll sein, denn als ich einst einen japanischen Geschäftsmann ins »Füchschen«« ausführte, konnte der sich nicht beruhigen, streichelte unaufhörlich die Tischplatte und stammelte mindestens dreimal: »Oh, my God, rubbed wood!«

Komplettiert wird »Klein-Paul's«, was auch draußen auf der Tür prangt, durch einen am Tresen angeschraubten professionellen Korkenzieher, den mit dem langen Hebelarm, daneben eine Maschine, mit deren Kurbel man dicke Eisklumpen »smashen« kann, und natürlich das chromglänzende Bar-Besteck bis hin zu Shaker und Messbecher. Im Vorratskeller daneben arbeitet 24 Stunden eine Profi-Eismaschine, die ohne Unterbrechung Würfel in zwei Größen produziert.

An den Wänden sind gerahmte einschlägige Sprüche angebracht wie der, den ich in Frankreich bei einem Weinhändler abgekupfert habe: »Wenn dich der Wein bei der Arbeit stört, hör auf zu arbeiten!« Im Französischen klingt das natürlich noch besser. Auch richtig Philosophisches gibt es da unten hinter Glas, zum Beispiel von Count Basie: »Entscheidend sind die Noten, die man nicht hört!«, oder von Woody Allen: »Das Einzige, was zwischen mir und wahrer Größe steht, bin ich selbst.« (Diese Erkenntnis hängt neuerdings aber über dem Waschbecken in der zur Bar gehörenden Toilette.) Schön auch von Karl Valentin der Spruch: »Die Zukunft war früher auch besser!«

Gut gefällt unseren Gästen auch die gerahmte Glückwunschkarte, die Humphrey Bogart im weißen Dinnerjackett zeigt, gemütlich an das Klavier gelehnt, auf dem Sam »es« gerade anstimmt: »You must remember this ...«, was man zwar nicht hört aber weiß, weil über den Noten, die auf dem Klavier stehen, »As time goes by« gut zu lesen ist.

Besonders dekorativ ist ein kunstvoll bedruckter Spiegel, auf dem Coca Cola für sein »delicious product« zum Preis von 5 Cent wirbt.

Höhepunkt der Reklame aber ist eindeutig ein gemaltes, inzwischen verglastes Plakat, das aus Leipzig noch während der Zeit des real existierenden Sozialismus stammt. Darauf wird für »Ermisch Kronenbräu« geworben. Neben einem mit Pils gefüllten, beschlagenen und mit abperlenden Tropfen behafteten Glas, das auf einem gleichnamig bedruckten Bierdeckel steht, auf den eine Hand mit Bleistift soeben den vierten Strich macht, ist zu lesen: »Bekommt und schmeckt ... immer besser!«

Weitere Highlights sind ein schwarzer Zylinder, der aber ein Champagner-Kühler von Moët & Chandon ist, eine Schiffsglocke aus Messing, mit deren Hilfe die nächste Lokalrunde ankündigt wird, ein roter Standautomat, aus dem man auch ohne Kleingeld viele bunte Smarties ziehen kann, eine Original-Blechflasche am Leinenband, die einst einem Fremdenlegionär Wasser gespendet hat, jener dreidimensionale Mann mit rotem Jackett, gelber Hose, schwarzem Zylinder und Stiefeln, mit Plastron und Stab in der linken Hand, von dem es heißt, er käme, wenn der Tag geht, ein Aufsteller mit geprägter Inschrift, die da lautet: »For Businessmen Only. Women And Children Not allowed. Dogs On Special Request.«

Da auch kleine Dinge in einer Bar eine große Wirkung zeigen können, habe ich auch nicht an entsprechenden Accessoires gespart. So sind im Angebot u.a. natürlich Grenadine, Angostura, Maraschino und Blue Cúraçao zum Mixen, ausreichend Literatur, damit das auch klappt, wie »The New York Bartender« und »Vogues Cocktails«, ein blauer Wasserkrug von »White Horse«, ein silberner Eiskühler mit Zange der Marke »VAT 69«, CDs mit den Titeln »Bar Jazz« 1 bis 15 oder »Mega Piano Bar« 1 bis 9, eine Zapfschürze von Heineken, Aschenbecher von Malboro und Lucky Strike, Bierdeckel aus aller Herren Länder, Maßkrüge vom Münchner Oktoberfest, das berühmte Kellner-Multi-Funktions-Instrument mit integriertem Messer, Flaschenöffner und Korkenzieher, sowie ein weiterer Korkenzieher in Form einer dickbusigen, nackten Meerjungfrau. Ein weiterer Blickfang ist just hinzu gekommen. Aus zwei schwarzen Brettern habe ich einen kleinen »Altar« gebaut und an die Wand gehängt. Darauf steht eine (leere) Dose »Castle Lager« aus Südafrika, über einem verchromten Schild »Good bye Königs Pils & Co.« Den Plan, dieses Kunstwerk mittels eines Spots anzustrahlen, habe ich aber fallen gelassen, weil ich Gästen, die danach fragen könnten, enttäuschen müsste, denn leider kann man dieses leckere Bier (noch?) nicht in Deutschland kaufen.

Mehrere Kerzenhalter runden das Bild meines Refugiums ab. Ich wiederhole deshalb noch einmal: Barmäßiger kann es doch nicht gehen!

Gut, ich muss zugeben, dass »Klein-Paul's« quadratmetermäßig nicht mit dem »Oak Room« im New Yorker »Plaza-Hotel« mithalten kann, in Sachen Atmosphäre aber allemal.

Auch einen Fernseher habe ich im »Klein-Paul's«, installiert, und der kam für mich während der Fußball WM als Ausweichplatz verstärkt zum Einsatz, da meine Frau leider nichts mit meiner Leidenschaft am Hut hat und deshalb den großen SONY für sich beansprucht. Mein sonst in Brasilien lebender Schwager aber teilt sie, Gott sei Dank. Er hatte angekündigt, möglichst viele Spiele mit mir im »Klein-Paul's« verfolgen zu wollen, vor allem das Endspiel, wenn Deutschland auf Brasilien träfe, aber das ist nicht nur ein Scherz, ich hatte sogar Angst davor. Und das kommt so: Trinkt er sonst während der Übertragungen nur »Schumacher«, gilt für dieses Spiel ein besonderes Ritual. Er erscheint dann mit einem brasilianischen Trikot, in dem ich ihn, vor dem Fernseher kniend, die rechte Hand wie George W. Bush auf das Herz gelegt, während des Abspielens der brasilianischen Nationalhymne, mit Ronaldinho & Co. im Hintergrund auf dem Bildschirm, ablichten muss, als Beweis für seine Freundin in Rio, dass er es nicht mit den Deutschen hält

Das kann ich ja noch gut ertragen, das Ritual aber geht leider weiter. Während des Spiels ist Schluss mit »Schumacher«. Stattdessen gilt, dass nach jedem Tor, das ein Brasilianer oder ein Deutscher erzielt, eine Caipirinha getrunken werden muss. Den Cachaça dafür bringt er meistens gleich mit, was aber nicht nötig ist, denn das Zeug gibt es längst auch bei »Real«. Die Limonen, den braunen Zucker und den Mörser muss ich bereitstellen. Aber so etwas hat man ja in einer perfekt ausgestatteten Bar!

Nach den bisher gemachten (schlechten) Erfahrungen hoffte ich, sollte es zu dieser Paarung kommen, dass das Spiel möglichst torarm bleibt – dies mit Blick auf den nächsten Morgen. Es könnte sogar noch schlimmer kommen, wenn er, wie von mir befürchtet, vorschlagen wird, diesen Brauch auf alle Spiele mit deutscher und brasilianischer Beteiligung auszudehnen.

Vergessen habe ich noch, dass immer auch ein Photo mit Selbstauslöser nach Spielende fällig ist, auf dem er die Torzahl Brasiliens mit den erhobenen Fingern der linken Hand anzeigt, während ich dasselbe mit meiner rechten für die von den Deutschen geschossenen Tore mache. Es schmeichelt ihm immer, wenn ich sage, wie hilfreich es für ihn doch ist, dass der Mensch zehn Finger hat, ich dagegen käme locker mit weniger als einer Hand aus.

An dieser Stelle angekommen, wundere ich mich, warum mich bislang niemand gefragt hat, was das mit dem Titel dieser Geschichte zu tun hat und wem ich nun was heimzahlen will. Also gut:

Meinem Getränkelieferanten, diesem Ignoranten, der gestern Köpi gebracht hat, dabei einen Blick in »Klein-Paul's« werfen konnte und diesen mit folgenden Worten kommentierte: »Ein hübsches Bauernstübchen haben Sie da aber!« Da war ich stocksauer, was Sie nach meinen ganzen Anstrengungen und Investitionen sicher verstehen.

Er hat das aber vielleicht nur gesagt, weil ich beim vorigen Mal außer »Köpi« auch je einen Kasten »Tegernseer hell« und »Mittenwalder hell« bestellt hatte. Bei der nächsten Lieferung werde ich gezielt nachhaken müssen. Und wenn er bei seiner, die Tatsachen total verkennenden, tumben Meinung bleibt, muss ich ihn wohl auswechseln. Oder aufhören, Bier zu trinken. Aber das ist wohl eher unwahrscheinlich.

Nachwort: Wenn es jemandem aufgefallen ist, gestehe ich (nur ungern), dass die Dramaturgie für diese Geschichte bei Tom Clancy geklaut ist. Auch bei ihm laufen mehrere Handlungsstränge, die zunächst für sich allein scheinbar wenig Sinn ergeben, erst am Ende zu einem grandiosen Finale Furioso zusammen, das niemand erwartet hat. So empfinden Sie das hoffentlich auch.

## Schande über Wuppertal!

Man muss in diesen Zeiten, will man sich gleich gut auf den neuen Tag einstimmen, zuvorderst die kleinen Meldungen lesen, die von den Tageszeitungen bevorzugt weiter hinten im Blatt unter »Vermischtes« oder, wie bei meiner, unter »Gesellschaft« versteckt werden. Die sind meistens lustiger und weitaus spannender als die dick und fett gedruckten Nachrichten auf Seite eins oder im Wirtschaftsteil, was sensationelle Neuigkeiten wie die belegen, dass Brad Pitt auf seinen Vater sauer ist, weil dieser weitaus häufiger mit den Eltern von Jennifer Arniston, Brads Ex, telefoniert als mit denen seiner Neuen, Angelina Jolie, oder die, dass in Florida ein Killer-Krokodil schon die zweite Frau »gerissen« hat. Damit sind wir in Wuppertal angekommen.

Kennen Sie eigentlich den wunderbaren, alten amerikanischen Spielfilm »Mein großer Freund Harvey«? Wenn Sie sich jetzt fragen, was das mit der Stadt im Bergischen Land und den kleinen Meldungen zu tun haben könnte, empfehle ich die Fortsetzung der Lektüre dieser berührenden Geschichte.

Im erwähnten Film nämlich wird der großartige James Stewart stets von einem ansehnlichen Hasen begleitet. Dass der ansehnlich ist, kann man leider nicht sehen, da Harvey, so heißt der Hase, nur für James, aber nicht für die Zuschauer sichtbar ist. Aber er muss schon ziemlich groß sein, was man an den Portionen erkennen kann, die Harvey wegputzt, wenn er mit James in einer Bar oder einem Restaurant is(s)t und trinkt, was relativ häufig vorkommt.

Wie schon gesagt, man sieht Harvey dabei nicht wirklich, wohl aber, wie zum Beispiel das große gefüllte Glas, das neben dem von James steht, vom Tisch gehoben, an einen imaginären Mund geführt und, nach deutlich vernehmbarem Schlürfen, total geleert wieder an seinen Platz gestellt wird, womit wir nun endgültig in Wuppertal wären.

Lese ich doch in einer dieser scheinbar unwichtigen, kleinen Meldungen, dass in Wuppertal ein Isländer Hengst, also ein Pferd, von seiner noch sehr jungen Besitzerin an einem dicken Ast eines Baumes an einer Straße festgezurrt wurde, da die junge Dame in der Nähe etwas zu erledigen hatte. Und was macht der Gaul, der offenbar Hunger und Durst verspürte? Kaum war das Mädel um die nächste Ecke verschwunden, reißt er sich los und spaziert schnurstracks mit dem Ast in ein gegenüber liegendes Lokal, dessen Türen man wegen der gerade herrschenden Hitze geöffnet gelassen hatte.

Statt der armen, geplagten Kreatur, die man ja im Gegensatz zu Harvey sehen konnte, jetzt einen »White Horse« Whiskey und ein paar Salzbrezeln und Erdnüsse zu servieren, geraten die übrigen Gäste in Panik, worauf das arme, ob des Lärms völlig verstörte Tier keinen anderen Ausweg sieht, als in seiner Not große Teile der teuren Einrichtung und der Wandtäfelung zu ramponieren, bis endlich seine Besitzerin zurückkommt, es beruhigen kann und am Zaumzeug wieder nach draußen führt.

Etwas mehr Gastfreundschaft wäre meiner Meinung nach hier angebracht gewesen – zum einen der Reparaturkosten wegen, die doch die paar Euro für den Schnaps und die Knabbereien deutlich übersteigen. Zum anderen ist es die Kaltherzigkeit der Wuppertaler, die sich in der völligen Missachtung der Bedürfnisse des Pferdes äußerte, die mich zutiefst empört. Ganz zu schweigen von dem bewussten Verzicht auf das Glück, einmal im Leben gemütlich mit einem Pferd an der Bar gehockt und sich zugeprostet zu haben, wovon noch die Urenkel hätten erzählen können.

Aber das ist eben typisch für die Stadt Wuppertal, deren Einwohner ich sowieso nicht leiden kann, weil sie mit anderen Provinzlern, meistens in Luxus-Autos anreisend, unsere schöne Düsseldorfer Altstadt an jedem Wochenende geradezu überschwemmen.

Noch ein guter Rat zum Schluss: Sollten Sie jemals in Ihrer Programmzeitschrift einen Hinweis auf James und Harvey entdecken, unbedingt einschalten, und sie werden sofort mit dem Pferd fühlen.

## Bella Oberkassel

Oberkassel ist ein schöner (deshalb auch bella) Stadtteil in Düsseldorf, mit prächtigen alten Bauten aus der wilhelminischen Zeit und dem Jugendstil, mit einem romantischen Baumbestand und zum Ausflug lockenden Wander- und Radwegen entlang des Rheins.

Irgendwo mittendrin gibt es eine idyllische Straße, deren Namen ich aber nicht preisgeben will, da ich einige der Menschen, die hier wohnen, kenne, sehr schätze und deshalb mit meinen ironischen Anmerkungen nicht verletzen möchte. Nennen wir sie einfach Via San Remo. Das wird alle, die jetzt in den Stadtplan schauen, in die Irre führen, denn eine San Remo Straße gibt es zwar tatsächlich, aber sie ist nicht der Schauplatz meiner Geschichte.

Hinzufügen muss ich noch, dass Oberkassel bis vor etwa 40 Jahren ein linksrheinisches Kuhdorf war, in das meine Frau erst nicht mit mir ziehen wollte, gekennzeichnet von Menschen in einem Alter zwischen schein- und ganz tot.

Dann aber entdeckten es die Künstler für sich, und buntes Treiben begann, da die Stadt auch noch so freundlich war, sofort eine weitere Brücke über den Rhein zu bauen, die von der Innenstadt direkt in unser Herz führt, was wir eingefleischten Oberkasseler immer noch nicht gut finden. Lustige Kneipen schossen wie Pilze aus dem Boden, und auch Italien machte sich ständig breiter. Ich meine damit nicht die italienischen Restaurants, die wir natürlich auch zuhauf haben, sondern der Überbegriff davon – die italienische Lebensart.

Dazu muss man wissen, dass in dieser Straße ein sehr liebenswerter Italiener ein schmuckes Haus besitzt, wo dem aus sich die italienische Welle »seuchenähnlich« ausbreiten konnte. Und natürlich hat unser Freund auch Bambini und einen sehr hübschen Garten, in den aber im Sommer ab mittags nicht die Sonne scheint.

Das hat dazu geführt, dass die Kleinen auf dem Bürgersteig spielen, was ich ihnen auch gönne, stets beaufsichtigt von der fürsorglichen Mama, die überhaupt keine Italienerin ist, aber trotzdem höllisch aufpasst. Dazu setzt sie sich, da Kinder ja bekanntlich ausdauernd spielen können, auf die Stufe der steinernen Treppe, von der aus man die beste Übersicht hat. Es kommt auch vor, dass sich Papa nach getaner Arbeit dazugesellt.

Es ging damit weiter, dass dieses Paar Freundschaft schloss mit der ebenfalls kinderreichen Familie von nebenan. Da auch diese Mutter ohne sonnigen Garten ebenfalls meint, alles observieren zu müssen, selbst aber keine Treppe ihr Eigen nennen kann, ist die vorhandene für zwei Mütter zu eng, weshalb man neuerdings Sonnenschirme, Wiegen, Tische und Stühle, ja sogar bequeme Sessel auf den Bürgersteig stellt. So langes Sitzen auf hartem Stein ist ja nun nicht wirklich komfortabel.

Und weil sowohl die Kinder als auch die Mütter Hunger und Durst bekommen, zieren die Tische oft auch Flaschen, Gläser und kleinere Imbisse.

In einem nächsten Schritt haben sich diese beiden Familien mit den netten Menschen von gegenüber angefreundet, Eltern von mehreren hübschen Mädchen.

Schon bald spannten diese eine lange Leine über die Straße, herüber zu den Bambini, an der, nachdem 2006 Italien unverdient Fußball-Weltmeister geworden waren, wochenlang die italienische Flagge baumelte. Die Konstruktion war so durchdacht, dass man auch Wäschestücke und Spielsachen im Korb von hier nach da transportieren konnte. Eine private Telefonleitung in Form einer weiteren Schnur mit einer Blechdose an beiden Enden als Sprach- und Hörrohr war schnell zusätzlich installiert.

Was mir zur Zeit noch fehlt, ist ein mobiler CD-Player, mit dessen Hilfe man italienische Evergreen wie »Volare«, »Senza fine« und »Arrivederci Roma« erklingen lassen und damit das Geschrei der Kinder neutralisieren könnte.

Ich erwarte aber noch weitere Steigerungen, als da wären eine Hollywood-Schaukel, Luftmatratzen, ein Fernseher, ein mobiler Sandkasten und ein Planschbecken. Dann würde ich mich wirklich wie in Neapel (wohl)fühlen.

Gespannt darf man dann sein, was im nächsten Winter passiert. Da alle Beteiligten nicht nur kinderlieb, sondern auch ziemlich wohlhabend sind, könnten sie zusammenlegen und einen Pavillon und drei Standheizungen kaufen, damit die Kinder auch bei Regen, Schnee und Glatteis weiterspielen können.

Ich habe mir überlegt, das Beste im Sinne von »If you can't beat them join them« daraus zu machen, mir bei nächster Gelegenheit ein Fläschchen »Averna« oder »Ramazzotti« unter den Arm zu klemmen, mich dazuzuhocken und mit all den netten Menschen auf die deutsch-italienische Freundschaft anzustoßen. Salute!

# Wehret den Dickmachern!

Der Tag konnte schlechter nicht beginnen. Blickt doch meine Frau beim Frühstück kurz über die Zeitung und sagt mit süffisantem Unterton wie nebenbei: »Männer mit mehr als 90 cm Taillenumfang haben einen Schmerbauch und sind als dick zu bezeichnen!«

Ha! Das muss sofort gekontert werden, dachte ich mir und versuchte ihr zu erklären, dass dies auf mich nicht zuträfe, da mein Gürtel zwar einen Meter lang sei, wenn man davon aber abzöge, was nach Verschließen an der einen Seite überstehe, läge ich doch deutlich unter der Marke.

Das reichte ihr aber noch nicht, worauf sie den unsportlichen Tiefschlag, im wahrsten Sinn des Wortes unter der Gürtellinie, austeilte: »Mach dir doch nichts vor, du trägst deine Gürtel doch immer unter deinem Bäuchlein!« Wie dankbar war ich wenigstens für diesen Diminutiv, womit wir bei den Dickmachern wären.

Wer kann sich noch an Clemens Wilmenrod erinnern? Wahrscheinlich nur die sehr älteren Semester können das. Er war der erste Mensch, der im deutschen Fernsehen, das damals nur ein Programm hatte, kochte. Trotz des Fehlens ausländischer Einflüsse und exotischer Zutaten, die man heute an jeder Ecke kaufen kann, schauten ihm, dem physiognomisch vorweggenommenen Johann Lafer, nur dicker, viele Menschen zu.

Da rangierte, so kurz nach dem 2. Weltkrieg, in dem ja fast alle hungern mussten, die Fresslust in der Bedürfnisskala noch ganz oben. Wenig später wurde sie aber vom ersten Platz verdrängt, weil die im Krieg ja auch von vielen Feinden ziemlich eingezwängt lebenden Menschen lieber dem musikalisch dramatisch vom »Colonel Bogey March« unterlegten »Duft der großen weiten Welt« nachjagten, den eine populäre Zigarettenmarke in Kino und Fernsehen verströmte. Zwischendurch kauften die Deutschen auch Nierentische und Radio-Truhen, das nur der geschichtlichen Vollständigkeit halber.

Und heute? Es wird auf allen Kanälen gekocht. Ob (in alphabetischer Reihenfolge) Biolek, Herrmann, Kotaska, Lafer, Lichter, Lohse, Mälzer, Poletto, Sass, Schuhbeck, Studer, Wiener (die in der Speisenfolge wegen ihrer besonders schädlichen Desserts eigentlich an den Schluss gehört), Winkler und Zacherl mit ihren Töpfen und Instrumenten sternenträchtig werkeln – diese Sendungen machen sich immer breiter. (Um im Bild und bei der Wahrheit zu bleiben, sollte man das »sich« besser weglassen.) Für mich wird immer noch fälschlicherweise zu oft behauptet, die abnormen Umfänge des Durchschnitts-Deutschen seien ausschließlich vom exzessiven Genuss von Hamburgern mit Pommes »Schranke« verursacht. Schranke ist übrigens die Ruhrgebiets-Terminologie für Mayo, weiß, und Ketchup, rot.

Zu erwähnen in Sachen Dickmachen sei noch Paul Bocuse, der aber mit seinen Gerichten, wieder im wahrsten Sinn des Wortes, nicht sonderlich ins Gewicht fiel, dazu waren die Portionen der »Nouvelle Cuisine« viel zu klein.

Im Zentrum meiner Kritik steht dabei aber Johannes B. Kerner, der seine Sendung zunächst als Talkshow getarnt hatte. Damit ist er allerdings schnell aufgeflogen. Am meisten stört mich der Sendeplatz zu nächtlicher Stunde, denn was die Damen und Herren da in Echtzeit zaubern und als »orales Feuerwerk« erst sich selbst reinziehen und dann den Zuschauern anbieten, zwingt mich immer, so gegen 23.30 h noch einmal an den Kühlschrank zu eilen, um mich mit allem vollzustopfen, was mir gerade in die Hände fällt. So hungrig hat mich das Fernsehen gemacht. Dabei weiß man doch, dass so spätes Essen ungesund isst, weil Magen und Darm eigentlich auch müde sind und Verarbeitungsprobleme haben. Man setzt deshalb schneller an, und der Schlaf ist auch gestört.

Das Bundes-Gesundheits-Ministerium warnt vor den schlimmen Folgen des Rauchens und des Alkohols, die deutsche Ärztekammer, der Marburger Bund und die Krankenkassen beklagen die fatalen Folgen falscher Ernährung bei zu wenig Bewegung. Damit nicht genug. Gerade erst hat Horst Seehofer angekündigt, eine Initiative gegen Fettleibigkeit vorbereiten zu wollen, denn eine wissenschaftliche Untersuchung habe ergeben, dass die Deutschen dicker seien als alle anderen Europäer. Außerdem werden zu diesem Thema doch von den Sendeanstalten so lehr- und hilfreiche Sendungen wie »Gesundheitsmagazin Praxis« u.a. ausgestrahlt. Eigentlich müssten bei den Öffentlich-Rechtlichen und Privaten längst heftige interne Machtkämpfe ausgebrochen sein. Schließlich kann es nicht ohne Streit abgehen, wenn die Programm-Direktionen zulassen, dass der eine Redakteur zur Gewichtsabnahme rät, während der andere dem Gegenteil den Bildschirm öffnet, ich verstehe das nicht. Da weiß doch ganz offensichtlich die rechte Hand nicht, was die linke tut.

Der Blick auf die Skala meiner Waage am Samstag danach lässt mich rasches und unbarmherziges Eingreifen unserer staatlichen Organe fordern. Es sollte umgehend ein Gesetz auf den Weg gebracht werden, das den Sendern untersagt, Kochsendungen später als eine Stunde nach einer Hauptmahlzeit ins Programm zu nehmen.

In dieser Stunde nach dem Essen müsste der normale Mensch ausreichend gesättigt sein, um sich den Mund nicht wässrig machen zu lassen und in Versuchung zu geraten, noch etwas nachzuschieben.

Sollte sich unsere Regierung aber, wie meistens, gegenüber den wirklichen Bedürfnissen und Nöten der Bürger in unserem Land sperren und, was wieder, wie zu John F. Kennedys Zeiten in Mode gekommen ist, auf den schlauen Satz verweisen »Denk nicht immer daran, was der Staat für dich tun kann, sondern was du für den Staat tun kannst«, hätte man sich einmal mehr aus der Verantwortung gestohlen und sie einfach uns übertragen, nach dem Motto: Bring dich doch selbst um!

Da ich das aber nicht vorhabe, bleibt mir wohl nur, Johannes B. nicht mehr einzuschalten. Es fehlt mir dann zwar eine Stunde leckerer Unterhaltung, aber meine Gesundheit ist mir doch wichtiger. Diese Askese empfehle ich im Übrigen zur Nachahmung.

## WIE MACHEN DIE NUR?

Sofort wird sich ein im Ruhestand befindender, mit allem unzufriedener Alt-Philologe zu Wort melden und mir vorwerfen, meine Frage sei ein unvollständiger Satz, es fehle das Objekt im Akkusativ, also: Wie machen die wen oder was?

Ihnen empfehle ich nur, weiter zu lesen, und Sie werden erkennen, dass der Verzicht auf das Objekt nicht nur gewollt, sondern zwingend notwendig für diese Geschichte ist.

Ich habe sie übrigens lange vor mir her geschoben, nicht nur aus Angst, wegen des extrem delikaten Themas nicht immer den richtigen Ton zu treffen, sondern vor allem meiner Frau zuliebe, die für meinen ständigen Drang, auch die letzten Geheimnisse dieser Welt zu lüften, leider wenig Verständnis entwickelt und mich, sollte ich ihr meinen Text überhaupt zur Begutachtung vorlegen, wieder einmal äußerster Geschmacklosigkeit zeihen würde. Ich habe aber nun doch beschlossen, mich davon nicht abhalten zu lassen.

Zwei Beobachtungen haben mich zur oben gestellten Frage veranlasst. Die erste stammt aus dem Frühjahr 2005, als Kardinal Ratzinger zu Benedikt XVI. gekürt wurde. Das ganze Drumherum um die Wahl hat mich als Protestanten mächtig beeindruckt und zugleich in höchstem Maße interessiert. Und natürlich wartete ich, wie Milliarden anderer Christen und Nicht-Christen, vor den Bildschirmen gespannt auf den Moment, in dem aus dem Schlot weißer Rauch quillt und das Volk auf dem Petersplatz zu den vom Balkon gesprochenen Worten »Habemus Papam« in lauten Jubel verfällt.

Da wusste ich bereits, dass die Wahl im so genannten Konklave stattfindet, bei dem die wahlberechtigten Kardinäle so lange in einem Raum eingesperrt bleiben, bis sich eine bestimmte Mehrheit für einen Kandidaten ergeben hat. Ich hatte auch zur Kenntnis genommen, dass sie sich per Eid verpflichtet haben, nichts von dem nach außen zu tragen, was drinnen geschieht. (Das hat, wie ich vermute, mehrere Gründe, einer davon hat mit meiner Frage zu tun, dazu aber gleich.) Erfahren hatte ich auch, dass höchstens 120 Kardinäle zur Wahl zugelassen sind und keiner von ihnen das 80. Lebensjahr überschritten haben darf. Vergeblich habe ich auf die zusätzliche Information gehofft, dass wenigstens X % doch gefälligst jünger als 80 sein sollten.

Die zweite Beobachtung, die die erste erst richtig brisant macht, resultiert aus meinen Besuchen beim Urologen, dem ich mich einmal im Jahr anvertraue. Stets überrascht mich, dass im Wartezimmer nur Männer die Stühle drücken, auch viele jüngere, alle in Sorge, wie mir mein Doktor sagte, zu dem ich längst ein sehr vertrautes Verhältnis entwickelt habe, um jene scheinbar kleine, aber gar nicht unwichtige Drüse. Das »scheinbar« habe ich gewählt, um damit dezent anzudeuten, dass sie manchmal auch größer sein und dann erhebliche Probleme verursachen kann. Mein Doktor meinte, dass weit mehr als 80 % aller Männer über 70 eben diese haben. Vorsichtshalber, mit Rücksicht auf den guten Geschmack, verwende ich zur Erläuterung nur die beiden medizinischen und daher nicht anrüchigen Begriffe Harndrang und Inkontinenz. Mit Blick auf meine Frau will ich aber auch das nicht weiter auswalzen. Es reicht ja, wenn die Männer ab 50, die diesen Text lesen, wissen, was ich meine. (Nicht-Lateiner mögen bitte im Lexikon nachschlagen, was Inkontinenz bedeutet, es sei denn, sie hätten sie bereits.)

Aber zurück ins Konklave: Da hocken nun die frommen, ehrwürdigen alten Herren aufeinander, füllen Stimmzettel aus, trinken Wasser mit oder ohne Kohlensäure, beraten sich zwischen den Wahlgängen, schmieden Koalitionen, wenn nicht gar Ränke, beten womöglich, der Herr möge diesen Kelch nicht an ihnen vorbeigehen lassen, und hoffen, dass, wenn schon nicht alles möglichst schnell in trockenen Tüchern sein kann, wenigstens die Toilette frei sei, wegen des

Harndrangs, womit wir endlich bei meiner Frage angekommen wären: Wie viele Toiletten gibt es rund ums Konklave, oder noch präziser: Wie viele müsste es geben?

Wenn wir uns rechnerisch der Beantwortung nähern, ergibt sich, dass bei 80 % von 80 Teilnehmern, so viele waren es wohl beim letzten Mal, mindestens 64 häufig in Nöten sein müssten. Aber dass es so viele Örtlichkeiten gibt, glaube ich nicht. Denn als die Gemäuer errichtet wurden, starben auch Kardinäle jünger, so dass der Architekt nicht auf die Idee kommen konnte, den Andrang von heute berücksichtigen zu müssen. Vielleicht stellt man ja inzwischen auch, wie auf Baustellen üblich, für die Dauer der Veranstaltung mehrere zusätzliche, mobile, chemische Klos der Marke Dixie »Toi – Toi« auf. Das wäre nicht nur praktisch, auch der Name passt schließlich gut zum Thema. Da man das aber wegen jenes Eides der Kardinäle wohl niemals herausbekommen wird, solange sich nicht Guido Knopp vom ZDF dieser Angelegenheit in einem Dokumentarfilm annimmt, bleibe ich bei meiner Vermutung, dass Papstwahlen nur deshalb oft so lange dauern, weil ständig welche auf der Toilette sind oder davor Schlange stehen müssen. Dabei kann ja nichts herauskommen, oder doch?

Schließlich hat der ehemals bekannte Fußballer Horst Szymaniak folgenden denkwürdigen Satz geprägt: »Wenn datt läuft, läuft datt.« Hoffen wir das mal.

## Viele Fliegen mit einer Klappe

Als ich noch voller Elan und mit Arbeitswut im Bauch allmorgendlich ins Büro fuhr, gehörte zu meinen ersten, lästigen Pflichten, mir eine Nachrichtenübersicht zu verschaffen, vornehmlich aus der Wirtschaft. Da warteten auf mich, sauber gestapelt, schon das »Handelsblatt«, die »FAZ«, die »Süddeutsche« und die »Financial Times Deutschland«.

Wie oft habe ich mir damals gewünscht, Bundeskanzler oder Bundespräsident zu sein, denn für die werten ja täglich ganze Scharen von Sachbearbeitern die News aus, fein sortiert nach Relevanz und Sachgebiet. Und vermutlich trägt dann ein »Vortragender Legationsrat«, sonst hieße der ja nicht so, den beiden das Wichtigste in aller Kürze vor. Ist das eine Arbeitserleichterung!

Ich dagegen musste mich Seite für Seite, Schlagzeile für Schlagzeile durch den Blätterwald quälen, ohne genau zu wissen, warum ein Texter unbedingt zur Kenntnis nehmen sollte, wie zum Beispiel die Börse läuft.

Um mir durch Ansehensverlust meiner Ignoranz wegen nicht selbst zu schaden, schließlich gehörte mir ein Teil der Firma, habe ich das Feuilleton der »FAZ«, dazu rechnete ich übrigens auch den Sportteil, immer als Abendlektüre mit nach Hause genommen. Schließlich wollte ich die Zahl meiner »unproduktiven Stunden«, die man nicht dem Kunden berechnen kann, nicht über Gebühr erhöhen.

Retrospektiv war das völlig falsch, denn hätte ich zu Beginn des Arbeitstages gleich etwas Heiteres statt der durchweg schlechten Nachrichten aus Politik und Wirtschaft gelesen, wäre ich sicher sofort besser drauf gewesen und hätte schon um 10.00 h geniale Einfälle gehabt. So aber stellten sich diese in der Regel erst gegen 10.55 h ein.

Damit aber noch nicht genug des Lesestoffs. Gibt es doch von den Verlagen für einige Privilegierte die so genannten Frei-Einweisungen, was eigentlich auch Quatsch ist, denn gerade diese Leute haben doch das Geld, ganze Kioske leer zu kaufen. Also schleppte unser armer Briefträger fast täglich Gazetten aller Art ins Haus, den »Spiegel«, »Focus«, »Time Europe«, »Newsweek«, »Schöner Wohnen«, »Auto, Motor & Sport«, gleich mehrere »Weiber-Blätter«, wie ich sie verächtlich nenne, und Magazine, die einem zeigten, wie man zum Beispiel zum schönsten Garten in der Stadt kommt.

Nicht verheimlichen will ich, dass mir auch der »Playboy« gratis zugestellt wurde. Als ich 60 wurde, stellte der aber ohne Vorwarnung sein Erscheinen bei mir ein, was ich damals als diskreten Hinweis darauf verstand, dass mich in diesem hohen Alter nackte Weiber doch sowieso nicht mehr zu interessieren hätten, was ich aber heute, zehn Jahre später, immer noch anders sehe. Bestimmt habe ich noch das eine oder andere scheinbar unverzichtbare Heft vergessen. Kurzum, man kam kaum noch aus dem Lesen heraus und, was noch folgenschwerer war, man musste mindestens zweimal pro Woche einen der stets überquellenden Papiercontainer aufsuchen.

Kein Wunder also, dass ich mir fest vornahm, unmittelbar nach dem Schritt ins Privatleben sofort drei Viertel aller Magazine mit herzlichem Dank abzubestellen. Das war aber gar nicht notwendig, denn kaum hatten die Verlage gemerkt, dass ich ihnen keine Anzeigen mehr zuschanzen konnte, worauf ich eh keinen Einfluss hatte, war Schluss mit den Frei-Einweisungen.

Endlich hatte ich Zeit für die Bücher von Tom Clancy und Dan Brown, um nur zwei meiner Favoriten zu nennen. Als Kontrastprogramm gönnte ich mir die beiden wunderbaren Alfreds, Kerr und Polgar, und war mit der Möglichkeit, mich über »alles andere« vom Fernsehen informieren zu lassen, hoch zufrieden.

Nach einer gewissen Zeit änderte sich das wieder. Plötzlich fehlten sie mir, der »Spiegel«, »Focus« etc. Nicht aber der »Playboy«. Denn zum einen ist meine Frau viel ansehnlicher als das, was dieses Männermagazin, bis zur Unkenntlichkeit retuschiert, monatlich bringt. Zum anderen kann es das »Deutsche Sport(!) Fernsehen« (DSF) nach Mitternacht besser, sogar für ältere Semester. Da heißt es dann aus dem »Off« mit lasziver Stimme: »Verlang Frauen über fünfzig!«

Da ich leider gerade wieder einen runden Geburtstag feiern musste, interessiert mich nun, ob das DSF sein Angebot demnächst auf die Gruppe der 70-Jährigen und darüber ausweitet. Wenn ja, hätte ich durchaus Verständnis, wenn die, die sich feilhalten, nur noch als Piktogramme oder Scherenschnitte gezeigt würden. (Irgendwie habe ich den Faden verloren. Deshalb reiße ich mich jetzt am Riemen und kehre zu den Fliegen zurück.)

Der Versuch, meine Frau zu überzeugen, wie gut es wäre, wenn wir all die schönen Titel von einst wieder regelmäßig ins Haus bekämen, wurde unter Hinweis auf die immensen Kosten so vieler Abonnements sogleich gnadenlos abgeblockt.

Nun ist es ja so, dass ich, wie bereits gestanden, nicht mehr der Jüngste bin, woraus sich ergibt, dass in Sachen Arztbesuche Häufigkeit und Dauer kontinuierlich wachsen. Das hat aber einen genialen Nebeneffekt, denn bei denen lösen sich alle Probleme meines Lese-Notstandes wie von selbst. Man muss seine Mediziner nur nach dem Kriterium auswählen, welche Zeitungen und Zeitschriften im Wartezimmer ausgelegt sind.

Bei mir passt das phantastisch. So finde ich bei meinem Kardiologen und Internisten alle politischen Magazine, beim Urologen »Auto, Motor & Sport«, »ADAC-Motorwelt« sowie »Focus Money«, weshalb meine Frau, die sich um unsere Finanzen kümmert, jetzt auch zu ihm wechseln will. Bei meinem HNO-Spezialisten lese ich bevorzugt »Men's Health«, beim »Seelenklempner« »Geo« und Kultur-Reports. Mein Zahnarzt hat »Time« und »Newsweek« abonniert. Hier aber beschränke ich mich als Entspannung vor der Behandlung eher auf die Durchsicht so lustiger Kinderbücher wie »Willi Löcherzahn«, »König Zahnlos« oder erfreue mich an den schrecklichen Abenteuern von »Karius & Baktus«, in denen vor den bösen Folgen des Genusses allzu vieler Süßigkeiten bei gleichzeitiger Nachlässigkeit in der Zahnpflege mit Unheil verkündenden Illustrationen gewarnt wird. (Also genau vor dem, was mich hierher gebracht hat.)

Und dann gibt es ja noch den Herrn, der mir die Haare schneidet, wenn er mich nicht gerade tot-quatscht. Bei ihm erfahre ich aus der »Bunten«, »Gala«, »Frau im Spiegel« usw. alle Neuigkeiten von der High Society, dazu gibt es ein Blatt mit dem Wichtigsten der wichtigsten Leute in Düsseldorf, bevorzugt mit Ute Ohoven, die in jedem Heft mindestens 24 Mal im Abendkleid vorkommt.

Auch zu meinem medizinischen Fußpfleger gehe ich gern weit vor dem Termin. Er hat nicht nur ständig »Klassik Radio« eingestellt, was mir jedes Mal klarmacht, dass neben Miles Davis und Charlie Parker auch Mozart und Beethoven eine gewisse Existenzberechtigung haben, nein, er bietet ein buntes Allerlei an Heften, so dass ich die eine oder andere Geschichte, die ich beim Internisten abbrechen musste, weil ich früher als erwartet aufgerufen wurde, was aber selten vorkommt, zu Ende lesen kann. Die Fachblätter, die darüber informieren, wie wichtig für Ballett-Tänzerinnen eine regelmäßige Pflege der Füße ist, machen mich dagegen weniger an.

Sie sehen, lektüremäßig leide ich nicht mehr an Auszehrung. Dazu weiß ich immer auch, wie gut oder schlecht meine aktuelle Verfassung ist. Fazit: Mehr Fliegen gehen meiner Ansicht nach nun wirklich nicht. Dennoch muss ich zugeben, dass meine Frau sicher mit den vielen Abonnements einverstanden wäre, wenn ich dafür etwas weniger häufig zum Arzt ginge. Das wäre unter dem Strich dann doch deutlich billiger. Und damit hat sie wohl Recht.

## Friedliche Übernahme?

»Zur Rechten sieht man wie zur Linken, einen halben Türken heruntersinken«, so hat es Ludwig Uhland einst in seiner Ballade vom wackeren Schwaben geschrieben. Es ist nicht anzunehmen, dass er, der wahrscheinlich gar keine Türken gekannt hat, diese so gehasst hat, dass er sie am liebsten halbiert gesehen hätte. Diese schreckliche Beobachtung bezieht sich vielmehr auf Kaiser Friedrich I. Barbarossa alias »Rotbart«, dem allein, auf seinem Zug ins »heil'ge Land«, plötzlich 50 türkische Ritter in die Quere kamen. Doch das nur nebenbei.

Auch ich habe (eigentlich) nichts gegen die Osmanen, obwohl mir fast täglich welche begegnen. Und als friedfertiger Mensch bin ich strikt gegen jede Zerteilung. Aber ein wenig Angst machen sie mir schon länger.

Als ich dies einem sehr engen Freund, einem erklärten Türken-Fan, der jedes Jahr mindestens zweimal in Istanbul bei türkischen Freunden ein paar Tage verbringt, sagte, geriet der richtig in Wut und warf mir vor, ich hätte keine Ahnung, weil ich schließlich erst einmal in Istanbul gewesen sei, und schloss mit der Feststellung, die Türkei gehöre definitiv in die EU.

Als ich ihn nach seiner folgenden Reise an den Bosporus wiedersah, war er völlig verändert, seine Liebe zu den Türken war auf dem Weg an die Grenze zu Syrien ganz plötzlich erkaltet.

Ihm, dem fulminanten Diskutierer über Gott und alle Welt, hatten die Menschen südlich des Taurus' nicht die geringste Chance zur Entfaltung gelassen. »Immer wenn es um Substantielles ging, haben die sich auf den Koran berufen. So kann man doch nicht miteinander reden! Und außerdem hast du Recht, die haben mit ihrer Kultur in Europa nichts zu suchen.«

Ich einigte mich schließlich mit ihm darauf, wenigstens Istanbul, wie Hamburg und Bremen zum Stadtstaat deklariert, die Vollmitgliedschaft zu gewähren.

Damit waren mir die Ängste natürlich nicht genommen. Und jetzt verstärken sie sich noch. Habe ich doch in der ARD zur Kenntnis nehmen müssen, dass in Kürze an mehreren Tagen der Woche eine Sendung mit dem Titel »Türkisch für Anfänger« ausgestrahlt wird. In der Vorschau, die einen schon einmal mit einigen türkischen Schlüsselbegriffen vertraut machte, fragte eine Türke vorwurfsvoll seine Frau, alle hätten Sex in der Küche, nur sie nicht, warum das so wäre. Ob das nun ein für Anfänger geeignetes Thema ist, mag dahingestellt bleiben. Aber die Sendung überhaupt, was hat sich die ARD dabei gedacht? Ist das vielleicht erster Vorbote der »Privilegierten Partnerschaft«, mit der die CDU ihre Aversion gegen die Türkei als Mitglied der EU elegant umschreibt?

Wie auch immer, ich fürchte, dass wir, wenn die mehr als zwei Millionen Türken bei uns schon nicht Deutsch lernen wollen, dann von den Millionen der türkisch sprechenden Deutschen schleichend unterwandert werden. Und genug Moscheen und Mullahs zur Konversion als ultimativer Konsequenz gibt es in Deutschland ja bereits.

Ich stelle mir inzwischen sogar folgendes drohendes Szenario vor: Wenn Deutschlands Regierung hart bleibt, droht Herr Erdogan, aus der Nato auszutreten, womit diese Flanke schutzlos den Aggressionen Russlands ausgesetzt ist, den Südteil des EU-Mitglieds Zypern zu überfallen und zu besetzen und, was weitaus folgenreicher ist, alle türkischen Badeorte am Mittelmeer für Deutsche zu sperren. Ade, du schönes Antalya!

Daraufhin geben wir unter dem Druck der Tourismus-Lobby nach und gehen danach, dann alle schon der türkischen Sprache mächtig, einfach in der Türkei auf. Das ist wahre Integration, wenn leider auch vice versa. Diese einseitige Festlegung finde ich sowieso unfair gegenüber unseren anderen Gästen aus Italien, dem ehemaligen Jugoslawien und Portugal. Ich hielte es für wesentlich hilfreicher, wenn die Öffentlich-Rechtlichen Sprachkurse für Weltsprachen wie Englisch, Spanisch und demnächst Chinesisch anböten. Am notwendigsten aber erscheint mir, dass die Deutschen erst einmal lernen, richtig deutsch zu sprechen. Hier liegen die größten Defizite.

Jetzt werden Sie mir vorwerfen, ich sei doof, »Türkisch für Anfänger« sei gar kein Sprachkursus sonder eine »Soap Opera«. Gut, das stimmt, dann war die Vorschau der ARD eben missverständlich und irreführend. Unabhängig davon bleibt für mich das geschilderte Menetekel bestehen, weshalb ich auf die alte Warnung »wehret den Anfängen« zurückgreife. Damit hinterher keiner sagen kann, er hätte von der Gefahr der friedlichen Übernahme nichts gewusst.

Nennen wir mein Verhältnis zu Türken mal vorsichtig ambivalent. Das Kopftuchverbot, zum Beispiel für Lehrerinnen an deutschen Schulen interessierte mich herzlich wenig, mir war es bis vorgestern sogar ziemlich egal, ob sich dadurch Christen wirklich gekränkt fühlen müssen.

Bis vorgestern, wie gesagt, da änderte sich meine Gleichgültigkeit schlagartig, will sagen, ich bin seitdem für eine ultimative Verschärfung, in dem Sinn, dass Zuwiderhandlung unter Strafe gestellt wird, nachdem ich im Wartezimmer meines Kardiologen drei bekopftuchten »Schönen« gegenüber saß, besser sitzen musste, denn die Stühle neben den Damen waren leider besetzt. Werfe ich sonst gern einen Blick auf die holde Weiblichkeit, hatte ich dieses Mal Mühe hinzusehen.

Die drei hatten ein Gesicht, das meine Kumpels und ich früher, als wir noch jung waren, als »Pfannkuchen« bezeichneten, mit dem zusätzlichen Hinweis, man könne es mit solchen nur »treiben«, wenn man denen dabei die schwarz-rot-goldene Fahne übers Gesicht lege und sich einredet, man täte es fürs Vaterland. Wahrscheinlich waren die Haare der drei das Einzige, was Ungläubige »scharf« machen könnte, wovor die Mullahs ja bekanntlich unheimlich Angst haben. Und ausgerechnet die waren verhüllt.

Bei dem Bemühen, nicht allzu unhöflich, gar fremdenfeindlich zu wirken, empfand ich auf einmal das von den Taliban bevorzugte Ganzkörper-Gewand, das nur die Augen frei lässt, als sehr nützlich. Dies zu tragen, müsste man per Gesetz zur Pflicht machen, jawohl. Das soll aber nicht heißen, dass ich mir wünschte, diese Unmenschen kämen in Afghanistan wieder an die Macht.

Dann, so befand ich, schaue ich doch lieber weiter weg. Das ist eindeutig das kleinere Übel.

## Toter Vogel als Weckruf

Gemeint ist nicht der ebenso genannte fiese Geschmack, den man, wie man im Kohlenpott sagt, nach einer durchzechten Nacht im Mund hat, sondern um ein irgendwo in Düsseldorf zu Zeiten der Vogelgrippe verendetes Federvieh.

Dieser grauselige Fund sorgte nach Zeitungsberichten erst für einige Verwirrung, dann für Aktivität und führte schließlich zu ungezügelter Hektik – womit wir, welch Paradoxon, beim »Öffentlichen Dienst« wären, wenigstens zu einem Drittel.

Traue ich den Ämtern ohne weiteres Verwirrung aller Stufen zu, möglicherweise sogar Hektik, wenn wieder einmal ein Vorgesetzter auf die Schlamperei der unteren Dienststellen aufmerksam geworden ist, was wahrscheinlich selten genug vorkommen dürfte, fehlt mir allerdings der Glaube an jedwede Aktivität, was ich noch am Tage der Veröffentlichung persönlich erfahren musste.

Versuchte ich doch bei einem dieser Ämter anzurufen, um mir eine kurze Auskunft einzuholen. Welches Amt das war, verschweige ich tunlichst, da ich von diesem noch eine Information brauche und die »Rache des kleinen Mannes« fürchte. Man hatte mir den Namen der anzusprechenden Person und auch deren Telefonnummer genannt, sogar auch noch von deren Vertretung, was mich ausnahmsweise optimistisch stimmte, da ich mit den mit 89 beginnenden Rufnummern bislang durchweg nur extrem schlechte Erfahrungen gemacht hatte. Nach etwa zehnmaligem Durchläuten, ich wähnte meinen Ansprechpartner schon beim Frühstück oder Mittagessen, obwohl es mir für das eine schon zu spät und das andere noch zu früh erschien, da meldete sich auf dem Anrufbeantworter eine zuvorkommend freundliche Stimme, mit dem Hinweis, man befände sich bis zum soundsovielten in Urlaub, man möge aber doch unter den folgenden Nummern die Vertretung oder deren Vertretung kontaktieren. Das fand ich schon mal sehr servicefreundlich. Noch immer optimistisch, wählte ich die Nummer der Vertretung. Nach nur achtmaligem Freizeichen meldete sich eine andere, ebenso freundliche Stimme mit der Nachricht, auch diese Person sei gerade in den Ferien, aber man könne doch die Vertretung, von deren Urlaub ich erst wenige Minuten vorher erfahren hatte, oder deren Vertretung anrufen. Dies versuchte ich sofort, da beide in Urlaub befindlichen Personen freundlicherweise die Nummer der dritten aufs Band gesprochen hatten. Nach einer halben Stunde ununterbrochener Nutzung der Wahlwiederholung wollte ich schon verzweifelt und wütend ob meines verfrühten Optimismus' aufgeben, da meldete sich die Vertretung von der Vertretung, wenig freundlich allerdings, da es an diesem Freitag bereits 12.00 h mittags war, das »verdiente« Wochenende vor der Amtstür stand und sich dieser Mensch, offensichtlich, weil hörbar, im Übergang zur Freizeit mit anderen Mitteln gestört fühlte. Dies ahnend, bat ich in devotem Ton um Aufklärung, worauf mir beschieden wurde, es wäre für die schnelle und konkrete Beantwortung meiner Frage besser, wenn ich auf die Rückkehr der beiden Urlauber warten und dann persönlich, aber das nur an zwei Tagen der Woche, und auch nur zwischen 9.00 h und 15.00 h, im Amt vorbeischauen würde. Wären die Personen dann krank, wäre er in der Lage, die entsprechende Akte herauszusuchen, vorausgesetzt, ich könne mich als zu dieser Frage berechtigt identifizieren. Widerwillig, weil in gewisser Weise abhängig, sagte ich zu, so zu verfahren und wünschte dann auch noch ein schönes Wochenende.

Da war in meinem Kopf aber schon längst der Plan gereift, die nächste Taube, die sich beim Anflug auf die Scheiben unseres Wintergartens das Genick brechen würde, ins Auto zu packen, zu diesem Amt zu fahren und in das Zimmer mit der Nummer, die ich ja jetzt auch kenne, zu werfen. Ich glaube, das wird wirken. Denn wie hieß es so viel versprechend in der Zeitung: »Toter Vogel weckt Ämter auf.«

Nachschlag: Zu diesem Thema ein Auszug aus einer in meiner Sonntagszeitung veröffentlichten Meldung: »...7100 arbeiten auf Konzernebene, werden besser bezahlt als vorher und tragen intern die Bezeichnung ›Insichbeurlaubte‹.« Darf man das so verstehen, dass diese Menschen jeden Morgen ins Büro gehen und Liegestuhl und Sonnenschirm gleich mitbringen?

## Betrogener Rasierer

Gemeint ist zunächst nicht das mechanische oder elektrisch betriebene Gerät, sondern der Mann (angesichts der aktuellen Entwicklung und der Existenz eines Apparates namens »Venus« müsste man eher Mensch schreiben), der es benutzt und sich dabei gern selbst betrügt, wie zum Beispiel schon mein verehrter alter Herr. Der, seines Zeichens Dr. Ing. mit Promotion bei Professor Theodore v. Kármán in Strömungslehre (gleich Raketen-Forschung) an der TH Aachen, also ein richtiger Technik-Freak, überraschte mich kleinen Kerl einst mit der Entwicklung und dem Eigenbau eines Schaltpultes für drei gleichzeitig zu betreibende elektrische Rasierapparate, für einen elfenbeinfarbenen einköpfigen Philips fürs Feine, einen Remington für größere

Hautflächen, an beide Marken erinnere ich mich definitiv, und einen dritten fürs extrem Grobe, wie er sagte. Wenn es damals schon die Marke Braun gegeben hat, dann war es auch einer, aber das weiß ich nicht mehr. Mein Vater behauptete auf den Anwurf meiner an fortschrittlicher Technik nun überhaupt nicht interessierten Mutter, diese Konstruktion sei doch »totaler Quatsch«, hier läge sie falsch, ökonomischer und zugleich effektiver könne er seines Bartes nicht Herr werden.

Es versteht sich von selbst, dass ich, als der Bart zu sprießen begann, mir auch den einköpfigen Philips zulegte, den ich heute noch besitze, der immer noch läuft und den ich eines Tages für viel Geld an Philips für Ausstellungszwecke, zum Beispiel im »Museum of Modern Art« in N.Y. City, verscherbeln zu können hoffe.

Damit war ich stets vergleichsweise glatt und zufrieden, bis ich während meiner ersten Segeltour im Mittelmeer im ersten angelaufenen italienischen Hafen, es war San Remo, mit Erschrecken feststellen musste, dass es dort keinen Stromanschluss gab. Neben mir an der Kaimauer standen nur markige Männer mit Schaum im Gesicht und Messern aller Art in der Hand. Also ließ ich den Bart wachsen, bis wir in Cannes eingelaufen waren, dort, natürlich auf der Croisette, kaufte ich meinen ersten Nassrasierer, den von Gillette, bei dem sich, wenn man unten dreht, oben zwei Klappen öffnen, unter die man die Klinge legt. Auch den besitze ich noch.

Nach vorübergehend erhöhtem Blutverlust (und dem Erwerb eines Alaunsteines) war ich happy mit dem Ding und behauptete fürderhin, nur Schwule und Faule würden sich noch elektrisch rasieren, nicht aber echte Kerle.

Als Sohn meines Vaters musste ich natürlich auch beim Rasieren mit dreifacher Schallgeschwindigkeit zu den Vorreitern gehören. So brachte mir natürlich eine Freundin der Familie aus den USA den ersten Mach 3 mit, da er noch nicht auf dem deutschen Markt war. Und natürlich stieg ich beim Erscheinen des gleichnamigen Turbo sofort auf denselben um, immer der Ansicht, mit jedem Fortschritt ginge es schneller und besser. Dass sich bei mir die ausgemusterten Gillettes und Wilkinson nur so häuften, war mir egal. Meiner Frau, die dies doof fand, hielt ich entgegen, wir könnten jetzt schließlich an jeder Nass-Stelle einschließlich der Waschküche für Gäste einen Rasierer aufstellen. Dass dann immer noch welche in Reserve wären, übersah sie glücklicherweise.

Noch älter und vernünftiger geworden, beschloss ich, nach dem Turbo auf keine weitere Novität hereinfallen zu wollen. Da schenken mir unsere Kinder den nächsten Schritt auf dem Weg zur Vollendung, den Mach 3 Turbo mit Batterie-Antrieb, der, drückt man auf eine bestimmte Stelle, den Kopf (des Rasierers) zum Beben und Schwingen bringt.

Erst wollte ich nicht, da ich mir sagte, damit werden die Klingen noch teurer, aber aus Höflichkeit den Gebern gegenüber rasierte ich mich am 1. Weihnachtstag erstmals mit dem giftig-grün-gelben Ding. Mit dem Ergebnis war ich zunächst sehr glücklich, hatte aber am nächsten Tag und den darauf folgenden den Eindruck, meine Barthaare sprössen noch schneller als vorher. Und entsann mich einer Bemerkung meines Friseurs, der mir die Haare auf der Nase immer mit einer Pinzette ausreißt, da, wie er sagt, diese nur noch schneller nachwachsen würden, wenn man sie mit einem Rasierer entferne.

Damit bin ich einer weiteren Betrügerei auf die Schliche gekommen. Werden doch die sündhaft teuren Hochtechnologie-Klingen durch den verstärkten Bartwuchs noch schneller abgenutzt und austauschpflichtig. Das ist einerseits schofelig. Andererseits, und das kann ich als ehemals skrupelloser Werber gut beurteilen, auch genial, fast so genial wie die Idee aus den 30er oder 40er Jahren, einer umsatzschwachen Zahnpasta, ganz ohne Reklame, einfach durch Vergrößerung der Austrittsöffnung wieder zu mehr Umsatz zu verhelfen.

Um ganz ehrlich zu sein, nur unseren Kindern zuliebe drücke ich deshalb noch auf den bewussten Knopf. Manchmal, noch nicht ganz wach, vergesse ich das aber auch, und das ist, wie schon erklärt, auch nicht schlecht für das Ergebnis, sowohl rasiertechnisch als auch finanziell. (Bitte fragen Sie mich bloß nicht nach dem neuen Gillette Fusion, eine ehrliche Antwort würde mich kompromittieren!)

## Es ist zum Heulen

Gerade erst sind wir Deutschen dank unserer Fußballer aus permanenter chronischer Depression wie der sagenhafte Phönix aus der Asche zu neuem Optimismus auferstanden, da vermiesen uns die Medien gleich wieder die gute Laune und stürzen uns erneut ins tiefe Tal der Tränen.

Wurden wir doch mit Bildern einer amerikanischen Photographin konfrontiert, auf denen niedliche kleine Kinder ganz jämmerlich weinen, weil die Frau hinter der Kamera ihnen, um diesen herzerweichenden Weltschmerz zu erzeugen und für die Nachwelt festzuhalten, den Lolli abgenommen hat. (Lieutenant Kojak, alias Telly Savalas hätte, wäre ihm das passiert, wohl anders gehandelt und die Photographin Jill Greenberg, so heißt die Übeltäterin nämlich, gleich in Notwehr niedergestreckt.)

Jedenfalls reagierte die so genannte Fachwelt, die meint, zu jedem Vorgang ihren Senf dazu geben zu müssen, im höchsten Maß angewidert und empört. Meine Zeitung widmete dem Thema nach einem entsprechenden Hinweis auf der Titelseite in der Rubrik »Kultur« unter der aufrüttelnden Schlagzeile »Tränen für die Kunst« eine dreiviertel Seite, flankiert von einem mit »Gequälte Kinder« überschriebenen Kommentar. Ein (unbekannter) Düsseldorfer Fotograf meldet sich zu Wort und sprach von »perfider Art der Bildherstellung«. Und so weiter. Ich möchte gar nicht erst wissen, wie sich die Zeitung mit den ganz großen Buchstaben dieses weltbewegenden Stoffes angenommen hat. Aber die lese ich sowieso nie. Was mir aber dazu einfällt, sind die Millionen Kinder weltweit, die unter Hunger und Durst leiden müssen, oder die ihre Angehörigen durch Naturkatastrophen oder Terror verloren haben.

Ihnen muss unser Mitleid gehören, denn sie haben allen Grund, traurig zu sein, nicht die kleinen Photomodelle, die ganz bestimmt nach den Aufnahmen mindestens zwei Lollis bekommen und deren Eltern genauso sicher dazu noch unter dem Rubrum »Schmerzensgeld« ein anständiges Honorar kassiert haben.

So gesehen finde ich den Aufstand und den Wirbel um diese scheinbar gequälten Kleinen einfach nur zum ... Lachen. Und die Fotos lustig.

## Thanks United States!!!

Viele Gründe, unseren lieben Freunden jenseits des Atlantiks einen ehrlichen, von Herzen kommenden Dank abzustatten, hat es leider schon länger nicht gegeben. Man denke nur an die rücksichtslose Vertreibung und Ausrottung der Indianer, oder an so üble Revolverhelden wie Billy »the Kid« oder Jesse James, deren Schurkentaten in vielen Hollywood-Filmen verherrlicht wurden und die deshalb durchaus gute Vorbilder auch für Gewalttäter an unseren Schulen abgeben können.

Und so geht es »fröhlich« weiter. Es folgte der erste und bisher einzige Abwurf von Atombomben auf unzweifelhaft zivile Ziele, was auch heute noch locker mit der »Weisheit«, der Zweck heilige die Mittel, abgetan wird. Auch das Entlauben der vietnamesischen Wälder und das Töten der Menschen darin mittels Napalm war eine gelungene Premiere.

Richtig spannend aber wurde es erst mit der Wahl von George W. Bush zum, wenn ich mich auch wiederhole, schlechtesten Präsidenten der Vereinigten Staaten von Amerika aller Zeiten. (Das Reporter-Urgestein Lothar Loewe teilt diese Ansicht.) Erinnert sei in diesem Zusammenhang nur an die Aufkündigung des Kyoto-

Protokolls, die bisherigen Absagen an ein Umweltschutz-Programm, die fragwürdige Strategie im Irak, die Folterungen in dortigen Militär-Gefängnissen, die Nicht-Anerkennung des Haager Kriegsverbrecher-Tribunals, der völlig kritikfreie, parteiische Umgang mit Israel, nur weil in den USA in fast allen Bereichen Juden (wohlgemerkt: nicht Israelis!) an den Schalthebeln der Macht sitzen, und die amerikanische Waffen-Industrie, die, auf welch dubiosen, verschlungenen Umwegen auch immer geliefert wird, weiter gut vom Konflikt in Palästina leben soll. Guantanamo Bay fehlt noch, und das Festhalten einiger US-Staaten am humanen Strafvollzug, der Todesstrafe. Da lässt man zur Höchststrafe verurteilte Menschen bis zu 19 Jahre in der Todeszelle schmoren, über einen Zeitraum also, in dem in Europa zum Beispiel viele ihre Strafe verbüßt haben, ehe man sie dann doch hinrichtet.

Dann ist da auch noch der inzwischen vergreiste (oder schon dahin geschiedene?) Hollywood-Star und bevorzugte Moses-Darsteller Charlton Heston (»Ben Hur«, »Samson und Delilah« u.a. Schinken), dessen Lobby so stark ist, dass ein Gesetz gegen den freien Verkauf von Waffen seit Jahren ohne Chance ist, ganz in der guten, alten Tradition der Billy »the Kids«, Jesse James & Co., was heute den Produzenten der so genannten »Killer-Computer-Spiele« wunderbar in die Hände spielt.

Nicht zu vergessen sind Begriff und System des »hire and fire«, die Risiken und Nebenwirkungen der »fast food« in Gestalt von Burgers und Coke, (die Pommes erfunden zu haben, nehmen die Belgier in Anspruch), sowie der Unsinn, bei uns fast jedes Tun zu amerikanisieren. Schließlich treffen wir uns schon seit Jahrhunderten ohne »meetings«, und denken auch ohne »brainstorming« und »think tank« nach, ganz zu schweigen von dem beinahe gotteslästerlichen Verbrechen, sich in den Sterne-Restaurants der Welt alten, sauteuren Bordeaux »well temperated«, das heißt für Amerikaner eiskalt, kredenzen zu lassen.

Man ist fast geneigt, unsere lieben Verbündeten aus Rache mal richtig zu beleidigen, indem man ihnen vorhält, sie seien in ihren Wäldern noch auf den Bäumen herumgeturnt, als wir in Europa schon Sodbrennen kannten. Lassen wir aber lieber den Dichter und Denker

George Bernhard Shaw die geballte Kritik an dieser bigotten Nation zusammenfassen. Stellte er doch so zutreffend fest: »Die Amerikaner sind das einzige Volk der Erde, dem es gelungen ist, den Weg von der Barbarei in die Zivilisation ohne den Umweg über die Kultur zu gehen.«

Aber jetzt, alle mal hergehört, kommt etwas Neues, Sensationelles und Segensreiches über den großen Teich zu uns, ein neuer Begriff, den ich für einfach genial halte. Ein guter, lieber und sehr schlauer Freund hat ihn in einer amerikanischen Zeitung entdeckt und mich darauf aufmerksam gemacht: auf das »**downshifting**«, was er, an Freytags »Soll und Haben« erinnernd, als die freiwillige Abgabe von Macht und die Rückkehr zu einfachen Verrichtungen definiert. Oder an den denkwürdigen Satz aus dem wunderbaren amerikanischen Film »American Beauty«, in dem Kevin Spacey gesteht, er sei auf der Suche nach dem geringst möglichen Maß an Verantwortung. Was es damit genau auf sich hat, will ich zu erklären versuchen: Jeder weiß, dass der Mensch mit zunehmendem Alter abbaut, die Konzentration lässt nach, damit nehmen auch Leistungsbereitschaft und -fähigkeit ab, meistens auch noch der Spaß an der Freud, und wenn es noch schlimmer kommt, Moral und Ehrgefühl.

So darf sich Deutschlands einst mächtigster Betriebsrats-Boss im Knast erholen, ist der ehemalige Personalchef des größten deutschen Autobauers, nach dem sogar Gesetze benannt wurden, inzwischen vorbestraft. Auch andere deutsche Protagonisten haben das »downshifting« verinnerlicht.

Ex-Vorstandsvorsitzende züchten glückselig Rosen, sammeln begeistert Briefmarken, Münzen und Fußballbilder für ihre Enkel (oder sich selbst), andere waschen, bügeln, kochen und klöppeln, mit Leidenschaft, versteht sich.

Ich kenne sogar einen, der Dünensand und Muscheln auf Sylt in sein Eimerchen schaufelte und damit die untere Ebene der Glastische in seinem riesigen Wohnzimmer dekorierte und dieses geschmackvolle Ensemble allen stolz zeigte. Dies alles sind vorbildliche Beispiele für einfache Verrichtungen.

Auch Herr Pischetsrieder könnte glücklich sein, endlich ungestört und ohne schlechtes Gewissen mit seinen kleinen Modellautos zu spielen, und Kai-Uwe Ricke wird vielleicht bald auf allen Partys damit glänzen, die Telefonnummern aller Anbieter von Call-by-Call- und Auskunftsdiensten auswendig gelernt zu haben. Womit sich Herr Kleinfeld in Kürze die Zeit vertreiben wird, weiß man noch nicht. Aber vielleicht spielt er ja mit Erich Ribbeck auf Teneriffa Golf, obwohl mir aus eigener Erfahrung und aus Eitelkeit schwer fällt, Golf als einfache Tätigkeit zu bezeichnen, oder er versucht sich als Hobby-Kleingärtner in einer Laubenkolonie.

Mein Freund erwähnte aus »Soll und Haben« auch einen Mann, der, seiner weit reichenden Verantwortung überdrüssig, nur noch Adressen auf Umschläge schreibt und sehr froh darüber ist

Ja, so geht das mit dem »downshifting«. Was ist zum Beispiel aus dem Menschen geworden, der früher Co-Chef einer großen, erfolgreichen Düsseldorfer Werbeagentur war, der häufig Entscheidungen über Gedeih und Verderb des Unternehmens mit seinen 180 Mitarbeitern mit zu treffen und mit Bauchweh »ja« zu lebenswichtigen Investitionen zu murmeln hatte, ein Kreativer übrigens, dessen Slogans noch heute in fast aller Welt genutzt, dessen Ideen und Schlagzeilen immer noch abgekupfert werden, und der nicht nur deshalb im »Who is Who in Advertising« Erwähnung fand?

Er sitzt glückselig am Laptop, als zufriedener, willfähriger Diener seiner Frau, deren Post er erledigen und, nach Vorlage, Prüfung und Freigabe, zum Briefkasten tragen oder als E-Mail abschicken *darf*, wenn er nicht gerade einkauft, den Geschirrspüler ein- und ausräumt, das Auto der Gnädigen Frau zum Tanken und Waschen fährt, oder Kartoffeln schält, was für den nachdenklichen Leser im Maß der Freiheit von der Verantwortung noch weit vor dem Adressen-auf-Kuverts-Schreiben kommen muss.

Das Beste aber an diesem Beispiel: Es geht um mich.

Und das ist gut so! Beschreiben normale Tragödien von Absturz und Verfall den natürlichen Niedergang des Menschen, also ein Passivum, so markiert »downshifting« bei anderen und mir etwas ganz anderes, nämlich ein eingreifendes, selbst-bestimmendes Handeln, ein Aktivum also.

Und sofort steht man in strahlendem Licht da, besonders, wenn man dazu noch anmerkt, wie gern man alles tue. Niemand mehr kommt auf die Idee, man habe etwas verloren oder sei degradiert oder gar entmündigt worden. Im Gegenteil, man ist ein Mann der Tat, hat man ja freiwillig abgeworfen und damit auch bewiesen, dass man bis ins hohe Alter kraftvoll, anpackend und dynamisch bleiben kann. (Anders verhält es sich bei mir allerdings mit dem »downloading«, das hat bei mir noch nicht eingesetzt, was meine Frau jedem Interessenten gern bestätigt.)

Also, ihr viel gescholtenen Amis, von Zeit zu Zeit seid ihr doch zu etwas gut. Dafür danke ich euch aus tiefstem Herzen. (Noch dankbarer aber wäre ich, wenn ihr endlich zu glauben aufhören würdet, die ganze Welt nach euren Vorstellungen verbessern zu müssen.) That's it.

## Einsteigen, wenn andere aussteigen

So lautet bekanntermaßen eine uralte Regel an der Börse.

Die folgenden Gedanken dazu sind makaber, gewiss, aber viele Dinge im Leben sind nun einmal so, was man aber nicht ändert, wenn man sie verschweigt. (Mit ihrem Slogan, jede Wahrheit brauche einen Mutigen, der sie ausspricht, hat die Bild-Zeitung schon wieder gelogen.)

So steigen die Aktien von einem Unternehmen, wenn es mit Blick auf höhere Gewinne Tausende von Mitarbeitern entlässt, so stürzen Aktien, wenn zum Beispiel dasselbe Unternehmen verheißungsvolle Prognosen veröffentlicht. Wie denn das? Ganz einfach, weil die so genannten Analysten und Anleger dann sofort wittern, dass diese Prognosen unterschritten werden könnten, selbst wenn diese noch deutlich über den ursprünglich angestrebten Erwartungen liegen. Es ist schon so, dass bei Börsianern dort, wo bei anständigen, normalen

Menschen das Herz schlägt, ein Portemonnaie sitzt und man Bulle und Bär eigentlich als Symbolfiguren vor Spielkasinos aufstellen sollte.

Ein schlauer Mann, den ich gut kenne, der schon seit seinem 40. Lebensjahr privatisiert und deshalb fast den ganzen Tag damit verbringt, weltweit elektronisch Papiere zu kaufen und zu verkaufen, um seinen Wohlstand zu mehren und so seine »Rente« zu sichern, ist, seit er vor kurzem in China war, auf der Suche nach Uran-Fonds, was für ihn (und jetzt auch für mich) plausibel ist.

Während die Öko-Freaks bei uns grünäugig von alternativen Energien reden und Deutschlands Oberfläche am liebsten mit diesen hässlichen Windrädern zupflastern und jedes Dach mit Solarzellen decken möchten, um endlich alle Atomkraftwerke unter Hinweis auf die von ihnen ausgehenden Gefahren vom Netz zu nehmen, basteln in Asien und Süd-Ost-Asien riesige Volkswirtschaften, vor allem China und Indien, mit ungeheurer Vehemenz genau am Gegenteil. Und sie müssen das, wenn sie bei der Globalisierung wettbewerbsfähig werden und bleiben wollen.

Beide Exponenten haben Recht, denn die Erdölquellen werden nicht ewig sprudeln und fossile Brennstoffe haben schon wegen ihrer Emissionen auch keine Chance. Woher also auf Dauer nehmen, wenn nicht …?

Spätestens hier müsste auch dem letzten, jetzt blauäugigen Grünen klar werden, dass neben erneuerbaren Energien an der Atomkraft kein Weg vorbeiführt. (Siehe Bericht der UNO-Umweltkommission 2007.) Auch das Menetekel, was passieren würde, wenn wir einen Super-Gau in Deutschland hätten, ist mehr als naiv, dazu muss man nur mal in einen Atlas schauen und in denselben kleine Kreuzchen nur für die Standorte der Atomkraftwerke in Frankreich machen, besonders im Norden an den Küsten der Normandie und Picardie.

Jörg Kachelmann, der sich ja auch mit Luftströmen bestens auskennt, würde jedem gern erklären, wer im Fall eines schweren Störfalles besonders im »Einzugsbereich« der Strahlen läge. Wir in Nordrhein-Westfalen sind es. Und dann gibt es solche Einrichtungen u.a. ja auch in Tschechien und Russland (nach dem GAU im Tausende von Kilometern von uns fernen Tschernobyl war das Rotwild in

Deutschland für lange Zeit kontaminiert und man durfte keine Pilze essen!) für den Fall eines strammen Ostwindes, und Schweden, wenn der Wind aus Norden bläst. Ja, so ist das, Frau Künast und ihr Herren Trittin und Gabriel.

Ich muss jetzt leider, noch makabrer für normale Menschen, aber noch vielversprechender für vorausschauende, eiskalte Anleger, weiterspinnen. Die Rede ist vom bedauerlichen Exitus (»Ausstieg«) des russischen Ex-Spions Alexander Litvinenko (und auch von der mysteriösen Erkrankung des ehemaligen russischen Regierungschefs Jedor Gaidar, beide waren zu Putin-Kritikern geworden.)

Zumindest Ersterer ist nachweislich mittels Polonium, einem 1898 von P. und M. Curie entdeckten radioaktiven chemischen Element, vergiftet und getötet wurden. Wahrscheinlich beim Transport des Giftes von Moskau nach London verstrahlte Flugzeuge, Passagiere, Freunde, Wohnungen sogar in Hamburg und Pinneberg – das sind die bislang bekannten Kollateral-Schäden, und wer weiß schon, was die englischen Behörden noch alles herausbekommen.

Zur Zeit schiebt man diese »Hinrichtungen« dem »lupenreinen Demokraten« (Gerhard Schröder) Wladimir Putin in die Schuhe, der das aber heftig dementieren lässt. Wie auch immer, aus Russland ist das giftige Zeug auf jeden Fall gekommen.

Und wenn man jetzt überlegt, wie viele Feinde der russische Präsident unter den rund 147 Millionen Einwohnern hat, die in Tschetschenien hat er ja weitestgehend öffentlich schon »überzeugt«, dann werden doch Unmassen von Polonium benötigt, um sich dieser elegant zu entledigen.

So gesehen ist der Bekannte mit seinem Uran zwar auf der richtigen Spur, aber noch nicht konsequent genug. Wenn er diese Zeilen liest, wird er sich bestimmt sofort an den Computer setzen, um herauszubekommen, welche Bank weltweit als erste einen entsprechenden PO-Fond auflegt. (An dem Profit muss er mich dann natürlich beteiligen!)

Und natürlich warte ich jetzt auf die Premiere des Hollywood-Films »James Bond jagt Dr. Po OZ 84«, so heißt das Teufelszeug bei Chemikern.

(In der Geschichte davor habe ich mich bereits mit unseren amerikanischen Freunden angelegt, fürchtend, dass mich die CIA bespitzelt. Es ist leider nicht auszuschließen, dass nun auch noch der KGB hinter mir her ist. Aber wie heißt es so richtig: Viel Feind, viel Ehr!)

## Meine neue Liebe

Nein, das hat nichts mit der zu meiner Frau zu tun, diese »alte« rostet nicht, und darum habe ich auch »neue« geschrieben. Bevor ich näher darauf eingehe, muss man wissen, dass ich mit dem Vorurteil anderer aufgewachsen bin, »zwei linke« Hände zu haben. Das hatte für mich große Vorteile, denn sobald ich androhte, irgendetwas zu machen, drängelte sich mein Vater mit der Bemerkung »Ach, Junge, lass nur, ich mach das schon« vor. Das klang nie vorwurfsvoll, kompensierte doch mein alter Herr diese meine offensichtlich unterentwickelte Begabung immer mit dem Trost, dafür sei ich ja künstlerisch sehr talentiert. Aus ganz praktischen Überlegungen heraus habe ich dem nie widersprochen.

Unangenehmer wurde das leider, nachdem ich meine jetzt alte Liebe geheiratet hatte. Auch sie glaubte

zunächst an die beiden linken Hände, da ich schon mit meinen ersten Versuchen als Ehemann, Bildernägel gerade in Wände zu hämmern, jämmerlich scheiterte.

Dennoch, und trotz meiner sonstigen Talente, musste ich mir immer häufiger Sätze wie »das könntest du ja mal machen«, und, wenn ich dann einmal mehr davongekommen war, abwertend im Konditionell des Plusquamperfekts: »Das hättest sogar du gekonnt!« anhören.

Dank fehlender Qualifikation und mangelnden Interesses wurde ich auch nie in Baumärkte mitgenommen, und das war auch gut so, denn wäre ich dorthin schon früher gekommen, hätte ich nicht bis vor kurzem meine beiden linken Hände in den Schoß legen können statt Hand mit anzulegen, wie es sprichwörtlich heißt.

Es begann also alles mit einem Besuch im »Bauhaus«, wo meine Frau zwei schwere Eimer Farben kaufen wollte, für deren Transport ins Auto ich vorgesehen war. Ob sie es absichtlich getan hat oder es keinen anderen Weg zur Abteilung Farbe gab, jedenfalls passierten wir die schier endlose Wand mit den schönsten Werkzeugen der Welt. Alles sah so prächtig aus, so neu, so glänzend, matt verchromt oder gebürstet, mit braun schimmernden Holzgriffen, kurzum, es war um mich geschehen, ich hatte mich in Werkzeuge verguckt, und zwar hoffnungslos. Seitdem zieht es mich immer wieder dorthin, mein Auto fände den Weg auch ohne mich, bilde ich mir inzwischen ein.

Ob ich einen Bilderrahmen oder eine Leinwand für meine Malerei suche, ob für meine Frau Pinsel, Malerband, Schrauben oder Blitzzement, an den Werkzeugen komme ich einfach nicht vorbei. So haben wir es inzwischen zu mehreren neuen Schraubenziehern, drei Zangen, vier Hämmern, einem Akku-Bohrer, einem Bosch-Bohrhammer, der »Mouse« von Black & Decker und einem wahnsinnig fortschrittlichen Astabschneider mit Teleskopstange gebracht, die jetzt, sorgfältig geordnet, alle an einer Wand in unserem Bastelraum an einem speziellen Blech hängen, verlockend, als riefen sie mir wie einst Circe dem Odysseus zu: »Komm, mach was mit mir!«

Und da lasse ich mich natürlich nicht lange lumpen. Waren meine ersten Versuche noch nicht ganz so erfolgreich, und bekam ich auch oft von meiner Frau zu hören, das müsse sie jetzt alles noch einmal machen, ernte ich neuerdings fast nur noch Lob. Das berüchtigte lebenslange Lernen hat sich einmal mehr bewährt, und ich bin auf dem besten Weg, mich zu einem Allround-Talent zu entwickeln, wäre da nur nicht unser noch sehr kleiner Enkel, der alle Gaben zu besitzen scheint, mein neues Hobby des Bastelns & Werkelns bald schon wieder zur Bedeutungslosigkeit degradieren zu können. Da hilft dann nur eines: ich baue etwas für Ihn.

Damit verdiene ich mir dann das nächste Kompliment, auch ein perfekter Opa zu sein. Mehr geht aber wirklich nicht.

## DER 100-MILLIONEN-EURO-MANN

Es gibt einen guten Freund, der mir neulich, verstört und zugleich erbost, folgende traurige Geschichte beichtete.

Irgendwann sei er auf die Idee gekommen, seiner ersten Jugendliebe, die aber schon seit 50 Jahren erkaltet ist, zu der er aber bis vor 18 Jahren, über deren vier Ehemänner hinweg, ein gutes Verhältnis bewahrt hatte, zu schreiben. Auf den Brief hin rief diese Dame ihn an, hoch erfreut, dass er sich wieder gemeldet habe, und mit der Frage nach den Gründen für die ungewöhnlich lange Funkstille, worauf er, wie sie, keine Antwort wusste.

Also verabredete er sich mit ihr auf neutralem Boden, in einer Kneipe. Beim ersten Mal aber solle das bitte ohne die Frau meines Kumpels geschehen, schlug die Jugendliebe vor, weil sie sich doch sicher sehr viel Intimes zu erzählen hätten, was bei ihm sofort den Verdacht nährte, sie könne keinen Mann mehr haben und sei auf der Suche nach einem Nachfolge-Modell.

Und was macht da der Trottel? Er erzählt seiner Frau ahnungslos vom Brief, dem Telefonat und der Verabredung, ja, er kündigt sogar an, ein paar gelbe Röschen zum Rendezvous mitnehmen zu wollen, was diese derart auf die Palme bringt, dass sie sich zu der unbedachten, fiesen Äußerung hinreißen lässt, für 100 Millionen Euro könne die Dame ihn haben.

Zwei Fakten sind hier einzuschieben. Zum einen muss man wissen, dass mein Kumpel seit unzähligen Jahren mit ein und derselben Frau sehr glücklich verheiratet ist, sonst hätte er den Kontakt sicher für sich behalten. Zum anderen stimmt es, dass die Jugendliebe steinreich ist und die 100 Millionen Euro wahrscheinlich locker aus der Portokasse bezahlen könnte, schließlich hatte sie schon vorher einen ihrer Männer aus einer Ehe »herausgekauft«.

Mein Kumpel, ob dieses Vorschlags völlig geschockt, wollte nun von seiner Frau wissen, ob sie das wirklich ernst gemeint habe. »Ja, dafür kann sie dich haben!«, schmetterte sie ihm entgegen, was meinen Freund noch depressiver werden ließ. Andererseits dachte er, dieser hohe Preis zeuge ja doch von einer gewissen Wertschätzung. Sie hätte ja auch nur 50 oder 20 Millionen verlangen können, was noch viel deprimierender gewesen wäre.

Übrig blieb bei ihm dennoch eine tiefe Tristesse, überhaupt auf den Markt geworfen zu werden, also verkäuflich zu sein.

Zum Glück hat mich mein Freund nicht gefragt, was ich an seiner Stelle tun würde. Wahrscheinlich hätte ich ihm empfohlen, genau das zu machen, was ihm seine Frau unterstellte. Das hätte außer einem schönen Erlebnis auch den Vorteil, diesen Fehltritt nicht beichten zu müssen, denn seine Frau hat nach eigenem Bekunden ja schon vorher gewusst, dass er schwach werden würde ob der Verführungskünste dieser Dame.

Dies alles ließ meinen Kumpel jetzt so trotzig werden, dass er sich kategorisch weigerte, die Verabredung abzusagen, mehr noch, er drohte seiner Frau auch an, mir von diesem skandalösen Vorfall zu berichten, vielleicht würde ich ihn in dem Buch, das ich gerade schriebe, für die Nachwelt verewigen, worauf er zu hören bekam, wenn er das tue, sei es ganz zappenduster. (In seiner inzwischen total fatalistisch gewordenen Grundstimmung hat er mich tatsächlich gebeten, alles aufzuschreiben, was ich hiermit getan habe, immer mit der Frage im Hinterkopf, ob es seiner Frau, dann mit den vielen Millionen, nicht egal sein könne, was er nach dem Verkauf alles so treibe.)

Wie gesagt, er ist hingefahren, um einem zwar steinreichen aber hilflosen, total verunsicherten Wrack zu begegnen, dem jedwede Verführungskunst abhanden gekommen war, einem Häufchen Elend gleich. Zutiefst erschüttert ist mein Kumpel wieder nach Hause gefahren. Ob seine Frau nach seinen Schilderungen den Gedanken »Schade um das schöne Geld« gehabt hat, bleibt sein Geheimnis.

## Es muss wieder mal sein

Trotz der erfreulichen Feststellung, dass Radeberger endlich aufgegeben hat, den fälschlichen Eindruck zu erwecken, in der Dresdner Semper-Oper würde Pils gebraut, hat sich die Werbebranche wieder einmal einen Rüffel verdient, was bei mir leicht zu einem unkontrollierten Rundumschlag ausarten könnte.

Nehmen wir zum Beispiel die Pillen, die Sie nehmen sollten, wenn Ihnen mal wieder nicht der Name des Menschen einfällt, der Sie gerade mit »Hallo« begrüßt hat, worauf Sie leider nur »Hallo, Herr … ?« antworten können. Von mir selbst weiß ich, dass dies im vorgerückten Alter normal ist und zu keinen größeren Sorgen Anlass gibt, wie mir auch die Ärzte versicherten. Diese sprichwörtlich »professorale Vergesslichkeit« aber als »dementielles Syndrom« zu bezeichnen, halte ich schlichtweg für schändlich. Erscheinen einem doch bei dem Anklang »Demenz« sofort die schrecklichen Bilder von hilflos und unter fürchterlichen Umständen dahinsiechenden, wirklich an Alzheimer oder Demenz leidenden Menschen. Man bekommt schlichtweg Angst, und genau das haben die Macher dieses Spots beabsichtigt. Vielleicht halten sie das für superkreativ und klopfen sich gegenseitig auf die Schulter. Für mich bleibt das aber nur unredlich.

Geradezu überwältigend ehrlich dagegen sind jene Worte, die immer einer sagt, nachdem er sich von seiner Bank offensichtlich überragend gut beraten fühlt: »Das ist doch nicht normal für 'ne Bank.« Da ist die Wahrheit endlich mal gelassen ausgesprochen worden, denn dieser Slogan trifft den Nagel auf den Kopf, nur das, was dahinter steckt, ist dummdreist gelogen. Das erste Unternehmensziel jeder Bank ist schließlich der Gewinn, und dazu braucht man auch Ihr gutes Geld.

Noch unverschämter ist die Botschaft des Haupt-Mitbewerbers um Ihre Knete. Er hat sich »Leistung aus Leidenschaft« auf die Fahnen geschrieben, was selbst seriöse Leute, die für dieses Institut arbeiten, für stark übertrieben halten müssten. Besser hieße es für mich »Leidenschaft für Profit«. Was dann auch zum Vorstandssprecher dieses Ladens mit seinem unsäglichen, schon mehrfach kolportieren Lebensmotto gut passen würde: »Ein Trottel, der mit 30 nicht die erste Million in der Tasche hat.«

Welch zynische Verachtung spricht daraus für die »Trottel«, die dies trotz härtester Maloche vor Hochöfen, an Walzstraßen und Fließbändern nicht einmal ansatzweise in ihrem ganzen Leben schaffen können.

Dreist finde ich auch die Fernsehwerbung eines großen Versicherungs-Unternehmens, allerdings nicht des Inhalts wegen. Es ist vielmehr die Länge dieses Spots, der sage und schreibe fast 2,5 Minuten dauert, was umgerechnet 150 Sekunden entspricht, die mich ärgert. Und wer weiß, was schon 15 Sekunden bei den Sendeanstalten kosten, und dabei ist die aufwendige und perfekt gemachte Produktion noch gar nicht berücksichtigt, weiß auch, dass die Ausstrahlung ein Schweinegeld kostet, mindestens. Fällt der Film einem erst auf, weil er überhaupt nicht mehr aufzuhören scheint, findet man ihn beim zweiten Mal fast schon langweilig, und dann, beim dritten Mal, nun nicht mehr überrascht, aber immer noch gelangweilt und in höchstem Maße verärgert, wird einem schlagartig bewusst, dass man dieses nicht enden wollende Werk mit seinen Beiträgen mitfinanziert hat. Und die sind bei mir, wie zum Beweis, genau von dieser Versicherung in den letzten Jahren gewaltig erhöht worden, eine bodenlose Unverschämtheit, finde ich!

Stellen Sie sich jetzt bitte vor, Sie kommen nach einer Reifenpanne in Ihre Werkstatt, der Mechaniker inspiziert den defekten Reifen und stellt betrübt (aber heimlich hoch erfreut über ein neues Geschäft) fest: »Tut mir leid, aber das Ding ist bis auf die Sparkasse 'runter und ist hinüber!«

Natürlich halten Sie den guten Mann für einfältig, wenn nicht gar für grenzenlos dämlich. Sie sagen dann, dass dies irgendwie ähnlich klinge, aber bestimmt nicht Sparkasse hieße, weil die ja noch stünde, womit Sie garantiert richtig liegen. Schon mit diesem minimalen Wissen aber können Sie bei einem Reifenhersteller viele tolle Dinge gewinnen, denn der stellt in seiner Fernsehwerbung Sparkasse und Karkasse nach der Frage und dem bewährten System der »Multiple Choice« zur Wahl, wie denn nun der »tragende Unterbau eines Reifens« hieße. (Ein schöner Begriff ist auch »Barkasse«, aber der könnte möglicherweise auch Intelligenteren Probleme bereiten.)

Wollen Sie wirklich für blöd gehalten werden?! Also runter mit den Reifen, sofern sie solche fahren, und neue drauf! Aber bitte nicht vor dem nächsten Winter, wenn sie sowieso auf eine entsprechende Bereifung umsteigen wollen, denn den gibt es bei uns in Zukunft nicht mehr.

Zum Schluss noch die ganz schwierige Frage:

Habe ich a) Recht oder b) gerade einen Schnupfen?

Eine schier unglaublich aufmerksamkeitsstarke Botschaft vermittelt der Spot »Berliner Pilsener, Made in Berlin«. Sehr alleinstellend ist sie aber nicht, denn man könnte sie leicht kopieren, aber darauf kommt keiner, zum Beispiel »Dortmunder Union, Made in Dortmund«, oder »Flensburger (plopp), Made in Flensburg«. Bei Bieren aus Krombach, Warstein, München etc. ginge das auch prima. Selbst die stets wiederkehrende Frage des Ex-Werbepapstes Scholz, der angeblich immer nur Freunde um sich scharte, nach dem »What's in for me?« wäre beantwortet: Bier eben.

Mit dem »Made in« habe ich allerdings einige Probleme, sind doch weder Engländer noch Amerikaner als Bierbrauer sonderlich bekannt, denn »Guiness« is not only good for you, but Irish, und das amerikanisch »Bud« (Budweiser) ist von den Tschechen geklaut.

Es dürfte in Deutschland keine Menschen mehr geben, die blass sind, unter den Armen übel riechen, die Hautfalten haben oder Cellulitis, Hornhaut unter den Füßen (sehr schön hier Allgäuer Kiefer für die Latschen oder so ähnlich), die an trockener Haut, schweren Beinen, eingemauerten Gelenken, Blasenschwäche und Erektions-Störungen leiden, und deshalb sogar Kontaktschwierigkeiten beklagen. Es dürfte sie wirklich nicht geben, so inflationär wird für die entsprechenden Gegenmittel im Fernsehen geworben. Und warum gibt es sie dann dennoch?

Entweder sind alle Versprechungen übertrieben und/oder gelogen, oder die Menschen glauben sie nicht, da nach den erfreulichsten Verheißungen immer diese üblen »Risiken und Nebenwirkungen« eingeblendet und vorgetragen werden. (Da lobe ich mir meinen Baldrian, bei dem solche nicht bekannt sind.)

Autos, die nicht so geräumig wie ein bestimmter Nissan sind, explodieren, wenn man sie zu voll lädt, ein Mensch mit holländischem Akzent behauptet, seine sich wohl bei Bergen aan Zee am Strand bewegenden Riesenkraken ähnliche Konstruktionen würden den Fortschritt bei BMW voranbringen, und jene Autos, die eifersüchtig und aggressiv jenen französischen Kleinwagen durch Städte jagen und attackieren, landen regelmäßig als Schrott auf dem Abschleppwagen. Dazu fragt der Sprecher, auf den Sieger bezogen, dann: »Woher nimmt der diese Kraft?« Ja, das wüsste ich auch gern.

(Wird fortgesetzt. Dafür werden meine Ex-Kollegen schon sorgen.)

## »Die Suppe« – Drama in einem Akt

Vorausschicken muss ich eine tief schürfende Erkenntnis von Schopenhauer, der gesagt haben soll, dass »Frauen ein von Gott gewollter, natürlicher Feind des Menschen« seien. Ohne näher darauf eingehen zu wollen, was darin alles an weit reichender Verachtung mitschwebt, muss sie als vorbereitende Einleitung der folgenden Geschichte mit meiner Frau und mir als Hauptdarsteller dienen, um vorsichtig anzudeuten, dass der Philosoph wohl nicht ganz Unrecht hatte.

Es geschah, dass wir ein mit uns sehr eng befreundetes Ehepaar zu einem gemütlichen Abend bei uns eingeladen hatten. »Wir setzen uns dann in die Kellerbar und essen eine Kleinigkeit«, sagte ich flockig-locker am Telefon, worüber sich unsere Freunde freuten.

Kaum hatte ich aufgelegt, da entwickelte sich bei meiner Frau die angekündigte Kleinigkeit zu immer Größerem. Eine ganz besondere Suppe wurde erwähnt, deren Rezept ihr die Frau meines besten Freundes mal geschickt hatte. »Wo ist bloß dieses blöde Rezept?«, ging es weiter.

Nach etwa einer Stunde Durchblätterns hunderter Rezepte aus »Essen & Trinken«, über die der Oma bis hin zu Kerner und Mälzer hieß es: »Mist, das Rezept ist weg!« »Macht doch nichts, Schatz«, versuchte ich sie aufzumuntern. »Ruf Anne doch einfach an und bitte sie, dir das Ding zu faxen oder zu mailen.« Das lehnte sie aber strikt ab. Dann mache sie eben eine andere Suppe, hieß es trotzig.

Nach neuerlicher Durchsicht der gesammelten Rezepte wurde dann tatsächlich eine auf dem Photo für uns beide verheißungsvoll aussehende Alternative gefunden. Da aber meinte meine Frau, sie bekäme die Suppe mit dem unauffindbaren Rezept auch aus dem Kopf hin. Wieder sagte ich: »Na, das ist doch auch prima«, in der Hoffnung, dass jetzt nicht noch ein dritter Wahlgang folgen würde.

Dies war glücklicherweise nicht der Fall, ein Rückfall wurde es dennoch, denn jetzt kündigte sie an, doch die Freundin anzurufen, wobei wir am Ende dieser Geschichte wieder an deren Anfang angekommen wären. Ist das noch normal?

Nachzutragen bleibt, dass auch sechs Stunden nach dem oben Geschilderten noch kein Anruf erfolgt war, der Besuch unserer Freunde aber schon in 48 Stunden anstand. Und wie ich meine Frau kenne, wird sie dafür etwas vorbereiten, wozu sie überhaupt kein Rezept braucht.

Aber schon wieder liege ich falsch, schau ich doch nach der Speicherung dieser meiner kritischen Anmerkungen vorsichtshalber im E-Mail-Programm nach. Und was finde ich da? »Liebe Karin, hier das gewünschte Rezept für die Suppe.« Für meine Frau ist das normal.


## TRAUMBERUF: LEICHE


Ist Ihnen auch schon aufgefallen, dass in unseren Fernsehprogrammen immer mehr Serien laufen, in denen zumeist sehr gut aussehende, vornehmlich weibliche Pathologen mit den modernsten Instrumenten und Methoden am »Corpus Delicti« herauszufinden versuchen, was denn nun genau für das bedauerliche Hinscheiden des Mordopfers verantwortlich war?

Da gibt es in Boston die hübsche »Pathologin mit Profil«, die sich in »Crossing Jordan« immer wieder auch durch ihre spitze Zunge und ein hohes Maß an Scharfsinnigkeit auszeichnen darf. Oder die »Crime Scene Investigation«, kurz CSI, die zur Zeit in New York, Miami und Las Vegas ihr Wesen treibt. Dieses Konzept ist, weil unbegrenzt serienfähig, einfach genial: Gibt es doch in den USA noch viele andere Städte mit großem Gewaltpotential, zum Beispiel Chicago, Baltimore, Dallas, Houston, Milwaukee, San Francisco, Los Angeles und, schon wegen der Anhäufung von Politikern, Washington.

New Orleans muss hinzugefügt werden, wo die Administration den Wiederaufbau der bei der Katastrophe 2005 zerstörten schwarzen Viertel immer weiter hinauszögert, in der Hoffnung, die obdachlosen

Farbigen könnten irgendwann die Lust verlieren, in ihre Straße zurückzukehren. Man könnte das Aussiedlung durch die kalte Küche nennen. Ja, unsere amerikanischen Freunde mit ihrer doppelten Moral! So etwas muss doch jede Menge krimineller Energien freisetzen!

Jedenfalls wird in den bereits ins Programm aufgenommenen CSI-Städten auf den Seziertischen der Rechtsmediziner sozusagen serienmäßig obduziert, nach Herzenslust herumgeschnippelt, gesägt und gebohrt, und das oft auch noch unter verschärftem Einsatz des Teleobjektivs, super-close-up gewissermaßen. (Sehr schick finde ich auch die Sequenzen, in denen das Eindringen von Projektilen und Stichwaffen in den geschundenen Körper digital auf dem Tricktisch in Zeitlupe rekonstruiert wird.)

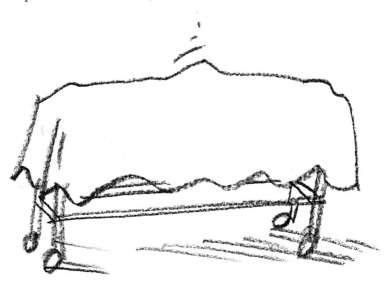

Fazit dieser Entwicklung: Es werden immer mehr Leichen gebraucht, beziehungsweise fälschlicherweise »Kleindarsteller« genannte Menschen, die sich gut und lange tot stellen können.

Diese Tätigkeit oder, genauer, Untätigkeit muss für viele verlockend sein, denn die Gage fürs Nichtstun ist doch leicht verdientes

Geld. Man muss sich schließlich nur bleich schminken, mit »Heintz Tomato Ketchup« einpinseln und sich Schnittwunden, Einstiche, Löcher und Nähte aufmalen lassen. Die herausragende schauspielerische Leistung besteht dann darin, still zu liegen und nichts zu bewegen.

Die Einführung eines »Oscar« für das Charakterfach »Leiche« halte ich dennoch für längst überfällig, warum, das erfahren Sie zu guter Letzt. (Die so Ausgezeichneten könnten sich dann auf ihre Set- und Visitenkarte unter Namen und Berufsbezeichnung zum Beispiel noch »dreimal Oscar-nominiert« drucken lassen.)

Da wir Deutschen den Amis bekanntlich alles nachmachen, wird die Begabung, Leiche zu sein, auch für heimische Produktionen verstärkt gefordert werden. Ich habe mir bereits überlegt, ob ich nicht meine alten Verbindungen zur Werbeszene, und damit auch zu den Filmstudios, spielen lassen soll und mich demnächst auch einmal vor der Kamera unter die Werkzeuge einer attraktiven Pathologin lege. Gerade in Altenheimen soll doch oft der Teufel los sein, wo gerade 70-Jährige heimtückisch und hinterlistig morden und/oder gemeuchelt werden.

Ich müsste keine langen, komplizierten Texte auswendig lernen, Ausstrahlung und Mimik sind auch nicht groß gefragt. Warum also nicht! Meine einzige Sorge ist, und damit sind wir bei der Notwendigkeit, auch in diesem Genre »Oscars« zu verleihen, dass, wenn sich, wie im amerikanischen Vorbild, die vollbusige und selbstverständlich tief dekolletierte Pathologin à la Jill Hennessy aus »Crossing Jordan« über mich beugt und ich, da ich weiß, dass die Kamera in diesem Augenblick nicht auf mich, sondern ihren Ausschnitt gerichtet ist, kurz mal blinzele, sich bei mir dann doch etwas bewegt und ich den Take geschmissen hätte. Dies zu verhindern, ist für mich die wahre Glanzleistung, die eine Auszeichnung verdient.

(Genau dieses Risikos wegen und aus Gründen der Sparsamkeit, denn jede neu gedrehte Szene kostet ja Geld, werden wohl diese Stellen, auch in den USA mit Laken und Tüchern großzügig und weiträumig abgedeckt.) So gesehen ließe dies aber meine Chancen auf schöne Aussichten wieder wachsen.

## Deutsche Sprache schwere Sprache

Ich weiß nicht, ob es die sicher nicht von der Umwelt verursachten schädlichen Einflüsse der Eifel waren, in der meine Frau ihre Jugend verbrachte, die sie manchmal zu seltsamen Begriffen und Formulierungen greifen lässt. Glücklicherweise hat sie den französischen Satzbau, den ihre Mutter pflegte, nie adaptiert. Bei dem wird bekanntlich das Hilfsverb vor das Hauptverb gestellt, was dann zu so fremd klingenden Sätzen führt wie:»Ich habe lange müssen laufen.« Verunstaltungen wie diese können nicht aus der Zeit nach dem II. Weltkrieg stammen, als Rheinland-Pfalz von den Franzosen besetzt war, sie müssen deutlich älter sein. Wahrscheinlich haben sie ihre Wurzeln im 1806 unter Napoleon Bonapartes Protektorat gegründeten »Rheinbund«, zu dem auch die Gegend um Trier und Köln gehörte.

Neuerdings erschreckt mich meine Frau oft mit dem Wörtchen »gern«. Habe ich es ihr noch durchgehen lassen, dass bestimmte Pflanzen in unserem Garten gern Blattläuse haben, weil mich das nicht wirklich interessiert, so wurde meine Schmerzgrenze aber deutlich überschritten, als sie gestern meinte, es wäre normal, dass unser 14 Tage alter Enkel dauernd schreit, denn, so fuhr sie fort, Kinder, besonders Jungs, hätten in den ersten drei Monaten gern schmerzhafte Blähungen. Das veranlasste mich zu der Frage, warum sie denn brüllen würden, wenn sie so etwas wie Luft im Bauch gern hätten.

Das konnte sie mir nicht beantworten. Mein Vorschlag, in diesem Sinnzusammenhang in Zukunft doch besser den Begriff »häufig« zu verwenden, wurde aber akzeptiert. Nun bin ich gespannt, wann sie sich für diese Belehrung rächt und, wenn sie mir beim nächsten Mal ihre große Zuneigung beweisen will, mir, mich anhimmelnd, gesteht: »Ich habe dich wirklich häufig.« Und das ist ausnahmsweise absolut korrekt.

## Serviced in Germany

Vom »Made in …« soll hier gar nicht mehr die Rede sein, denn seitdem selbst der Stern auf der Motorhaube auf der Straße Schwächen zeigt, genießt dieser Begriff wohl nur noch bei den Japanern hohes Ansehen, die nach wie vor alles kaufen, was aus Solingen kommt und scharf ist.

Zu dieser Geschichte hat mich das »Abenteuer« eines guten Freundes animiert, der seine untere Etage streichen lassen und die Woche, die dafür angesetzt war, auf Borkum verbringen wollte.

Der Mann seines Vertrauens war ein so genannter Alleskönner, den unser Freund schon lange als guten, verlässlichen Handwerker kennt und schätzt. Dieser bekam also den Schlüssel fürs Haus, dazu die freundliche Einladung, sich abends, nach getaner Arbeit, durchaus mal einen Schluck aus dem Fläschchen Wein zu gönnen, das mein Freund extra für ihn bereitgestellt hatte. Warum auch immer, zusätzlich überantwortete er einen weiteren Schlüssel einem freundlichen Nachbarn, der sich angeboten hatte, alle zwei Tage nach dem Rechten zu sehen.

Was den Nachbarn nach der ersten ausgemachten Frist stutzig machte, war, dass in dieser Zeit die Rollläden bei meinem Freund nicht einmal hochgegangen waren. Also ging er hinüber, um nachzusehen. Und was fand er? Einen sturzbetrunkenen, ohnmächtig in seinem Erbrochenen auf dem teuren Sofa liegenden Maler, der in den vergangenen beiden Tagen nicht über das Abkleben hinausgekommen war. Hingegen hatte er es geschafft, außer der für ihn bestimmten Flasche einen uralten französischen Roten, den mein Freund zum Geburtstag geschenkt bekommen hatte, und ein Sechser-Kistchen eines kaum preiswerteren Mersault zu verkümmeln.

Der Vollständigkeit halber sei erwähnt, dass auch der Teppichboden irreparabel ramponiert war und der Mann, sozusagen zur Strafe, die folgende Woche mit einer schweren Alkoholvergiftung im Krankenhaus verbringen musste. So weit, so schlecht!

Bei solchen Schauergeschichten fallen einem natürlich sofort die eigenen schlechten Erfahrungen ein, von denen ich meinem Freund zum Trost erzählte. Zum Beispiel diese: Seit einigen Tagen zeigt unser 20 Jahre (!) alter Kühlschrank Ermüdungserscheinungen. So vereist er nach der Enteisung sofort wieder, was auf ein Loch in der Rückwand hindeute, wie es die freundliche Servicedame bei einem der größten deutschen Hausgeräteherstseller am Telefon ausdrückte. Nein, ein Nachfolgegerät, das identische Abmessungen hat und in die vorhandene Konstruktion passt, gäbe es leider nicht. Die lokale Küchenfirma allerdings, bei der sich meine Frau diese niederschmetternde Auskunft bestätigen lassen wollte, fand sofort drei geeignete Geräte, genau von jenem Unternehmen, dessen Repräsentantin dies eine halbe Stunde vorher verneint hatte. (Aber die Küchenfirma ist seit Generationen in privater Hand, das ist der feine Unterschied!)

Ich habe meinem Freund bei dieser Gelegenheit auch geschildert, welche Einteilung in Güteklassen ich für deutsche Handwerker vorgenommen habe. (Mit den Usancen der Polen bin ich noch nicht so vertraut. Aber man hört durchweg nur Gutes.)

Die von mir besonders gefürchteten Handwerker stufe ich in zwei Kategorien ein. Da sind einmal die, mit denen man schon lange vorher einen festen Termin vereinbart hat, die dann kurz vor dem erwarteten Erscheinen anrufen, um mitzuteilen, sie kämen circa drei Stunden später, weil sie im Stau stünden und/oder ein bestimmtes Werkzeug vergessen hätten. Dieses »circa« ist schon Unheil verkündend genug, denn aus den drei Stunden können, wie uns die Erfahrung gelehrt hat, locker auch drei Tage werden. Auch das Wetter muss oft als Ausrede dienen, weil zum Beispiel bei Regen Fugen nicht mit Silikon gefüllt werden können. Dabei lernt man dann gleich auch das Phänomen von unglaublichen Wetterscheiden kennen. So kann es sein, dass bei uns die Sonne vom blauen Himmel lacht, während es drei Kilometer weiter südlich, von wo aus wir angerufen wurden, wie aus Kübeln schüttet.

Noch schlimmer sind jene, die man, ist Hilfe vonnöten, sofort auf ihrem Handy erreicht, obwohl sie einem später versichern, sie würden nie während der Arbeit telefonieren, die verlorene Zeit ginge doch schließlich zu Lasten des Kunden.

Eine Steigerung des Service' besteht darin, noch einmal mit der

Botschaft anzurufen, man käme »morgen Nachmittag« oder spätestens »übermorgen früh, eher wohl übermorgen früh.« Den Gipfel an Zuvorkommenheit bildet dann das dritte Gespräch, in dem versichert wird, es bliebe nun definitiv bei übermorgen früh.

Sie können sich bestimmt schon denken, was jetzt kommt, beziehungsweise übermorgen früh nicht kam – der Handwerker.

Es gibt aber auch welche, die pünktlich sind, die mauern, streichen, installieren, zimmern, Rohre verlegen und Dächer decken etc, ohne dabei zu saufen. Dies muss zur Ehrenrettung ihrer Innungen einfach einmal gesagt werden.

Sollten Sie solche kennen, wäre ich sehr dankbar für die Weitergabe von Namen und Adresse.

### BETR.: LIEBESERKLÄRUNG AN EINEN »MILLER-CHAIR«

Mein lieber Stuhl,
man hat mir dich, du wunderbares altes Stück, zum Abschied aus unserer Agentur und zur Erinnerung an viele Jahre Standhaftigkeit geschenkt. Für diese liebevolle Geste bin ich meinen Freunden von Herzen dankbar.

Du bist nicht der erste Stuhl, in dem ich nach der Verselbstständigung 1970 gesessen habe. Von dem existiert nur noch ein kleines abgewetztes Teil der rechten, hölzernen Armlehne, das ich bis zum Tag meines Abschieds heimlich in einer Schublade meines Schreibtisches aufbewahrt habe, als Mahnung, stets hübsch bescheiden zu bleiben, was in unserem scheinbar schillernden Gewerbe ja sonst eher selten ist.

Der erste war, ehrlich gesagt, auch nicht wirklich toll, denn er stammte aus dem Altmöbelkeller des Hausmeisters meines vorherigen Arbeitgebers und war nicht nur hässlich, sondern auch schon ziemlich ramponiert. Aber mehr konnten wir beiden Firmengründer uns damals nicht leisten. Irgendwie ist diese Geschichte einem dieser geschwätzigen, meistens schlecht informierten Werbe-Nachrichtendienste zu Ohren gekommen, worauf dieser hämisch formulierte: »S & E handeln jetzt mit gebrauchten Möbeln.«

Das war für mich eine willkommene Steilvorlage, denn in meiner Gegendarstellung brauchte ich nur das Wörtchen »mit« durch »an« zu ersetzen. Und das ist ja nicht unehrenhaft.

Dann kamst du Prachtstück und hast mich rund 42.000 Stunden bequem beherbergt. Du warst dabei, als ein Branchen-Insider anonym anrief und mir geheimnisvoll mitteilte, der Werbeleiter eines großen Münchner Automobilunternehmens selektiere in Düsseldorf Werbeagenturen für eine Wettbewerbs-Präsentation. Als wir die gewonnen hatten, musste ich mich erst einmal glückselig auf dich setzen. In dich bin ich hineingefallen, als mir 13 Jahre später das Kündigungsschreiben des ignoranten Vorturners dieses Werbeleiters auf den Tisch flatterte. Du hast Abmahnungen und Kündigungen ertragen müssen, aber auch Vertragsunterschriften, Gehaltserhöhungen und Belobigungen mit mir genossen. Und du hast unter mir viele beeindruckende, faszinierende und witzige Menschen kennen lernen dürfen. (Die Idioten möchte ich, hoffentlich mit deinem Einverständnis, in diesem friedlichen Rückblick gern unterschlagen.)

Ich nehme dich gerührt und demutsvoll mit. Glaub mir, die Eitelkeit anzunehmen, auf dir könne nie wieder einer wie ich hocken, spielt dabei keine Rolle, ehrlich! Es ist schlichtweg reiner Egoismus, weil ich nie besser als in dir gesessen habe, manchmal auch verzweifelt, weil mir trotz bester Vorsätze und deines überragenden multi-funktionellen Komforts nichts mehr einfiel. Und außerdem heißt es auch so richtig: »Never change a winning team.«

Du warst ein wirklich guter Kumpel, was vor allem an deinen revolutionären konstruktiven Eigenschaften liegt, die fast etwas Menschliches haben. Man kann mit dir herauf- und herunterfahren, bei Letzterem stößt du ein sanftes »pfet« aus, womit du mir wohl signalisieren willst, ich solle mir nichts daraus machen, wenn es mit mir mal abwärts ginge. Diese Vermutung ist aber doch eher eine Einbildung und hat was mit deinem Öldruck-Dämpfer zu tun, was aber total unromantisch klingt.

Beide Richtungen, das »up« wie das »down«, sind gleichermaßen hilfreich. Wer sich zu groß und mächtig fühlt, den stutzt du nach einem Handgriff auf Normalmaß zurück. Aber wenn man wegen des ständig auf einem lastenden Drucks immer kleiner und verzagter zum Häuflein Elend zusammengeschrumpft ist, geht es mit dir auch wieder mühelos aufwärts. Man kann dich drehen und kippen. Das Drehen als tägliche Trainingseinheit hat mir immer geholfen, nach Siegen oder Niederlagen nie schwindelig zu werden und selbst in kritischsten Lagen die Orientierung zu behalten.

Und, wie schon gesagt, deine Stoßdämpfung hat die kinetische Energie selbst härtester Schläge aufs Haupt locker verbrannt. (Hatte ich Kopfschmerzen, waren sie Folge des Vorabends im »Paul's«.)

Dein edles schwarzes Leder war natürlich einst viel ansehnlicher. Heute ist es abgenutzt, runzelig und fast schon grau, was man erneut als freundschaftlichen Hinweis in Richtung »Junge, mach dir nichts vor, auch du bist verdammt alt geworden« deuten könnte. Ich finde diese barmherzige Form, stumm die Wahrheit zu sagen, einfach sympathisch, danke!

Man kann dich selbstverständlich auch rollen. Mich hast du aber nie überrollt, wie auch ich immer versucht habe, dies auch keinem anderen anzutun. Zugegeben, ganz ohne Anecken ging es manchmal dann doch nicht.

Dass deine vormals chromblitzenden Beine sehr stabil sind, hat wahrscheinlich jeden Versuch, daran herumzusägen, von vornherein als aussichtslos erscheinen lassen.

Ursprünglich hattest du nur vier, womit ich schon zufrieden war. Dann wurdest du mir eines Tages entführt, nur vier seien wegen der Gefahr, damit umzukippen, vom TÜV nicht mehr genehmigt, hieß es. So ein Blödsinn, als wäre das Umkippen eine Frage der Technik und nicht des Charakters!

Mindestens 20 interne Umzüge hast du in den 30 Jahren klaglos mitgemacht. Der jetzt, zu mir nach Hause, soll dein letzter sein, das verspreche ich. Schließlich weißt auch du, dass für jeden, ob Mensch oder Möbel, der Tag kommt, an dem man erkennen sollte, dass es Zeit ist, Platz zu machen – für die noch fortschrittlicheren Stühle der jüngeren, ehrgeizigen und aufstrebenden Leute.

Wenn du nichts dagegen hast, möchte ich jetzt endlich mit dem »Darankleben« und dem »Aussitzen von Problemen« beginnen, aber weitestgehend unbeobachtet in meinem häuslichen Arbeitszimmer, wo soeben auch diese Zeilen entspannt geschrieben wurden.

Also, es geht doch noch. Prost, alter Junge, auf uns!

## Einmal und nie wieder

Sie kennen vielleicht den Witz, in dem ein Mann auf die Frage, ob er dieses oder jenes schon einmal gemacht habe, immer mit diesem stereotypen Satz antwortete, worauf sein Gegenüber konstatiert: »Dann haben Sie sicher auch nur ein Kind!«

Diesem Vorsatz bin auch ich seit mehr als 35 Jahren treu geblieben und meine damit meine zweite Hochzeit (die erste Ehe gilt wegen ihrer Kürze nicht!), die seitdem die letzte geblieben ist und auch bleiben wird. Mit Wehmut erinnere ich mich daran, wie ergreifend schlicht, einfach und trotzdem romantisch alles war, damals am Freitag, dem

13. Februar 1970. Die Wege zum Standesamt, zur Kirche und zur kleinen Feier danach waren verschneit, es war zudem bitter kalt, mein Outfit geliehen. Mehr war auch nicht drin, denn ich hatte zwei Monate zuvor mit meinem Partner unsere Agentur gegründet, und wir befanden uns gerade in der Durststrecke der ersten Monate, in denen man zwar jede Menge Kosten zu tragen hat, aber noch keine Rechnungen schreiben kann.

So waren die beiden Gründerväter übereingekommen, sich nur das absolute Existenzminimum zuzugestehen, was auch schon den Ansatz einer Märchenhochzeit ausschloss. Das Hauptmotiv für meine Verweigerung eines dritten Versuchs war, ist und bleibt aber natürlich meine einzigartige Frau.

Seit kurzem gibt es jedoch einen weiteren Grund für den Verzicht auf weitere eigene Hochzeitsfeierlichkeiten, nämlich unseren Sohn, der in den Ehestand getreten ist. Obwohl nur am Rande beteiligt, hat mich der ganze Hokuspokus »drumherum« erschreckt, damit sind weniger die Formalitäten gemeint als das ganze Theater des Findens des geeigneten Ortes zum Feiern.

Ich selbst wäre am liebsten zum »Schuhmacher« gegangen, oder ins »Ürige«, aber das ging natürlich nicht. Während wir seinerzeit in einem schlichten Restaurant ein dreigängiges Menü geordert hatten, muss es heute ein Caterer in einer ehemaligen Fabrikhalle sein, mit den Rohren an der Wand, aber mit bis an den Boden weiß behussten Stühlen und Tischen, auf denen siebenarmige, silberne, ein Meter hohe Kandelaber stehen.

Da man aber dem Caterer nicht über den Weg traut, glaubt man, alles selbst in die Hand nehmen zu müssen, was Arbeit über Arbeit verursacht, angefangen bei der Dekoration, über die Lichttechnik, die Speisenfolge, die vermaledeite, immer wieder umzustoßende Sitzordnung (den kannst du doch nicht neben die setzen!), den Photographen und den DJ, vorher die Suche nach dem passenden Anzug, dem Hemd und der nicht zu »fluffigen« (sagte eine Verkäuferin) Krawatte, was dem Sohn aber der männliche Trauzeuge, der sich eher als Promoter denn als Zeuge verstand, abnahm.

Wo gibt es das denn, dass ein Mensch, der auch viel Arbeit um die

Ohren hat, eine Vorauswahl der Klamotten in den einschlägigen Düsseldorfer Shops vornimmt?

Und dann geht es weiter: Wer holt den Brautstrauß ab, wer die Braut vom Visagisten, wer bringt zum Standesamt Schampus und Gläser mit, wer Konfetti (Reis ist wegen seiner Anziehungskraft auf Ratten nicht mehr gestattet, wenngleich ich glaube, dass dies eher eine Arbeitsbeschaffungsmaßnahme ist, weil Konfetti von einem nassen Bürgersteig wegzukehren viel mühsamer ist und länger dauert als Reis), wer besorgt die Säge und den Bock, auf dem die Neuvermählten nach der Zeremonie einen Baumstamm zweiteilen müssen? Ja, das sind Sorgen, die wir früher nicht hatten.

Auch ein großes Problem macht die Wahl des Hochzeitstanzes, der natürlich nicht im Drei-Vierteltakt erklingt, es ist auch die Festlegung auf die Musik, die nach dem Solotanz »wie die Post abgehen« muss, damit die Gäste wissen, dass sie jetzt an der Reihe sind, was wiederum einem bestimmten Ritual unterliegt, denn zuerst fordert die Braut ihren Vater auf, weil es den nicht mehr gibt, mich als Schwiegervater, der Bräutigam seine Mutter, dann beide die Trauzeugen und dann … meine Hoffnung, mich als Tanzmuffel erst ganz zum Schluss oder gar nicht in den Reigen einzureihen, konnte sich so nicht erfüllen.

Als Freund des Swings hatte ich ahnungslos vorgeschlagen, doch Frank Sinatras »New York, New York« zu bemühen, worauf der Sohn mich mitleidig fragte, ob ich nicht wüsste, dass man diesen fetzigen Song heutzutage zum Kehraus spielen würde. Wusste ich natürlich nicht und hielt mich dann aus der Sache völlig heraus, nachdem ich lernen musste, dass auch Nat King Coles »When I fall in Love« für den Hochzeitstanz viel zu altmodisch sei. Gut, Diana Kralls »Just the way you are« fand ich dann doch gut, wenigstens etwas.

Dann musste ich als Braut-Vater-Ersatz auch noch eine launige Rede halten, in die ich den hämischen Gedanken einbauen wollte, es wäre alles so gut vorbereitet und organisiert, als würde man in diesen, unseren Zeiten, nur einmal heiraten. Dagegen hatte aber meine Frau etwas. Also strich ich ihn im Manuskript und sagte ihn dann doch, was mir sogar einen Zwischenapplaus eintrug.

Aber damit ist ja immer noch nicht Schluss, gibt es doch enge

Angehörige, die um den Schlüssel zur Wohnung des jungen Paares bitten, um dort während dessen Abwesenheit verheerende Veränderungen vorzunehmen, die vom langen Tag und dem vorläufig letzten Kraftaktes des Mannes, die Braut über die Schwelle geschleppt zu haben, Ermüdeten dann auch noch daran hindern, sofort zum Wesentlichen zu kommen.

Im günstigsten Fall ist das Schlafzimmer voll von mit Konfetti gefüllten Luftballons, Kerzen stehen von der Eingangstür bis zum Bett, an dessen Seite eine Flasche Champagner und zwei Gläser warten. Ich habe aber schon von weitaus schlimmeren Exzessen gehört, bei denen man die Beine des Bettes abgesägt oder auf Tennisbälle gestellt, das Wasser aus dem Wasserbett abgelassen und den Flur damit überflutet und die Badewanne mit Wackelpudding gefüllt hatte.

Beim Sohn muss es weitaus gesitteter zugegangen sein, denn er verabschiedete sich mit seiner Frau am nächsten Vormittag völlig ungestresst in die Flitterwochen, nicht aber ohne vorher noch festgestellt zu haben, dass er, sollte er noch einmal heiraten, statt 60 Leute nur sechs einladen, diese dann in einen Flieger nach Johannesburg packen und in einer ganz kleinen, an der von Durban nach Johannesburg führenden Autobahn liegenden Kapelle, in die mit Pfarrer nur acht Leute passen, heiraten würde, um danach auf einer Ranch ein zünftiges Barbecue mit viel Castle Beer zu feiern. Das wäre auch billiger, meinte er dann noch, und auch damit hatte er Recht.

Als unsere beiden die Tür hinter sich geschlossen hatten, musste ich meine Frau in den Arm nehmen und ihr ins Ohr flüstern: War es damals nicht unvergesslich schön? Die Antwort können Sie sich denken.

# Unser Sohn wird Mutter

Natürlich ist mir klar, dass dies anatomisch, biologisch und technisch nicht möglich ist, mental aber wohl, so ist jedenfalls sein Verhalten, seit er weiß, dass seine Frau schwanger ist. Denn wie bei seiner Frau nahm auch seine Taille an Umfang zu. Glücklicherweise aber kam er selbst darauf, dass dies ausschließlich dem Verzicht auf Zigaretten 18 Monate vor der Kiellegung zuzuschreiben ist.

Wie schon geschildert, alles ist heute anders geworden. Sind wir seinerzeit bis zum Einsetzen der Wehen ins Büro rackern gegangen, gibt es heute Vaterschaftsurlaub, ist es üblich geworden, Zeuge der Geburt zu sein, lernen Männer, Windeln zu wechseln, begleiten ihre Frauen zu Atemübungen nach dem legendären Dr. Grantly Read oder neueren gynäkologischen Koryphäen, lernen das Pressen, gehen mit ins Baby-Geschäft, um die bessere Hälfte bei der Auswahl sich während der Schwangerschaft automatisch dehnender Hosen und Röcke zu beraten und, was ich noch verstehe, bei der Entscheidung für die praktischste Wickelkommode und den attraktivsten und funktionellsten High-Tech-Kinderwagens mitzureden.

Wir haben solchen Männer früher verächtlich zu viele weibliche Gene nachgesagt oder sie schlichtweg als »Tunten« abgetan. Aber wie schon gesagt, das trifft heute nicht mehr zu, und eigentlich ist das auch nicht weiter schlimm, arbeiten doch auch viele Frauen nach der Geburt weiter, womit sich vieles wieder ausgleicht.

Auch sonst hat sich fast alles geändert, worin meine Frau mir zustimmt. So kann ich mich weder an hochauflösende Sonographie-Bilder auf Millionen-Pixel-Großbild-Monitoren noch an eine Fruchtwasser-Untersuchung oder Recherchen zur Verträglichkeit der Blutgruppen erinnern.

Wir sagten damals, vielleicht etwas zu leichtfertig: Wenn datt hängt, hängt datt, ein fast so guter Spruch wie der aus dem Fußball: »Entscheidend iss aufem Platz!«

Auch mit der Namensfindung konnten wir erst sehr spät beginnen, was sich, als es so weit war, angesichts unterschiedlicher Meinungen als schwierig herausstellte.

Unsere Kinder dagegen kennen lange vorher das Geschlecht, so dass sie schon sehr früh vom »Alien« zu »Little X« übergehen konnten und jetzt schon eine Riesenauswahl von möglichen Namen zusammenstellen, nur um auf den gleichen Schwierigkeitsgrad wie wir damals zu kommen.

Wusste ich damals von unserem für uns noch neutralen Kind nur, dass es mit zunehmendem Alter immer rücksichtsloser gegen die Bauchdecke meiner Frau trampelte und »da drinnen« auch sonst jede Menge Rabatz veranstaltete, hat mein Sohn mit eigenen Augen gesehen, dass »Little X« eine Position im Schneidersitz eingenommen hat, oder gerade mal liegt und genüsslich Fruchtwasser schlürft, die Ärmchen dabei vor der Brust gefaltet. Schuld an der überraschenden frühen Hyper-Aktivität könnte wohl ich haben, denn kaum hatte ich von der Schwangerschaft erfahren, empfahl ich unseren beiden, das Baby schon im Mutterleib mit swingendem Jazz wachsen zu lassen, in Richtung Glenn Miller, Benny Goodman, Woody Herman, Artie Shaw und Jimmy Lunceford. (Können Sie, wenn Sie nicht ganz und gar unmusikalisch oder gehörlos sind, bei dieser Musik Hände und Füße still halten?)

Die so vorbereiteten Menschen haben im Übrigen, auch außerhalb der Musik, dann mehr Beat und Verve im Leben, davon bin ich überzeugt.

Uneins sind wir in der Familie noch, ob ein Kaiserschnitt nicht besser für Mutter und Kind sei als eine normale Geburt. Unser Sohn, seine und meine Frau sind der Meinung, dem Kind den qualvollen und stressigen Weg durch die enge Röhre ersparen zu müssen, während ich, unter Hinweis auf mein ausgeglichenes und durchweg fröhliches Temperament eher zur normalen Geburt tendiere, mit der Erklärung, dass trotz möglicher Schwierigkeiten und gewisser, im wahrsten Sinne des Wortes, Engpässe die Adrenalin-Ausschüttung des Babys nach fast selbst erarbeiteter Befreiung zu Glücksgefühlen führt, die es das ganze Leben über begleiten werden und zu einem Erdenbürger machen, der es lebenslang mit dem »don't worry, be happy« hält und schon sein erstes Taschengeld für Benny Goodmans »Carnegie Hall Concert 1938« ausgeben wird.

Warten wir also ab, wofür die Hauptdarsteller sich entscheiden.

Unabhängig davon plagt mich allerdings noch eine Sorge hinsichtlich unseres Sohnes. Habe ich doch in Südafrika von einem weiblichen Jack Russell (Hunderasse) gehört, der, als seine Schwester Junge bekommen hatte, Zitzen entwickelte und die Säugung dieses Nachwuchses simulierte. Soll heißen, dass ich befürchte, unser liebevoller Sohn glaubt möglicherweise, seiner Frau auch das Stillen abnehmen zu können. Darüber werde ich noch einmal mit ihm sprechen müssen.

## TOD DEN ZIGARREN-FRESSERN!

Als verantwortungsbewusster Mensch stelle ich vor diese Geschichte, die ja auch jüngere Menschen lesen könnten, das, was die EG-Gesundheitsminister auf jede Packung mit Tabakwaren drucken lassen, zum Beispiel: »Rauchen macht impotent.« Damit kann mir niemand mehr vorwerfen, ich hätte Schleichwerbung für den Genuss, in diesem Fall besser, den Verzehr von Zigarren gemacht.

Welch ein Schreck durchfuhr mich neulich, als ich nach vierwöchiger Abwesenheit meinen edelhölzernen Humidor öffnete, um diesem eine zum südafrikanischen Rotwein mit dem schönen Namen »Allesverloren« passende Zigarre im Churchill-Format zu entnehmen. Es war wirklich fürchterlich zu sehen, dass fast alle Zigarren Löcher aufwiesen, so, als hätte man auf sie mit feinkörniger Luftgewehr-Munition geschossen oder mit einem filigranen Werkzeug angebohrt. Nachdem ich sie herausgenommen hatte, sah ich auf dem Boden und an den Innenwänden meines Humidors winzig kleine Tierchen krabbeln, deren Beine ich aber selbst durch eine leistungsstarke Lupe nicht zählen konnte.

Also rief ich sofort den netten Menschen an, der mir die guten Stücke verkauft hatte. Was tun, war meine besorgte Frage.

Ja, entgegnete er, es könne schon einmal passieren, dass sich ein bestimmter pfiffiger, aber auch gemeiner und hinterlistiger Käfer im Ursprungsland hinter einem Tabakblatt verstecke und auch den Tod durch Erfrieren überlebe, wenn ein verantwortungsloser Arbeiter in der DomRep (so respektlos bezeichnen Billigtouristen die schöne Dominikanische Republik) oder auf Cuba die zur endgültigen Sterilisierung in Tiefkühlschränken gelagerten Zigarren zu früh herausnähme. Dies könne geschehen, wenn diese Leute ermüdet seien durch das endlose Vorgelesenbekommen von Werken der Weltliteratur wie »Der Graf von Monte Christo« oder »Romeo und Julia«. (Deshalb heißen zwei sehr berühmte kubanische Zigarren auch »Monte Cristo« und »Romeo y Julieta«.)

Und die Seereise danach, zwischen Orangen und Bananen, sei dann für die Käfer das reinste Vergnügen, fügte er noch hinzu. Wie ich diese Viecher denn nun loswürde, hakte ich nach.

Mit Insektiziden dürfe ich weder Zigarren noch Humidor besprühen, fuhr er betrübt fort, im ersteren Fall würde ich mich vergiften, im zweiten den teuren Aufbewahrer für immer unbrauchbar machen, weil das edle Holz den widerlichen Geruch des Giftes gierig aufsöge, nie wieder hergeben und dann auch noch auf die Zigarren übertragen würde, was diese ungenießbar mache.

Da er sich so ernsthaft mit meinen Nöten beschäftigte, verzichtete ich auf die ironisch gemeinte Frage, ob es vielleicht sinnvoll wäre, die Zigarren ganz dicht neben einen der beiden Lautsprecher meiner Stereo-Anlage zu platzieren und über meinen alten Technics-Plattenspieler ein klassisches Flötenkonzert abzuspielen. Diese Idee kam mir in Erinnerung an die indischen Fakire, die ihre Königskobra immer mittels lieblicher Flötentöne aus dem Körbchen locken. Ungeklärt dabei bliebe, ob auch Käfer auf Flötentöne reagieren und ob das mit einer modernen Querflöte überhaupt wirkt, denn die Inder pusten ja immer nur in simple Blockflöten.

Auch das Herauspopeln mit einer spitzen Nadel hielt mein Berater für nicht machbar. Am besten wäre, ich würde die befallenen Zigarren ohne Rücksicht auf meine Bronchien einfach flott nacheinander wegpaffen, schlug er vor, wobei er einräumte, dass ich womöglich nicht so viele Finger hätte, um dabei alle Löcher gleichzeitig abzudecken. Das müsse sein, denn sonst wäre zum einen das Ziehen schweißtreibend, und zum anderen käme der Qualm überall raus, nur nicht da, wo er solle. Mit Blick auf meine Gesundheit nahm ich auch von diesem Vorschlag Abstand.

Letztendlich, schloss er, bliebe mir nichts anderes übrig, als die Zigarren noch einmal für vier Tage in ein Gefrierfach zu packen. Warum nur hat er das nicht gleich gesagt? Sofort stellte ich mir genüsslich vor, wie groß der Schock für die kleinen Biester sein müsste, wenn sie langsam aber sicher von heimatlichen, tropischen 38° über die für sie immer noch angenehmen, dumpf-schwülen Bedingungen in den Feuchträumen des Händlers auf arktische Minusgrade heruntergekühlt würden. Klar war mir, dass bei diesem Verfahren die Löcher bestehen blieben, die Flötengriffe auf den Zigarren zu üben, nahm ich mir deshalb vor.

Der nette Mensch beruhigte mich zum Schluss noch mit den Worten, ich sei dann wenigstens sicher, nur die Überreste von toten Käfern mitzurauchen. Das war dann doch für mich ein versöhnliches Ende des Telefonats.

Anzuhängen bleibt, den Käfern posthum ein Kompliment zu machen: Es müssen wahre Kenner gewesen sein, denn sie haben nur die besten und teuersten Stücke angefräst, die einfacheren haben sie achtlos und deshalb unbeschädigt liegen lassen.

## Ehrenrettung für einen Taubenmann

Für wie unblöd ich Tauben halte, habe ich an anderer Stelle bereits ausführlich dargelegt. Heute geschah etwas, das meinen Glauben an die überragende Intelligenz dieser Spezies erneut bestätigte. Dazu fällt mir sofort der makabre Aphorismus ein, nachdem das Liebesspiel der Tauben sich für dieselben unhörbar vollziehe.

Meine Beobachtung eines Liebesspiels bezieht sich ausschließlich auf die Gefiederten in unserem Garten, die unmittelbar nach dem kalendarischen Beginn des Frühlings ihre Annäherungsversuche aufgenommen hatten. Dabei fiel mir auf, dass diese Viecher, zumindest die Männer, wirklich nicht dumm sein können, wenigstens nicht in der letzten Konsequenz, also anders als im menschlichen Leben.

Da hechelt so ein liebestrunkener Täuberich bei seiner Brautwerbung wie verrückt hinter der Angebeteten her, die aber immer, wenn er näher gekommen ist, weiterläuft. Schafft er es einmal, auf rund 50 cm heranzukommen, verharrt er für drei Sekunden, steckt den Kopf fast in den Sand oder unser Gras und stellt seine Schwanzfedern so steil wie nur möglich in die Höhe, was man, gäbe es keine Verwechslungsgefahr, als »stummen Diener« bezeichnen könnte. Hübsch anzusehen in den Pausen waren auch die eingestreuten Hüpfer, die Pirouetten und das kreisrunde Herumlaufen um die Auserwählte. Diese aber kümmern die devoten Verbeugungen und das sonstige Gehabe des Freiers keinen Dreck, sie setzt ihre Flucht vor dem Wüstling fort und entschwebt nach etwa 20 Minuten provozierend desinteressiert in Nachbars Garten.

Wer jetzt denkt, der geile Täuberich mache denselben verhängnisvollen Fehler, den wir Männer immer begehen, und sei hinterhergeflogen, irrt gewaltig. Als sei auch die Lust weggeflogen, bleibt er, wahrscheinlich innerlich nur mühsam beherrscht, aber auch bedacht, nicht an Respekt durchs Nachfliegen zu verlieren, am Boden hocken und beginnt ganz unaufgeregt, nach Gewürm zu suchen.

Und siehe da, nach 10 Minuten fliegt die Taube, des Lysistrata-Spielens wahrscheinlich überdrüssig, wieder ein und setzt nur 20 cm neben dem scheinbaren Ignoranten auf. Da ich das Aussehen von Tauben nicht einzuschätzen vermag, weiß ich nicht, ob sie den Weg zurück nur deshalb fand, weil sie als besonders hässlichen Exemplar fürchtete, keinen anderen Taubenmann abzubekommen. Ist ja auch egal. Es hat sicher ein Happy End gegeben, wie es sich vollzog, blieb mir aber wegen des dichten Bewuchses unserer Eibe verborgen, in die sich die beiden dezent zurückgezogen hatten.

Was wir davon lernen können, liebe Männer? Seid euch sicher und habt nur etwas Geduld, dann klappt es schon, auch wenn man sich noch Jahre lang die vorwurfsvolle Frage der besseren Hälfte gefallen lassen muss, warum man ihr nicht nachgeflogen sei. Und dann folgt ganz sicher noch die unverhüllte Drohung, sie hätte es sich ja auch anders überlegen können.

## Ein Fortschritt, der mir Angst macht

Was XXL bedeutet, wissen Sie. Aber schon der Zusatz »Tarif« müsste Verwechslungen mit der Größe von T-Shirts, Boxer-Shorts und bestimmen Burgers ausschließen. Richtig ist, dass, wer XXL hat, an bundesweit einheitlichen Feiertagen bei der Telekom für Null Cent labern kann, solange Stimmbänder und Trommelfelle mitmachen. Wir haben das schon ziemlich lange, schlimmer aber, dass uns immer mehr gute Freunde und Bekannte diesen »Fortschritt« nachgemacht haben. Und die Armen, die sich, aus welchen Gründen auch immer, noch nicht daran haben anschließen lassen, müssen die Nachteile ertragen.

Jeder, der uns schon einmal an einem solchen Feiertag angerufen hat, kann ein Lied davon singen: Man kommt einfach nicht zu uns durch, es sei denn, man wäre der oder die Erste in der Warteschleife gewesen und nutze dies jetzt rücksichtslos aus, indem man unseren Anschluss für Stunden blockiert.

Ich werfe da keinem etwas vor, mit Ausnahme einer Cousine meiner Frau, der es immer wieder gelingt, nach dem achten bis zehnten »also machen wir doch mal Schluss« meiner Frau, diese erneut durch ein ihrer Ansicht nach neues Thema, von dem ich allerdings schon mehrfach gehört habe, ins Gespräch zu verwickeln. Und schon ist wieder eine halbe Stunde futsch.

Um ehrlich zu sein, ich habe den Verdacht, dass sich meine bessere Hälfte dies eigentlich noch nie wirklich widerwillig hat gefallen lassen, im Gegenteil, ich glaube sogar, ihr macht es Spaß mitzulabern, wie ich das für mich unausgesprochen nenne. (Diesen Gedanken laut zu äußern, würde ich um des lieben häuslichen Friedens willen nie wagen.)

Aber jetzt zur »frohen Botschaft«, die, zu Weihnachten von allen Kanzeln im Lande verkündet, meine missliche Lage erheblich verschärft. Glücklich soll sie alle Menschen machen, diese Botschaft. Genau das aber wird nach meiner Erfahrung nicht nur nahezu verhindert, sondern geradezu pervertiert, ins Gegenteil verkehrt, so dass einem am Ende die schlechten Nachrichten die Fröhlichkeit vermasseln. Und das kommt so: Sehr oft ergibt es sich ja, dass Weihnachten kalendarisch arbeitnehmerfreundlich ausfällt und dann schier nicht aufhören will. Dann kommen viele XXL-Nutzer auf die verhängnisvolle Idee, ihre Botschaften an die verschiedenen Anzurufenden auf mehrere Tage zu verteilen, um sich dann für jedes Gespräch noch mehr Zeit nehmen zu können.

Obwohl für mich, den Weihnachtsmuffel, in diesem Jahr die Vorzeichen günstig waren, weil der so genannte Heilige Abend auf einen Samstag fiel und XXL somit nur an zwei Tagen gültig war, hat es mich schon als Zaungast erneut hart getroffen. Die Anrufe, die uns seltsamerweise doch erreicht haben oder von meiner Frau begonnen wurden, haben mich wieder sehr deprimiert. Denn statt die Zeit im Überfluss zu nutzen, um sich nicht nur ein frohes Fest zu wünschen, sondern auch detailliert zu berichten, wer was geschenkt bekam, was bei wem in fünf Gängen serviert wurde und wes Jahrgangs die erlesenen weißen und roten Weine waren, was der zur Foie gras kredenzte Chateau Yquem gekostet hat, oder auch in Muße zu schildern, welche scheußlichen oder wundervollen Roben bei wem zum Einsatz kamen – aber nein, im Anschluss an die unentbehrlichen Floskeln müssen erst einmal alle heilbaren und unheilbaren Krankheiten zur Sprache kommen.

Da hat der das, die jenes, der ist Gevatter Hein gerade noch von der Schippe gesprungen, und dieser einst unheilbar Gesunde, Vitale, Quicklebendige liegt schon wieder im Krankenhaus.

So musste ich während fünf Telefonaten über insgesamt vier Stunden erfahren, dass da einer den ganzen Mund voller Herpes-Bläschen hat und wegen schmerzbedingter Verweigerung von Nahrungsaufnahme schon vier Kilogramm abgenommen hat (meine Frau empfiehlt in solchen Fällen stets Mundisal Gel), bei einem anderen versagen ausgerechnet zum Fest die Knie (meine Frau nennt eine Spezialklinik im Bergischen). Fall drei ist da schon bedenklicher, da die linke Nebenhöhle der Betroffenen schon schwarz ist, die Ärzte aber wegen deren schwachen Herzens eine Operation nicht riskieren möchten (dem meine Frau voll und ganz zustimmt). Und dann ist da noch die arme Frau eines Vetters, die wegen einer künstlich versteiften Wirbelsäule fast zehn Wochen im Krankenhaus verbringen musste.

Auch die bewusste Cousine hat es erwischt, sie bekam beim Besuch der Weihnachtsmesse vom Weihrauch Erstickungsanfälle und musste, dazu noch von Schwindelanfällen heimgesucht, sofort nach Hause, was ich, natürlich für mich stumm, mit »Das hat man davon, wenn man katholisch ist« zur Kenntnis nahm. (Meine Frau verwies darauf, dass wir einen Kindergottesdienst bei den Evangelen, die ja bekanntlich glauben, ohne Weihrauch auskommen zu können, besucht haben). Heilfroh bin ich, dass in diesem Jahr zu Weihnachten wenigstens niemand im Sterben liegt oder schon von uns gegangen ist, was in den vergangenen Jahren durchaus schon geschehen ist.

Wenn Sie jetzt glauben, mein ganzes Umfeld wäre durch und durch morbide, liegen Sie total falsch, denn ich kann Ihnen auf Anhieb fünf kerngesunde Menschen nennen, na gut, auch bei denen zwickt es hier und dort, und jünger sind sie auch. Aber sonst ...

Am frohesten aber bin ich, wenn endlich Schluss ist mit ganzen heuchlerischen, total kommerzialisierten Weihnachtsschmus, auch was »White Christmas« mit Bing Crosby & Co. betrifft. Selbst das ist gelogen, denn wie soll bei 9°, die ich seit Tagen messe, Schnee fallen und, da das eine mit dem anderen nicht möglich ist, liegen bleiben?

Und dann kommt, nachdem die Tage schon seit dem 22. 12. wieder länger werden, der Karneval mit »Helau« und »Alaaf«, und danach gleich Ostern, das man sich ja auch im Zusammenhang mit »frohe« wünscht. Es geht also wieder aufwärts mit den Lebensgeistern, wenigstens bis Ostersamstag, denn dann erwarte ich wieder mindestens zwei Tage voller schlechter Nachrichten. Und alles nur wegen des blöden XXL.

Trauriger Epilog: Jetzt kommt es noch ärger: Meine sparsame Frau hat auf diesen elendigen Tarif umstellen lassen, mit dem man für lumpige rund € 50 so lange quasseln und surfen kann, wie man will. Womit für mich auch die Werktage im Eimer sind.

Also, liebe Freunde, ruft ruhig bei uns an, wenn Ihr meint, uns unbedingt mitteilen zu müssen, wie schlecht es Euch und anderen geht. Ich werde bestimmt nicht am anderen Ende der Leitung sein. Meine Frau wird abnehmen, denn die ist auch in dieser Beziehung wesentlich robuster als ich und verhindert so, dass mich die ganzen schlechten Nachrichten letztlich nur selbst krank machen, noch ein Grund mehr, warum ich sie liebe.

## Warum die Kuh lacht

Als unser Sohn noch klein und oft mit uns in Frankreich war, hieß »die Kuh, die lacht« (La Vache qui rit) bei uns immer nur Kinderkäse, weil unser Knirps gar nicht genug davon bekommen konnte, worauf der Hersteller die Packungen immer größer machte.

Heute stimmt die Bezeichnung Kinderkäse zumindest in unserem Haushalt nicht mehr, denn ich habe die kleinen in Silberfolie verpackten »Tortenstücke« längst als für mich idealen nächtlichen Schnellimbiss entdeckt. Bei der meist zu später Stunde zu treffenden Entscheidung zwischen Käse und einem Stück Salami gewinnt immer die Kuh, schon wegen der genialen roten Reißleine, die mir, angebracht von den französischen Verpackungs-Genies, das mühevolle Pellen der Wurst erspart.

Aber zurück zur oben gestellten Frage. Als investigativer Werber mit vierjährigem Studium der Psychologie bin ich natürlich schnell selbst auf die richtige Antwort gekommen. Sie lacht, um bei den Verbrauchern Frohsinn zu verbreiten, sie bei Laune zu halten und damit die Kauflust anzuheizen. Nebenbei vermittelt sie auch noch optisch, wie wohl sie sich auf den grünen Wiesen fühlt und dass somit die ihr abgezapfte Milch zwangsläufig zum leckersten Weichkäse überhaupt führen muss, und das alles, ohne lila angemalt worden zu sein. Dass auch sie irgendwann geschlachtet wird, hat sie dabei vor lauter Lebenslust wohl verdrängt.

Bis hierher gekommen, muss ich den Werbern in Deutschland eine sträfliche Nachlässigkeit oder, noch schlimmer, fehlende Kreativität vorwerfen. Hat ihnen die Muse wirklich nicht mittels Kuss eingegeben, dass sich mit guter Laune noch ganz andere Produkte als Käse leichter verkaufen lassen? Deshalb frage ich sie, aber eher noch die Vorstandsvorsitzenden der größten deutschen Unternehmen, warum auch sie nicht auf ihren Angeboten lachen.

Hier einige Beispiele: VWs, auf den Seitentüren mit dem Konterfei eines sich vor Lachen biegenden Herrn Dr. Winterkorn*, (vom »Phaeton« darf als Hauptverantwortlicher für diese Fehlleistung F. Piech grinsen.), Telefone und Handys der Telekom, in deren Displays Herr Obermann* als Pausenclown auftaucht, Briefmarken, auf denen ein strahlender Klaus Zumwinkel* endlich die längst verschrottete oder gesunkene »Bremen« ablöst, Klaus Kleinfeld* als abziehbare Folie lächelnd in den Sichtfenstern von Siemens-Backöfen und -Mikrowellen, Großplakate mit einem fröhlichen Herrn Ackermann* an den Filialen der Deutschen Bank und, als absoluter Clou, ICEs, die mit einem glückseligen Herrn Mehdorn* auf der Stirnseite, der wie die beiden Helden des Films »Titanic« die Arme zum Flug ausgebreitet hat, in die Bahnhöfe einrollen, was den Ärger der Reisenden über Verspätungen vielleicht dämpfen könnte. Naheliegend wäre auch, wenn die Chefs der großen Pharmaunternehmen von den Packungen, gerade ihrer Antidepressiva, mindestens grinsen würden.

Wie gesagt, hier haben die großen Kreativen der deutschen Werbung geschlafen und eine Riesennische übersehen. Und sie sollen mir nur nicht damit kommen, das würden die hohen Herren nicht mitmachen.

Sind doch im Werbefernsehen längst der Herr Darboven, dessen Engel das Koffein im Kaffee ist, der stets overdressed wirkende Trigema–Boss Grupp, der seit Jahren immer wieder verspricht, auch in

---

* Da die Vorstandsvorsitzenden der großen deutschen Aktiengesellschaften zur Zeit vermehrt zurücktreten oder getreten werden, kann ich leider keine Gewähr übernehmen, dass die besternten Herren bei Erscheinen dieser Zeilen noch in Amt und Würden sind.

Zukunft nur in Deutschland zu produzieren und damit seine Arbeitsplätze zu sichern (seinen Pressesprecher, den Schimpansen, halte ich allerdings für noch kompetenter und glaubwürdiger), und der liebe Herr Babynahrungs-Hipp, der für sich immer mit seinem Namen steht (wofür auch sonst?), erstklassige, nachahmenswerte Vorbilder. Damit, meine ich, ist ein erster, kleiner, aber richtiger Schritt in die überwältigende Verkaufserfolge verheißende Richtung getan, was die Werber ermutigen sollte, endlich auch die Großkopfeten für solche Testimonials zu begeistern. Darauf warte ich jetzt.

## Armes Deutschland!

Wie lange wird es dich in der bekannten Form überhaupt noch geben, frage ich mich beunruhigt nach der Lektüre eines in meiner Tageszeitung veröffentlichten Interviews mit Rolf Hochhuth.
Der sieht unser aller baldiges Ende voraus. Dafür macht er nicht nur die zugegebenermaßen real existierende Nachwuchslosigkeit verantwortlich (Natürlich muss er als kreativer Kopf ein noch übler klingendes Synonym für Kinderlosigkeit prägen). Er sieht auch kommen, dass wir über kurz oder lang alle nur noch Englisch sprechen, was ich angesichts des Lernwillens unseres Nachwuchses allerdings zu bezweifeln wage.
In Deutsch geschriebene Bücher hätten laut Hochhuth nur noch als Übersetzung ins Englische Aussicht auf Erfolg. Allein der unsterblichen deutschen Musik räumt er eine Überlebenschance ein, was einleuchtend ist, da man Noten nicht übersetzen kann, wobei er offen lässt, ob die für die großen deutschen Meister der Oper oft italienisch geschriebenen Libretti dann auch in Englisch gesungen werden. Selbst für die Theater sieht er schwarz. Schon der heutigen Generation von Intendanten wirft er vor, nur noch stumpfsinnig und passiv dabeizu-

stehen. Er geht aber noch weiter und sieht im vereinten Europa schon bald einen Typ wie Che Guevara auftauchen, der eine große Revolution anzettelt, bei der wie im Mittelalter ruchlos gemeuchelt und gemetzelt wird. Schöne Aussichten, sage ich da nur.

Andererseits habe ich mir selbst auch schon Gedanken gemacht, wie man unser Volk dezimieren könnte, allerdings eleganter als durch Mord und Totschlag. Und das hat mit dem Fragebogen zur deutschen Geschichte zu tun, den die Christdemokraten allen nach Einbürgerung Heischenden vorlegen wollten. Es ist sicher in Ordnung, sich ein Bild von den deutschen Sprachkenntnissen der Aspiranten zu machen, auch, sie ein klares Bekenntnis zu unserer Verfassung und zu unserem Grundgesetz ablegen zu lassen. Aber Fragen zur Geschichte?

Wäre die Opposition, angeführt von den Multi-Kulti-Grünen, schlau, würden sie im Gegenzug fordern, diese Fragen auch allen Deutschen über 18 Jahren vorzulegen.

Und wer dann beispielsweise nicht beantworten kann, wann und wo sich der als Frankenkönig klein angefangen habende Karl der Große zum Kaiser des römisch-deutschen Reiches hat krönen lassen, wer nicht die Gründe für den Bauernkrieg 1624/25 nennen kann, wer noch nie etwas vom Westfälischen Frieden 1648 gehört hat und auch nicht erklären kann, was es mit dem Konkordat auf sich hat, der sollte Ruckzuck gnadenlos zwangsausgebürgert werden.

Ich bin mir sicher, dass wir so unsere Bevölkerung um mindestens zwei Drittel reduzieren könnten und dann nur noch um rund fünf Millionen über der Bevölkerung der Niederlande lägen, die uns dann durchaus als kleinen Nachbarn bezeichnen könnten. (Ein besonderer Vorteil: Bei den Spielen der Fußball-Nationalmannschaften ginge es dank des nun fehlenden Minderwertigkeits-Komplexes der Holländer friedlicher zu, auf den Rängen und auf dem Platz, auf dem der eine oder andere Kaaskopp seinem Gegenspieler schon einmal den blanken Hintern gezeigt, diesen mit einem deutschen Trikot abgeputzt oder unseren »Es gibt nur ein Rudi Völler« angespuckt hat.)

Wir Rest-Deutschen würden nur gewinnen. Es gäbe, um einige Beispiele zu nennen, in den Citys wieder ausreichend Parkplätze, die Fluggesellschaften müssten mangels Passagieren »fürn Appel unnen

Ei« abheben, und im Fernsehen liefen außer den Nachrichten und dem Wetterbericht nur noch Kultur- und Bildungsprogramme und, natürlich, »Das Wort zum Sonntag«, denn die Prolls und Banausen, die sich ständig »Big Brother«, »Deutschland sucht den Super Star«, den »Frauen-Tausch« und den »Super-Nanny«-Schwachsinn hereingezogen haben, sind ja nicht mehr da. Auch keine schlechten Aussichten.

Wie auch immer es kommen mag, sind wir optimistisch, wischen wir doch die von Hochhuth an die Wand gemalten schwarzen Schatten, die schon Karl Valentin in dem denkwürdigen Spruch »Auch die Zukunft war früher besser« verewigt hat, einfach weg.

Lasst uns, allen düsteren Prognosen zum Trotz, ein Bäumchen pflanzen und den Kassandras dieser Tage die »lange Nase« zeigen. Herr Hochhuth könnte in seiner Verzweifelung ja in der deutschsprachigen Schweiz oder in Österreich um Asyl bitten, denn Che wird diese mit Neutralität erfahrenen Länder aller Voraussicht nach verschonen. Aber wie Rolf dort mit dem »Gruetzi« oder Begriffen wie »Hatscherer« (langer Fußmarsch), »Ungustl« (widerlicher Typ), »Paradiser« (Tomaten) oder »Ringlspü« (Karussel) klarkommt, bleibt abzuwarten.

Glaubt mir (und der Werbung): Wir sind Deutschland. Und werden es noch lange bleiben.

P.S. Ja, Herr Hochhuth, so leid es mit tut, in einem in Berlin veröffentlichten Bericht zur auswärtigen Kulturpolitik steht, dass Deutsch nach der EU-Osterweiterung außerhalb des deutschsprachigen Bereichs bereits zur zweitwichtigsten Sprache nach Englisch geworden ist.

## Von den Nachteilen der Mittäterschaft

Es hat damit angefangen, dass zwei sehr gute Freunde und ich ein Haus in Südfrankreich dauerhaft gemietet hatten. Und weil dort in der Umgebung bei Einbrüchen so viele Originale von Matisse, Manet, Utrillo und so weiter geklaut worden sind, beschlossen wir, unsere Wände mit selbst gemalten Bildern zu behängen. Als Erster kaufte sich Freund D. Acrylfarben und eine Riesenleinwand, auf die er eine düstere Landschaft malte. Die aber gefiel Freund E. nicht, und als Freund D. einmal nicht zugegen war und seine Farben nicht mitgenommen hatte, überpinselte Freund E. die triste Szenerie mit einer Art von abstraktem Hafen, in dem Evinrude-Motoren wie Kloschüsseln im Wasser dümpeln, viereckige Segelboote, Schiffe ohne Rumpf, Heck oder Bug vor Anker liegen. Dahinter eine Fläche, die mich an das Gemäuer in Antibes erinnert. Davor ein Wald von krummen, schiefen und graubraunen Masten, die sich so quer gelegt haben, als würde über den Hafen soeben ein Sturm von mindestens 10 Beaufort hinwegfegen.

Jetzt ist es nicht schwer zu erraten, dass nur ich noch übrig bleibe.

Obwohl ich mich als Aquarellist, an dessen getüftelten und verglasten Motiven mangels Talent eh niemand herumfummeln, geschweige denn sie übermalen könnte, bis dahin nie an diesem Künstlerwettstreit beteiligt hatte, störte mich, den alten Segler, diese fürchterliche Unordnung. Also habe ich die immer noch dort lagernden Farben genutzt, um die Boote so weit wie möglich in Form zu bringen, die Masten zu begradigen und ihnen dabei einen neuen weißen Anstrich zu gönnen. Nur die Kloschüssel sieht immer noch so aus wie eine Kloschüssel. Was mich stolz machte, war, dass Freund E. die Veränderungen nicht einmal bemerkte, was vermutlich am hohen Wiedererkennungswert der Kloschüssel gelegen hat.

Bleibt die spannende Frage: Was wird, wenn wir drei tot sind, womit in den nächsten 20 Jahren stark zu rechnen sein wird, aus dem künstlerischen Nachlass? Werden unsere Witwen diese originären Meisterwerke unter Verschluss halten? Um dann, wenn die Urheber post mortem berühmt geworden sind, mehr dafür zu erzielen?

Aber welche Witwe, es sind doch drei? Oder wird sich ein Käufer finden, der, wie bei den alten Meistern, deren Bilder ja auch oft von ihren Schülern oder anderen Ignoranten übermalt worden sind, zunächst mehrere Gutachter bestellt, die Schicht für Schicht von der Leinwand ablösen, um herauszufinden, wer von uns dreien der Genialste war?

Mit dem Streit der Witwen haben wir dann aber nichts mehr am Hut. So gesehen ist Mittäterschaft doch nicht so schlimm.

Bleibt nachzutragen, dass Freund D. ausgeschieden ist und uns sein Malzeug als Nachlass hat stehen lassen, und ich inzwischen Acrylfarben und Pinsel selbst erworben habe, mit dem erfreulichen Ergebnis, dass alle Wände voll sind und es potentielle Einbrecher noch schwerer haben werden, sich zwischen den vielen Kunstwerken zu entscheiden. Und bis das geschehen ist, wird die Polizei schon da sein.

## Posthum: Danke, Herr Jürgens!

Gemeint ist nicht Udo, der ja noch lebt, sondern Curd, dem ich zu verdanken habe, meiner Schwiegermutter beweisen zu können, dass die »Bunte« gelogen hat. (Das Perfekt verwende ich, um einem Rechtsstreit aus dem Wege zu gehen, was aber nicht heißen soll, dass ich heute alles glaube, was in diesem Blatt veröffentlicht wird.)

Damals war es so, dass mir Mama, so nannte ich sie, fast bei jedem Besuch, den ich ihr abstattete, erzählen zu müssen glaubte, was in der großen, weiten, schillernden Welt der internationalen High Society wieder geschehen war. Meistens handelte es sich um schreckliche, tragische Geschichten von Eifersucht, Ehebruch, Scheidungen, Pleiten, Krebs oder gleich Tod.

Meine wiederholte Warnung, nicht alles für bare Münze zu nehmen, stieß bei ihr aber stets auf taube Ohren, was mich, der ich ihr

wiederholt zu erklären versuchte, wie Auflage gemacht wird, mehr und mehr in die Verzweiflung trieb. Immer wendete sie ein, ein so »seriöser Mann wie der Herr Senator Burda« würde niemals zulassen, dass »in seiner Zeitschrift Lügen verbreitet werden«. (Den Senator habe ich übrigens persönlich kennen gelernt, als er am Ende eines von seinem Verlag gesponserten Fußballturniers der GWA-Agenturen in Offenburg mir als Kapitän der schlechtesten, aber fairsten Mannschaft den Trostpreis überreichte. Leider hatte ich dabei keine Gelegenheit, sein Verhältnis zur Wahrheit zu hinterfragen.)

Es überraschte mich deshalb auch nicht sonderlich, dass mir Mama eines Abends eine ganz frische »Bunte« herüberreichte, mit der Empfehlung, ich möge doch bitte einmal nachlesen, wie schlecht es neuerdings Curd Jürgens, den sie wohl sehr verehrte, ginge. Ihr Kommentar: »Der arme Kerl, so ein Bild von Mann, so reich, so erfolgreich und glücklich, und jetzt so krank. Er darf nicht einmal mehr rauchen und Alkohol trinken, er tut mir wirklich leid.« Als sittenstrenge Frau zitierte sie aber keine weiteren einschneidenden Einschränkungen seiner Lebensqualität.

Zu diesem Zeitpunkt hatte ich bereits jede Hoffnung, sie von ihrem Irrglauben abbringen zu können, aufgegeben und fügte mich deshalb ergeben in mein Schicksal: »Ich glaube dir ja, Mama, der ist wirklich arm dran.«

Zwei Wochen später zog es uns wieder an die Côte d'Azur, diesmal mit den Schwiegereltern. Um ihnen eine Freude zu machen, luden wir sie ein, uns in das bekannte Restaurant »La Mère Germaine« im alten Hafen von Villefranche sur Mer zu begleiten, hier, wo Jean Cocteau den Fischern zum Dank eine klitzekleine Kapelle eigenhändig bemalt hatte, hier, wo man auch einen wunderschönen Blick auf das riesige Anwesen von Curd oben auf dem Cap Ferrat hatte. »Ja, der arme Kerl, was hat er nun von all seinem Reichtum!«, ging es da wieder los. Statt etwas zu sagen, zog ich es vor, angestrengt in die Speisekarte zu schauen.

Einige Minuten später geriet das gesamte Personal des Restaurants in helle Aufregung, Tische wurden umgestellt, Gläser und Bestecke in aller Eile herbeigeschafft, auf den Tisch in der Mitte wurde eine bereits geöffnete Flasche »Chivas Regal« platziert, der Chef nahm vor dem Restaurant Haltung an. Was dann geschah, war für mich wie ein innerer Vorbeimarsch, denn ein Rolls Royce rollte vor, Kellner rissen seine Türen auf – und wer stieg aus?

Gut, nach der Vorgeschichte ist das jetzt keine Überraschung mehr – es war natürlich Curd, in Begleitung seiner Frau und des Regisseurs Ulrich Schamoni. Curd, im weißen Anzug, dessen Schnitt gleichermaßen die breiten Schultern wie die dünnen Beinchen betonte, in schwarzen Stiefeletten, schwarzem Hemd und silberner Krawatte, paffte eine lange dicke Zigarre, wahrscheinlich der Marke »Cohiba« oder »Romeo y Julieta«.

Froh gestimmt und unter lautem Lachen begrüßte man sich. Dann bewegte sich Curd, majestätisch, aber mit staksigem Schritt, zu seinem Tisch. Dort reichte ihm ein Garçon das bereits gut mit Whisky gefüllte Glas, aus dem Curd, noch bevor er sich gesetzt hatte, einen kräftigen Schluck nahm. (Es blieb nicht der letzte, und gut gespeist hat er dann auch noch.)

Jetzt konnte ich mir natürlich die spöttische Bemerkung nicht mehr verkneifen: »Siehst du nun, Mama, dass nicht alles stimmt, was geschrieben wird!?« Sie war aber offenbar immer noch nicht überzeugt und gab vor, sie müsse nur kurz zur Toilette. Das war mit Sicherheit nicht der wahre Grund, vielmehr wollte sie ihm nur noch näher sein, was auch möglich war, denn der Weg zu ihrem Ziel führte dicht an

Curd vorbei. Nach einer Schamfrist kam sie zu uns zurück und setzte sich bekümmert hin. »Er ist es wirklich.« (Dabei hätte sie sich als Verehrerin doch freuen müssen, dass er gar nicht krank war oder nur einen leichten Schnupfen hatte!)

Aber selbst dieser Reinfall konnte ihre Treue zur »Bunten« nicht brechen. Auf das, was sie darin an neuen schlechten Nachrichten gelesen hatte, sprach sie mich aber nie wieder an. Aber bis auf diese Macke war Mama super, und das soll ja bei Schwiegermüttern selten genug vorkommen.

## Unser altes, neues Leben

Die Sache mit dem lebenslangen Lernen ist uns nicht nur bekannt, wir praktizieren es sogar ausgiebig. War die Werbeagentur, für die ich geschrieben habe, sozusagen bereits seit Jahren vollelektronisiert, habe ich mich zum Beispiel erst mit 64, nach meinem Wechsel ins Privatleben, erstmalig hinter einen Laptop gesetzt und den Kampf mit für mich höchst komplizierter Technik aufgenommen und, um ehrlich zu sein, oft verloren. (Ich musste es dankenswerterweise auch nicht früher, da ich die entsprechende Frage, ob ich rückständig oder ein Technikfeind sei, immer bejaht und danach betont habe, mir das eventuell für den Ruhestand aufzuheben.)

Unser Sohn, der die Kiste ausgesucht hat, wirft mir zwar ständig maßlose Verschwendung der Möglichkeiten vor, das wenige aber, das übrig bleibt, reicht mir voll und ganz, was in dem Fluch, wenn ich überfordert bin: »Verdammt, jetzt reicht es aber!«, klar zum Ausdruck kommt.

Auch meine Frau hat sich weitergebildet, indem sie von der Öl- zur Acrylmalerei umgestiegen ist, was ich im Vergleich zu meiner Leistung aber eher für weniger bemerkenswert halte.

Seit einiger Zeit aber sehen wir beide uns vor eine völlig neue, große Herausforderung gestellt, was daran liegt, dass die Frau unseres Sohnes, wie schon gelesen, ein Baby erwartet. Es geht noch nicht um die schwere Verantwortung, die wir zu tragen haben, wenn das Kind in einigen Monaten bei uns geparkt wird, nein, es hat jetzt schon angefangen, mit all den Sorgen, die sich auch zukünftige Großeltern schon lange vor der Geburt machen.

Frage ich neulich meine Frau, welch seltsamen Katalog sie gerade durchblättere, erfahre ich, dass sie nach geeigneten Vorhängen sucht, natürlich nicht für uns, denn wir haben kein Fenster mehr frei, sondern für das Kinderzimmer. Statt in ihrem geliebten Buch über Südafrika weiterzulesen, durchforstet sie mit zunehmender Häufigkeit und Ausdauer Blätter wie »Rund ums Kind«, »Alles für Ihr Liebstes«, »Was Ihr Baby mag« oder so ähnlich.

Zuerst habe ich das belächelt, inzwischen aber bin ich selbst infiziert. Statt im Wartezimmer beim Arzt im »Spiegel« den Artikel über Mao zu lesen, bleibe ich bei einem kleinen Kasten hängen, in dem vor den Gefahren von Ökomatratzen für Neugeborene gewarnt wird. Diese könnten verantwortlich sein für den »plötzlichen Kindstod«, an dem in Deutschland im Jahr immerhin 323 Babys sterben.

Man müsse, heißt es dort, beim Kauf auf die Durchlässigkeit von Matratze und Auflage achten, Ökomatratzen mit Kokosnuss und ähnlichem Biozeug als Füllung würden nämlich nur 20 % der vom Kind ausgeatmeten Luft durchlassen, an den verbleibenden 80 % könne das arme Baby ersticken. Und so geht es weiter.

Ob »FAZ«, »Süddeutsche« oder »Rheinische Post«, ob »Focus« oder »Spiegel« – statt zuerst den Wirtschaftsteil, den Sport oder das Feuilleton zu studieren, ertappe ich mich immer häufiger dabei, nach neuen, für Kinder wichtigen medizinischen Erkenntnissen zu suchen. Diese Sucht hat sich auch schon auf das Fernsehen ausgeweitet. So wollte ich heute ganz kurz in N-TV sehen, was in der Welt wieder an schrecklichen Dingen geschehen ist, da zappe ich irrtümlich in das Ende einer Sendung über die Vor- und Nachteile einer normalen Geburt und einer mit Kaiserschnitt. Wenn ich alles richtig mitbekommen habe, soll genau das der Fall sein, was Frau und Schwiegertochter nicht glauben, der Stress fürs Baby, wurde gesagt, sei beim Kaiserschnitt viel heftiger als bei der natürlichen Geburt, es sei denn, das Kind sei deutlich zu groß und dick geraten.

Dumm nur, dass ich das meiner Frau gegenüber gleich erwähnt habe, denn sofort wurde ich verdonnert, das Manuskript dieser Geschichte für unsere Kinder vom Sender zu beschaffen. Da half mir nur die Lüge, alles sei beim Umschalten mittels Fernbedienung so schnell gegangen, dass ich mich an den Kanal nicht mehr erinnern könne.

In der Annahme, mehr noch aus Angst, dass sich unsere Interessenlage weiterhin so dramatisch verlagert, werde ich wohl in den sauren Apfel beißen müssen, alles an verfügbarer Literatur über die pränatale Phase eines Kindes zu beschaffen. Das wird dann teuer. Tröstlich nur, dass die restlichen 4,5 Monate bis zur Geburt auch vorübergehen und wir in unser altes Leben zurück kehren können. Denn das ist mir bei aller Liebe mindestens genauso teuer.

## Das geheime meteorologische Kartell

Wenn Sie glauben, ich meinte damit, Absprachen zu übereinstimmenden Vorhersagen der verschiedenen deutschen Wetterdienste auf die Spur gekommen zu sein, liegen Sie falsch. Wenngleich es für die von Berufs wegen am Wetter Interessierten doch beruhigend wäre, wenn alle das Gleiche prognostizierten.

Nein, ich habe einen anderen, weitaus fürchterlicheren Verdacht, den, dass ich einen weiteren Wett(er)-Skandal enttarnt habe, dies auf der Feststellung fußend, wie unterschiedlich schon die Vorhersagen für die von den verschiedenen TV-Anstalten ausgestrahlten lumpigen nächsten 24 Stunden ausfallen. Dazu habe ich in einem Fachblatt gelesen einmal gelesen, dass man für diesen Zeitraum längst bei 90 % Sicherheit angelangt sei.

Ich mache mir inzwischen einen Spaß daraus, wann immer möglich, hintereinander den Wetterbericht von N-TV im Anschluss an die 18.00 Uhr Nachrichten, den beim ZDF nach »Heute«, Kachelmanns Leute gegen 19.50 h im »Ersten« und im selben Sender noch einmal gegen 20.15 h und noch später nach den »Tagesthemen« anzuschauen. Es ist schon sehr verblüffend, wie weit die auseinander liegen, so dass ich vermute, dass die Damen und Herren Präsenter das Wetter eher tippen als es wissenschaftlich ergründen, um danach Wetten darauf abzuschließen, wer auf welchem Kanal am folgenden Tag der Wahrheit am nächsten gekommen ist. Um auf hohe Quoten zu kommen, könnte man außer auf die Grundwetterlage auch auf die zu erwartenden Temperaturen, Windstärken, Regenmengen und den Verlauf der Isobaren setzen.

Tröstlich nur, dass wenigstens Sonne und Mond für alle gleich auf- und untergehen.

## Betr.: Böses Erwachen

Lieber Manfred,
entdecke ich doch rein zufällig und ausgerechnet ganz kurz vor Weihnachten, dem Fest der Liebe und Vergebung, ein gemeines Zitat von Oscar Wilde, das nicht nur mein Lebenswerk in Frage stellt, sondern auch Deines und das aller Freunde und Bekannten, die ihr ganzes Leben lang zwar sine ira, aber cum studio, das heißt ohne Zorn aber mit unbändigem Willen alles daran gesetzt haben, immer und überall zu den Besten zu gehören – und das unbestreitbar mit großem Erfolg. Wir und sie alle müssen wohl etwas falsch gemacht haben. Mehr Wurstigkeit, umfassendes Desinteresse, Null-Bock und Faulheit hätten uns möglicherweise noch weiter nach vorn gebracht. Das jedenfalls meint der zynische Spötter Wilde, indem er formuliert: »Ehrgeiz ist die letzte Zuflucht des Versagers!«

Das tut weh und demoralisiert. Trösten wir uns damit, dass er bei uns beiden wenigstens mit der nicht minder fiesen Feststellung, niemand arbeite für sein Geld so hart wie der, der es heiratet, nicht Recht hat.

Dein trauriger Peter

## Der ovale Bleistift

Als höflicher, gut erzogener Mensch achte ich für gewöhnlich Geschenke von lieben Menschen, selbst die hässlichsten und geschmacklosesten, denn man kann sie ja auch weiter verschenken.

Der ovale Bleistift aber, den ich jüngst von einem Baumarkt geschenkt bekommen habe, hat mich so wütend gemacht, dass ich meinen Zorn in ein paar Zeilen abladen muss.

Was will mir und anderen der Schenker mit diesem Ding sagen? Ihn gleich bei voller Länge zu entsorgen, wenn die weiche Mine erstmalig abgeschrieben und unter dem brüchigen Holz verschwunden ist? Das wäre doch Verschwendung, besonders in den Zeiten, in denen wir angehalten sind, sorgsam mit unseren Ressourcen umzugehen. Schließlich ist der Stift satte 20 cm lang. Will er, im Joint Venture mit Apotheken, die immer gern Hansaplast verkaufen, mich dazu verleiten, den Versuch zu machen, das Ding wie in der Steinzeit mit einem scharfen Messer anzuspitzen und mich dabei heftig zu schneiden? Oder will er damit eine Volksbewegung ins Leben rufen, deren Forderung nach einem ovalen Bleistiftanspitzer dann immer lauter wird? Da ich diesem Verein alles zutraue, nehme ich an, dass der Chef des Baumarktes einen Verwandten hat, der einen ovalen Anspitzer erfunden und bereits zum Patent angemeldet hat, und sich damit jetzt eine goldene Nase verdienen will. Bei mir hat er allerdings keine Chance mehr, denn nach dem letzten Punkt in dieser Geschichte werde ich das Ding doch wegschmeißen.

## Seeleute dürfen abergläubisch sein

Bevor ich das erste Mal in meinem Leben die Füße auf die Planken eines großen Schiffes gesetzt habe, machte ich mich natürlich über diesen »Schnickschnack« lustig.

Im Frühling 1957, kurz nach dem Abitur, bekam ich dann die Gelegenheit, mein Vorurteil persönlich zu überprüfen.

Der Vater meiner Jugendliebe hatte ihr und mir eine Seereise von Bremerhafen über Hamburg und Antwerpen nach Havanna geschenkt. Das Schiff, ein 4500 t schwerer Stückgutfrachter namens »Andrea« nahm uns in Bremerhaven an Bord, es wurden Borgwards geladen, dann ging es die Weser hoch, die Elbe wieder herunter. Nach einer Nacht im Hamburger Hafen legten wir wieder ab. Der Kapitän, ein sehr witziger Typ mit einem ausgeprägten »Sense for the British Humour« versprach mir schon kurz vor der Elbmündung mit hintergründigem Lächeln, ich könnte ja gleich mal meine Seefestigkeit testen. Was er damit gemeint hatte, erfuhr ich, als wir aus dem Schutz der Ostfriesischen Inseln herausgefahren waren: Windstärke 12, das Meer mit riesigen Wellen, grün-weiß in der Mischung von Wasser und Gischt.

Auf dem Achterdeck lagen, halb im Wasser, halb im Erbrochenen, Seeleute. »Das haben die aber nur einmal auf jeder Reise«, beruhigte mich der Kapitän, der mich dann fragte, ob ich mich vielleicht jetzt testen wolle. Natürlich wollte ich.

Ich bekam Ölzeug, einen Südwester, vom Smutje einen Klumpen Brot, von dem ich unbedingt alle fünf Minuten essen müsse, eine Lifeline, mit der ich an der Reling »eingeklinkt« wurde, und einen Matrosen mit auf den Weg, der mich in die äußerste Spitze des Bugs bringen sollte. Mit dem Kapitän vereinbarte ich noch, ihm zur Brücke mit dem linken erhobenen Arm Wohlbefinden, mit dem rechten das Gegenteil zu signalisieren. (Beide geht nicht, weil es schon im »Seeteufel« von Graf Luckner heißt: »Een Hand fors Schipp, die andre for die selbst«, oder so ähnlich.)

Da stand ich nun und blickte am Bug des Schiffes hinab in das Inferno. Es war unbeschreiblich schön, faszinierend, schon nach wenigen Minuten war ich unsicher, was sich nun bewegte, das Meer oder das Schiff. Im schnellsten Fahrstuhl der Welt geht es gemütlicher zu: Der Bug hebt sich aus dem Wasser, das Schiff verharrt einen kurzen Augenblick bewegungslos, um sich dann zurück in sein Element zu stürzen, gewaltige Bugwellen an Back- und Steuerbord hinter sich lassend. Nach zwei Stunden ließ mich der Kapitän wieder »ausklinken« und zurück ins Trockene bringen, nicht ohne den Matrosen gebeten zu haben, mir auszurichten, ich sei absolut seefest. Das Brot hatte ich übrigens ganz vergessen.

Kurz vor Antwerpen bat uns der Kapitän in die Messe und teilte uns mit größtem Bedauern mit, wir müssten in Antwerpen leider schon wieder von Bord gehen, in Cuba sei Revolution, ein gewisser Fidel Castro sei dabei, einen gewissen Herrn Battista y Zaldivar aus Amt und Palast zu scheuchen, es gäbe heftige Scharmützel, und die Reederei könne es nicht verantworten, dass uns in den Wirren etwas passiere. Was ihn aber noch mehr zu bedrücken schien, war, dass uns acht Nonnen ersetzen sollten. »Wie bringe ich das nur der Mannschaft bei? Pfaffen und Nönnekes«, so nannte er sie, »bringen Schiffen immer Unglück.« Da er das offenbar selbst glaubte, verkniff ich mir jeden Kommentar.

Wir fuhren also von Antwerpen zurück nach Essen und hatten die Sache mit dem Aberglauben längst vergessen. Wenige Tage später erfuhr ich aus den Nachrichten, das Segelschulschiff »Pamir« sei in einem Orkan im Golf von Biskaya mit Mann und Maus gesunken. Ich erkundigte mich sofort nach dem Schicksal »unseres« Schiffes und hörte, dass es auch in schwerste Seenot geraten sei, es hatte sich an der Rettung von Überlebenden der »Pamir« beteiligt, dabei sei das Ruder gebrochen, und es sei bis zur Bergung durch einen Schlepper manövrierunfähig herumgetrieben.

Bleibt die Frage: Ist nichts Schlimmeres passiert, weil die Nonnen wie der Teufel gebetet haben, oder ist überhaupt etwas passiert, weil die Nonnen an Bord waren? Darauf gibt es wohl keine Antwort. Sicherheitshalber sollten Seeleute aber abergläubisch bleiben und zur Not angesichts des Klerus lieber gleich abheuern.

## Waren Sie schon mal landkrank?

Keine Angst, das wird Ihnen nicht so schnell passieren, es sei denn, Sie gingen nach langer Zeit auf See wieder an Land. Nach einer Reise auf einem dieser schrecklichen Kreuzfahrer schaffen Sie es sowieso nicht, denn dessen Stabilisatoren dämpfen die wunderbaren Bewegungen des Meeres leider bis zur Ungenießbarkeit.

Also, dass ich zu 100 % seefest bin, wissen Sie bereits.

Deshalb nehme ich mich jetzt eines anderen Phänomens an, sozusagen des Gegenteils, der Landkrankheit, die in ihren Auswirkungen noch unbarmherziger und brutaler zuschlägt, wovon ich ein trauriges Lied singen kann.

Wir hatten nach einem Segeltörn über die Ostsee, bei dem wir beinahe abgesoffen wären, im sicheren dänischen Hafen festgemacht – erschöpft, hungrig und durstig, denn außer Apfelsinen und Mineralwasser hatten wir in den vergangenen 28 Stunden nichts zu uns genommen. Da kam es uns sehr zupass, dass uns der Skipper des Bootes, an dessen Seite wir lagen, sofort und ungefragt beschrieb, wo wir »das beste Restaurant weit und breit« finden würden. Nach einer kurzen Dusche machten wir vier uns auf den Weg, fachmännisch in dem Bewegungsablauf, den man Seemannsgang nennt. Hunger und Durst ließen unsere wankenden Schritte schneller werden, und dann endlich saßen wir in einer nach Seemannsart geschmacklos ausgestatteten Kneipe – mit einer riesigen Speisekarte und »Tuborg« darauf. Ich meine mich zu erinnern, dass jeder von uns, schon bevor der erste Gang auf den Tisch kam, mindestens drei Biere intus hatte. Während ich da nun, eigentlich glücklich und zufrieden, aufs Essen wartete und die Segelschiff-Stiche an den Wänden betrachtete, begann plötzlich der ganze Raum zu schwanken, er verkantete sich, als seien Wände und Decken bewegliche Elemente, alles drohte, auf mich zu stürzen, der Boden hatte plötzlich ein gefährliches Gefälle.

Um es kurz zu machen: Mir wurde speiübel, schon beim Gedanken an Krabben und Hummer wollte sich mein Magen umdrehen, wozu sicher die »Tuborgs« zusätzlich beigetragen hatten. Ich stand also vorsichtig auf und entschuldigte mich bei meinen Kumpels, die sich sofort mit Vergnügen bereit erklärten, all meine Portionen mitzuessen. Mit der Bemerkung, ich müsse dringend wieder aufs Schiff, machte ich mich auf den Weg zum Liegeplatz.

Kaum hatte ich meine Füße wieder auf die sich leicht bewegenden hölzernen Planken gesetzt, war die Übelkeit verschwunden, der Hunger aber war wieder da. Mich blamieren und wieder in die Kneipe zurückkehren, wollte ich nicht, beneidete meine Freunde aber doch um die Köstlichkeiten, die sie gerade verschlangen.

Da hörte ich eilige Schritte, das Boot schwankte unter der Belastung, drei bleiche Gestalten erschienen und ließen sich in ihre Kojen fallen. »Hat es wenigstens gut geschmeckt?«, wollte ich hinterhältig wissen.

Statt eines ordentlichen Berichts, wie in der Seefahrt üblich, erntete ich ein enttäuschtes Gebrummel: »Mann, war uns schlecht, die ganze Bude hat sich wie verrückt gedreht, wir haben alles bezahlt und sind abgehauen.«

## SLOGAN AUF DER SUCHE NACH NUTZER

Einer unserer Kreativen hatte einst einen sehr prägnanten, griffigen, aussagekräftigen und allein stellenden (wie man das so nennt) Slogan entwickelt. Das Problem war nur, dass er in seinem hohen Anspruch zu keinem unserer damaligen Kunden passte. Also wurde er zwischengelagert. Bei jedem Neugeschäft prüften wir sogleich die Chancen einer Verwertung. Ach ja, den Slogan muss ich ja noch nennen. Er lautete: XYZ setzt Maßstäbe. Natürlich hatten wir längst die abgesicherte Erkenntnis gewonnen, dass er nicht nur, wie oben erwähnt, gut mit dem Unternehmen zusammengehen musste, er sollte auch akustisch, sozusagen klangtechnisch mit ihm übereinstimmen. Deshalb hatten wir immer Angst, Firmen wie Adelholzener oder Seppelfricke könnten uns ihre Werbung anvertrauen, und wir blieben wieder auf dem genialen Ding sitzen. Sprechen Sie bitte selbst einmal beides hintereinander aus, um selbst als Nicht-Werber zu erkennen, dass sich die Kombination schrecklich anhört.

Die Geschichte hatte dann doch ein gutes Ende, als wir den Etat eines sehr großen Privatunternehmens aus dem Westfälischen gewinnen und ihm, den sozusagen maßgeschneiderten und mit viel Aufwand extra für ihn entwickelten Slogan verpassen konnten. Er klang gut, es war nicht gelogen, und der Kunde war damit so lange glücklich, bis ein ignoranter Werbeleiter meinte, er habe jetzt lange genug mit ihm (und uns) gelebt.

## So werden dauerhaft tragfähige Images geschaffen

Was tun, wenn man vor die schier unlösbare Aufgabe gestellt wird, für die Autos einer renommierten Marke, die zu der Zeit, als diese Geschichte spielt, außer beeindruckenden Leistungen nicht viel zu bieten hatten, ein starkes, den Kunden überzeugendes und die Konkurrenz entmutigendes Vorstellungsbild aufzubauen?

Autos, bei denen regelmäßig die Fenster unaufgefordert in den Türen verschwanden und sich nicht mehr hochkurbeln ließen, bei denen ohne Vorwarnung die Auspuffe abbrachen und die deshalb vom damals bekanntesten deutschen Nachrichtenmagazin vernichtend bewertet wurden, was den Vorstand dieses Unternehmens sofort bewog, »in diesem Wurstblatt nie mehr eine Anzeige zu schalten«. Hier ist das Rezept:

Man stilisiere Auto zum Automobil hoch.

Man erfinde den Begriff »perfekte Abstimmung«, was nichts anderes bedeutet, als dass zum Beispiel die Felgen auf die Reifen passen.

Man ersetze den trivialen Begriff Technik durch den höherwertig klingenden Technologie.

Man verwende möglichst häufig wichtig anmutende Worte wie Symbiose, Synthese, Genese und Elektronic (auf keinen Fall mit »k«!)

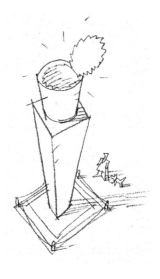

Man schreibe so lange, so schwülstige mit sich ständig wiederholenden Alleinstellungen und trommelfeuerartig eingesetzten Superlativen überfrachtete Texte, dass der geneigte Leser, wenn er denn bis zum letzten Punkt durchgehalten hat, von der Intelligenz des Gelesenen auf die des Autos, nein, Automobils, oder, noch besser, auf die eigene schließt.

Man behaupte, Metzger säßen immer nur in den Modellen des Haupt-Wettbewerbers und begründe dies mit dem Hinweis, die in diese Autos (nicht Automobile!) oft eingebaute Trennscheibe solle verhindern, dass die hinten untergebrachten Schweinehälften bei einer Notbremsung einen Genickbruch des Fahrers verursachen.

Man bestreite, jemals ältere Leute hinter dem Volant des Automobils gesehen zu haben. (Jedes halbwegs korrupte Meinungsforschungs-Unternehmen ist in der Lage, eine solche Studie zu erstellen.)

Man stelle fürderhin klar, dass Anhängerkupplungen beim Automobil ausschließlich dem Transport von Yachten, Vollblütern, Segelflugzeugen und anderen Luxusgütern dienen (Thema Unterhaltung), während am Auto meistens Picknick-Anhänger und solche für Werkzeuge und Baumaterial hängen (Thema Unterhalt). Und dann bezeichne man diese schlichte Kupplung als »demographischen Haken«.

Man pinsele den aktuellen und potentiellen Käufern den Bauch, in dem man sie »Charakterdarsteller« nennt und zur »Entschlossenen Gesellschaft« zählt.

Man zeige, wenn es denn unumgänglich ist, nur junge dynamische Fahrer hinter dem Lenkrad, natürlich mit braunen, gelöcherten Weichleder-Handschuhen und karierten Jacketts mit Lederecken an den Ellbogen. (Wenn eine Kopfbedeckung gefordert war, durfte es nur eine sportliche, ebenfalls karierte »Schlägermütze« sein, niemals aber ein Hut, denn den tragen die Fahrer des Autos.)

Man weise, als wichtigste Botschaft, was heute leider nicht mehr erlaubt ist, darauf hin, dass sich beim Automobil das alles entscheidende Instrument, die Lichthupe, links an der Lenksäule befindet, sozusagen den Kaufentschluss auf der Überholspur fördernd.

Dies alles mische man, perfekt aufeinander abgestimmt, zusammen und lasse es einige Monate ziehen.

(Und natürlich hat man irgendwann auch einmal die Techniker gebeten, etwas mehr für Qualität, Sicherheit und Komfort zu tun, denn diese Notwendigkeit hätten mehrdimensionale Marktmodelle und hübsche Vektoren-Diagramme deutlich aufgezeigt.)

Und siehe da: Schon die folgende repräsentative Markterhebung zeigt, ja, sogar die Verkaufszahlen belegen, dass sich das Automobil zu einem wahren Image-Giganten mit entsprechendem Absatz entwickelt, was einen die diskriminierenden Bemerkungen der neidischen Konkurrenzagenturen, bei den Texten für das Automobil handele es sich um »Verbal-Schleim«, leichter verkraften lässt, zumal auch noch 90 % der Käufer mit den verschwundenen Scheiben und verloren gegangenen Auspuffen jenem Nachrichten-Magazin versicherten, sie würden dieses wunderbare Automobil sofort wieder kaufen. So einfach geht das, man muss nur darauf kommen.

## L'AMITIÉ FRANCO-ALLEMANDE

Wahre Pionierleistungen auf diesem Gebiet hat ein ganz kleiner Verein geleistet. Die Rede soll sein von unserem wie gesagt kleinen, aber feinen Agentur-Kegelklub, der sich auf Grund unverschämt hoher Geldstrafen für Pudel und verlorener Partien selbst in die Lage versetzte, ausgedehnte und kostenintensive Kegeltouren zu unternehmen. Der »Sport« auf diesen Reisen hieß aber außer Trinken und Essen nicht Kegeln, sondern Boule, genauer gesagt Pétanque, bei dem man die Kugeln nur so um die sechs Meter weit wirft. Da ging es dann zum Beispiel nach Ürzig (würzig), nach Rüdesheim oder so ähnlich, aber irgendwie waren diese Ziele wegen der meistens dort auch anwesenden aufdringlichen Damenkegelklubs und dem »Jägerschnitzel« auf der Speisekarte nicht auf unserem Niveau.

Wir beschlossen deshalb, künftig bevorzugt nach Frankreich, in die Normandie oder Picardie zu reisen. Eine Kegelbahn wurde eh nicht gebraucht, da wir ja, wie schon gesagt, nicht kegeln, sondern ausschweifend genießen wollten. Man hatte uns fünf zwar gewarnt, dass wir hier und da auf Unfreundlichkeiten der Franzosen stoßen würden, aber das war uns gleichgültig, wollten wir uns doch vor allem als Botschafter der feinen Lebensart präsentieren, wofür wir bei den

Franzosen auf Verständnis zu treffen hofften. Außerdem hatte ich meine einschlägigen Erfahrungen in Sachen Unfreundlichkeit und deren diplomatischer Entgegnung schon 1965 gemacht. Damals hatten zwei Kumpels und ich an der Côte d'Azur ein 11 m-Segelboot gechartert, um das Mittelmeer »abzusegeln« und die Häfen unsicher zu machen. In »Golfe Juan«, das ist der erste Hafen östlich von Cannes, lagen wir, von französischen Booten eingekeilt, vor Anker. Deren Crews würdigten uns nicht nur keines Blickes, sondern bedachten uns auch mit sehr abwertenden Sprüchen, von denen sie vielleicht sogar hofften, wir würden sie verstehen, was ja auch so war.

Das gestörte Verhältnis änderte sich dann binnen 14 Stunden, in denen es uns gelang, uns Respekt durch Leistung zu verschaffen. Wir wollten unbedingt noch zu einer Hyèren-Insel, der Ile de Porquerolles, dem aber standen (eigentlich) am dafür angesetzten sehr frühen Morgen acht Windstärken entgegen. Eigentlich deshalb, weil uns der Wind keine Angst machte. An Deck der anderen Boote ließ sich noch niemand blicken, zwei Leute des Bootes an Backbord müssen aber von den Kommandos unseres Captains und vom Lichten unseres Ankers wohl wach geworden sein, denn sie zeigten sich, staunten ungläubig, dass sich bei so viel Wind einer hinauswagte und riefen uns als Abschiedsgruß »Les Boches sont fous« hinterher, womit sie nach dem schlimmen Schimpfwort für Deutsche meinten, wir seien verrückt

Als wir abends, ziemlich erschöpft von den Segelmanövern und dem Wind, an unseren Liegeplatz zurückkehrten, stand da der, der uns am Morgen noch als verrückt bezeichnet hatte, und fragte, ob wir auf einen Drink zu ihnen herüberkommen wollten. Aus dem Drink wurden viele, besonders am Abend darauf, als die Jungs bei uns zu Gast waren. An dieser Stelle, nicht hier im Text, sondern dort im Hafen, haben wir uns dann noch die Bewunderung eines italienischen Skippers verdient. Der war sehr spät nachts noch eingelaufen und hatte aus Bequemlichkeit seinen Anker über unseren fallen lassen, was ihn und uns natürlich bewegungsunfähig machte.

Nachdem er mit seinen beiden Kumpanen eine halbe Stunde von Deck aus vergeblich versucht hatte, seinen Anker frei zu bekommen, und auch keine Anstalten machte, sich für die einzige Alternative, ins

Wasser zu springen, zu entscheiden, nahm ihm das unser Captain ab. Nach einem eleganten Kopfsprung mit höchster Benotung und 45 Sekunden unter schmuddeligem Wasser tauchte er wieder auf, beide Anker waren frei. (Eigentlich war diese gute Tat im Kontext dieser Geschichte unnötig, denn die Italiener gehörten doch noch rund 25 Jahre vorher zu den Achsenmächten und hätten uns schon deshalb wohl gesonnen sein müssen.)

Aber folgen Sie mir jetzt gen Norden in die Normandie. Es war ein beklemmendes Gefühl, endlos anmutende Soldatenfriedhöfe und Mahnmäler aller damals gegen uns verbündeten Staaten passieren zu müssen, und man verstand leichter, warum nicht zu erwarten war, dass uns jemand umarmen würde. In Arromanches, dort, wo an »Omaha Beach« die heftigsten Kämpfe der Invasion 1944 stattfanden, die Wracks der von den Deutschen versenkten Landungsboote der Alliierten noch immer aus dem Wasser ragen und auch das D-Day-Museum steht, machten wir zum ersten (und auch zum letzten Mal) Bekanntschaft mit offener Feindschaft. Ein junger Lehrer, der seine vielen Schüler aus dem Museum zurück zum Bus geleitete, nutzte zum Überqueren des Zebrastreifens, vor dem wir in unserem Auto mit deutschem Kennzeichen warteten, ausschließlich unsere Grünphasen, und er tat das so provozierend langsam, dass es kein Zufall sein konnte. Ich am Steuer habe darauf nicht reagiert, habe mir eine angesteckt, den Musette-Walzer im Radio etwas lauter gestellt und dazu den Takt am Türholm geschlagen. Hätten die ungeduldigen französischen Fahrer hinter uns nach dem dritten von uns nicht genutzten Grün nicht ein höllisches Hupkonzert veranstaltet, weiß ich nicht, wie lange wir noch hätten warten müssen. Aber auch hier half nur Gelassenheit. Als der Lehrer alle Schützlinge sicher auf der anderen Seite hatte, habe ich ihm mit einem freundlichen Winken auf französisch »danke und einen schönen Tag« zugerufen. Der Mann war wirklich perplex, wendete sich ab und ging weiter. Zwei alte Franzosen aber, die vor dem Museum alles mitbekommen hatten, klatschten uns demonstrativ Beifall. Irgendetwas ist hier verkehrt, diskutierten wir anschließend in unserem Wagen. Warum ein junger Lehrer und nicht die klatschenden Alten? Auf dem Weg in unser Hotel fiel uns dann noch auf, dass an ihm die Fahnen auch der letzten Bananenrepublik flatterten, nicht aber schwarz-rot-gold.

Der ultimative Durchbruch, halt, das klingt schon wieder zu kriegerisch, der größte Ansehensgewinn gelang uns ein Jahr später, in einem normannischen Kaff, dessen Namen ich vergessen habe.

Wenn wir nicht wussten, wo die Einheimischen ihre Kugeln rollen lassen, haben wir uns immer nach dem Kriegerdenkmal erkundigt, und das liegt erfahrungsgemäß meistens »mitten drin.« Hier war es nicht anders. Die Franzosen, eine Mischung von sehr alt und mitteljung, waren schon am Werke. Als wir aus unserem am Platz geparkten Auto die Holzkisten mit den Boule-Kugeln geholt hatten und fragten, ob wir auf dem noch freien Gelände spielen dürften, beäugte man uns misstrauisch, vielleicht auch mitleidig in Richtung »die können doch nicht Boule spielen«. Wie auch immer, schließlich nickte der Gefragte mit dem Kopf, was die anderen dann auch taten. Da wir dank häufigen Trainings wirklich nicht schlecht waren, schaute der eine oder andere französische Boulist schon einmal neugierig und sicher auch verdutzt zu uns herüber, was wir in umgekehrter Richtung sowieso schon taten. Zu einer anders gearteten Annäherung war es aber nicht gekommen. Noch nicht. Denn irgendwann war Zeit, das aus dem Kofferraum zu holen, was wir immer bei solchen Gelegenheiten mit uns führten. Eine weiße Tischdecke, Gläser, Gewürze, Tomaten, Oliven, je nach Jahreszeit Radieschen, Pastete, Schinken, Käse, Champagner, Wein, Calvados und Mineralwasser.

Waren unsere Aktivitäten bislang nur auf mäßiges Interesse gestoßen, änderte sich das schlagartig, als wir alle Köstlichkeiten auf der Kofferraumhaube aufgestellt hatten. Wir wurden wie Menschen von einem anderen Stern angestarrt. »Erst machen die uns das Boule-Spielen nach, und jetzt kopieren sie auch noch unser Savoir Vivre, müssen sie gedacht haben. Natürlich sind wir zu ihnen gegangen und haben sie eingeladen, mit uns zu essen und zu trinken.

Nachher haben wir in gemischten Mannschaften gespielt, selbst die Kugeln haben wir untereinander getauscht, wobei ihnen unsere Obut-Kugeln neuen Respekt abnötigten. Kurzum: Es waren wunderbare, unvergessliche Stunden mit sehr aufgeschlossenen, gar nicht feindseligen, humorigen Menschen, die uns das Versprechen abgenommen haben, wieder zukommen.

Ich bin sicher, dass nicht nur mein Blick einige Male zu dem Monument hochging, an dem die Tricolore wehte und in goldener Schrift »Den tapferen Söhnen unserer Stadt, den Toten beider Weltkriege gewidmet« graviert stand.

Hier und auf der Rückfahrt durch die blühende Landschaft der Normandie und die romantische Welt der Ardennen ging mir die Frage nicht aus dem Kopf, wie es sein kann, dass man gegen so sympathische Menschen Krieg führt, mit der Absicht, sie zu töten, dass man ganze Landstriche systematisch verwüstet und nichts hinterlässt außer Schmerz, Leid, Verzweifelung und Gräbern. Es kann nur sein, dass die, die das angerichtet haben, keine Menschen waren, womit ich nicht die armen Landser und Poilus meine, sondern deren Anführer in Berlin und Paris.

## Beobachtungen an der Côte d'Azur

Eigentlich wollte ich mich hier leidvoll über den Halbtags-Tourismus auslassen, dem wir unterliegen, wenn wir im Haus eines Freundes an der Azur-Küste Urlaub machen. Dann gehört der Vormittag zwar dem Schwimmen im Meer, was mir mein Orthopäde dringend empfohlen hat. Der Nachmittag dagegen ist blockiert für die Bastelei, denn an und in alten Häusern ist immer irgendetwas kaputt. Also bezahlen wir unsere Miete in Form von Naturalien, wofür es auch in Frankreich einen Begriff gibt: avantages en nature.

Aber dann habe ich mir gesagt: Hör auf mit dem Jammern über die Arbeit, denn es gibt Leute, die müssen den ganzen Tag über Touristen sein, mit Kameras und Filmapparaten um den Hals, und das ist weitaus schlimmer.

Stattdessen beschäftige ich mich anderen Auffälligkeiten, zum Beispiel mit den Sonnenanbetern, die das ganze Jahr über klagen, es gäbe in ihren Breiten zu wenig Sonne, und die dann, sind sie endlich unter derselben, gewaltige Anstrengungen unternehmen, um den Strahlen zu entgehen. Inzwischen stehen an unserem Strand richtige Zeltkonstruktionen, die außer dem Schutz vor Sonne zwei weitere, wesentliche Vorteile bieten: Drinnen ist es so warm, dass man durchs ständige Transpirieren schnell etliche Pfunde abspecken kann. Zum anderen kostet der Auf- und Abbau soviel Zeit, dass nie Langeweile aufkommen kann. (Die Mutti soll sich halt um die Kinder kümmern.)

Allein die Britinnen, die den Billigfliegern von der Insel entstiegen sind, machen das anders, besonders die extrem hellhäutigen mit den leicht rötlich schimmernden Haaren. Früher, als Jungspunde, haben wir uns immer gegenseitig versichert, diese Mädels seinen besonders

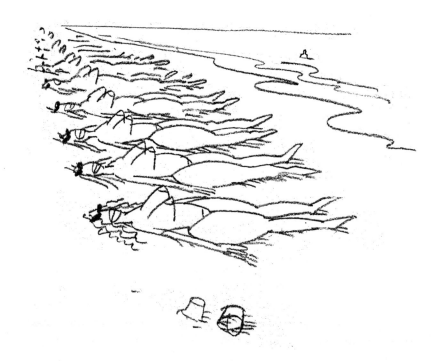

leicht herumzukriegen, was mir auch mal ein richtiger Italiener aus Finale Ligure bestätigte, der, wie seine Freunde, als Beutestücke seiner Eroberungen Schamhaare sammelte. (Wer zu Saisonende die meisten unterschiedlichen hatte, wobei es eben für diese rötlich schimmernden die wenigsten Punkte gab, bekam einen Pokal, Forza Italia!)

Also, diese Britinnen versuchen gemeinhin, schon bis zum Abend des ersten Tages so braun wie Harry Belafonte, oder noch besser, wie Roberto Blanco zu werden, mit dem Ergebnis, so rot geworden zu sein, wie es der berühmte Indianerhäuptling Sitting Bull nie war, um dann, auf Anraten eines Notarztes, für mindestens drei Tage jede Sonneneinstrahlung zu meiden. Später freut sich dann noch der Dermatologe, der prüfen muss, ob es sich bei dem kleinen schwarzen Punkt auf der Brust vielleicht um ein Melanom handelt, was ich allerdings nicht hoffe.

Auffällig auch die Veränderungen beim »oben ohne«. Wie schön das sein kann, bestätigt auch meine sonst eher prüde Frau, die das »Glück« hatte, mit mir, rein zufällig, an 14 Tänzerinnen des »Crazy Horse Saloon« in Paris, die gerade bei uns auf Betriebsausflug weilten, vorbeigehen zu dürfen.

Heute ist das alles nicht mehr so appetitlich, es ist fast so geworden wie auf diesem leidvollen Kilometer im Süden Gran Canarias, durch den die »Straße der Ameisen« führt. So nennt man uns Touristen, wenn wir in Massen etwas weiter am Strand spazieren möchten. Dort wie bei uns sind es in der Mehrzahl die Alten und Hässlichen, die dem »Oben-ohne-Trend« frönen.

Erst neulich habe ich ein etwa fünfjähriges Mädchen gesehen, dem die Mutter ohne ersichtliche Notwendigkeit ein Mini-Oberteil umwand, so, als wolle man einen Besenstiel bikinisieren. Klar doch, dass sich das arme Ding auf Grund dieses traumatischen Kindheitserlebnisses später am Strand sofort alle Klamotten vom Körper reißt. So verhelfen mir meine sechs Semester Psychologie zu dem logischen Schluss: Wer als Kind gezwungen wird, nicht Vorhandenes schamhaft zu bedecken, muss im Alter dazu neigen, im Überfluss Gewachsenes schamlos und ohne Rücksicht auf Verluste vor den unfreiwilligen Voyeuren zu entblößen. So entsteht zwanghafter Exhibitionismus.

Sehr liebenswert ist auch das Verhältnis der Südfranzosen zu Gesetzen und Verordnungen. Es ist ja bekannt, dass in Paris ständig irgendwelche sinnigen und unsinnigen Vorschriften erlassen werden, die sofort nach Inkrafttreten von den Franzosen einfach übergangen werden. Es ist schon charmant zu sehen, wie die Kellner zum Beispiel mit dem Rauchverbot umgehen. Kommt man in ein Restaurant und stehen auf allen Tischen Schilder mit dem Hinweis »Nichtraucher«, fragt man den Monsieur, ob es vielleicht auch einen Tisch für Raucher gäbe, dann sammelt er alle Schilder ein und antwortet: Partout, was »überall« heißt.

Man trifft auch an keinem Strand auf mehr frei laufende (und schwimmende) Hunde als an denen, vor die ein Schild mit der Aufschrift gepflanzt wurde, dass hier Hunde strikt verboten seien, selbst an der Leine.

Ein Freund aus Nizza erzählte mir von einem neuen Gesetz, das den Gebrauch von nicht französischen Begriffen, besonders Anglizismen, unter Geldstrafen stellt. (Gäbe es so etwas bei uns in Deutschland, lägen mindestens 75 % unserer Bevölkerung unter der Armutsgrenze.) Aber wie gesagt, den Franzosen kümmert es gar nicht, er bleibt beim BBQ, bei Fast Food, Meeting und Weekend. Mehr noch, immer mehr deutsche Wörter finden Eingang in die französische Sprache. So gibt es das »Waldsterben« nicht nur in der Sprache Frankreichs schon lange. Jetzt aber habe ich bei der Lektüre der größten Zeitung an der Côte eine neue Entdeckung gemacht. Da taucht doch mitten in einem Beitrag, der sich mit der Fußball-WM 06 beschäftigte, das Wort »Mannschaft« auf. Wahrscheinlich weil sich unsere Jungs so beeindruckend geschlagen haben. Aber nötig war das doch nicht, denn hat nicht die »Equipe Tricolore«, wie unsere Freunde ihr Team nennen, noch einen Platz besser abgeschnitten als wir?

Überhaupt wir Deutschen, wir sind inzwischen sehr angesehen, besonders bei den Gastronomen, ja, wir werden geradezu geliebt, weil wir, anders als die Engländer und Amerikaner, in Sterne-Restaurants nicht Fish'n chips, Hamburger und Cola bestellen oder den teuren alten Rotwein zurückgehen lassen, weil er nicht kalt genug ist. Als größtes Kompliment können Sie werten, wenn Ihnen ein Kellner oder

Sommelier\* die französische Karte reicht, obwohl er weiß, dass Sie Deutscher sind. Oder wenn Sie an den Tagen des Grand Prix von Monaco einen Tisch im »La Pinède« in Cap d'Ail bekommen.

Ja, die Kultur des guten Essens und Trinkens ist auch an den Stränden zu erleben. Was haben wir früher, mit der Stulle in der Hand und der Sprudelflasche am Mund, unsere alten, französischen Nachbarn beneidet, wenn sie sonntags mit der Großfamilie unter unserer dicken Pinie ein Fläschchen Wein und ihr »pain baignat«\*\* auspackten. Da lief uns so das Wasser im Mund zusammen (außerdem hatten wir das Gefühl, als lebensstillose Germanen angesehen zu werden), dass wir eines Tages beschlossen, diesen netten Menschen wenigstens einmal zu zeigen, wo der Hammer, sozusagen das »Savoir vivre« hängt.

Also kauften wir eine blau-weiß-rot karierte Stofftischdecke, zwei Kühltaschen mit Kühlelementen und jede Menge Delikatessen vom Feinsten. Unser Menü hatte dann diese Reihenfolge: Im ersten Gang

---

\* Jahrelang habe ich vergeblich herauszufinden versucht, welche Wurzeln die Bezeichnung der Herren hat, die sich, mit einer langen Kette um den Hals, in guten Restaurants Ihrer Weinwünsche annehmen. Mindestens 14 Sommeliers aus fast allen Departements habe ich gefragt, keiner konnte mir antworten. Bis auf einen, in einem ganz kleinen Restaurant in Biot. Der Begriff stamme aus der Zeit der Kreuzzüge. Wenn der Fürst in den Kampf aufbrach, musste er ja genug Wein mit sich führen, Wasser würde man schon irgendwie finden. Also wurden die Lastesel, *bêtes de somme* mit Beuteln voller guter Tropfen behangen, und der Diener, der dafür zuständig war, heißt noch heute *Sommelier*. Ich dachte mir, auch Sie wollten das schon lange wissen.

\*\* Übersetzt heißt das soviel wie Bade-Brot, besser wäre noch Bade-Riesen-Brötchen, denn das Brot ist eine große Kugel (boule), deren weichen Inhalt man entfernt und dann den so entstandenen Hohlraum mit dem füllt, was einen echten Salade Niçoise auszeichnet: Thunfisch, ein klein geschnittenes hartes Ei, grünen Salat, Tomaten, Paprika, Sardellen und Oliven. Über das Ganze gibt man eine Prise Salz und einen Schuss Olivenöl. Das Geheimnis der Zutaten ist leicht zu erklären: Was konnte man zu den Zeiten, als es noch keine Kühlschränke zu Hause und keine mobilen Kühltaschen und -elemente gab, mit an den heißen Strand nehmen? Klar doch, es mussten Lebensmittel sein, die auch nach Stunden unter extremer Hitze nicht verdarben. Ganz schön clever, die Franzosen!

gab es norwegischen marinierten Lachs auf Brioche, dazu einen heimischen, trockenen Rosé, im zweiten Salade Niçoise, begleitet von einem weißen Burgunder, im dritten Gang wurden kalter Braten, italienische Salami, französischer Landschinken, Tomaten und ein roter Bordeaux gereicht. Den krönenden Abschluss bildeten Obstsalat »an« einem Fläschchen Champagner.

Sicher war es ein Sakrileg, alle alkoholischen Getränke aus denselben Gläsern zu trinken, ich halte das aber auch heute noch für entschuldbar, angesichts der Dinge, die wir für unsere Kinder noch mit an den Strand zu nehmen hatten, wie Schlauchboot, Luftmatratze, Wasserball, Hängematte, Schnorchelausrüstungen, Handtücher und Mineralwasser.

Es gab wegen der Gläser auch keine Missfallensäußerung unserer Nachbarn, im Gegenteil, als sie sich nachmittags höflich von uns verabschiedeten, sagte der Älteste von ihnen zu uns: »Chapeau, Messieurs, Dames, trois étoiles pour vous«, was heißt, »Respekt, meine Damen und Herren, drei Sterne (wie sie der Guide Michelin für eine sehr gute Küche verleiht) für Sie!« Wir haben nicht nur »Merci beaucoup« geantwortet.

## Dann mal tschüss!

Hape Kerkeling hat mich mit seinem wunderbaren Buch »Ich bin dann mal weg« tief beeindruckt, so dass ich jetzt beschlossen habe, es ihm gleich zweifach gleichzutun, auch abzuhauen und über die Motive meiner Flucht zu schreiben.

Es soll nicht für immer sein, aber vier Wochen in Südafrika sollten schon dabei herausspringen, da, wo es keine deutschen Zeitungen und Fernsehprogramme gibt, die einem mehr und mehr den Spaß verderben.

Das wird eine grandiose Erholung, weniger körperlich, denn dafür sorgen schon Landschaft, Sonne, Wärme, die Elefanten & Co, der Indische Ozean, das »Kreuz des Südens«, riesige Steaks und die guten Tropfen vom Weingut »Buitenverwachting«, was auf deutsch zutreffenderweise »weit übertroffen« heißen soll, nein, sondern mental.

Irgendwie habe ich dem stolzen Gelübde »Wir sind Deutschland« fristlos gekündigt, denn diese Staatsangehörigkeit geht mir angesichts der aktuellen politischen Diskussion um dies & jenes zunehmend auf den Geist.

Als da wären der Streit um eine Schulreform, die, alle, wenn es nach der SPD ginge, wieder gleich macht, der um die vorzeitige Begnadigung des RAF-Terroristen Klar, der um unsere Tornados in Afghanistan, vor allem aber der um die Umwelt und Jan Ullrich. In der Großen Koalition knirscht es, jeder, der nur ein Mikrophon sieht, lässt populistische Sprüche los, im Kanzleramt werden ganze Nächte verdiskutiert – ohne greifbares Ergebnis, versteht sich fast von selbst.

Dabei scheint der so genannte gesunde Menschenverstand auf der Strecke zu bleiben. Es könnte doch alles so einfach sein: Man fördert ein Schulsystem, das neue Eliten hervorbringt, denn ohne die haben wir auf Dauer im internationalen Wettbewerb keine guten Karten. Wofür sonst werden Elite-Unis installiert?

Den offensichtlich irreparabel verblendeten Herrn Klar sollte man, so lange es geht, hinter Gittern lassen. Und wenn fast alle Europäer Truppen und Waffen am Hindukusch haben, können wir uns doch nicht verweigern. Und in Sachen Umwelt sollten die Europäer, statt in ihren Ländern in sinnlosen Aktionismus zu verfallen, erst einmal die USA, China und Indien dazu bringen, endlich wenigstens bei Null zu beginnen. Denn ohne deren Mitwirken bleibt jede unserer noch so sinnvollen Maßnahmen ein Tropfen auf den heißen Stein.

Und den schweigenden oder lügenden Jan Ullrich lässt man am besten ganz in der Versenkung verschwinden, indem man ihm kein Podium für seine plumpen Anbiederungsversuche mehr bietet.

Der wichtigste Grund meines temporären Abtauchens vor der Realität aber sind meine beiden ältesten und besten Freunde, die ich endlich wiedersehen werde.

Außerdem öden mich die Wartezimmer meiner Ärzte, mehr noch die medizinisch-technischen Assistentinnen mit ihrem Dienst nach Vorschrift an.

Natürlich spielt auch das miserable Wetter hier eine Rolle. Aber man sagt ja nicht mehr Wetter, das war früher, heute heißt es Klima, und seitdem es das gibt, scheint in Düsseldorf vieles besser geworden zu sein, denn, hatten wir beim Wetter in unserem Stadtteil oft Überschwemmungen, hat das Klima die Häufigkeit der Überflutung deutlich reduziert.

Die durchgehende Trockenheit kann natürlich auch am besonderen Verhältnis zwischen Düsseldorf und Köln liegen, die sich bekanntlich ja nicht grün sind, was wohl daran liegt, dass Köln trotz Verweises auf den Dom und den Besitz eines eigenen Kardinals im August 1948 nicht Landeshauptstadt wurde.

Da also die Kölner die Düsseldorfer nicht leiden können, gönnen sie ihnen auch nichts, und graben, bildhaft gesagt, ihnen bei jeder sich bietenden Gelegenheit das Wasser ab, beziehungsweise sie leiten es, wenn der Rhein Hochwasser führt, in ihre Altstadt ab, so dass für die armen Düsseldorfer kaum noch etwas übrig bleibt.

Ich sehe leider aber kommen, dass ich im Urlaub ständig auf zahlreiche Unzufriedene anderer Nationen treffe, die mir versichern, bei ihnen sei alles noch weitaus schlimmer, was man aber nicht nachprüfen kann.

Und dann, inzwischen wieder bei seelischen Kräften und von eigentlich unbegreiflicher Erinnerungsverklärung befallen, freut man sich doch wieder, nach Hause zu kommen. Zum Glück nicht nach Köln.

## Wenn schon, denn schon

In einem amerikanischen TV Serienkrimi habe ich neulich von einer unaussprechlichen und zugleich schrecklichen Krankheit erfahren, bei der die von ihr Heimgesuchten Teile ihres Körpers so hassen, dass sie sich derer am liebsten für immer entledigen würden.

Um dies zu erreichen, hat sich im ersten Fall einer den kleinen Finger der linken Hand abgehackt (wäre er Linkshänder gewesen, hätte der kleine der rechten daran glauben müssen, so das Urteil der scharfsinnigen Kriminologen), im zweiten schoss sich ein anderer mit einer Pistole in den linken Unterschenkel. Da dies aber leider »nur« ein glatter und deshalb vergleichsweise ungefährlicher Durchschuss wurde, hat er sich, etwas höher, mit einem entsprechenden Elektrogerät angebohrt – alles nur, um zu schaffen, dass ihm ein Fachmann nun endlich das Bein amputiere.

Als das nicht klappte, da sich kein schneidewilliger Chirurg auftreiben ließ, bestach der Mann einen bedürftigen, weil ohne US-Bafög auskommen müssenden Studenten im ersten Semester Medizin mit viel Geld, ihm das Bein im Keller des Instituts nach einer Vorlesung abzusägen, was der dann auch versuchte, zuerst mit einem professionellen Instrument, dann aber, als wegen des hohen Energiebedarfs dieses Gerätes immer wieder die Sicherungen herausflogen, mit einem handelsüblichen Fuchsschwanz. Da war der Schnitt bedauerlicherweise nicht so schön glatt.

Noch tragischer aber, der so Operierte verstarb wenig später an

Wundbrand, was natürlich sofort die Cops auf den Plan rufen musste, auch weil es sich ja um einen Krimi vom berühmten Produzenten Jerry Bruckheimer und nicht um den »Arzt, dem die Frauen vertrauen« handelte.

Der Film nannte als Grund für diese krankhafte Aversion gegen gewisse Gliedmaßen die zwanghafte Vorstellung, alles Unglück im Leben »verdanke« man diesem einen Teil, wobei mir dazu einfällt, dass man zum Beispiel einem Schuh, dem das Bein fehlt, ja dann nichts mehr in denselben schieben kann, aber das nur nebenbei. Außerdem bleibt ja noch ein zweites Bein.

*Wie im Fernsehen folgt hier eine Werbeunterbrechung mit folgender, extrem kniffliger Frage, für deren richtige Beantwortung man sofort 1000 € einsacken darf:*

*»Welches Kleidungsstück trägt ein Richter während seiner Arbeit?«*
*a) eine Robe*
*b) eine Lederhose?*

*(Zugegebenermaßen unsicher, wie die Antwort in weiten Teilen Nieder- und Oberbayerns ausfallen würde, zappe ich kurz zu CNN, aber auch dort nichts Erfreuliches, um rechtzeitig zum Krimi zurückzuschalten.)*

Natürlich bemitleide ich die armen, gepeinigten Leute sehr, die an der Krankheit leiden, sich selbst verstümmeln zu müssen. Ja, ich könnte sogar ein gewisses Verständnis für jene aufbringen, die Segelohren und/oder Knollennasen haben, oder die ein Glied beklagen, das nur selten oder gar nicht die gewünschten Abmessungen und den notwendigen Aggregatzustand erreicht. Soweit reicht mein Vorstellungsvermögen schon. Aber das mit dem Bein finde ich überhaupt nicht cool.

Da sollte man den bekannten Rat, das Übel am besten gleich mit der Wurzel auszurotten, konsequenter und radikaler befolgen. Und sich von dem Körperteil trennen, in dem das Übel ausgebrochen ist und ungehemmt weiterwuchert.

Es kann doch nicht die Welt kosten, sich die Teile, die man zum Bau einer Do-it-yourself-Guillotine braucht, im einschlägigen Fachhandel zu besorgen, zum Beispiel im nächsten Bauhaus (Wenn's gut werden soll), bei Praktiker (Geht nicht, gibt's nicht), im Hagebau-Markt (Mach dein Ding!) oder bei Hornbach (Es gibt immer was zu tun). Die dazu passende scharfe Klinge findet man garantiert in Solingen. Oder man leiht sich das komplette Equipment aus einem Theaterfundus.

Schade bei diesem ultimativen Schluss ist für den dann Kopflosen nur, dass er das Glücksgefühl, endlich erfolgreich gewesen zu sein, nicht mehr so richtig auskosten kann.

Für den Drehbuchautor konnte aus verständlichen Gründen ein eigentlich naheliegender früher Suizid dieser Form nicht in Frage kommen. Ganze Handlungsstränge hätten entfallen müssen, womit man dann nur auf eine Laufzeit von etwa 25 Minuten gekommen wäre, was viel zu wenig ist für die vielen Werbeeinblendungen.

Zum anderen muss in Krimis der bekannt sendungsbewussten, scheinheiligen Amerikaner am Ende immer das Gute siegen und der böse Täter gefasst werden.

Beruhigend auch, dass dieser, der arme Student, nur auf der MAZ 15 Jahre im Knast sitzt, im wahren Leben tut er das wahrscheinlich gerade in einer Kneipe, um seine Gage zu versaufen. Ein schönes Happy End, finde ich. Und schalte um zu »Law & Order«.

## Über Urheberschaften und Ästhetik in der Werbung

Ich habe einen Freund, Kreativer wie (einst) ich, der mir und anderen ein ums andere Mal bei jeder sich bietenden Gelegenheit stolz versichert, er habe damals die Idee gehabt, dieses scheußlich dicke Mädel für Fuji ablichten zu lassen. Er teilt dieses Los des Kampfes um die scheinbare Urheberschaft mit mindestens 20 weiteren mir bekannten Personen, die auch die Slogans »Mach mal Pause« und »aus Freude am Fahren« für sich in Anspruch nehmen. Da ich keine der drei Ideen hatte, sondern als einzige Glanzleistung als Schöpfer von Neuem den Produktnamen »Nimm 2« erfunden und gleich auch noch den optischen Auftritt mitgeliefert habe (was natürlich wieder mindestens zehn angebliche Mitbewerber bestreiten werden), ist mir das mit der dicken Tante egal. Dennoch fand ich das damals extrem fies und unkreativ, es sei denn, man hätte den Film dank Überbreite allem anderen Zelluloid für haushoch überlegen erklärt, aber das war nicht der Fall. Vielleicht gräbt ein genialer Werber dieses Motiv heute nochmals für die »Weight Watchers« aus, als abschreckendes Beispiel für Übergrößen. Ich hoffe für das Modell nur, dass es nach den Aufnahmen auf Pommes und Cola verzichtet hat und sich inzwischen verschlankt hat – ganz im Sinn der Ästhetik, wenn schon nicht in der Werbung, dann (wenigstens) fürs Leben.

Bleibt als weitere Streitfrage, wie viel Hundertschaften sich für die unvergessliche Schlagzeile »Es gibt Formen, die man nicht verbessern kann« verantwortlich fühlen. (Mein Freund von oben ist natürlich auch wieder dabei!)

Ach, du dickes Ei, sage ich da nur mit Blick auf die vielen schönen Automobile, die die Behauptung von der Unverbesserbarkeit widerlegen.

Indessen geht es mit der Ästhetik immer weiter unter die Gürtellinie. Da schabt sich einer den »Käse« unter dem Fuß direkt auf die Pasta, nur noch zu toppen von der Firma mit dem wohlklingenden französischem Doppelnamen, die in ihrem Spot eine zauberhafte Dame auf einer elegant geformten Toilettenschüssel pupsen lässt. Daran arbeite man noch, wird verheißen, hoffentlich in die richtige Richtung, denn sonst werden sich die unästhetischen Bäuerchen unter und über dem Tisch häufen.

## ADI – DAS MÜSST IHR MACHEN!

Ich hin ein erklärter Freund des Fußballs. Was mich nur dabei stört, ist dieses ständige Gezerre und Gezupfe an des Gegners Textilien, das trotz drohender Ahndung durch den Schiedsrichter unvermindert weitergeht.

Hier kann sehr fortschrittlich Abhilfe geschaffen werden, wozu ich besonders den bekannten Ausrüster aus Herzogenaurach aufrufe. Warum spielen die Herren, den griechischen Athleten der Antike gleich, im Sommer nicht nur mit Suspensorien oder in Strings in zwei für die Mannschaften unterschiedlichen Farben? (Das würde sofort auch mehr Frauen in die Stadien locken, was wiederum die Amortisation der Investition beschleunigt.)

Für ausreichende Unterscheidung sorgen zusätzlich die Stutzen. Für das Aufbringen der Rückennummern und des Namens von Spieler und Verein kann man die begabtesten Grafitti-Sprüher als Arbeits-Beschaffungs-Maßnahme von der Straße holen. (Eine Tätowierung scheidet aus, da viele Spieler den Verein wechseln wie ihr dann nicht mehr vorhandenes Hemd.)

Gut, für Sponsoren ist auf den Minis da unten kein Platz, aber Selbstklebefolien für die noch freien Stellen der Haut tun es doch auch.

Die FIFA ordnet dazu eine Ganzkörperrasur an, damit alles besser haftet und man sich dann auch wirklich nirgendwo mehr einhakeln kann.

Im Winter würde dann in Neopren-Anzügen gespielt, die ja in vielen Farben auf dem Markt sind. Auch für die Damen gibt es eine sinnvolle Lösung: die eng anliegenden, windschlüpfigen, einteiligen Badeanzüge, wie sie die Schwimmerinnen im Wettkampf tragen, womit gleich auch die sonst störenden Dessous überflüssig werden. Für die kalte Jahreszeit gilt auch für die Damen Neopren-Zwang.

Man sieht, nur etwas Kreativität ist gefragt, und schon ist das schnellere, seltener unterbrochene Spiel nicht nur was fürs Herz der Fans, sondern auch für deren Auge.

## Die spinnen, die Römer?

Meine Antwort auf das Fragezeichen ist ein eindeutiges »Nein«. Für mich waren das schlaue Kerlchen. (Den Diminutiv verwende ich nur, weil sie den alten Germanen nur bis zu deren Schulter und schon gar nicht das Wasser reichen konnten.

Sie haben den Limes gebaut, wunderbare Aquädukte, den Circus Maximus, das Kolosseum und mindestens das halbe Rom, wenn nicht mehr. Auch den Charme, die Eleganz und feine Lebensart, die besten Freunde zum eigenen Freitod, gemeinsam mit der geliebten Sklavin, einzuladen, habe ich stets bewundert. Wie sich die Gäste über dem Tisch voll fraßen und tranken und sich die Gastgeber unter dem Tisch dezent die Pulsadern öffneten und äußerlich ganz gelassen, ausbluteten, das hat schon was von innerer Größe, ganz im Sinn der Beschriftung einer Baseball-Kappe, der ich vor ein paar Tagen, mit einem Mann darunter, in Hamburg begegnete. Darauf stand: »Helden sterben nicht im Bett.«

Auch die unterhaltsamen, fairen Gladiatorenkämpfe, mit Kirk Douglas als Spartakus in der Hauptrolle, haben mich mächtig beeindruckt. Das mit den Christen und den Löwen finde ich allerdings weniger schön. Aber so viel Grausamkeit muss wohl sein, wenn ich in diesen Tagen gen Palästina, in den Irak, nach Simbabwe und anderswo hinschaue. Auch die Gänse auf dem Capitol in Rom, die bei Annäherung eines Feindes die Wächter durch ihr Schnattern weckten, waren eine clevere Idee. Und was sich da erst unter den Göttern im römischen Olymp abgespielt hat, das wäre heute allemal viele Soap-Operas wert.

Höhepunkt römischer Spitzenleistungen bleibt für mich aber die Straße, die sie gebaut haben, um ihre Truppen möglichst schnell nach Gallien zu Asterix und Obelix führen zu können, wo sie dann laut der entsprechenden Hefte prompt einen auf die Mütze bekommen haben, was aber vor allem an der schon erwähnten fehlenden Länge gelegen hat, und natürlich auch am ihnen unbekannten Terrain. Eine ähnlich schlechte Erfahrung haben ja später die Amerikaner in Vietnam machen müssen, obschon sie, welch Kuriosum, den kleinen Einheimischen zumindest am Zollstock haushoch überlegen waren.

Dass es »da oben« aber wirklich gefährlich war, ist schon in Cäsars »De Bello Gallico« nachzulesen, der Gallien bekanntlich in drei Teile geteilt hat. »Horum omnium fortissimi sunt ...« heißt es an einer Stelle, womit »die von allen stärksten« gemeint sind, weil sie so weit von der Zivilisation entfernt seien. Das müssen die beiden streitbaren Wildschwein essenden Kämpen mit ihrem Zaubertrank gewesen sein. Leider werden sie bei Cäsar namentlich nicht genannt, was ja auch nicht möglich ist, weil der ja während der Ausflüge seiner Legionen meistens in Rom blieb und Asterix und Obelix deshalb nicht persönlich kennen lernen konnte. Aber zurück zum Straßenbau.

Kartographen haben herausgefunden, dass es unter Berücksichtigung aller Einflussgrößen in Südfrankreich keinen schnelleren Weg in Richtung Westen und dann Norden gibt als die heutige Route Nationale Numéro 7, auch Moyenne Corniche genannt. Müsste man diese Route jetzt rekonstruieren, mit möglichst wenigen Kurven, möglichst wenigen Tunnels oder Brücken, mit möglichst wenigen zu überwindenden Höhenmetern, landete man genau auf der schon existierenden Straße. Wie haben die das damals ohne Luftaufnahmen, elektronische Messgeräte, Kräne, Bagger, Bulldozer, Dynamit und mobile Toiletten nur hinbekommen?

Dass die von mir so verehrten Römer später zu viel des guten Weins aus teuren Bleikrügen genossen und sich damit praktisch selbst ausgerottet haben, kann man ihnen nicht zum Vorwurf machen. Wer in Architektur, Straßenbau, Wachdienst und bei Selbstmord Spitze ist, muss schließlich nicht zwangsläufig gut in Chemie sein und alles über die schädliche Wirkung von Schwermetallen wissen.

## »Hotel Mama«, pränatal

Nun ist mir endlich klar geworden, warum es so oft zu Spätgeburten kommen muss. Ganz sicher gibt es dafür auch glaubhafte, weil wissenschaftlich abgesicherte, medizinische Erklärungen. Der eigentliche Grund für die Verspätung ist aber außerhalb des Mutterleibs zu suchen, im Umfeld des Embryos.
Diese Erleuchtung kam mir während eines gemütlichen Zusammenseins mit Sohn und schwangerer Schwiegertochter, wobei sich Ersterer und meine Frau gebärdeten, als wären sie selbst im fünften Monat.

Gut, es ist verständlich, dass sich ab der Nachricht von der Schwangerschaft alles um das inzwischen 8 cm kleine, heranwachsende, neue Menschlein dreht, das sich einmal zu einem wahren Champion entwickeln soll, wenn es nach Eltern und Großeltern ginge.

Stoff zu optimistischen Prognosen, ja, bis hin zur waghalsigen Vision, hier könne ein neues Genie im Format eines Arnold Schwarzenegger, Goethe, Einstein oder Dieter Bohlen im Anmarsch sein, geben die sonographischen Aufnahmen, auf denen man angeblich erkennen kann, dass der Winzling bereits einen Magen und eine Speiseröhre besitze, durch die er jede Menge Fruchtwasser schlürfe, was von Zeit zu Zeit zu Schluckaufs führe. Auffallend seien auch die extrem langen, schlanken, meist über Kreuz gelegten Beine, die möglicherweise auch auf neue Weltrekorde in der Leichtathletik hinweisen könnten. Das Entscheidende, besonders hoffnungsfroh Stimmende aber ist, dass unsere Schwiegertochter während der Untersuchung gesehen haben will, wie das kleine Wesen, das noch unter dem provisorischen Namen Little X läuft, genüsslich ausgestreckt in der

Fruchtblase, an Rodins »Denker« von 1888 erinnernd, die linke Hand nachdenklich und grübelnd an den Kopf legte und dort minutenlang ließ. Er oder sie muss sich also schon in dieser sehr frühen Phase etwas gedacht haben.

Damit kam unsere Runde zwangsläufig zu der spannenden Frage, ob es denn nun ein Junge oder Mädchen würde. Da es darauf erst drei Wochen später eine definitive Antwort geben würde, einigte man sich auf die klassische Formel: »Egal, Hauptsache gesund!«

Von meiner Frau weiß ich allerdings, dass dies dreist gelogen ist, weil sie schon länger von einem niedlichen Mädchen träumt. Zum einen, weil ihr dies selbst verwehrt geblieben ist, zum anderen, weil man das viel besser »knuddeln« könne, und außerdem gäbe es dafür die viel hübscheren Klamotten, und eine Lederhose zum Beispiel wäre nie ein Thema.

Auch ich habe nicht die Wahrheit gesagt, weil mir viel mehr an einem Jungen liegt. Denn, wie einst bei mir, lastet jetzt auf meinem Sohn die schwere Verantwortung, ja sogar der Fluch, als jeweils letzter Träger unseres Namens in dieser Linie für männlichen Nachwuchs sorgen zu müssen. Nur so lässt sich unser seit 1483 lückenlos nachgewiesener Stammbaum erfolgreich fortschreiben.

Weiter ging es mit dem Vorschlag, man könne doch schon einmal darüber nachzudenken beginnen, was mit dem neuen Erdenbürger alles so anzustellen sei. Die zukünftige Mutter besteht darauf, ihn so früh wie möglich auf jene Bretter zu stellen, auf denen man steile verschneite Abhänge hinunterwedelt.

Meine Frau, wieder mit dem Mädel im Hinterkopf, bietet einen Schnellkurs in Gartenpflege oder an ihrem Herd an. (Die nicht unwichtige Frage, ab welchem Alter man höhenmäßig ohne Leiter überhaupt an Knöpfe und Töpfe herankommt, habe ich mir aber verkniffen.)

Unser Sohn, seit frühester Kindheit sportlich vielseitig interessiert und talentiert, stellt gleich mehrere Optionen zur Diskussion. Die reichen von Eis- und Feldhockey über Tennis, Segeln, Drachenfliegen, Golfen, Angeln, Wasserski bis hin zum Tiefseetauchen.

Unter Hinweis darauf, dass begnadetes Photographieren als Talent über Generationen in unserer Familie liege, könne man dem Kind ja so früh wie möglich auch eine digitale Spiegelreflexkamera von »Nikon« schenken, vielleicht würde aus ihm dann so einer wie Helmut Newton. Obwohl ich dieses Thema für ziemlich bescheuert hielt, wollte ich nicht als völlig desinteressierter »Raben-Opa in spe« dastehen und fühlte mich deshalb auch zu einem konstruktiven Vorschlag verpflichtet. Ich merkte also an, es gäbe doch schon für ganz Kleine richtige Golfschläger, und ich könne dann den Sprössling von Zeit zu Zeit zum Üben mit in den Club nehmen. Auch dieser Vorschlag stieß auf breite Zustimmung.

Danach wurde beraten, in welchen Kindergarten und in welche Grundschule man sie/ihn tunlichst schicken solle. Die Nähe sei entscheidend, war die einhellige Meinung.

Weiter ging es mit Mutmaßungen, wie viele Klassen das Kind ob seiner überragenden Intelligenz (siehe »Denker«) wohl überspringen und wann es dann, natürlich ohne »Ehrenrunde«, das Abitur mit Einser-Schnitt bestehen würde, um sofort mit in Rekordzeit zu absolvierendem Studium in Yale, Princeton, Harvard oder an einer der dann auch in Deutschland existierenden Elite-Universitäten zu beginnen. Hier sei eher die Entfernung wichtig, wagte ich unter Hinweis darauf einzuwerfen, dass ich nach Besuchen meiner Mutter mit heftigen Aufräumversuchen in meiner Münsteraner Studentenbude wochenlang nichts mehr wiedergefunden habe.

Es könne auch eine weltweit renommierte Kunstakademie sein, fügte die Schwiegertochter hinzu. Sie bezog diese Idee aus dem ihr inzwischen bekannten Gesetz der in unserer Familie immer eine Generation überspringenden Verteilung von Talenten. (Das stimmt, denn mein Vater wie auch unser Sohn hatten/haben mit Kunst nicht viel am Hut.)

Dann wurde angeregt über Ergonomie und technische Daten von Kinderwagen, Wiegen, Wickelkommoden, Buggys und Kinder-Autositzen gesprochen und natürlich auch über die von Lüscher beschriebenen Auswirkungen verschiedener Farben auf die Psyche des Menschen, was beim Anstrich des Kinderzimmers von großer Bedeutung sei. Hier konnte ich wieder Punkte sammeln – mit dem Verweis auch auf Goethes »Farbenlehre«, die sich von der Newtons (diesmal Sir Isaac), der dieses Thema eher von der physikalischen Seite anging, deutlich unterscheidet. Ja, in unserer Familie gibt es wirklich interessanten Gesprächsstoff.

An diesem Punkt angekommen, war mir auf einmal endgültig klar geworden, dass unser Enkel oder unsere Enkelin niemals zum vorausberechneten Datum zur Welt kommen würde. Dazu musste ich mich nur mental in die Fruchtblase unserer Schwiegertochter versetzen und alles, was wir beredet hatten, akustisch noch einmal an mir vorbeiziehen lassen. In diesem Rückblick ging ich sogar so weit, mir ungesagt vorzustellen, dass der heiß ersehnte Nachwuchs bei der nächsten Sonographie den neugierigen Voyeuren vor dem höchst auflösenden Monitor, alternativ zur Denker-Pose, mindestens »die lange Nase«, wenn nicht gar den »Effenberg-Finger« zeigen würde, als unmissverständliche Drohung, erst dann das Licht der Welt erblicken zu wollen, wenn wir uns abgeschminkt hätten, ihn schon im Vorfeld seiner realen Existenz zu vereinnahmen und total zu verplanen.

Recht hat er in meinen Augen, wiederum ungesagt, denn auch ich würde mir als Embryo sagen: Du bist doch nicht so verrückt (siehe »Denker«) und tust dir da draußen den ganzen Stress an. Lieber bleibste hier solange gemütlich, kuschelig, gut gefedert, warm und mit allem perfekt versorgt drin, bis die auf der anderen Seite der Bauchdecke zur Vernunft gekommen sind. Und das, sagt sich der Realist, kann dauern.

Um diese meine »Theorie der logischen Spätgeburt« zu beweisen, müsste jetzt nur noch statistisch belegt werden, dass Embryos, um die sich, wie der Volksmund so sagt, kein Schwein kümmert, deutlich vor dem vorausberechneten Termin geboren werden, um sich an den lieblosen Angehörigen so früh wie möglich brutal für ihre Gleichgültigkeit zu rächen: durch unaufhörliches Brüllen, ständiges In-die-Windeln-Machen, am besten grünlich-gelb, durch verweigerte Bäuerchen oder, umgekehrt, lustvolles Erbrechen von Möhren, Spinat und anderen farbenfrohen Gerichten. (Vielleicht nimmt sich ja eine renommierte Universität einmal dieser hoch interessanten Frage an.)

Nachtrag: Nun ist der kleine Kerl, der Julius heißt, doch früher auf die Welt gekommen, als ich erwartet hatte, womit meine Theorie widerlegt ist. Aber nicht wirklich, weil ich, um nicht als Phantast oder Dummschwätzer dazustehen, bereits eine plausible Erklärung zur Ausnahme von der Regel parat habe. Wenn Julius schon sehr bald (siehe »Denker«) fließend und fehlerfrei sprechen wird und Mama und Papa ihn fragen, warum er gegen Opas Prognose plötzlich solche Eile gehabt hätte, wird er antworten, zum einen sei es ihm da drinnen zu warm geworden (in der Tat, an den Tagen vor der Geburt kletterten die Außentemperaturen auf über 35°), zum anderen hätten ihn die an ihn gerichteten, gut vernehmbaren dummen Sprüche seines zukünftigen Großvaters so genervt, dass er es nicht mehr habe abwarten können, diesen seltsamen Vogel persönlich kennen zu lernen.

## Eine ganz neue Erfahrung

Am 10. August 2006 um 9.07 h war es so weit, unser Enkel Julius Christian musste das Licht der Welt erblicken. Musste, weil er mittels Kaiserschnitt abrupt aus dem sorgenfreien, gemütlichen Aufenthalt in Mutters Bauch in die raue Wirklichkeit geholt wurde, was er sogleich durch totale Apathie allen Besuchern gegenüber abstrafte. Auch die meistens geschlossenen graublauen Augen sollten wohl signalisieren, dass er dieselben so lange wie möglich vor der Realität zu schließen gedenkt, was ich für sehr vernünftig halte, weil der so genannte Ernst des Lebens früh genug beginnt, was sich zunächst durch einen nicht ausreichend gestillten Bärenhunger äußert. Zur Strafe hat er gleich um 300 g abgenommen und dabei allen zu Gehör gebracht, welch durchdringendes Organ er besitzt. Dass die Feuerwehr in der Nacht nicht ausgerückt ist, kommt mir wie ein Wunder vor.

War es vor 34 Jahren so, dass ich bei der Geburt unseres Sohnes fernab des Geschehens sein musste, durfte ich diesmal ganz nah dran sein und unseren Enkel schon sechseinhalb Stunden nach seinem

Erscheinen im Arm halten, überglücklich und sofort bis über beide Ohren verliebt.

Die neue Erfahrung zeigte sich auch in der Feststellung, wie hübsch, glatt und unverbeult das Bürschchen doch sei. Da war ich als junger Vater 1972, dem eine Schwester seinen Sohn an der anderen Seite einer großen Scheibe entgegen hielt, doch viel kritischer. Wie ein Äffchen sieht der aus, dachte ich, ohne es aber laut zu sagen.

Überhaupt waren die Bräuche damals strenger. Kaum daran zu denken, dass Neugeborene sofort rund um die Uhr bei der Mutter bleiben dürfen und Besucher in den ersten Stunden keinen Mundschutz tragen müssen. Irgendwie scheint dies eine Rückkehr zur guten alten Zeit ohne Verfallsdaten auf Lebensmitteln und ständiges Waschen und Pudern des Babys zu sein, ganz dem archaischen Motto folgend: Was mich nicht umbringt, macht mich hart.

Meine tiefe Zuneigung zum Enkel hat leider auch unangenehme Nebenwirkungen. Als ich ihn da so auf dem Arm schaukelte und ihm mit angeblich beruhigend-sonorer Stimme das Lied »La le lu, nur der Mann im Mond schaut zu …« vorsummte (auf die von mir in meiner Jugend unanständig verfremdete zweite Strophe, in der man sang, dass »vor dem Bettchen vier Schuhe stehen«, habe ich aus Gründen des guten Geschmacks verzichtet), wurde er noch relaxter, als er schon war. Schon riefen Frau und Schwiegertochter unisono aus, sie hätten den idealen Babysitter gefunden. Ich solle aber vor dem Schieben des Kinderwagens keine Angst haben, bei dem handele es sich schließlich um »den Maybach unter diesen Fahrzeugen«. Ein schwacher Trost, finde ich.

Meine Frau vermutet auch, Julius dürfe bei mir sicher alles, was unserem Sohn streng verboten war, zum Beispiel an den Knöpfen und Schaltern meiner Stereo-Anlagen herumwerkeln oder meinen Schreibtisch neu ordnen, um es ganz vorsichtig auszudrücken. Jetzt überlege ich, ob ich Julius, wenn es so weit ist, als »Gegenleistung« für meine Frau, nicht gestatte, unsere Wände mit Fingerfarben zu bemalen. Warten wir ab, kommt Zeit, kommt Rat.

Sorgen macht mir der neue Status auch aus Gründen der Eitelkeit. Haben mich 70-Jährigen die verlogenen, pietätvollen Freunde bislang mit dem Kompliment, ich sähe aus wie höchstens 63 aufgebaut, so wird das mit dem Enkel jetzt auch für mich unglaubwürdiger. Deshalb überlegen meine Frau und ich, ob wir unserem kleinen Kerl als Anrede für uns nicht die französische Version von Oma und Opa einbläuen. Die am häufigsten genutzte ist leider »Mami, Papi«, und muss wegen der Verwechslungsgefahr mit den Erzeugern ausfallen. Bleibt also die altmodische: »Mémé« und »Pépé«. (Die Akzente muss der Kleine ja nicht mitsprechen.)

Auf jeden Fall werde ich meinem Umfeld gegenüber wieder häufiger den Schluss-Satz aus einer BMW-Anzeige bemühen, in der ich Senioren im Jugendwahn seinerzeit versprochen habe, dass ein solch dynamisches Auto seinen Fahrer ewig jung mache: »Man kann Enkel haben, ohne Großvater zu sein!«, lautete die.

Hoffentlich habe ich damals nicht gelogen. Aber wie ich mich kenne ...

## Haben auch Sie 1,35 Autos?

Die Rede ist von den unglaublichen Erkenntnissen, die ich nach dem ersten Aufeinandertreffen mit den »Erfindern der Werbung«, unseren amerikanischen Freunden, gewinnen durfte, um es mal dankbar und demütig auszudrücken.

Es geschah etwa Mitte der 60er Jahre in Düsseldorf, in einer Agentur, die sich, sagen wir es verschlüsselt, »Reklame-Pfund« nannte und gerade auf dem Weg war, zu »Pfund & Grau« zu mutieren. Heute ist sie nur noch »Grau«, aber das ist nicht abwertend gemeint. Wir rückständigen Europäer litten damals sehr unter der Hybris der Leute von jenseits des großen Teiches, die keine Gelegenheit ausließen zu behaupten, sie hätten die Werbung erfunden.

Plötzlich sollten wir, die schon mit tiefenpsychologischen

Befragungen und anderen fortschrittlichen Methoden erfolgreich umgingen, lernen, dass nur »the figures« zählen, was dazu führte, dass Zielgruppen nicht mehr vornehmlich nach soziologischer Struktur, Bildungsgrad und anderen aussagekräftigen Parametern definiert wurden. Statt dessen hieß es: 1,35 Autos im Haushalt, 0,9 Waschmaschinen, 0,5 Geschirrspüler und, zu guter Letzt, 1,2 Kinder.

Wir haben diesen Unfug belächelt, was uns leicht fiel, dank der Erträge, die wir im Stile des damals noch nicht bekannten Begriffs »Shop in Shop« für unseren Laden erwirtschafteten, womit wir uns auch so etwas wie eine unantastbare Narrenfreiheit erkauft hatten.

Der Hokuspokus ging natürlich weiter: Eines Morgens fanden alle Etat-Direktoren (heute Account Directors) auf ihren Tisch ein Papier, auf dem zu lesen war, wie erfolgreiche Werbe-Strategien in Zukunft

zwingend zu formulieren seien. Hinter Punkt 1 stand: Wir behaupten, unser Produkt sei das mit Abstand beste. Punkt 2: Wir beweisen das, indem wir es immer wieder behaupten. Punkt 3 beschäftigte sich mit der Begründung, zum Beispiel den hinzugefügten geheimnisvollen Wirkstoffen, die wir spöttisch »Jod-S-11-Körnchen« nannten, es konnten aber auch blaue und rote Kügelchen sein oder der Extrakt einer asiatischen Wurzel. Und zum Schluss wurde dann stets eine »tonality« gefordert, die gefälligst »warm und menschlich« zu sein hatte.

Sehr beeindruckt hat mich auch die von den Amis gesteuerte penible Vorbereitung und Erarbeitung von Fernseh-Spots, zum Beispiel für die Firma »Proper & Gammel«. Gedreht wurde ein Film für jenen Weichspüler, der am Schluss der 45 Sekunden immer in »Super SloMo«, das heißt in unserer Sprache extreme Zeitlupe, auf einen Stapel unsichtbar frühlingsfrisch duftender Frotteehandtücher schwebt und sanft zurück federt. In diesem Spot gab es eine Szene, in der sich Oma und Opa liebevoll über ein Kinderbett beugen, in dem ein Baby, eingehüllt in das vom Produkt weich gespülte Laken, glücklich und zufrieden schlummert. Da man sich nicht sicher war, welcher Satz der Großeltern die größte Wirkung auf die Betrachterinnen vor dem Bildschirm haben würde, wurden folgende, völlig unterschiedliche Varianten gedreht und getestet: »Sieht Baby nicht süß aus!« (Variante mit »Babylein«); »Unser Baby sieht aber süß aus!« (Variante ohne »unser«); »Wie süß Baby doch aussieht!« (Variante mit eingeschobenem »heute«); »Unser Baby sieht doch immer süß aus!« (Variante Frageform). Und so weiter, immer getreu dem Motto: Der Kunde zahlt!

## Europa macht sich, wirklich


Als ich neulich ganz gedankenverloren beim Abendessen vor mich auf den Tisch und die darauf stehenden Gewürzstreuer mit dem als Löcher in den Deckel eingestanzten »S« und »P« schaute, wurde mir auf einmal klar, wie weit wir in Europa schon gekommen sind. Wir machen uns, dachte ich mir.
  Was in diesen Gläsern ist, muss doch jeder im alten Europa wissen, fiel mir sofort ein. Salz beginnt im Englischen und in allen romanischen Sprachen mit S, bei Pfeffer ist es nicht anders. (Wie das mit den östlichen Beitrittsländern und der Türkei ist, Gott hab uns selig, muss ich noch recherchieren. Da Rumänien einst eine römische Kolonie war und Romania hieß, müsste es wenigstens da auch mit S & P klappen.)
  Dann aber stellte ich für mich etwas traurig fest, dass diese Form grenzüberschreitender Verständigung wieder einmal nicht Verdienst der Brüsseler Bürokratie ist, wie so vieles, was einst versprochen wurde, von einer Realisierung aber weit entfernt ist. Gut, wir müssen kein Geld mehr wechseln, wir fahren ohne Schlagbäume und Stopp über die Grenzen, aber versuchen Sie doch einmal, ein Auto mit deutschem Kennzeichen auf ein spanisches oder französisches Nummernschild umschreiben zu lassen, oder fragen Sie mal, warum die technische Kontrolle der französischen Dekra nicht von der Dekra in Deutschland akzeptiert wird.
  Vollends aus meinen schönen Träumen gerissen, erinnere ich mich an die verheerenden Brände, die vor etwa zehn Jahren an der Côte d'Azur zwischen Eze und Monaco Tausende von Hektar Wald vernichtet haben. Als die monegassische Feuerwehr zur Hilfe anrückte, vor allem weil die Schwester von Rainier auf diesem Areal zu Hause ist, passten die monegassischen Schläuche nicht auf die französischen Hydranten, obwohl nur rund acht Kilometer Luftlinie zwischen beiden Orten liegen.
  1955 haben Art Blakey und seine berühmten Jazz Messengers den famosen Titel »Blues March Europe Number One« eingespielt. Was als Vision gedacht war, ist bis heute leider weitest gehend eine solche

geblieben, also mehr Blues als March. Da beschäftige ich mich doch lieber mit dem gewaltigen Fortschritt von Salz, Salt, Sel, Pfeffer, Pepper und Poivre.

## Kaum zu glauben

Man sagt, die Japaner seien ein kleines, tapferes, aber auch a bisserl aggressives Völkchen, und führt zum Beweis die Kriege an, die sie gegen viel größere Feinde geführt haben, zum Beispiel China oder, mit dem Angriff auf Pearl Harbour beginnend, gegen die USA, von denen sie dann aber letztlich in die Knie gezwungen wurden.

Kaum aber war die rote Sonne in der japanischen Flagge nach dem verlorenen Krieg nicht nur sprichwörtlich wieder aufgegangen, da folgte dessen Fortsetzung mit anderen Mitteln, Ziel dieses Mal: Die ganze Welt.

So greifen die Japaner fast zeitgleich an mehreren Fronten mit modernster Technologie die Märkte der Photogeräte, der Unterhaltungs-Elektronik und der Automobile an, um nur einige Kriegsschauplätze zu nennen. So mancher bis dahin renommierte europäische Anbieter muss wegen mangelhafter Bewaffnung kapitulieren.

Die Liste der japanischen Pionierleistungen, das muss man auch zugeben, ist inzwischen lang, das erste Video-System, der erste Kassettenrecorder, Mini Digital Kameras vor Jahren, heute die Hybrid-Technik im Lexus (Toyota) – da kann sich der »Rest der Welt« freuen, wenigstens einst schlaue Köpfe wie Edison, Einstein, Röntgen oder die Geschwister Curie gehabt zu haben. Selbst wenn man den ersten automatischen Eierkocher der Welt entwickelt hat, sollte man stolz sein dürfen.

Ich glaube, unsere lieben Freunde, die Amerikaner, sehen diese Entwicklung mit noch größerem Unbehagen als wir, und haben längst intelligente Gegenstrategien aus der Schublade geholt. Auch, oder gerade Hollywood muss wegen der gewaltigen Außenwirkung da mitmachen.

Sehe ich doch neulich wieder einmal den monumentalen Kinoschinken »Schlacht um Midway«, in dem schlaue amerikanische Admiräle unter tatkräftiger Mithilfe von Henry Fonda, John Wayne, Glenn Ford, Charlton Heston und Robert Mitchum nicht minder schlauen japanischen eine schwere Schlappe beibringen.

Das müsste eigentlich schon reichen, um klarzumachen, wer die Oberhoheit hat, aber nein, da haben die US-Drehbuchautoren einen hinterhältigen, bewusst geschäftsschädigenden Satz mitten in eine Schlacht eingebaut. So muss ein hochrangiger japanischer Seeoffizier seinem Chef bestürzt folgende Botschaft übermitteln: »Das Funkgerät ist defekt. Es gibt keinen Ton von sich!«

Soll heißen: Also, seht ihr, Leute, so weit her ist es mit dem technologischen Vorsprung der Japaner auch nicht!!!

Ich finde, das ist klassische Wehrkraftzersetzung, mindestens aber gelungene Propaganda.

## HÄTTE EIN GOLFBALL DOCH NUR OHREN!

Ansprechen des Balles, so nennen Golfer das Zeremoniell, wenn sie, leicht gebückt, andächtig und voll konzentriert, ihre Position bezogen haben, um den Ball danach schwungvoll (niemals mit Kraft) und möglichst elegant (was aber selten so aussieht) möglichst nah an das nächste Loch zu schlagen, ob von der Matte auf der so genannten Driving Range oder vom Gras (oder aus dichtem Gebüsch). Ich stelle mir dieses Ansprechen noch intensiver, weil persönlicher vor, denn bis hierher hat doch noch keiner einen Ton zum Spielgerät gesagt. Hier ein Vorschlag.

Ich lege auf dieser Range meinen Schläger vorsichtig hinter den Ball, beuge mich leicht vor, gehe etwas in die Knie, als wolle ich mich auf eine Toilette setzen, und schaue auf ihn, obwohl mein Trainer immer sagt, ich müsse durch ihn hindurch sehen oder, noch größeren Erfolg versprechend, ihn einfach wegdenken, was mir aber nie gelingt, weil das Ding da eben liegt und ich nicht blind bin. Dann konzentriere ich mich auf das Ansprechen.

(Einflechten muss ich noch, dass ich meine eigenen Bälle natürlich duze, Range Bälle, die ich ja nicht näher kenne, als höflicher Mensch aber förmlich mit »Sie« anrede.)

In diesem Fall also sage ich: »Guten Morgen, lieber Herr Ball, haben Sie gut geruht im angenehm feuchten Gras, unter Gottes freiem Himmel, mondbeschienen und mit dem glitzernden Sternenhimmel über Ihnen? Oder haben Sie die Nacht mit Ihren Artgenossen verbracht, gemütlich an- und übereinander gekuschelt in der großen Blechkiste, aus der Sie gerade in meinem Eimer gekullert sind?

Ich will ganz offen mit Ihnen sein und gestehen, dass ich Ihnen gleich sehr weh tun und mit meinem authentischen Schwung* ganz fürchterlich einen überbraten muss. Das verlangt mein Trainer Cary von mir. Sie sollen aber wissen, dass mir das sehr leid tut.

Dabei haben Sie es ja noch gut, denn nach meinem Schlag können Sie sich gleich wieder ausruhen, wohlig in der Sonne liegen oder sich im Regen wieder sauber waschen lassen, bis Sie der Greenkeeper mit seinem Traktor wieder einsammelt und zurück in die Blechkiste schüttet.

* Mit dem Mysterium des »authentischen Schlags« werde ich mich noch genauer auseinander setzen. Bis ich herausgefunden habe, was es damit auf sich hat, bitte ich um etwas Geduld und verweise auf mein viertes Buch. Dies ist übrigens mein erstes.

Da muss Ihr Kumpel auf seiner Runde über den Platz viel mehr aushalten, bekommt er doch schon von einem guten Spieler über die 18 Löcher mindestens um die 72 Schläge auf die Mütze. Von mir wären es locker um die 120. Also, da haben Sie es bei mir doch vergleichsweise gut.

Bitte nehmen Sie meine Entschuldigung an und fliegen jetzt schnurgerade möglichst weit. Danke, dass Sie mir zugehört haben!« (Über Richtung und Weite des danach erfolgten Schlages möchte ich mich aus Scham nicht weiter auslassen.)

Wer mit dem Golfen anfangen und es, so wie hier beschrieben, halten will, aber noch nicht ganz mit der beim Golfen extrem wichtigen Etikette vertraut ist, sei gewarnt.

Ist er allein mit dem Ball, kann er ihn so lange ansprechen wie er will, aber ist er auf dem Platz unterwegs mit einem Flight, so nennt man die weiteren, meist unangenehm ehrgeizigen und verbissenen Spieler, die einen begleiten, sollte er eine Kurzfassung der Ansprache wie »Sorry« im Kopf haben oder ein Stoßgebet wie »Herr Ball, steh mir bei!« gen Himmel schicken, denn es gibt leider auch in diesem Sport Leute, die, eben jener Etikette übermächtig und der eigenen Klasse bewusst, Sie der zweitgrößten Unsportlichkeit beim Golf, der Spielverzögerung, zeihen, Sie übel beschimpfen oder sogar bei anderen anschwärzen könnten. Auch das ist Golf. Also Vorsicht bitte!

## Golfen kann für die Karriere auch schädlich sein

Natürlich werden jetzt alle protestieren, die wie Kaiser Franz zwischen Loch 1 und 18 die dicksten Geschäfte abschließen. Meine Hauptperson, der das Golfen schweren Schaden zugefügt hat, spielte gar nicht Golf, sondern war Etat-Direktor in der Düsseldorfer Agentur, in der ich diesen Rang auch bekleidete und, genau wie er, unter sträflicher Unterbezahlung litt. Ihm war es gelungen, so nebenbei, also im »black jobbing« als Privatperson, einen Kunden zu akquirieren, jenes Düsseldorfer Unternehmen, das auf seinem Dach eine riesige Hand angebracht hatte, und deren Inhaber mit Vornamen stets »Auto« hießen.

Auto Senior spielte natürlich Golf, wie auch einer unserer Geschäftsführer, beide natürlich im damals wie heute nobelsten Club der Stadt. Der glückliche (oder unglückliche) Zufall wollte es, dass beide Herren in einen »Flight« gerieten. Glücklich, weil der Geschäftsführer endlich die Chance sah, sich für die Agentur den Etat von Auto Senior unter den Nagel zu reißen. Unglücklich, weil Auto Senior, wissend, dass sein Mitspieler ein großer Macker in der Werbung war, von diesem wissen wollte, ob er »vielleicht einen Herrn M. kenne und ob der auch gut sei.«

Es versteht sich von selbst, dass sich unser Geschäftsführer nach dem Grund für die Frage erkundigte und darauf auch prompt die ehrliche Antwort bekam.

Dies bedeutete für meinen Kollegen natürlich das abrupte Ende der Karriere in unserem Laden. Wenn er noch leben würde, was ich nicht weiß, und diese Geschichte in die Hand bekäme, würde er mich vermutlich bitten, den Titel in »Schwarzarbeit ist nützlich für die Karriere« zu ändern. Denn nach dem unehrenhaften Abschied gründete er, sozusagen zwangsweise, eine Agentur, die über eine lange Zeit sehr erfolgreich war.

## Tut das weh?

Die Frage ist an die Akteure eines Tanzturniers gerichtet, das meine Frau und mich schon einige Male zu Gästen hatte. Dieses alljährlich im Dezember stattfindende Event ist zumindest in den Augen des Veranstalters so bedeutend, dass immer der Oberbürgermeister Schirmherr ist, mehrere Ratsmitglieder als Ehrengäste begrüßt werden können und Altmeister Hugo Strasser mit 17 Mann zum Tanz aufspielt.

Die Frage, die ich mir, wie gesagt, als Zuschauer stelle, ist: Hat das, was die Damen und Herren, besonders im Bereich latein-amerikanisch, da auf das Parkett wuchten (legen wäre viel zu harmlos), noch etwas mit Tanzen zu tun? Das scheint mir doch eher rhythmische Sportgymnastik oder verschärftes Krafttraining zu sein, so schmerzverzerrt sind die Grimassen der Beteiligten. Sie sehen während ihrer Arbeit stets so aus, als müssten sie Höllenqualen erleiden, um in der nächsten Sekunde, wenn sie dicht an einem der Tische vorbeifliegen, wie nach einem unerwarteten, überwältigenden Orgasmus zu strahlen.

Bei Ginger Rogers, Fred Astaire und Gene Kelly ist mir das nie so aufgefallen. Und mein bewährter Schleicher, den ich mit meiner Frau, für alle Tempi gleich, bis zur Vollendung weiterentwickelt habe, gefällt mir auch besser.

Und dann die Kostüme, beziehungsweise das, was davon übrig geblieben ist! Ob nun Folge von Sparmaßnahmen oder eines schleichenden Sittenverfalls, jedenfalls ist bei den Damen der Schritt zum gerade die Scham verhüllenden Bananen-Röckchen bei blankem Busen à la Josephine Baker kein großer mehr, was selbst in meinen männlichen Augen eher Nach- als Vorteile bringt. Man erkennt zwar sofort die Wirkung von Sonnenbänken und/oder selbstbräunenden Cremes und Pudern, aber die muskelbepackten, dem »dicken kleinen Müller« gleichen weiblichen Oberschenkel und die den angeblich entzückenden Rücken entstellenden Muskelstränge wirken auf mich doch eher liebestötend. Hinter dieser Entwicklung bleiben die Männer, so sie denn welche sind, eindeutig zurück.

Man sieht da, wenn die Preisrichter gegangen sind, schon mal eine behaarte Brust unter weit geöffnetem Hemd, aber das ist auch schon alles. Schwarze Bermudas über schwarzen Kniestrümpfen wären eher angemessen als der Frack. Programm gibt es natürlich auch, präsentiert vom »Nachwuchs« des Clubs mit einem Altersdurchschnitt von um die 40. Findet man die richtig alten Senioren in ihren altertümlichen Gewändern noch lustig und nimmt, dann schon weniger überrascht, zur Kenntnis, dass diese Formation des Clubs schon wieder aus der ersten Liga abgestiegen ist, gerät man beim »Jazz-Dance« vollends ins Grübeln.

Da werfen sich jüngere, offensichtlich Hausfrauen auf den Boden, schlängeln sich dort herum, stehen wieder auf, um mit verzückter Miene die Beine hochzuwerfen – und das zu einer Musik, die vom Jazz soweit entfernt ist wie Schokolade von Senf.

Der absolute Clou aber ist ein Conferencier, der seinen Gästen einen Knüller nach dem anderen beschert. Erst hatte sich etwas hinter einem Vorhang »verbirgt«, dann, bei der Präsentation der Tanzpaare, stellte er eines als aus der UdSSR kommend vor – es muss sich wohl noch nicht zu ihm herumgesprochen haben, dass dieses Konstrukt schon seit Anfang der 90er Jahre nicht mehr existiert – verbesserte aber schlagfertig sofort in Sowjetunion!!! Ein anderes Paar sollte aus der ebenfalls schon länger nicht mehr vorhandenen Tschechoslowakei stammen, und als gegen Ende der Veranstaltung der Tänzer des Siegespaares dem Publikum verriet, dass seine Partnerin eigentlich aus Barcelona stamme, meinte der Conferencier, dies sei doch ein gutes Beispiel für die deutsch-italienische Freundschaft.

Die Sieger erhalten zum Schluss irgendetwas mit »Jan Wellem« und Duftwasser aus einer lokalen Parfümerie, was ich für den eigentlichen Grund halte, dass immer wieder Paare kurz vor Beginn der Veranstaltung absagen.

Jetzt wollen Sie sicher wissen, warum ich als am Tanz völlig desinteressierter Mensch trotzdem dahin gehe.

Ganz einfach: Getreu dem Motto, dass man nutzen solle, was man besitzt, kann ich meinen Smoking strapazieren und so die Amortisation des teuren Stückes beschleunigen, Hugo Strassers Swing, wenn er nicht gerade Tango, Pasodoble, Samba oder Cha-Cha-Cha spielen muss, genießen, die drei Pflichttänze des Jahres mit meiner Frau an einem Abend hinter mich bringen, und als Wichtigstes: nach Herzenslust mit den Freunden am Tisch lästern.

## Immer Ärger mit der Bedienungsanleitung

Gemeint sind nicht die erinnerungswürdigen Exemplare der 50er und 60er Jahre, zumeist für japanische Geräte, die man erst einmal aus dem Deutschen in verständliches Deutsch übersetzen musste. Worüber ich mich ärgere und weshalb ich diese Zeilen zornig niederschreibe, geschieht in der Neuzeit, heute.

Da kauft sich meine Frau einen professionellen Hochdruckreiniger, der es zwar tut, aber ohne Bedienungsanleitung ausgeliefert wurde. Frage eins: Wie ist so etwas möglich? Als er plötzlich den Dienst verweigerte, blieb uns nur ein Anruf beim Lieferanten, dem das unter dem Hinweis, er könne sich das auch nicht erklären, außerordentlich leid tat, was mir aber wenig half, weil ich nun quer durch die Stadt fahren musste, um das »einzige Heft, das er zufällig noch da hatte« abzuholen. Dankbar nahm ich das Ding entgegen, fuhr glücklich wieder heim und drückte es meiner Frau, die schon ungeduldig wartete, in die Hand. »Das ist doch nicht möglich!«, hörte ich sie erbost rufen: »Lies doch mal!« Was ich lesen sollte, konnte ich nicht lesen, da es sich um die Anleitung des Gerätes für alle slawischen Länder handelte, ohne Englisch und Französisch, was uns ja auch geholfen hätte. Frage zwei: Wie ist so etwas möglich? Ich musste dann noch einmal quer durch die Stadt, um das vom Werk angeforderte richtige Exemplar abzuholen.

Schlecht ist auch Folgendes: Ich schenkte meiner Frau zum Geburtstag einen jener wunderbaren Automaten, mit denen man sich aus Bohnen oder Pulver immer einen frischen Kaffee brühen kann. Das

Gerät, das erst Anfang 2005 auf den Markt gekommen ist, sieht schön aus, funktioniert und wurde sogar von einer Bedienungsanleitung begleitet. Schwierig wurde es erst, als ein rotes Licht aufleuchtete, das uns irgendetwas signalisieren wollte. Nach einem Blick in die Anleitung war klar: Ich will gereinigt werden.

Meine Frau folgte präzise den beschriebenen Schritten, aber nichts geschah. Sie versuchte es noch einmal, wieder nichts. Also die Hotline anrufen. Die freundliche Dame am Telefon gab sich alle Mühe, genau das noch einmal darzulegen, was meine Frau schon zweimal vergeblich getan hatte. Dann kam die Frage, ob wir denn die richtige Anleitung hätten, was mich schon stutzig machte. »Die, die beim Gerät im Karton lag«, erwiderte meine Frau. Ja, das müsse die richtige sein, sagte die freundliche Dame. Da aber auch ihr Beistand die Kiste nicht zur Selbstreinigung veranlassen konnte, musste sie uns einen Service-Mann schicken, »das geht aber erst Mitte nächster Woche.« Gut, wir haben unsere alte Kaffeemaschine reaktiviert und uns in Geduld gefasst. In der Mitte der folgenden Woche erschien tatsächlich der ebenfalls sehr freundliche Service-Mann mit einem kleinen Täschchen filigraner Werkzeuge und einer Seite Papier in der Hand. »Haben Sie das?«, wollte er wissen. Das hatten wir natürlich nicht, denn es war die Seite, auf der in einer aktualisierten und korrigierten Beschreibung stand, wie das mit der Reinigung wirklich geht.

Wie so etwas möglich ist, konnte er uns natürlich nicht erklären, wenngleich er entschuldigend darauf verwies, dass eben diese Maschine erst seit Anfang des Jahres auf dem Markt sei. Bleibt, auch wenn ich mich wiederhole, die Frage, wie so etwas möglich ist. Entweder sind wir längst keine Dienstleistungs-Gesellschaft mehr, oder Toyota hat mit dem Slogan Recht, nach dem heutzutage nichts mehr unmöglich ist.

## Drei Sterne für Frau Marlis

Weil dies nur eine Randerscheinung (eine wichtige zwar) meines Berufslebens ist, über die ich strengstes Stillschweigen bewahren will, meine ich dennoch, erzählen zu dürfen, was es mit den Sternen für die Dame auf sich hat.

Wenn uns Kunden besuchten, musste man sie natürlich mittags oder abends zum Essen ausführen. Das war uns viel lieber, als in den Flieger zu steigen und nach München, Hamburg, Stuttgart oder Nürnberg zu reisen. Man gewann Zeit und kam auch rechnerisch besser davon, da Fliegen damals selbst in der »Holzklasse« schon teuer war. Wir, als Betroffene, und das Controlling unserer Buchhaltung mussten dann eines Tages erstaunt zur Kenntnis nehmen, dass wir immer seltener »angefordert« wurden. Wie das?

Hätten wir ein wenig konsequenter nachgedacht, wären wir selbst auf die Lösung dieses Phänomens gestoßen, die uns dann ein Kunde auf Befragen frank & frei lieferte: »Das liegt an Frau Marlies!« Wenn Sie jetzt denken, Frau Marlis sei eine Kontakterin, liegen sie völlig daneben. Frau Marlis war bei uns Empfangsdame und das (hübsche) »Mädchen für alles« – mit besonderem Faible fürs Kochen.

So baten uns immer mehr Kunden immer häufiger, statt in ein, wie sie meinten, unpersönliches Restaurant zu gehen, lieber ein »Arbeitsessen« in der Agentur vorzubereiten.

Glück hatte, wer da mitessen durfte, denn, gäbe es vom »Guide Michelin« Sterne für Kantinen, Frau Marlis hätte sie alle bekommen. Flankiert wurden die Köstlichkeiten stets vom Ausstoß des wohl besten Weinkellers außerhalb des einschlägigen Handels, wofür allerdings mein Partner verantwortlich zeichnete.

Bei allem Lob für unsere »Maitresse de Cuisine« ist der wirtschaftliche Aspekt der »Werbeagentur als Feinschmecker-Dorado« noch gar nicht berücksichtigt.

Leider hat von den Damen im Haus, die immer alles pedantisch ausrechnen, keine aufgezeichnet, was wir über die Jahre an Reisekosten und Ausgaben bei »unserem« Italiener gespart haben. Und

genauso leider haben wir es versäumt, Frau Marlis im Garten ein Denkmal zu errichten. Jetzt ist es zu spät – die Agentur ist umgezogen, und danach gilt frei nach Bibel: »Es kam ein neuer König nach Düsseldorf, der wusste nichts von Marlis und ihren Jüngern!«
Aber das sind eh nicht die Gourmets, wie wir es waren.

## Den Tätern auf der Spur

Gemeint sind die Macher jener amerikanischen Serien, in denen vornehmlich gut aussehende Darstellerinnen in aufgeschlitzten Leichen herumwühlen, Pistolen in mit Sand oder Schaumstoff gefüllte Röhren abfeuern und durch teure, hochmoderne, unaussprechliche Geräte schauen, um die Bösewichter zu entlarven.

Der Vorspann und die unten im Bild eingeblendeten Namen der Macher verwirren mich immer wieder. Darin werden nach den Haupt- und Nebendarstellern die Leute genannt, die für das Machwerk verantwortlich sind. Es geht mit meistens zwei Producers los, gefolgt von bis zu vier Executive Producers, zwei Co-Executive Producers, zwei Consulting Producers und, als Sahnehäubchen, noch einem Supervising Producer. Macht unter dem Strich 11. Soviel Leute auf einmal, die ihrer Bezeichnung nach irgendwie alle dasselbe machen, können doch nichts Vernünftiges auf die Beine produzieren.

Wahrscheinlich ist es damit wie in japanischen Unternehmen, in denen Entscheidungen immer von allen Bossen abgezeichnet werden müssen, damit man hinterher nicht mehr feststellen kann, wer für den Murks verantwortlich war.

Der arme einzige Regisseur am Ende des Vorspanns kann es nicht gewesen sein, denn einer allein schafft so etwas nicht.

## Produktentwickler hören gut

Immer wenn meine Frau aushäusig ist und ich mir ein weiches Ei kochen will, geht das gründlich daneben. Man muss wissen, dass ich dazu ein hoch entwickeltes, sicherlich mit Elektronik voll gestopftes Gerät benutze, was schon der Preis vermuten lässt. Man gießt nur beliebig viel Wasser in dieses Wunderwerk, stellt an einem Rändelrad mit Piktogrammen die Größe des Eis und dessen gewünschten Weich- bzw. Härtegrad ein, und schon geht es schief. Nicht, dass das »dicke Ei« nicht gekocht würde, aber der Kocher muss wohl für Eier fressende Hunde entworfen worden sein, deren Gehör bekanntlich selbst höchste Frequenzen wahrnimmt, die für meine durch mehrere Mittelohrentzündungen in der Jugendzeit geschädigten Ohren nicht mehr wahrnehmbar sind. Warum lassen die Erfinder das Ding nicht auch blinken, brummen oder beben? Oder eine synthetische Stimme sagen: Ei ist fertig?

Wenn das nicht machbar ist, liebe Hersteller, druckt dann wenigstens auf die Verpackung »Nur für Menschen ohne Hörschaden«, oder stellt dem Handel ein Gerät zum Wahrnehmungstest vor dem Kauf zur Verfügung. Ich jedenfalls bin es leid, Eier zu essen, die entweder so hart sind, dass man Scheiben damit einwerfen, oder so weich, dass man sie »ex« trinken könnte, oder, wenn meine Frau dabei ist, mir die immer wiederkehrende, vorwurfsvolle Frage anhören zu müssen: »Meine Güte, hörst du denn nicht, dass der Eierkocher piepst?«

Bleibt nur der Weg zurück in die »Steinzeit«: Ei im Topf kochen, Uhr daneben stellen und genau hinsehen, kein Problem für mich, denn dank Brille sind wenigstens meine Augen noch gut.

## Frohe Feste!

Zu Weihnachten und Ostern gibt es neue, bedrückende Erkenntnisse. Mein Golflehrer hat eine Freundin, die Anwältin für Familienrecht ist, und die immer bedauernd abwinken muss, wenn er mit ihr um diese Feiertage herum verreisen möchte. In diesem Jahr wollte er mit ihr zu Weihnachten an den Polarkreis fahren, ins finnische Rovaniemi (66° N, 25° 0), in jenes kleine Örtchen, aus dem angeblich der Weihnachtsmann kommt, und in dem deshalb auch im Sommer Weihnachtsstimmung herrscht, weil es der Kommerz so will.

Nein, sie könne nicht mit, sagt sie ihm, weil sie nach Weihnachten die dramatische Zunahme von Ehescheidungen wirklich unabkömmlich mache.

Als Grund für diese tragische Entwicklung nannte sie, die es ja wissen muss, weil ihr das die zu Scheidenden ja so erzählen, die Stille Nacht und das Davor und Danach. Besonders arg sei es in Januaren, die auf die so genannten arbeitnehmerfreundlichen Festtage folgen. Die nennt man so, wenn der Heilige Abend auf einen Montag oder der 26. Dezember auf einen Freitag fällt und man, mit zwei zusätzlichen Urlaubstagen (es gibt noch weitere günstige Konstellationen), länger als sieben Tage der Arbeit fern bleiben kann.

Statt sich zu lieben, wie es die christliche Lehre gebietet, Glückseligkeit ins Herz Einzug halten zu lassen und sich bei schummrigem Kerzenlicht und Bing Crosbys »White Christmas« ob des glücklichen Zusammenseins zu erfreuen, geht man sich dann zusehends mehr auf den Keks, wozu antiautoritär erzogene Blagen ganz erheblich beitragen können, um dann spätestens zu Silvester, wenn man alle unbrauchbaren, doppelten und geschmacklosen Geschenke längst umgetauscht hat, festzustellen, dass man sich aus einandergelebt und urplötzlich bemerkt hat, unter Unvereinbarkeit der Charaktere und seelischer Grausamkeit des jeweils anderen zu leiden, was ein weiteres Zusammenleben schlichtweg unmöglich mache.

Auch Ostern hat es in sich, allerdings in einer anderen Beziehung, was mir ein Freund berichtete, der einst Chirurg und Chefarzt war.

Statt Friede, Freude, Eierkuchen findet an diesen Tagen, an denen normale Menschen Eier bunt bemalen und verstecken, ihr Heim mit den denkbar geschmacklosesten Osterhasen und Nestern schmücken, immer häufiger verstärktes Hauen & Stechen statt, was den armen Chirurgen, der doch auch ein Recht auf Freizeit hat, zu Überstunden und Sonderschichten zwingt.

Das bewog mich, in einem renommierten Lexikon unter Ostern nachzuschlagen, ob es irgendwelche, althergebrachte oder spezifische Gründe für die an diesen Tagen überproportional wachsende Aggressivität gibt. Das Einzige, was Sinn machen würde, wäre der Hinweis darauf, das der Begriff Ostern aus dem Alt-Germanischen stammt und etwas mit »begießen« zu tun haben könnte. Hinter dieser Tätigkeit steht dann noch in Klammern »Taufe«.

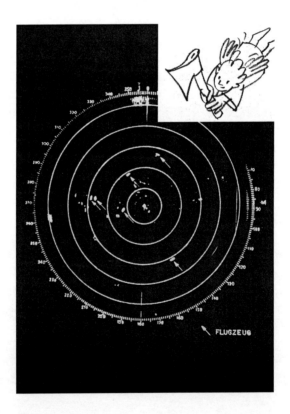

Ich vermute aber eher, dass unsere Altvorderen mit den roten Bärten, die im Winter auf Fellen die Abhänge herunter in Bäche rutschten, die bekanntlich Heiden waren und deshalb nichts mit der Taufe im Sinn hatten, zum Met gegriffen haben, und das in beachtlichen Mengen. Danach haben sie, natürlich auch voll der metaphysischen Kräfte und der belebenden Säfte des Frühlings, vermehrt sich oder den Römern die Köpfe eingeschlagen, was mein Freund, der Chirurg, mit der Bemerkung, auch bei seinen Fällen sei fast immer Alkohol im Spiel, bestätigt.

Dass dieser Brauch dann später auf andere Volksgruppen übergegriffen hat, dafür können die ollen Germanen aber wirklich nichts.

Wie wäre es, wenn man, um der beunruhigenden Situation Herr zu werden, diese unnötige Häufung von Feiertagen wie Weihnachten, Ostern und Pfingsten, nur um einige zu nennen, entzerren würde. Man könnte den Heiligen Abend am 24. Dezember belassen, den ersten Weihnachtstag in den Januar und den zweiten in den Februar verlegen. Vom Wetter her macht das kein Problem, denn erfahrungsgemäß herrscht zu Weihnachten in weiten Teilen Deutschlands subtropisches Klima, und Schnee und Eis brechen, wenn überhaupt, erst viel später über uns herein. (Bayern könnte man eine Sonderregelung gestatten.)

Wenn man das dann mit Ostern und Pfingsten genauso handhaben würde, hätte das, wie schon an anderer Stelle geschrieben, gleich mehrere Vorteile: Es gäbe ständig, aber in Abständen, etwas zu feiern, mehr aber noch wäre dieses intelligente Splitting hilfreich für die harmonische Familie, in der sich mangels vieler aufeinander folgender Festtage keiner mehr auf den Senkel geht und zu Axt oder Messer greift, und damit auch für die Krankenkassen und das gesamte Gesundheits-System. Für den Handel wäre es auch positiv, denn der hätte häufiger etwas zu dekorieren und zu verkaufen, was letztlich auch positive Auswirkungen auf das Brutto-Sozial-Produkt hätte.

# NGIYABONGA

Ngiyabonga heißt auf Zulu »danke«. Man kann dieses freundliche Wort noch durch »nami« erweitern, was dann bedeutet, dass man sich persönlich bei einem Menschen bedankt, der diese gesteigerte Freundlichkeit mit »Tgiyabonga«, also »bitte« beantwortet. (Ich hoffe, das ist richtig geschrieben, denn in meinem kleinen Zulu-Anfänger-Lexikon habe ich es nicht gefunden, vielleicht erwartet dort auch niemand ein »bitte«.)

Verwendet man diese Begriffe im Zulu-Land, dann wirken sie wie ein »Sesam öffne dich«, bedankt man sich zum Beispiel bei einem farbigen Ober mit diesem Schlüsselwort für seinen Service, wird aus einem oft griesgrämigen Menschen sofort ein glücklicher Strahlemann, und das nächste Bier kommt dann noch schneller.

Deshalb bleibt es für mich unverständlich, dass so viele Weiße, gleich ob Buren oder Engländer, offenbar noch immer nicht begreifen wollen, dass sie immer weiter in die Minderheit geraten und es dennoch für unter ihrer Würde halten, die Farbigen, die sie überall beflissen und mit wachsendem Ehrgeiz bedienen, mit einem Wort in deren Sprache zu würdigen oder wenigsten zur Kenntnis zu nehmen.

Sicher, es liegt immer noch vieles im Argen nach Inkrafttreten des »*affirmative act*«, der weiße Arbeitgeber per Gesetz zwingt, einen bestimmten Anteil Farbiger zu beschäftigen: Dass das nicht gleich und überall klappen kann, ist angesichts des gewaltigen Rückstandes, den die Mehrheit der farbigen Bevölkerung nach den Zeiten der Apartheid noch aufzuholen hat, verständlich.

So wird in einer sehr guten Bar der Wodka Martini mit Wodka zwar, aber mit süßem Cinzano serviert, obwohl im Hintergrund immer ein Mensch lauert, der beobachtet, was seine Leute treiben. War das vor Jahren stets ein Weißer, so ist das heute auch ein Farbiger.

Besonders große Fortschritte habe ich in Kapstadt feststellen können. Ich erinnere mich noch gut an 1996, als ich mit Frau und Freunden in einem der damals wenigen in »Relais & Châteaux« aufgeführten Hotels zu Gast war. Da war der unheimlich nette, freundliche, in schwarz und weiß gekleidete Kellner nicht in der Lage, sich die Bestellung von zwei Gläsern trockenen Weißweins, eines Glases Champagner (Domestic) und eines Glases Bier (Castle Lager) zu merken. Erst brachte er ein Glas Weißwein, nach dem zweiten Versuch der Bestellung das Glas Bier. Dann meinte er, es wäre doch wohl besser, wenn er sich die fehlenden Getränke aufschreiben würde. Er? Dazu reichte er mir sein Blöckchen mit dem Vorschlag: »Sir, better write you!«

Beim Abschied fragte ich den weißen Barkeeper, wie sich ein Hotel dieser Klasse so etwas leisten könne, worauf er nur hilflos mit den Schultern zuckte und auf den »*affirmative act*« verwies. Heute läuft in Kapstadt fast alles wie geschmiert, auch in einem bemerkenswert freundschaftlichen Miteinander von farbigem und weißem Personal.

Auch im Zulu-Land, das wir erst gerade wieder besucht haben, geht es aufwärts. Man sieht farbige Kinder in hübschen Schuluniformen im tiefsten Busch auf den Schulbus warten. Zwei farbige, weibliche Bedienstete eines südafrikanischen Freundes hatten auf dessen Frage, ob er ihnen wegen ihrer guten Arbeit einen Gefallen tun könne, darum gebeten, einen Kochkursus besuchen beziehungsweise das Lesen und Schreiben erlernen zu dürfen. Beide sprechen übrigens längst leidlich Englisch.

Meine positiven Eindrücke wurden auch während unseres Aufenthaltes in einem Sports-Resort in Central Drakensberg bestätigt. Überall an den Schaltstationen, an der Rezeption, am Buffet, im Golf Pro Shop Farbige, alles funktionierte einwandfrei. Und wenn man dem farbigen Barkeeper einmal die Sache mit dem Dry Martini erklärt hat, wird er den Wodka für die Bar ordern oder beim nächsten Mal sagen, den habe er nicht, ich solle es stattdessen doch einmal mit einem Cane mit Schweppes Dry Lemon versuchen. (Das ist Zuckerrohr-Schnaps und schmeckt bei gleicher Wirkung sehr gut!)

Ein einsichtiger Bure meinte einmal zu mir: »Wir haben die Farbigen vom Jahre Null ins 2. Jahrtausend katapultiert, nachdem wir sie 2000 Jahre bei Null verhaftet haben.« Stimmt genau.

Wie sich die Betroffenen heute mehr und mehr zurechtzufinden beginnen, das macht Mut. Auch unser engster südafrikanischer

Freund hat sich sehr verbessert. Hat er früher immer Gas gegeben, wenn vor ihm auf den Sandpisten Farbige marschierten, so bremst er heute. Den größten »Schock« habe ich aber erlebt, als er an einer Maut-Station hielt und die farbige Kassiererin mit »Hello, sweetie« begrüßte. Er hat mir hinterher versichert, dies sei wirklich keine Ironie gewesen.

Südafrika ist ohne Frage schwärzer geworden, dabei leider auch langsamer. Wer von uns liebte nicht auch das Tempo Null auf dem Tacho des Lebens? Und dabei ist es bei uns selten so heiß wie dort. Wir sollten es den Menschen, wie denen in südeuropäischen Ländern mit ihrer Siesta, nachsehen, dass alles wie in Zeitlupe abläuft. Erstaunlich ist in diesem Zusammenhang nur, dass die Farbigen so schnell rennen können, wenn es um Sport geht, ob beim Fußball oder in der Leichtathletik auf den Mittel- und Langstrecken. Vielleicht liegt das aber auch nur an den üppigen Siegprämien.

Was mir besonders gut gefällt, ist die fröhliche Farbigkeit, die die Farbigen, wie kann es auch anders sein, ins Leben bringen. Warum soll der Ober, wenn er dem Gast die Vorspeise bringt, nicht ein paar angedeutete Tanzschritte einlegen? Niemand beschwert sich mehr, wenn der farbige Chefkoch hinter seinem Buffet sein Angebot lauthals unter Hüpfen und Singen als »number one steaks« anpreist. Kein Weißer kümmert sich mehr darum, wenn das farbige Küchenpersonal nach Beendigung seiner Arbeit mal kurz in der Bar vorbeischaut, in der auf vier Fernsehern (ohne Ton) das gerade im Rahmen des »Africa Cup of Nations« stattfindende Aufeinandertreffen der Soccer von Simbabwe und Senegal übertragen wird. (War kein gutes Spiel. Ich wurde hier aber angesichts der Paraden des senegalesischen Torhüters wieder stark an die Gegenthese vom Menschen, der auch nur ein Affe ist, erinnert.)

Gebt den Farbigen Zeit, das ist meine Empfehlung, es wird schon. (Ob es allerdings das Land schafft, seine Infrastruktur bis zur Fußball-WM 2010 auf Vordermann zu bringen, bleibt zu bezweifeln.) Also, Geduld ist gefragt. Schließlich haben auch wir Deutsche Hunderte von Jahren gebraucht, um uns von barbarischen Germanen zu, mit einer kurzen Unterbrechung von 1000 Jahren, kultivierten Europäern zu entwickeln.

Ein ganz großes Problem aber bleibt weiterhin, ohne Aussicht auf eine seriöse Lösung, bestehen, Aids. Hier sind jedoch nicht wir hilflose Touristen oder oberschlaue Journalisten gefragt, sondern vor allem der Vatikan und die Regierung. Denke ich daran, versiegt mein Optimismus wieder sehr schnell.

Da nimmt es die katholische Kirche durch gewisse Verbote billigend in Kauf, dass weiter ungebremst farbige Kinder gezeugt werden, da fördert die Regierung diese verhängnisvolle Entwicklung mit durchaus ansehnlichen Prämien für jedes weitere Kind. Ein einziger Kral mit 38 Kindern (davon sicher bereits acht Aids-Waisen) ist nicht Ausnahme, sondern Regel. Diese Zuschüsse wirken potenzfördernd und zeugungsanregend, machen die Eltern sogar in gewisser Weise reich, nur die Kinder haben wenig davon, da Vater die Rand ja für Zigaretten und Alkohol braucht.

Ich hege den Verdacht, dass Präsident Mbeki auf diesem Weg, sozusagen durch die kalte Küche, die Weißen in Form einer unfeindlichen Übernahme zahlenmäßig endgültig zur Bedeutungslosigkeit reduzieren will. Es sei denn, es wird weiterhin so wenig gegen Aids getan und der Vatikan ließe seine Schäfchen, die ja vor noch gar nicht so langer Zeit mühsam zu Christen bekehrt werden mussten, in ihrer tiefen Not im Stich. Ein schon weitgehend emanzipierter Kellner in jenem Sports-Resort antwortete auf meine Frage, warum er eine schwarze Armbinde trage (ich dachte, er sei der Oberkellner) mit traurigem Gesicht, er habe vor drei Tagen seine Frau verloren. Trotz meines Mitleids schoss mir (leider) sofort der Gedanke durch den Kopf: »Und du Mistkerl hast sie mit Aids infiziert! Und vergnügst dich jetzt mit deiner zweiten oder dritten!« Vielleicht tue ich ihm Unrecht, vielleicht aber auch nicht.

So geht es mir immer, man fängt beim Erzählen gut gelaunt an, und endet dann doch wieder im Pessimismus, man schwingt wie ein Pendel von der einen zur anderen Seite und fragt sich, wann es in der Mitte zur Ruhe kommt. Aber das darf auch nicht sein, denn ohne Bewegung bleibt die Uhr ganz stehen. Damit meine ich auch, dass ohne die Weißen das Land in den nächsten Jahren in große Schwierigkeiten geraten wird. Wie lange wird es zum Beispiel dauern, bis Farbige Weingüter bewirtschaften und leiten können? Wie lange, bis sie begriffen haben, dass ihnen die eingereisten Hugenotten, Holländer, Engländer, Buren etc ein unschätzbares, zu pflegendes Vermächtnis übertragen haben? Sehr aufschlussreich in diesem Zusammenhang ist ein Artikel der »Zeit«, in dem Bartholomäus Grill, jahrelang Korrespondent in Südafrika, schreibt: »Bringt den weißen Mann zurück!«

Wie es gehen könnte, machen einige große Unternehmen bereits stillschweigend vor. Der große Boss nach außen ist farbig und residiert mit dicker, stets dunkel verglaster deutscher Limousine und Hofstaat. Die Fäden zieht aber ein weißer CEO. Ein anderes gutes Beispiel: Der Vorstands-Vorsitzende der South African Airways ist farbig, im Cockpit habe ich, sooft ich mit dieser Gesellschaft geflogen bin, nur Weiße gesehen. Der Vollständigkeit halber ist zu ergänzen, dass das Inflight-Magazin der SAA nur noch »Sawobona« heißt, nicht mehr, wie früher, nur »Welcome«.

Wir sind bei unseren Ausflügen an Farbigen vorbeigefahren, die auf Traktoren riesige Mais- und Sojabohnen-Felder beackern, alles sieht hier gut geordnet und blühend aus. Wir passierten aber auch die traurigen Ruinen der einst wunderschönen, malerischen, im holländischen Stil erbauten Farmhäuser, neben denen ärmliche runde Krals entstanden sind, daneben, im Schatten einer großen Akazie hockend, rund 20 Farbige, was ein südafrikanischer Freund schon mal mit der zynischen Bemerkung kommentierte: »There they are sitting, drinking their beer and telling each other how important they are.« (Da sitzen sie nun, trinken ihr Bier und erzählen sich gegenseitig, wie wichtig sie sind.) Traurig waren wir besonders, als wir an der Farm eines vor kurzem verstorbenen Freundes vorbeigekommen sind, die von der Regierung gekauft und demnächst an die Farbigen übergeben wird. In spätestens zwei Monaten stehen dann neue Krals neben einem ausgeschlachteten Trümmerhaufen, das Vieh wird das Wild vertrieben haben, wenn es die neuen Besitzer nicht schon vorher blindlings abgeschossen haben. Das macht mich dann ebenso wütend wie die ungebrochene Hybris mancher unverbesserlicher »Apartheidler«, die heute noch voller Stolz und Wehmut von der Zeit berichten, in der die Eisenbahn noch drei Klassen hatte, eins und zwei für die Weißen, drei für den »Rest«. Der machte schon damals 90 % der Gesamtbevölkerung aus!

Aber noch einmal zurück ins Sports-Resort, das für Golfer zwar Platz im Überfluss und 70 nagelneue Elektro-Cars besitzt, aber keine Driving Range mit einem Spezialfahrzeug, das mehrmals am Tag die unzähligen abgeschlagenen Bälle wieder einsammelt. Stattdessen gibt es einen gepflegten Abschlag, von dem aus man seine Bälle in ein wildes, dicht mit hohem Gras und Büschen überwuchertes Tal drischt. Dort steht ein farbiger Caddy, den Kopf unter einem Helm mit Visier, wie ihn unsere Polizisten bei Demos tragen. Dafür, dass ihm die Bälle nur so um die Ohren fliegen, er in brütender Hitze nach ihnen suchen und sie in einem kleinen Säckchen zurück auf den Abschlag befördern muss, bekommt er für eine Stunde 20 Rand, das sind immerhin ca. 2,80 Euro. Für das Resort ist das ein gutes Geschäft, denn diese »Maschine« wird, ginge sie mal kaputt, einfach gegen eine andere ausgetauscht. Die Reparatur eines Fahrzeugs, mehr noch die Anschaffung desselben, kommt da wesentlich teurer. Als ich unserem Golflehrer gegenüber diesen armen Kerl bedauerte, wurde ich mit der Bemerkung korrigiert, dieser arme Kerl sei, wie übrigens auch das gesamte Personal des Hotels, schon privilegiert, was mich dann wieder wenigstens etwas tröstete.

Diese gewisse Form der Missachtung hat auch bei uns ein berühmt-berüchtigtes Vorbild. Ich erinnere an den peinlichen Faux Pas unseres ehemaligen Bundespräsidenten Wilhelm Lübke, der, von seiner schlauen Frau Wilhelmine nicht ausreichend vorbereitet, bei seiner ersten Reise nach Schwarzafrika auf dem Rollfeld an die Mikrophone trat und die Gastgeber mit »Herr Präsident, sehr geehrte Damen und Herren, liebe Neger« begrüßte. Aber das kam nicht so schlimm herüber, weil dieser Herr, als er glaubte, irgendein Fußballspiel im englischsprachigen Raum würde gleich beginnen, »equal goes it loose« formulierte.

So wie mir wird es auch Ihnen gehen, wenn Sie mit weit geöffneten Augen und Herzen durch dieses wunderschöne Land reisen, immer ist man hin und her gerissen, in der Sorge, was geschehen wird, wenn nicht ganz schnell noch mehr Gerechtigkeit und Chancengleichheit einkehren, wenn nicht genau so schnell neue, junge, farbige Generationen ans Ruder kommen, die wissen, dass es um den Fortbestand, eine bessere Zukunft und das Wohlergehen ihrer Heimat geht. Immer aber auch hat man die Angst im Hinterkopf, Südafrika könne, nachdem sich die Weltöffentlichkeit nach der Fußball WM 2010 wieder abgewendet hat, den unheilvollen, weil ruinösen Weg von Simbabwe (und neuerdings auch Namibia) einschlagen und die Weißen aus dem Land verjagen. (Die Herren Mugabe und Mbeki waren früher schließlich revolutionäre Kumpels!)

Wann immer im Fernsehen über Südafrika berichtet wird, fällt der Begriff »Kontraste«. Und der ist zutreffend, was meine Beobachtungen belegen sollen. Trotz aller Zweifel aber setze ich unbeirrt weiterhin auf die Guten und Einsichtigen.

Unabhängig vom Ausgang des Geschehens sage ich aus tiefstem Herzen immer wieder: »Ngiyabonga nami« – für das Licht, das begnadete Klima, die unendliche Weite des Landes, die Faszination der beiden Meere, das Kreuz des Südens, den wunderbaren Wein, den anregenden Mischmasch der Kulturen, die grenzenlose Farbigkeit, das Leben der Städte und das Abenteuer von Wildnis und Einsamkeit – zuerst und vor allem aber für die warmherzige Gastfreundschaft und die überschäumende Freundlichkeit der Menschen, gleich welcher Farbe, denn die geschäftstüchtigen Inder sind leider ungerechterweise überhaupt noch nicht erwähnt worden.

Und jetzt höre ich im Herzen diese hundertfach gestellte Frage schon wieder: »Do you enjoy it?« »Yes« antworte ich und »Hamba Kahle, go well«, macht es gut! Wir sehen uns bald wieder.

## Neun Kilometer sind relativ

Immer wenn ich mich in Südafrika in den Toyota Hilux schwinge, ehrlicher wäre zwinge oder zwänge, bin ich froh, dass mein Orthopäde in Düsseldorf nicht sieht, was ich meinem alten Knochengerüst, den Sehnen und Muskeln antue, wobei das Einsteigen lange nicht so schwierig ist wie das Fahren oben ohne (Dach). Im Führerhaus kann man sich ja noch hier und da festklammern, um Schleudertraumata und andere Folgeschäden zu verhindern. Dennoch geht es nie ohne Flüche, blaue Flecken und durchschwitzte Hemden ab. Um das verstehen zu können, muss man wissen, dass die Wege zu der Ranch, die wir mindestens einmal im Jahr besuchen, keine Wege sind, es sind vielmehr von Steinen aller Größen belegte Sandpisten, von Büschen mit elendig langen und spitzen Stacheln gesäumt, die *thickle bush* heißen und es nicht ratsam erscheinen lassen, den Arm im Stil eines Manta-Fahrers lässig aus dem Fenster baumeln zu lassen.

Der frühmorgendliche und spätnachmittägliche *game drive*, das sind Fahrten, um die »wilden Tiere« zu beobachten, sind so stets eine wahre Tortur, nach deren Ende man sich jedes Mal wieder fragt, warum man sich »so etwas« in seinem Alter noch antut, wohl wissend, dass man der Aufforderung zur nächsten Exkursion zum Besuch der Giraffen, Zebras etc. einmal mehr nicht widerstehen kann.

Zusätzlich erschwerend ist, dass sich, wohin auch immer querfeldein die Reise geht, das hohe, aber platt gefahrene Gras so schnell wieder aufrichtet, dass man schon nach einer halben Stunde nicht mehr sehen kann, woher man gekommen ist. Selbst Menschen mit gutem Orientierungssinn haben es schwer, den Weg ins Camp wiederzufinden.

Und auch das hübsche Gewächs mit dem schönen Namen »Chinesischer Laternenbaum« kann einem da nicht heimleuchten. Pfadfinder müsste man gewesen sein! Ich für mich habe jedenfalls entschieden, allein nie ohne Kompass und Handy loszufahren.

Am härtesten trifft es gerechterweise die, die sich die besten Plätze hoch oben auf dem Wagen gesichert haben. Die grandiose Sicht wird mit den größten Strapazen geahndet, ob man nun dort steht oder sitzt. Beide Zustände sind so aber nicht ganz korrekt beschrieben, denn die Zeit, in der Füße und Popo »Bodenkontakt« haben, ist kürzer als die des totalen Abgehobenseins, philosophisch betrachtet könnte man auch sagen, »man stünde über den Dingen«, immer aber vorausgesetzt, man hält sich am Gestänge krampfhaft fest, denn sonst würde man wie von einem Trampolin in den Weltraum katapultiert. Außerdem kann man sich an den Privilegierten zusätzlich rächen, indem man ihnen in ernstem Tonfall rät, unbedingt auf die Bäume zu achten, aus denen unverhofft eine »Schwarze Mamba« auf sie fallen könnte.

Jetzt wollen Sie zu Recht wissen, was diese Abschweifungen mit den neun Kilometern zu tun haben. Bei denen handelt es sich um die Entfernung zum nächsten Nachbarn Hugo, der uns immer mal wieder zum Grillen der von ihm gefangenen Fische einlädt. Schon lange vor der Abfahrt zu ihm gehen unsere Blicke immer wieder besorgt zum Himmel, gibt es Kumulus-Nimbus-Bewölkung, wird es gewittern oder, noch schlimmer, regnen? Wenn ja, scheidet der Volksiebus (VW) als Transportmittel von vornherein aus. Also muss besagter, hinten offener 4 × 4 ran. Dennoch packt man am besten den Schlafanzug, die Zahnbürste und die Pillen, die man am nächsten Morgen braucht, gleich mit ein. Denn braucht man unter normalen Bedingungen – selbst bei denen ließe jeder vernünftige Mensch seinen PKW gleich stehen – für diese neun Kilometer schon 30 Minuten, geht nach starkem Regen, schwachen habe ich dort nur selten erlebt, auch mit dem 4 × 4 nur noch wenig oder gar nichts.

Dann werden die ohnehin schon tiefen Spurrillen zu reißenden Wildbächen, das Wasser wäscht sie so weit aus, dass man sich ernsthaft um den Unterbau des Autos sorgt, das Fahrzeug folgt nicht mehr dem Lenkrad, sondern den Gräben, in die es gerutscht ist, Senken und Mulden werden zu unergründlichen Seen-Platten, das Auto erinnert dann in seinem Verhalten eher an ein aus dem Ruder gelaufenes Amphi-Car. Zu mehreren bei Gewittern zu »fahren« geht schon gar nicht, denn vorn ins Führerhaus passen höchstens drei dünne Leute, der Rest müsste wie lebende Blitzableiter oben auf dem Pick-up sitzen.

Aber die Nächte bei Hugo, die beginnen, wenn der Gastgeber

pitschnass von seinem Regen-Auffang-Gefäß zurückkommt und stolz und glücklich vermeldet, es seien in einer Stunde mehr als 44 mm gefallen, waren stets sehr lustig. Nach verschärftem Wirkungstrinken und Dartsspielen wurde dann überall geschlafen, wobei ich immer das »Glück« habe, mit meiner Frau in dem von der Tochter zur Verfügung gestellten Mädchenbett mit einem Meter Breite zu nächtigen.

Am nächsten Morgen, verspätet, unausgeschlafen, aber sicher wieder zu Hause angekommen, konstatiert man in Erinnerungsverklärung, dass die insgesamt 79 mm Regen in einer Nacht, wenn schon nicht für die Leber, dann wenigstens für die Tiere gut waren, denn die Dämme und Wasserlöcher sind wieder ausreichend für die nächsten Wochen gefüllt.

Neulich habe ich geträumt, drei Millionen Euro im Lotto gewonnen zu haben. Ich hätte allerdings schon im Traum wissen müssen, dass ich nicht gewinnen kann, da ich grundsätzlich nicht spiele. Dennoch, es war ein schöner Traum, in dem ich beschloss, die Hälfte des Geldes für Schotter auszugeben, den Konvoys von schweren Lastern auf die Strecke zu Hugo zu schütten, was die Fahrtzeit zu ihm erheblich verkürzen würde.

Als ich wieder wach geworden war, freute ich mich, dass alles nur ein Traum war. Gut, es wäre alles viel komfortabler geworden, wo aber wäre der Stoff geblieben, der uns zu jenen Männern macht, die sich den Gefahren stellen und dem Risiko des Abenteuers kalt ins Auge sehen? Die nicht mehr darauf verzichten können, ob ihrer Kühnheit und ihres Wagemutes als die ewig Furchtlosen von ihrem Umfeld gepriesen zu werden.

Außerdem könnte dann ja auch jeder Bofke in seinem tiefer gelegten BMW die neun Kilometer zu Hugo herunterbrettern. Und einen Grund, dies hier aufzuschreiben, hätte es dann auch nicht gegeben. So gesehen hat es schon auch Vorteile, dem Glücksspiel zu entsagen und die neun Kilometer zu Hugo weiterhin so zu nehmen, wie sie sind, relativ leicht, oder relativ schwer.

## Zu Besuch bei Frau Doktor Witch

Diese Zeilen wurden am 17. Januar 2006 zu Papier gebracht, ein Datum, das uns etwa Mitte März noch einmal beschäftigen würde. Zugegeben, der Name Frau Doktor Witch ist irreführend, denn eine Dame, die so heißt, gibt es nicht, sie heißt vielmehr Sangoma (Medizinfrau) *Mchunu*, was eine Werbetafel vor ihrem »Anwesen« in den südafrikanischen Drakensbergen, schon aus der Ferne gut sichtbar, in leuchtenden Farben verkündet, auch unter Angabe der Preise für eine Beratung und/oder anderes Teufelszeug.

Witch doctors (Hexen-Doktoren) sind, wie schon die deutsche Übersetzung zeigt, nicht nur sprachlich Medizinmänner mit ungeheurer Machtfülle, um die sie die europäischen »Götter in Weiß« nur beneiden können. (Von diesen unterscheiden sie sich außerdem vor allem im Preis.)

Es war übrigens nicht unsere erste Bekanntschaft mit dieser Berufsgruppe. Vor rund 20 Jahren machte ich schon einmal Visite bei einem Witch doctor im westafrikanischen Gambia, das damals deutsche Touristen entweder gar nicht kannten oder stets mit Sambia verwechselten.

Der »Doctor« damals lebte in einem richtigen Haus, in einem Zimmer, dessen Wände vollgehängt waren mit Zertifikaten internationaler Kongresse und Erinnerungsphotos aus New York, Toronto, Sidney und so weiter.

Der Boden war übersät mit kaputten Klein-Elektrogeräten aller renommierten Marken, ob er sie sammelte oder für gewisse Rituale verwendete, wagte ich nicht zu fragen, nachdem er unserer ganzen Familie ein langes, glückliches Leben verheißen hatte.

Frau Doktor Witch, eine ziemlich hübsche Mittdreißigerin, ist also schon in Sachen Geschlecht eine Ausnahme, was wohl auch fürs Geschäft gut sein muss, denn viele Farbige pilgern vielleicht nicht nur ihrer Sorgen wegen dorthin, wenn sie, zu mindestens zu 25, in ein so genanntes »Kafferntaxi« eingepfercht, dort anrollen. »Kafferntaxis« sind zumeist bunt angemalte VW-Busse mit getönten Scheiben, durch die die ohnehin desinteressierten farbigen Polizisten nicht erkennen können, wie viele Insassen das Vehikel unvorschriftsmäßig geladen hat. Mehr Transparenz wäre wohl aber auch nicht hilfreich, denn ganz bestimmt kann der Polizist gar nicht bis 25 zählen, da er leider nicht so viele Finger hat. So gleicht sich in Südafrika eben alles nach geheimnisvollen Gesetzmäßigkeiten wieder aus.

Aber zurück zu Frau Doktor Witch, deren Besuch uns von einem engen südafrikanischen Freund empfohlen worden war. Nicht, dass wir es nötig hätten, meinte er, wir sollten es doch eher als Teil einer Besichtigung von Sehenswürdigkeiten wie eines Museums, eines Schlosses oder einer Kirche betrachten.

Als durch mehrere Brasilien-Reisen in Voodoo und Macumba gestählte Touristen sagten wir zu, wir waren sogar neugierig, ohne jedoch vorzuhaben, unserem christlichen Glauben abzuschwören, aber auch anders als einer unserer deutschen Freunde, der ganz offensichtlich seinem Herrgott gegenüber keine Schwäche zeigen wollte (»… führe uns nicht in Versuchung!«), und während unserer Konsultation lieber draußen warten wollte.

Schon der Ausflug in die Welt der Mysterien begann verheißungsvoll. Unser südafrikanischer Freund hatte uns geraten, einen irgendwo aufgelesenen Stein mit auf die Fahrt zu nehmen. An einer einsamen Stelle bog er von der Straße ab in unwegsames Gelände, in dem wir eine Art Gedenkstein entdeckten, auf dem in mehreren Sprachen stand, man möge seinen Stein auf den großen Haufen bereits dort liegender Steine werfen, dann habe man Glück im neuen Jahr. Ich warf meinen Stein und rammte mir auf dem Weg zurück zum Auto gleich einen rostigen Stacheldraht in die danach heftig blutende linke Wade. Soviel zum Glück im neuen Jahr. (Das eigentliche Glück war wohl, dass ich gegen Tetanie geimpft bin.)

Als wir nach mehr als zweistündiger Fahrt endlich am Ziel angekommen waren, stellten wir übereinstimmend fest, dass das »Anwesen« von Frau Doktor Witch einem seriösen Vergleich mit einer europäischen Arztpraxis nicht standhalten konnte, aber eindrucksvoll war es für südafrikanische Verhältnisse schon, Frau Doktor Witch musste eine Menge »Kohle« gemacht haben.

Bei uns würde man sagen, der Arzt wohnt in einem üppigen Park mit mehreren Häusern. (Er ist also einer der wenigen, die noch nicht unter der Wucht der verheerenden Folgen der Gesundheitsreform gelitten haben, wie es die meisten deutschen Ärzte von sich behaupten.) Auf Südafrika bezogen stellt sich das so dar: Auf ein paar hundert Quadratmetern trockener, steiniger, nur karg begrünter Erde verteilen sich mehrere riedgedeckte Rundbauten, mit Öffnungen zwar, aber ohne Tür und Fenster, verbunden mit Wäscheleinen, unter denen dürre Ziegen meckern und Gänse schnattern. Am Rande des Geländes, auf einer kleinen Mauer hocken apathisch mehrere Farbige, möglicherweise die medizinisch-technischen Assistenten. Vorgeschickt, sozusagen als uns feierlich ankündigender Herold, wurde ein bei unserem Freund angestellter Zulu, der während des Gesprächs mit Frau Doktor, den Kopf demütig tief gesenkt und die Hände vor der Brust gefaltet, respektvoll Abstand wahrte. Und dann trug er sogar einen Anzug!

Dann bedeutete er uns, Frau Doktor auf einem sehr holprigen, unverständlichen Umweg näher zu treten. (Sofort schoss mir durch den Kopf, dass auch unser »Führer« seinerzeit ausländische Diplomaten durch ewig weite Wege zu seinem Schreibtisch zu demütigen und zu verängstigen versuchte, auch der »Gang nach Canossa« fiel mir noch ein.) Vor dem Betreten des heiligen Ortes mussten wir noch unsere Schuhe ausziehen und diese geordnet rechts neben den Eingang stellen.

Vergessen zu erwähnen habe ich, dass wir von der der Zulu-Sprache mächtigen Frau unseres nächsten Nachbarn begleitet wurden.

Das Innere des großen Rundbaues, dessen Boden mit hellem Linoleum ausgelegt war, fiel durch eine überraschende Schlichtheit und Geradlinigkeit auf, was angesichts der runden Grundform paradox klingt, aber nicht ist. Die weiß getünchten Wände waren bis auf ein verblichenes Poster des frühen Elvis und eines Filmplakates mit Tom Cruise aus »Top Gun« leer, Möbel gab es nicht.

Nun wurden wir drei geheißen, ganz dicht an der Wand auf einer roten Bastmatte niederzuknien, was mir nur zähne-, weil auch gelenkknirschend gelang. Unter einem gelb-roten Vorhang, der mich spontan an die spanische Nationalflagge erinnerte, hockte uns gegenüber Frau Doktor Witch, malerisch mit Kopftuch und langem Gewand gekleidet, und mit einem Ding in der Hand bewaffnet, das ich zunächst für einen handelsüblichen Swiffer gegen Staub hielt, was aber in Wirklichkeit Pfauenfedern am Stiel waren.

Versichern muss ich noch schnell, dass niemand der Beteiligten Frau Doktor Witch kannte oder vorher einen wie auch immer gearteten Kontakt mit ihr hatte.

Dieser Hinweis ist so wichtig, weil Frau Doktor, ohne uns überhaupt nach unserem Begehren gefragt zu haben, unserer nachbarlichen Dolmetscherin auf den Kopf zusagte, sie wisse, warum wir gekommen seien, wir möchten doch bloß wissen, wie es mit der Schwangerschaft unserer Schwiegertochter weiterginge. Wohl gemerkt, davon hatten wir selbst erst 14 Tage vorher erfahren!

Frau Doktor drehte uns nun den Rücken zu, unter Ausstoßen seltsam schriller Laute drosch sie wie von Sinnen auf den Vorhang ein, in der darauf folgenden Stille erklang liebliches Vogelgezwitscher. Ob Frau Doktor einen (dressierten) Vogel hatte, die Geräusche selbst erzeugte oder einen Kassetten-Recorder besaß, bleibt leider ungeklärt.

Frau Doktor wendete sich wieder uns zu und verkündete, wir könnten uns auf einen sehr starken, knackigen und kerngesunden Jungen freuen. Alles werde gut gehen. Da war ich irgendwie mächtig beeindruckt, ein paar Haare auf meinem Arm hatten sich auch schon aufgestellt, ich fühlte mich wieder einmal in dem Glauben bestärkt, dass es zwischen Himmel und Erde für uns armselige, unwissende Menschlein unerklärliche Phänomene gibt, es sei denn, Frau Dr. Witch würde sich irren.

Es kam aber noch besser, denn meine stets um mich besorgte Frau bat unsere Nachbarin, Frau Doktor nach den Gründen für mein von Zeit zu Zeit auftretendes Herz-Klabastern zu fragen. Es folgte wieder das Ausklopfen des Vorhangs mit Geräuschen und anschließendem Vogelgezwitscher, und dann die Diagnose: Ja, eine Ader in Brust und Bauch sei verengt, ob Vene oder Arterie ließ sie offen, ich müsse unbedingt zu fettes Essen und zuviel Süßes meiden. Diese Aussage aber hat mich, im Gegensatz zu der davor, nicht wirklich beeindruckt, denn ich glaube, dass die meisten älteren, wohlgenährten Weißen mit zu hohen Cholesterin- und Blutzuckerwerten herum laufen. Das Risiko, hier danebenzuliegen, ist also gering, die hellseherische Gabe von Frau Doktor relativiert sich in meinen Augen damit wieder.

Beunruhigt hat mich dann aber doch der Rat eines ebenfalls mitgereisten Freundes, seines Zeichens Arzt a. D., der zwar von dem ganzen Mumpitz, wie er es nannte, nichts hält, mir aber dennoch empfahl, demnächst in Deutschland meine Adern auf ihre Durchlässigkeit überprüfen zu lassen. (Auch mit der Ader hatte sie Recht, denn ein Jahr nach der Begegnung wurde bei mir ein Aneurysma der Bauchschlagader festgestellt.)

Wie auch immer, ich fühlte mich zumindest in meiner Disziplin bestätigt, zum Frühstück auf die beiden unheimlich leckeren Spiegeleier (»sunny side up«), den Speck und die enthäuteten geschmorten Tomaten zu verzichten und fettarmen Käse der süßen Marula-Marmelade vorzuziehen.

Zum Glück hielt es Frau Doktor nicht für geboten, mich vor dem übermäßigen Genuss meines geliebten Castle Beers zu warnen. Hätte sie *das* getan, wäre auch für mich alles nur Schnickschnack. (Das konnte aber auch nicht sein, da ein Verbot des Biergenusses in Südafrika als Todsünde gilt.)

Alles in allem war es ein schöner, aufschlussreicher Tag, der mir nur durch das Verbot meiner Frau vermiest wurde, die gute Nachricht vom knackigen Jungen sofort an unsere Kinder weiterzugeben.

Obwohl ich fest daran glaube und immer nur von dem »kleinen Kerlchen da drinnen« spreche, habe ich mir im Stillen vorgenommen, sollte es kein kerniger Bub oder gar ein Mädel werden, mir im nächsten Jahr die 19 Rand, die ich als stolzer Opa in spe eines Jungens als Trinkgeld auf den einen, von Frau Doktor als Honorar geforderten Rand drauf gepackt hatte, wiederzuholen. (1 Rand = 12,5 Cent, Jan.06). Bei dieser Gelegenheit würde ich ihr auch mittels Dolmetscher ins Gesicht schleudern lassen, dass all meine Blutwerte hervorragend seien, dies selbst auf die Gefahr hin, dass sie mich dann verflucht oder verwünscht. Schließlich gibt es auch in Deutschland sehr gut Ärzte.

Epilog, Düsseldorf, 23. Februar 2006: Jetzt sage doch noch mal einer, dass sei alles Schwindel und Scharlatanerie. Vielmehr weiß ich jetzt, was südafrikanische Witch Doctors wirklich sind: einfach großartig. Denn eine bestimmte Untersuchung unserer Schwiegertochter hat soeben ergeben, dass »es« ein Junge wird. Und wenn diese Vorhersage schon stimmt, wird es mit dem »knackig, kernig und gesund« auch hinhauen, davon bin ich felsenfest überzeugt. Und was bei der Untersuchung der Adern herausgekommen ist, wissen Sie bereits.

## »Ich hab es doch nur gut gemeint«

Neulich beichtete in einer deutschen TV-Produktion eine »liebevolle« Mutter mit diesem »liebevollen« Satz ihrer verzweifelten Tochter, sie habe über Jahre die Briefe von deren im Ausland verschwundenem Geliebten abgefangen und unterschlagen. Der war zugleich auch Vater des gemeinsamen kleinen Sohnes, der aber mangels besseren Wissens um seinen originären Erzeuger, zum neuen Geliebten seiner Mutter »Papa« sagt. Da wurden bei mir heftige Erinnerungen wach, die, das merkte ich sogleich auch, bis in die heutige Zeit reichen.

Wie oft hatte ich doch diese angeblich wohl meinenden Worte von meiner verehrten Mutter hören müssen! Wenn sie zum Beispiel meiner Jugendliebe, der sie nicht über den Weg traute (»die wird dich noch ins Grab bringen!«) am Telefon mitteilte, ich sei nicht da, obwohl ich gerade im Keller Kohle in die Heizung schaufeln musste, oder die alten »Playboys« mit der Bemerkung entsorgt hatte, es wäre besser für mich, wenn ich »etwas Vernünftiges« lesen würde. In diese Rubrik gehörte auch, den Teller gegen meinen explizit geäußerten Wunsch mit der mindestens doppelten Menge zu füllen. Zu diesem Zeitpunkt wusste sie bereits, dass ich einen so genannten Kaskaden-Magen habe, der schneller voll wird und das Hungergefühl früher als bei einem Normal-Magen abstellt. Außerdem war uns drei Kindern, als Mitgliedern der

Kriegsgeneration, immer eingebläut worden, a) alles zu essen, was auf den Tisch kommt und b) unseren Teller immer brav leer zu essen.

Wie schon gesagt, unter diesem Zwang, mit Menschen zusammen zu sein, die es nur gut mit mir meinen, lebe ich noch heute. Denn meine geliebte Frau macht genau da weiter, wo meine Mutter aufhören musste, weil ich mich direkt nach dem Abitur zum Studium ins sichere Münster abgesetzt hatte, auch um dieser nach meiner Meinung übertriebenen Fürsorge zu entkommen.

Hier einige Beispiele für die Fortsetzung des Gutgemeinthabens: So wird ein kleines Schild, das angeblich kratzen soll, wovon ich allerdings nie etwas gemerkt hatte, aus meinem dunkelblauen Lieblingspullover entfernt, was für mich zur Konsequenz hat, dass ich nicht mehr weiß, wo vorn und hinten ist und im ungünstigsten Fall das Ding zweimal überziehen muss. Noch folgenreicher war, als sie das von mir über Jahre mit hohem intellektuellen Aufwand entwickelte System zum schnellen Auffinden eines Buches zerstörte. Jetzt stehe ich häufig, hilflos und mit stiller Wut im Bauch, vor den Metern der Regale und suche und suche ...

Auch sie ist zum Glück für diesen Auswuchs des Gut-Meinens bestraft worden, denn wenn *sie* jetzt etwas sucht, kann ich ihr auch nicht mehr helfen. (Inwiefern sie es in diesem Fall mit mir gut gemeint haben will, hat sich für mich noch nicht erschlossen, wahrscheinlich gaben Höhe der Werke und Gesamt-Optik der Buchrücken den Ausschlag.) Auch auf die Gefahr hin, als undankbar zu gelten, werde ich demnächst, während ihrer Abwesenheit, die alte, vertraute Ordnung wieder herstellen.

Das Gutmeinen geht weiter mit unerwünschten Kommentaren zu fast jeder meiner geplanten oder durchgeführten Aktivitäten, sowie zu jedem noch so guten Vorsatz. Diese Anmerkungen beginnen zumeist mit »Das würde ich doch nicht...«, oder »Das würde ich aber ganz anders ...«, oder »Ich dachte aber, du würdest ...«, oder »Du kannst doch nicht wirklich ...!« (Schon sprachlich ist das »wirklich« falsch, denn ich kenne niemanden, der einmal etwas »unwirklich« getan hätte.)

Sehr beliebt ist auch eine Feststellung wie: »Du musst doch in dem

Hemd frieren.« Dann denke ich mir, dass ich das könnte, aber nicht müsste. Außerdem ist mein Kälte-Wärme-Empfinden immer noch so gut, dass ich mir, täte ich es, etwas überzöge.

Es geschah vor kurzem, wir waren gerade drei Wochen aus dem Urlaub zurück, als sie auf die Frage von Bekannten nach der Anzahl der Wochen unserer Ferien, die ich korrekterweise mit »drei« beantwortete, meinte, dies sei Quatsch, es seien erst zwei. Erst die Rechnung, am Vierten des Monats zurückgekommen zu sein, heute sei der 26., die Differenz zwischen beiden Zahlen mache genau 22 Tage, und dies wiederum seien drei Wochen plus ein Tag, konnte eine gütliche Einigung herbeiführen.

Extrem gefährlich ist auch, wenn ich mich bei unserem technisch sehr bewanderten Sohn, der sich in Sachen Multi-Media sehr gut auskennt, nach Sinn und Nutzen eines neuen, mir völlig unbekannten Gerätes erkundige, das dieser sofort als MP 3-Player identifiziert. Da ich weiß, dass meine Frau weiß, dass ich allen neuen Klangquellen gegenüber aufgeschlossen bin, setzte ich vor die Frage laut und deutlich den Hinweis, dieses offensichtlich sensationelle Ding schon aus Platzmangel nicht kaufen zu wollen, womit ich hoffte, meiner Frau den Boden für jedwede negative Äußerung entzogen zu haben, was auch zutraf. Aber die Genugtuung darüber währte nur vier Stunden, denn während der TV-Übertragung einer Kölner Karnevals-Sitzung fragt sie plötzlich und ohne jeden Zusammenhang: »Du willst das doch hoffentlich nicht kaufen!« (Nicht nur Elefanten haben ein langes Gedächtnis.)

Manchmal werde ich schon unterbrochen, bevor ich etwas zu Korrigierendes gesagt habe. Dann stoppe ich abrupt, um zu hören, was sie auf das Nichtgesagte zu sagen hat, das ist immer sehr spannend. Es könnte doch sein, dass sich bei sensiblen Frauen, wenn sie mit ein und demselben Mann länger als 30 Jahre verheiratet sind, so etwas wie ein Widerspruchs-Automatismus entwickelt, ich muss mal einen Psychiater danach fragen.

Ich plane in diesem Zusammenhang des Gutmeinens sogar, sollte sich die Gelegenheit dazu bieten, mit ihr neben mir einen leichten Auto-Unfall zu verursachen, weil ich darin die einzige Chance sehe, meine Beifahrerin unter Hinweis auf ihren Status als Beifahrerin zu bewegen, doch wenigstens einmal den Mund zu halten, oder, noch konsequenter, mit dem eigenen Auto und mir als Co-Piloten zu starten, denn ich kommentiere nichts, und es herrscht immer himmlische Ruhe im Fahrzeug.

Das mit dem leichten Unfall ist im übrigens nicht sonderlich schwer, denn auch den souveränsten Fahrer müssen das Gefuchtel, die ständigen Fingerzeige, die »guten« Ratschläge und Mahnungen, doch jetzt das zu tun, nicht zu nah an rechts auf der Straße parkenden Autos vorbeizufahren, sich jetzt links oder rechts einzuordnen und früher zu bremsen, nervös machen, worunter die Konzentration bekanntlich leidet und sich die Unfallgefahr deutlich erhöht.

Ertappt habe ich mich neulich dabei, um des lieben Friedens willen, schon unmittelbar nach dem Wachwerden, absichtlich etwas zum Widerspruch reizendes, bewusst Falsches zu sagen, zum Beispiel: »Heute ist Sonntag«, obwohl es Mittwoch ist.

Damit könnte ich vielleicht, da ja damit ihr frühmorgendliches Soll an Obsession erfüllt ist, der vorwurfsvollen Frage zuvorkommen, ob der rote Pullover nicht doch besser zu dieser Hose passe, und überhaupt, ob ich nur diese eine Hose hätte. (Natürlich weiß sie, dass ganz viele Hosen in meinem Schrank hängen.)

Aber das mit der Falschaussage wäre auch wiederum unfair, denn diesen Fehler muss und darf sie korrigieren, wenn sie es gut mit mir meint. Außerdem könnte sie mich verdächtigen, einen Dachschaden bekommen zu haben und mich dann mit »Aber du wirst doch hoffentlich nicht zum Arzt gehen!« bedenken.

Das aktuellste Beispiel stammt vom Tag, an dem ich diese Geschichte aufgeschrieben habe. Es gab zum Abendessen Kotelett mit grünen Bohnen.

»Bitte, für mich nicht soviel!«, darum hatte ich schon vorausschauend höflich gebeten. Beim Kotelett, auf dessen Größe auch meine Frau keinen Einfluss hat, es sei denn, sie würde es halbieren, war mir sowieso schon klar, dass ich die Hälfte mit dem Versprechen würde liegen lassen, den Rest später kalt zu essen. Die Bohnen aber, die stapelten sich auf meinem Teller in beängstigender Höhe, was mich meine Frau wieder höflich erinnern ließ, ich hätte doch um weniger gebeten. »Aber die Bohnen sind doch ganz klein und dünn«, entgegnete sie. Als ob die Höhe eines Haufens etwas mit Größe und Länge der einzelnen Bohne zu tun hätte! Zum Glück liebt meine Frau Bohnen und hat dann das von mir verschmähte Quantum und das halbe Kotelett auch noch verspeist. Dennoch bleibe ich dabei, dass es einfacher wäre, mir gleich weniger und ihr gleich mehr zuzuteilen. Aber sie meint es eben immer gut mit mir.

Trotz dieser schleichend zunehmenden Bevormundung und Entmündigung liebe ich meine Frau, schiebe alles auf das altersbedingte Phänomen der, wie es ein Freund und Arzt mal ausdrückte, hormonellen Dysfunktion (HDF) und hoffe, dass sie, als auch mich liebende Ehefrau, noch auf den Trichter kommt, allem zuzustimmen, von dem ich glaube, dass *ich es gut mit mir* meine. Aber wie heißt es leider so richtig: Die Hoffnung stirbt immer zuletzt.

Angstvolles Postskriptum: Was passiert wohl, wenn sie diese Seiten zu lesen bekommt? Von meiner Antwort auf ihre rhetorische Frage »Das hast du doch wohl nicht ernst gemeint?!« hängt Ungewisses ab. Auf ein zaghaftes »nein« bekäme ich wahrscheinlich zu hören, warum ich es dann überhaupt aufgeschrieben hätte. Noch katastrophaler wäre ganz sicher ihre Reaktion auf ein mutiges »Ja«, von ihr dann eiskalt gekontert mit dem ernsthaften Versprechen in Richtung: »Dann pass mal auf, was passiert, wenn ich es nicht mehr gut mit dir meine!« Und davor habe ich tierische Angst.

# OPEN-AIR-CHECK

Ich darf einen sehr begnadeten, aber etwas unkonventionellen Orthopäden meinen engen Freund nennen. Unkonventionell auch deshalb, weil er den größten Teil seiner freien Zeit damit verbringt, ausgemustertes medizinisches Gerät zu sammeln, um es auf eigene Kosten in die ärmsten Regionen dieser Welt zu schaffen und dort auch für Gottes Lohn zeitweilig zu praktizieren.

Mir tat mal die rechte Hüfte ziemlich weh und ich überlegte schon, ob ich ihm einen Besuch abstatten sollte. Bevor es aber zur Terminabsprache kam, traf ich ihn zufällig auf der Hauptstraße in meinem Viertel, wer sie kennt, weiß, was da los ist, besonders wenn, wie an diesem Tag, auf einem Platz Markt gehalten wird.

Nachdem ich ihm von meinen Wehwehchen berichtet und vorgeschlagen hatte, er möge sich das doch mal in seiner Praxis genauer anschauen, meinte er nur: »So ein Quatsch, das kann ich auch gleich hier untersuchen, lass doch nur mal kurz die Hose herunter!« Widerstrebend folgte ich der Aufforderung, das »Nur« für leicht untertrieben haltend und in der Hoffnung, dass die geschockten Passanten ihn vielleicht als Arzt im Notdienst erkennen würden.

Dennoch will ich nicht ausschließen, dass danach im ganzen Stadtteil das Spielchen »Rat mal, wer auch schwul geworden ist« umging. Es war übrigens nur das Alter, das schmerzte, inzwischen nicht mehr nur an der Hüfte.

## Die mysteriöse Verwandte

(Ein Kriminalfall?)

Prolog: Ausgelöst hat diese Geschichte ein lieber, verehrter Freund, mit der spöttischen rhetorischen Frage, wie es sein könne, dass zwei Frauen, wovon eine sicher seine war, rund 75 Minuten wegen einer in seinen Augen lächerlichen Bagatelle telefonieren könnten.

Ihm widme ich meine Gedanken, zum einen mit dem ihn hoffentlich tröstenden Hinweis, dass auch meine Frau durchaus mit einer bestimmten Cousine am Telefon stundenlang über Nebensächlichkeiten parlieren kann, zum anderen und vor allem als tief empfundenen Dank für das Kompliment, mich dereinst mit meinem Buch auf Wolke 7 neben Goethe und Schiller sitzen zu sehen, was ich aber für maßlos übertrieben halte, reichte mir doch schon, neben dem berühmten Autor Gerhard Schröder zu hocken.

Die Geschichte: (Da die handelnden Personen noch leben, musste ich ihre Namen bis zur Unkenntlichkeit verstümmeln, wenngleich ich nicht sicher bin, ob einige davon nicht stolz wären, ihren richtigen Namen hier veröffentlicht zu sehen.)

Angefangen hat alles auf der Beerdigung (welch Paradoxon!) einer Verwandten meiner Frau. Nach der vor der Kapelle von Trauer gekennzeichneten Begrüßung von Angehörigen und Freunden, die man natürlich fast alle gar nicht kennt (»... dass man sich immer nur zu solch traurigen Anlässen begegnet!«), nach der stillen Andacht im Gotteshaus und dem Weg zum Grab, auf dem man sich schon mal im Flüsterton erkundigte, wie es dem und jenem gehe, dem Ausdruck tiefer Betroffenheit, dass es plötzlich so schnell gegangen sei, wo es doch Tante Therese noch vor zwei Wochen gut gegangen sei, und wie wohl jetzt der arme Witwer zurechtkäme, nach den einigermaßen bewegenden Worten des Priesters, nochmaliger Stille beim Herablassen des Sarges ins Grab, begab man sich, nicht nur der Kälte wegen, schon deutlich schnelleren Schrittes in ein nahe liegendes Restaurant mit einem Plakat »Hochzeiten, Taufen, Beerdigungen« zum so genannten

»Leichenschmaus«, was ich immer als sehr geschmacklos empfinde. Zumindest aber zeigt dieses Wort-Ensemble, wie dicht auch in der Werbung Extreme beieinander liegen. (»Mitten wir im Leben sind von dem Tod umfangen.«) Man muss sich aber wohl mit dem Schmaus abfinden, war der Tod eines Menschen doch früher für unsere weit verstreut lebenden altvorderen Bauern, die sich dann mit dem Pferdefuhrwerk auf den oft langen Weg zur Beerdigung machten, die einzige Gelegenheit, sich mit Bekannten erst in der Kirche und danach in der aus praktischen Gründen meist direkt daneben errichteten Kneipe zu treffen. (Dass dabei der hässliche Gedanke aufkommen könnte, es möge doch bald wieder einer das Zeitliche segnen, ist nur verständlich, war es doch beim vorigen Mal wieder urgemütlich.)

Aber zurück zu unserem Leichenschmaus. Man findet das Lokal und das Angebot an Imbissen gut, die dann auch ganz schnell verputzt sind. Man bewundert den Mann der Verstorbenen ob seiner souveränen Haltung (»doch wie es drinnen aussieht ...?«), findet, dass sich kaum einer groß verändert hat, außer aber, dass Hildegard doch sehr dick geworden ist. Meine Frau widerspricht dem, das sei schon immer so gewesen.

Mich als in diese Sippe Eingeheirateten ließ dies alles, mangels Fähigkeit, das Vorher und Nachher gerecht beurteilen zu können, völlig kalt.

Spannender wurde es erst, als zugleich mehrere Personen an unserer und der gegenüber liegenden Seite der Tafel, sich weit über selbige beugend, mit gedämpfter Stimme wegen der Anwesenheit der Betroffenen, voneinander wissen wollten, wer denn die Dame aus dem Ruhrgebiet sei, die sich als Verwandte der Verblichenen zu erkennen gegeben hatte. Um es kurz zu machen, niemand kannte sie. Mit dem unguten Gefühl, diesem Geheimnis nicht auf die Spur gekommen zu sein, ging man dann, wie ich am Tag danach erfuhr, viel später auseinander, aber da waren wir schon weg.

Hier müsste die Geschichte eigentlich zu Ende sein, ist sie aber nicht. Denn einen weiteren Tag später ruft eine Tante meiner Frau namens Wiltrude, die angeblich die ganze Verwandtschaft kennt, bei uns an. Da sie ihrer Gebrechlichkeit wegen nicht zur Beerdigung hatte kommen können, aber von ihrer Tochter Walpurga von der geheimnisvollen Verwandten aus dem Kohlenpott gehört habe, erwartete sie nun von meiner Frau Aufklärung. Vergeblich.

Wiederum bestünde an dieser Stelle die Chance auf ein schnelles Ende der Story. Aber wieder weit gefehlt, begeben sich doch nun alle neugierigen Unwissenden ans Telefon, um in Form einer bundesweiten Rasterfahndung, wie sie CIA, Secret Service, MX-5 und BKA nicht besser hinbekommen könnten, Licht ins Dunkel zu bringen, was sich natürlich über Tage hinzieht, da Vetter Hans-Köbes, Cousine Roswitha, Onkel Oswald und Nichte Berta, um nur einige Namen zu nennen, aus verständlichen Gründen nicht immer am Telefon auf diesen Anruf warten können.

Meine inzwischen ermüdete Frau hatte sich bereits aus den Recherchen zurückgezogen, die anderen aber müssen unverdrossen weitergeforscht haben, was ich, der immer, wenn das Telefon in diesen Tagen bei uns klingelte, längst in meinem Zimmer verschwunden war, gestern Abend von meiner erleichtert wirkenden Frau mitgeteilt bekam: »Rat mal, wer die Dame war! Tante Wiltrude hat es endlich herausbekommen. Es war die Tochter des Bruders des zweiten Mannes von Tante Sieglinde, die, die immer zu Weihnachten das ›Ave Maria« singen musste, weil sie sogar eine richtige Musikausbildung hatte.« Das wusste ich selbstredend nicht, aber bedrücken tut es mich weiter auch nicht.

Epilog: Nachdem ich das nun alles zu Papier gebracht habe, finde ich die ganze Geschichte nicht mehr wirklich spannend. Schließlich ist das Einzige, was sie mit einem Krimi gemein hat, eine Tote. Und die ist auch noch auf natürlichem Weg von uns gegangen. Bleibt noch die Feststellung, dass in diesem Krimi nur die Telefongesellschaften profitieren, die sich die Durchleitung der unzähligen Anrufe teuer haben bezahlen lassen.

Und vielleicht noch Tante Wiltrude.

## Der Fluch der guten Tat

Zwei Kühlschränke und eine Tiefkühltruhe im Haus – und trotzdem keine Eiswürfel vorrätig, was den Genuss eines Gin Tonic oder Dry Martini mit Wodka erheblich mindert, wie ist das möglich? Ganz einfach, es gibt für diesen Luxus keinen Platz, denn meine fürsorgliche Frau kauft meistens so ein, als gäbe es in den kommenden Jahren keinen Nachschub mehr. Und obwohl unser Sohn seit Jahren aus dem Haus ist, wird die Hälfte dessen, was sie gekocht hat, eingefroren. So quellen alle Eisfächer so über, dass nicht einmal für eine kleine Eisschale Platz bleibt.

Meiner ewigen Meckerei überdrüssig, hat mir meine Frau jetzt eine Eismaschine geschenkt, dabei aber wohl etwas übertrieben, denn statt eines kleinen Gerätes kommt da ein riesiges, professionelles Ding an, das ununterbrochen Eiswürfel in verschiedenen Größen produziert.

Dies war eine liebe Geste von ihr, aber auch eine sehr gefährliche, hat sie bei ihrer Bestellung doch nicht bedacht, alle Voraussetzungen geschaffen zu haben, mich zu einem Alkoholiker zu machen. Denn die Bequemlichkeit, im Vorübergehen ein paar Würfel ins Glas zu werfen, könnte meine Selbstdisziplin auf den Prüfstand stellen. Noch aber reiße ich mich zusammen.

Habe ich früher meine Drinks zimmertemperaturwarm, missmutig und daher selten geschlürft, schleiche ich jetzt, ebenfalls übel gelaunt, an der Kiste vorbei und murmele ihr zu: »Nein, heute nicht!«

Was meine Frau, als sie das mitbekam, mit der spöttischen Bemerkung quittierte, mir könne man es wohl nie recht machen. Irgendwie stimmt das.

## WIR WERDEN LANGSAM WUNDERLICH

Ein hoch verehrter, sehr belesener, kritischer und es mit mir gut meinender Freund namens Theo, dem meine Geschichten wohl insgesamt zu zynisch sind, meinte, ich müsse, um innerlich wieder friedfertiger und gelassener zu werden, ein neues Kapitel meiner Schreiberei unter dem Titel »Als Julius da war« beginnen. Julius ist unser Enkel, der zur Zeit, als diese Zeilen entstehen, neun Monate jung ist.

Ich habe diesen Rat nicht befolgt, weil die vorgeschlagene Überschrift nicht ahnen lässt, was geschehen ist, nachdem Julius da war. Dies erscheint mir wichtiger als die Feststellung, dass wir alle bei seiner Geburt sehr glücklich waren.

Leider ist das mit dem Langsamwunderlichwerden auch nicht ganz korrekt, denn, wenn ich ehrlich bin, vollzieht sich diese Wandlung schnell.

Erwähnen muss ich auch, dass ich zeit meines enkellosen Lebens immer behauptet habe, niemals zu jenen Großeltern gehören zu wollen, denen nichts mehr einfällt – außer zu ihren Enkeln. Und die dann ganze Abende langatmig und nervtötend damit verbringen, ihren Gästen die neuesten Zustandsberichte des Nachwuchses zu liefern und von den gewaltigen Fortschritten, die das Kind angeblich beinahe minütlich mache, zu erzählen und dabei Hunderte irgendwie immer gleichartiger Photos herumzuzeigen.

Schon schlimm genug ist, dass mein Verhalten leider meine Behauptung widerlegt. Noch ärger aber, dass wir uns auch sonst schleichend verändern und den Mittelpunkt unseres Lebens immer weiter nach außerhalb des unsrigen verlagern. Wir stehen sozusagen außerhalb unseres eigenen Zentrums, man könnte auch sagen: neben uns.

Haben wir früher zeitlich von Arztbesuch zu Arztbesuch gezählt, oder wann die Putzhilfe und der Fensterputzer das nächste Mal kommen, oder wann ein Termin beim Frisör ansteht, gibt es bei uns jetzt nur noch eine Zeitrechnung: Wann wird Julius wieder bei uns geparkt.

Die Zeit zwischen diesen Ereignissen nenne ich übrigens »Juliade«, und kann bei dieser Gelegenheit gleich denen eins auswischen, die die Olympischen Spiele immer Olympiade nennen, obwohl die alten Griechen diesen Begriff nur für die Zeit zwischen zwei Spielen benutzt haben.

Es geht aber noch weiter: Kurz bevor Julius bei uns abgeliefert wird, erhöht sich bei mir das Risiko von, je nach Jahreszeit, Erkältungen oder verstärkten Schweißausbrüchen, weil meine Frau alle Fenster und Türen aufreißt, um auch den letzten Zigarillo-Qualm aus dem Haus zu vertreiben.

Beunruhigend sind auch unsere veränderten Lese- und Fernsehgewohnheiten. Statt zuerst in den Sport- (ich) oder in den Wirtschaftsteil (meine Frau) der Zeitung zu schauen, durchforsten wir die Rubrik »Gesundheit« nach allen Kleinkinder betreffenden Ratschlägen, statt weiter im Henning Mankell (ich) oder im Dan Brown (meine Frau) weiterzulesen, machen wir uns das Recht auf die Erst-Lektüre von »Enkel für Anfänger« streitig, im Fernsehen hat das Gesundheitsmagazin »Praxis« in seiner Bedeutung für uns den »Tatort« weit abgehängt, ja, es besteht für mich sogar die Gefahr, überredet zu werden, die für Babys wichtigsten Beiträge aufzeichnen zu müssen.

Interessant in diesem Zusammenhang ist auch die Ankündigung meiner Frau, beim demnächst stattfindenden Besuch in Südafrika alle in unserer Nähe liegenden Shops für Kleinkinderkleidung anzulaufen. Als ich wagte, die Augenbrauen leicht zu heben, bekam ich zu hören, ich hätte schließlich schon genug Safarihemden und –hosen.

Und dann die Fotografiererei. Auch wir schleppen inzwischen jede Menge Porträts und Schnappschüsse von Julius mit uns herum, um sie möglichst jedem unaufgefordert zu zeigen. Glücklicherweise sind die so Gestraften aber höflich, stimmen sie uns doch immer zu, dass unser Enkel ein wahrer Prachtkerl sei und auf jedem Photo anders aussehe, obwohl zwischen den Aufnahmen manchmal nur Minuten oder Stunden liegen, wenn es hoch kommt, eine Woche.

Man sagt ja, Enkelkinder hielten Oma & Opa jung. Psychisch mag das stimmen, nicht aber physisch. Denn das Aufstehen nach längerem Liegen auf dem Bauch oder Rücken, um dem Kleinen das für seine spätere Entwicklung wichtige Gefühl zu geben, mit seinen Großeltern auf

Augenhöhe zu spielen und dummes Zeug zu machen, gestaltet sich zunehmend schwieriger. Ich musste sogar schon einige Male Magnesium schlucken, um die überdehnten, weil bis Julius untrainierten Muskeln in Beinen, Armen und Rücken abzustellen.

»Tempora mutantur, et nos in illis«, heißt es zu Recht, und wir, die nos, machen da keine Ausnahme. Aber ich meine, es gibt weitaus schlimmere Formen von Wunderlichwerden.

Ob allerdings meinem lieben Freund Theo diese Geschichte unzynisch genug ist, halte ich nach einer nochmaligen Endkontrolle aber für eher unwahrscheinlich.

## Modernes Gleichnis

Stellen Sie sich bitte vor, Sie stehen in Istanbul auf einem Basar vor einem Kleinod, das Sie unbedingt besitzen möchten. Sie schätzen seinen Wert und setzen sich ein Preislimit von, sagen wir mal, 500 Pistazien\*. Der Händler, der ja so heißt, weil er handeln will, hat schlauerweise das hübsche Ding nicht ausgezeichnet, was ihm und Ihnen alle Möglichkeiten eröffnet.

Da Sie als erfahrener Tourist wissen, dass Türken beleidigt sind, wenn man nicht mit ihnen feilscht, gehen Sie vorsichtig in die Offensive und starten mit einem Angebot von 100 Pistazien, worauf der Händler zu jammern und zu schluchzen beginnt, Ihnen unter Tränen und in gebrochenem Deutsch anvertraut, dass er, würde er Ihnen so weit entgegen kommen, seine Familie nicht mehr ernähren, seine sechs Kinder nicht zur Schule schicken und seiner ältesten Tochter, die demnächst heiraten werde, keine Aussteuer mit in die Ehe geben könne. Und überhaupt sei er dann in der ganzen, riesigen Familie als

---

\* Fiktive Währung

miserabler Händler unten durch. Deshalb müsse er, so leid es ihm täte, 900 Pistazien verlangen.

Einschieben muss ich hier, dass er wie Sie diesen Preis von 500 Pistazien im Hinterkopf für angemessen halten, was Sie und er aber nicht zugeben können.

Angesichts der noch vorhandenen »Luft nach oben« gehen Sie also rauf auf 150, dann, als Sie fürchten müssen, Ihr Gegenüber würde bei dieser Zahl vom Schlag getroffen, auf 200.

Wieder gefasst und wider Erwarten kommt Ihnen der Bursche doch noch ein Stückchen entgegen und fordert erst 850, auf Ihr Kopfschütteln hin, 800. Darunter ginge bei Allah und dem Leben seiner Söhne beim besten Willen nichts.

Da Sie aber, wie schon gesagt das Schmuckstück unbedingt haben und er es unbedingt loswerden will, geben Sie sich einen Ruck und bieten, scheinbar widerwillig und nun selbst verzweifelt wirkend, in einem gewaltigen Schritt 400 Pistazien. (Vorher hatten Sie schon einmal überlegt, ob es nicht besser wäre, einen neutralen Vermittler einzuschalten.) Dazu drohen Sie noch, nie wieder bei ihm zu kaufen, wenn er jetzt nicht auf Ihr letztes Gebot einginge.

Das beeindruckt ihn so, gute Händler haben schließlich Respekt vor genauso guten, dass er noch einmal 100 nachlässt.

Um es jetzt kürzer zu machen, nach einer weiteren Stunde haben Sie und er sich bei 500 Pistazien getroffen und diesen Abschluss mit Handschlag besiegelt.

Gäbe es in einem Text Sprechblasen, müsste über Ihnen und ihm eine mit »den/die habe ich aber reingelegt« erscheinen.

Jetzt wollen Sie sicher wissen, was Ihnen diese langatmige Geschichte sagen will.

Nach diesem Drehbuch laufen in Deutschland für gewöhnlich diese unsäglichen Tarifverhandlungen ab, an deren Ende sich beide Seiten stets zu Gewinnern erklären, aber mit der Einschränkung, beinahe über die Schmerzgrenze gegangen zu sein.

Persönliches Postskriptum: Wissen die Herren Sommer, Peters, Brsirske & Co. eigentlich, dass man die Kuh, die man weiter melken möchte, tunlichst nicht schlachten sollte?

## Es gibt bald keinen Spargel mehr!

Diese Behauptung stimmt traurig, aber sie ist wahr.

Gemeint ist damit nicht die Zwangsläufigkeit, dass die Saison für dieses wunderbare Gemüse irgendwann im Spätfrühling unwiderruflich vorbei ist. Auch nicht, dass es überhaupt keinen mehr gäbe. Es gibt ihn in Hülle und Fülle, unter der Erde, aber wie alle Landwirte und Agrarwissenschaftler feststellen, werden wir, wenn es nicht sofort zu regnen beginnt, heuer an diesem köstlichen heimischen Gewächs keine Freude mehr haben.

Jetzt kommt aber noch ein Grund von geradezu verheerenden Auswirkungen dazu.

Nehmen wir an, es schüttet ab morgen wie aus Kübeln, die Spargelbauer machen Luftsprünge, die Agrarwissenschaftler bestätigen, dass der Segen von oben gerade noch rechtzeitig gekommen sei, Sie und ich schnalzen mit der Zunge in Vorfreude auf reichlichen und sogar noch relativ preisgünstigen Genuss. Und was passiert?

Nichts! Die Regale und Auslagen in den Obst- und Gemüsegeschäften bleiben gähnend leer.

Wie kann denn das sein, fragen Sie sich jetzt maßlos enttäuscht, wo Sie sich doch schon sooo darauf gefreut und sich deshalb gleich mit mehreren Beuteln »Sauce Hollandaise« eingedeckt haben.

Ich sage Ihnen warum. Es gibt definitiv keine Leute mehr, die ihn stechen. Dass sich deutsche Arbeitslose für diese »niedere« Tätigkeit zu schade sind und es aus ihrer Sicht zu Recht vorziehen, von der Sozialhilfe, wenn schon nicht gut, so aber doch komfortabler zu leben, als hart zu arbeiten, ist verständlich und hinlänglich bekannt.

Aber es gab da doch wenigstens die Polen, die bereitwillig und klaglos in die Bresche gesprungen sind und für volle Teller gesorgt haben! Sind die jetzt auch zu bequem und zu faul geworden?

Nein, sind sie nicht! Sie sind inzwischen nur (noch) cleverer geworden und befördern den Spargel lieber bei unseren europäischen Nachbarn ans Tageslicht, denn hier wird ihnen vom Lohn viel weniger abgezogen als bei uns. Nicht gerade förderlich für längeres Bleiben wirken auch unsere streng begrenzten Aufenthaltsgenehmigungen. Die Polen ziehen also sozusagen ab, damit ihnen niemand mehr etwas abzieht und sie nicht dauernd wieder ihre Koffer packen müssen. Sie und ich haben jetzt auszubaden, dass zwar mehr für die Polen herausspringt, aber aus unserem fruchtbaren Boden leider nichts mehr herauskommt.

Bleibt nur die Hoffnung, dass uns ab der nächsten Spargelsaison viele Bulgaren oder andere Balkanvölker, wenn schon nicht aus der Dürre, dann aber wenigstens aus der Klemme helfen!

## Liebe alte Schönleinstrasse

Diese Liebeserklärung gehörte, bliebe ich chronologisch korrekt, in den vorderen Teil dieses Buches, denn sie handelt von Erinnerungen an den vorderen Teil meines Lebens. Es war ursprünglich auch nicht geplant, sie überhaupt zu schreiben. Dann aber haben mich einige der in ihr vorkommenden Personen während eines Wiedersehens, bei dem wir Nostalgiker selig von den alten Zeiten schwärmten, solange bekniet, alles für die Ewigkeit festzuhalten, bis ich nachgegeben habe, womit sich dann auch der große Kreis durch die Jahrzehnte schließt.

Also, sie geht nach Essen-Rüttenscheid, in diese kleine, heute noch verschlafene Straße, in der ich die schönste Zeit meines Lebens zwischen 19 und 21 verbracht habe, nicht dauernd, denn ich wohnte ja nicht da, aber doch meistens. Und meine Eltern hatten auch nichts dagegen, wussten sie mich doch in einem guten Umfeld.

Hier lebten meine beiden bis heute besten Freunde. Bester Freund 1, spitznamens Glenn, den ich zuerst nenne, weil er im Haus mit der kleineren Hausnummer wohnte, hatte immer einen Vermouth für uns versteckt, der natürlich aus Vaters Beständen abgezweigt war. Außerdem stand in der Garage ein Borgward Isabella Coupé, dem man mittels Ansaugen immer mal ein paar Liter Benzin für die eigenen »Fahrzeuge« entnehmen konnte. (Da diese mit »Mix« fuhren, musste man sich das Öl leider vom Taschengeld selbst kaufen.)

Bevor ich auf besten Freund 2, Stevie, zu sprechen komme, ist deshalb zu berichten, dass vier von uns ein Moped besaßen, entweder eine »Quickly« von NSU oder eines von Victoria mit dem Namen »Vicky« II. Diese parkten dann am Nachmittag weit unten in der Schönleinstraße vor dem Haus besagten besten Freundes 2.

Das Haus war groß, musste es auch sein, denn Stevie hat 12 Geschwister. Die Größe ist schon der Anzahl der Bewohner wegen erwähnenswert, mehr aber noch ob der überwältigenden Gastfreundschaft, die es verströmte.

Hier konnten wir nach der Penne schnell einmal »auf eine Suppe« Halt machen, denn in den Töpfen im Jugendherbergsformat war für jeden stets noch etwas drin. Und das war auch notwendig, denn wenn nur acht der 13 einen Kumpel mitgebracht hatten, waren das nach Adam Riese schon 16 hungrige Mäuler.

Die Eltern der 13 waren mit die großartigsten Menschen, die ich je kennen lernen durfte, besonders die Mutter, eine sehr fromme, aber für damalige Verhältnisse auch extrem moderne, verständnisvolle, tolerante und liebenswürdige Frau. Warum sollte sich das auch ausschließen?

Sie war sogar so fortschrittlich, ihren älteren Kindern und deren Freundinnen und Freunden im Souterrain einen eigenen Raum einzurichten – mit Sofa und Sesseln, Radio und Plattenspieler, ja sogar mit Aschenbechern! Und immer standen irgendwo auch ein Kasten Bier und Limonade.

Sie hat das sicher auch mit dem Hintergedanken getan, die Jugend so am besten vor den schädlichen Einflüssen der Straße zu schützen, obwohl es die auf der Schönleinstraße bestimmt nie gegeben hat.

Uns waren die Gründe damals reichlich egal. Wir waren nur dankbar für die Gnade dieser Herberge, die wir »Club-Raum« tauften und die zu einem wahren Refugium wurde, in dem wir uns beinahe täglich in wechselnder Besetzung trafen. Mal waren nur wir Männer da, mal mit einigen von Stevies Brüdern, bevorzugt Ulli und Chris, am liebsten aber mit unseren Freundinnen namens Astrid, Renate, Luise, Mariton und Omilie. Richtig auf ging das bei der »Zuteilung« aber nie, da noch zwei weitere männliche Clubmitglieder, Schuro und Hellef sowie ein temporäres, Bock, genannt werden müssen. Letzterer wohnte ganz in der Nähe, die beiden anderen düsten mit ihren Mopeds von weiter südlich und nördlich an.

Schuro konnte mit einem Kamm auf seinen Zähnen selbst Songs mit den schwierigsten Harmonien wie »Stardust« erklingen lassen. Leider fuhr er auch schon einmal in eine, wie er behauptete, unzureichend beleuchtete und abgesicherte Baugrube (es war aber das Stauder-Pils, herb und rassig!), weshalb wir eine zeitlang auf seine geschätzte Anwesenheit verzichten mussten. Außerdem konnten wir ihn immer mit seinem Onkel, einem Prälaten, aufziehen, was er aber nie gut fand. (Dieser liebe, gute, alte Freund ist leider schon tot.)

Hellef war außerberuflich ein begnadeter Tennisspieler und mit einem urwüchsigen Ruhrgebietshumor gesegnet, Bock dagegen war total unsportlich und auch eher ein wenig dröge. Er teilte auch nicht unser Los, Primaner und später Abiturienten zu sein, einer besonderen Schrulle wegen, der ich gleich noch einige Zeilen widmen werde.

Zur zwischengeschlechtlichen Gemengelage ist auch festzustellen, dass es schon gewisse feste Zuordnungen gab. Besonders Astrid und Stevie machten beim Flirten nach außen hin kräftig mit, das war aber nur eine geschickte Tarnung, denn in Wirklichkeit ließen sie keine(n) an sich heran. Deshalb sind sie auch heute noch glücklich verheiratet.

Schuro hatte Mariton, Glenn Luise, ich Renate. Blieben also nur Omilie und Hellef übrig, aus denen aber nichts wurde, weil Omilie in niemanden verknallt war, Hellef aber in »meine« Renate, zum Glück erfolglos.

So hingen und machten wir fast täglich »da so rum«, begossen gut ausgefallene Klassenarbeiten ebenso wie verhauene, feierten oder trösteten uns, lauschten Louis Armstrong und anderen Kraft-Jazzern, heckten eher harmlose Streiche aus und berichteten, jeder für sich, von den schönsten und traurigsten Momenten des Tages, von Glücksgefühlen, Liebeskummer, Weltschmerz und Angst vor dem Abi – alles wurde fein säuberlich in das in helles Schweinsleder gebundene

»Club-Tagebuch« geschrieben, das noch existiert und von dem wie ein Gral gehütet wird, der zum jeweils letzten »Club-Treffen« eingeladen hat.

Wenn man heute darin blättert, stößt man glücklicherweise vornehmlich auf heitere Episoden. Man kann zum Beispiel unseren Stolz nachempfinden, mitten im eiskalten Januar (gab es damals noch) im Moped-Konvoi mit nackter Brust durch die Essener Innenstadt geknattert zu sein, man kann das Gefühl der Verworfenheit, das wir nach einer so genannten, in Mode gekommenen neuen Gepflogenheit, der »Pyjama-Party« hatten, nicht mehr nachvollziehen, bestand diese Party doch nur aus über die normale Wäsche gezogenen Nachthemden und Schlafanzügen. Mehr war damals leider nicht drin, erinnere ich mich noch heute.

Man genießt noch einmal die Schadenfreude über die hässlichen blutigen Ritzer und Schnitte auf Armen, Brust und Bauch von Stevie und Chris, die als beinharte Burschen auch im tiefsten Winter nicht davon lassen wollten, vor der Schule, wenn es noch dunkel war, mit dem Kopf vorweg in ihren Pool (damals noch Schwimmbecken) zu hechten und dabei in ihrer Verschlafenheit den über Nacht veränderten Aggregatzustand des Wassers übersehen hatten, das nämlich war an der Oberfläche gefroren.

An dieser Stelle ist es an der Zeit, in einem besonderen Kapitel Stevies Lieblingsbruder Chris zu gedenken, was ein wenig erstaunt, weil Stevie doch einen Zwillingsbruder, Ulli, hat. Wer Chris erlebt hat, kann die tiefe brüderliche Bindung gut verstehen. Er war ein Baum von Mann, der bei uns zu Hause immer gern gesehen war, auch weil er meiner Mutter die Gardinenstangen ohne Leiter abnehmen konnte. Er war ungeheuer witzig und intelligent, aber auch wahnsinnig sportlich und stark, und deshalb auch als Schlagmann Ruder-Europameister im »Vierer ohne« und sicherer Anwärter auf eine olympische Goldmedaille in Melbourne, wäre er nicht kurz vor dem Abflug auf dem Weg zum Training am Baldeney-See mit dem Fahrrad schwer verunglückt. (Versteht sich fast von selbst, dass das Boot ohne ihn nichts gerissen hat.)

Jedes Mal, wenn ich ihm begegnete, bat er mich, mit meinen beiden

Fäusten, so fest wie ich nur könne, auf seinen Bauch zu trommeln, das stärke seine Muskulatur. Das stimmt wahrscheinlich, es hat aber doch mehr meine Fäuste geschwächt.

Ich erinnere mich auch an ein Ereignis, das beinahe tragisch geendet hätte. Der Fotograf einer Essener Tageszeitung, der von den Kopfsprüngen in eiskaltes Wasser Wind bekommen hatte, wollte Chris ablichten, wenn der in ein in den zugefrorenen Baldeney-See geschlagenes Loch sprang. Chris tat das auch, fand aber unter Wasser den »Ausgang« nicht wieder, schwamm daher unter dem Eis ans Ufer und stemmte das Eis dort wie ein lebendig gewordener Atlant so weit hoch, dass er heil an Land konnte. Er erzählte uns dann schadenfroh, der Photograph habe ihn gebeten, noch einmal zu springen, da er das »vorher nicht draufbekommen« habe. Hat er aber nicht gemacht.

Sehr schön war auch immer die Karnevalszeit, dann nämlich zogen Stevies Eltern ins Hotel, um ihren Kindern nebst Anhang das ganze Haus zur freien Verfügung zu überlassen. Vorher wurden die Möbel abgeholt, Dekorateure eines großen Essener Warenhauses, dessen Chef der Vater war, rückten an, um es jedes Jahr kunstvoll in eine neue Traumwelt zu verzaubern. Und dann war da natürlich der Teufel los.

Nun aber zu Bock, dem Nachbarn, der fürchterlich pingelige, ungroßzügige Eltern hatte, weshalb wir denen aus Rache immer wieder nächtens die teuren Gartenmöbel mit Polstern in den Pool gestellt haben, was dann der arme Bock leider immer wieder auszubaden hatte.

Was ihn so einmalig machte, war ein richtiges Kino, das er im ehemaligen Luftschutzbunker seines Hauses eingerichtet hatte, mit einer schweren Eisentür zu verschließen, auf deren Nutzen ich später noch eingehen werde. Richtig war das Kino, weil es vor der Leinwand einen lüsternen, roten Brokatvorhang gab, der sich elektrisch öffnen und schließen ließ, eine original Lichtspielhaus-Bestuhlung mit automatisch hochklappenden Sitzschalen, die sich unser Bock beim Umbau eines Kinos besorgt hatte. Der für damalige Zeiten absolute Clou: Das Licht ging langsam aus und an, dank eines von ihm entwickelten Schiebe-Widerstandes, den man nachbauen kann, indem man ein metallenes Gewicht unter Strom langsam in einem Eimer Wasser versenkt (Licht geht aus) und dann wieder hoch zieht (Licht geht wieder an). Hoffentlich habe ich das nicht verwechselt. (Bitte nicht nachmachen!)

Natürlich waren Zuschauer- und Vorführraum durch eine dicke schallisolierte Mauer mit Glasfenster voneinander getrennt.

In diesem Kino hatten wir nicht nur eine Menge Spaß, wir haben auch gutes Geld damit verdient, denn an den Wochenenden war kostenpflichtige Vorführung für Freunde und Nachbarn, und das mit vollem Programm: Wochenschau, die wir »Fox stöhnende Knochenschau« nannten, Kultur-und Hauptfilm.

Das mit der Kultur war aber so eine Sache. Da Bock besonders die »Louisiana Legende« liebte, kann ich mich noch heute an die einzelnen Sequenzen erinnern, so oft musste ich den Streifen sehen. Die vielen Filmspulen wurden übrigens am Freitagabend am Bahnhof abgeholt und Montag früh wieder an den Verleih zurückgeschickt.

Mit dieser Nebenbeschäftigung machten wir lokal so viel Furore, dass die »WAZ« unter der Überschrift »Vorführraum im Luftschutzkeller«, leider auch mit Photos von uns, groß darüber berichtete. Das »leider« muss hier sein, weil wir eigentlich incognito bleiben wollten und uns deshalb mit Bärten, Pfeifen und schrägen, die Augen beschattenden Kappen verkleidet hatten. Das ließ uns zwar wie Existentialisten aussehen, was damals sehr modern war – ich erinnere nur an den legendären Film »Lohn der Angst«, in dem einer, der ständig fragt, was wohl hinter dieser Mauer sei, »nichts« zur Antwort bekommt – konnte aber doch nicht verhindern, dass uns Eltern, Lehrer und Freunde identifizierten.

Während wir alle noch viele andere Hobbys hatten, besonders unsere Mädels, gab es für Bock nur eines: seinen »Filmbund«. (Gut, wenn er mit Ruß im Gesicht auftauchte, wussten wir, dass Carla wieder einmal mit seiner tatkräftigen Hilfe, von den strengen Eltern unbemerkt, durch den Kohlenschacht in den Heizungskeller eingestiegen war, um ihn wenigstens für kurze Zeit von der Filmerei abzulenken, was aber nie lange vorhielt. Diese Beschäftigung hat ihm aber nicht den Namen »Bock« eingetragen.)

Er hat sogar selbst einen Film gedreht, der unter großer Anteilnahme seiner ganzen Umgebung in unserem Kino welturaufgeführt wurde und in dem mein leider auch schon verstorbener Kumpel Tommy die männliche Hauptrolle spielte. Beide zusätzlichen Hinweise erübrigen sich eigentlich, denn er war der einzige Darsteller, der, so die verschlungene Handlung, mitten in der Nacht Geld braucht, beim Juwelier aber wegen der vielen Sicherungen nicht einbrechen kann und deshalb in einer nahe gelegenen Kirche der Jungfrau Maria die güldene Krone vom Kopf klaut. Wenig später, schon von Gewissensbissen gequält und geläutert, bringt er das Diebesgut reumütig zurück. Titel dieses aufrüttelnden Meisterwerkes im Stil eines Luchino Visconti (1906–1976), das in voller Länge bei Nacht, Nebel und Regen gedreht wurde: »Nur eine Krone?« Das Fragezeichen, betonte Bock immer wieder, sei dramaturgisch von allergrößter Bedeutung.

Irgendwie ging uns unser Freund dann aber schwer auf die Nerven, denn man konnte sich mit ihm nur noch über Zelluloid, Schnitte, Beleuchtung, Blenden, Vertonung, Arris, Vorführgeräte usw. unterhalten. Deshalb beschlossen wir, ihm eine nachhaltige Lektion zu erteilen. Dazu klebten wir seinen Slogan »Es lebe der Filmbund« der vor und nach jeder Vorführung erklang, zu einer Endlos-Schleife zusammen. Leider reichten unsere technischen Mittel, das für Klebestellen typische »Pfitt« auszuschalten, nicht. Im Nachhinein aber sollte sich gerade dieses Geräusch als besonders wirkungsvoll erweisen. Als wir fertig waren, warfen wir das Tonbandgerät mit der Schleife im Vorführraum an, schlossen die Tür dazu ab, lockten Bock ins Kino und verriegelten hinter ihm auch die schwere Eisentür. Nun konnte er ungestört und ohne Fluchtmöglichkeit und Chance, das Tonbandgerät zu stoppen, hören, was zu leben hatte. Eine Stunde haben wir diese Gehirnwäsche dauern lassen, dann haben wir ihn, der schon Schweißperlen auf der Stirn hatte, erlöst.

Er wurde danach kein anderer Mensch, das Kino lebte wunschgemäß noch lange weiter, mehr noch, er ist seinem Hobby bis heute treu geblieben.

(Carla lebt auch noch, erzählte er mir neulich, aber die sei seltsam geworden, fügte er hinzu.) Wir bekamen den Slogan übrigens niemals mehr zu hören.

Diese Erinnerungen möchte ich Stevies Bruder Chris, unserem unvergessenen, verehrten Freund widmen, der, weil er nicht rechtzeitig ein neues Herz bekommen hat, viel zu früh sterben musste, Er lebt nicht nur in diesen Zeilen weiter, sondern auch für immer in unseren Gedanken. Weil wir nicht aufhören können, ihn zu vermissen.

## Macht-Worte

Prolog: Deutschlands meistverkaufte Tageszeitung kommt nicht nur mit großen Überschriften, sondern auch mit flotten Sprüchen und dreisten Behauptungen heraus, zum Beispiel mit der, dass jede Wahrheit eine Stimme braucht, die sie ausspricht, oder dass diese die stärkste Waffe eines Menschen sei. Sie verweist dann anhand historischer Bilder auf das, was mächtige Worte schon alles bewegt haben.

Da drängt Ernst Reuter, einst Oberbürgermeister West-Berlins, die Völker der Welt, auf diese Stadt zu schauen, da outet sich John F. Kennedy als Berliner, und Ronald Reagan ruft Gorbi zu, endlich »dieses Tor« zu öffnen. (Da sieht man mal wieder, wie schlecht selbst amerikanische Präsidenten über Europa informiert sind. Er hätte doch wissen müssen, dass es sich bei diesem Tor um eine lange und hohe Mauer handelte.)

Und was ist daraufhin geschehen?

Vielleicht hat das eine oder andere Volk wirklich geschaut, möglicherweise sogar die Amis im Mittelwesten, dann aber höchstens in den Atlas, um sich ein Bild zu machen, wo überhaupt Berlin liegt. Aber bemerkt hat man davon wenig.

Kennedy ist Amerikaner geblieben, und das »Tor« war noch eine lange Zeit geschlossen. Solche Ergebnisse reißen einen natürlich nicht vom Hocker.

Es gibt zum Glück aber auch Mut machende Beispiele für die Macht des Wortes, zwar nicht des gesprochenen, sondern geschriebenen, wenn ich zum Beispiel, bei aller Bescheidenheit, mehrere ergreife und es mir kraft dieser gelingt, ein großes Düsseldorfer Unternehmen in die Knie zu zwingen, und zwar so: Ruft mich fast schon mitten in der Nacht mein lieber Freund Thomas an, aus dessen Feder die zauberhaften Cartoons in diesem Buch stammen, und bittet mich, eine Glosse zu schreiben, die er diesem Unternehmen schicken wolle, zusammen mit einem Brief, in dem er um Spenden für einen erhaltenswerten Brunnen bitten würde.

Statt Ihnen jetzt seine Aufgabenstellung genau zu erläutern, lasse ich Sie im Folgenden wissen, was ich unter der Schlagzeile »Wenn ein Riesen-Unternehmen im Ostpark-Weiher versinkt« geschrieben habe.

»Von der roten Sonne, die bei Capri im Meer versinkt, hat man schon gehört, nicht aber vom Untergang Ihres erfolgreichen Unternehmens. Der ist auch nicht wörtlich gemeint, sondern nur im übertragenen Sinn zu verstehen, denn für ein Absaufen ist Ihr Laden viel zu groß und der Weiher viel zu klein.

Trotzdem ist es ein großartiges Schauspiel, das man zu dieser Jahreszeit (April) bis 21.00 h bestaunen kann, wenn nämlich die richtige Sonne langsam im Westen hinter den Dächern versinkt und sich Ihr monströser, hell erleuchteter Schriftzug in riesigen blutroten Lettern im vom Wind leicht gekräuselten Wasser jenes Weihers spiegelt – und dies auch noch mit einer gewaltigen Breiten- und Fernwirkung.

Zunächst wandert er über zwei abends tiefbestrahlte Sportplätze, auf denen nur wenige Aktive ihre ungeteilte Aufmerksamkeit ausschließlich dem Sportgerät und/oder den Gegenspielern schenken.

Das gleißende Licht überquert dann eine Bahnlinie (die Hoffnung, wenigstens die Passagiere könnten Augen dafür haben, ist trügerisch, denn an dieser Stelle fahren die Züge schon ziemlich schnell), um danach von den Fenstern zweier Häuserzeilen reflektiert zu werden und ganz zum Schluss noch mit letzter Kraft in den Grafenberger Wald einzudringen, dessen Wild sich darob aber nicht erfreut zeigt.

Werber könnten in diesem Fall, vorsichtig formuliert, von der Gefahr einer gewissen Fehlstreuung sprechen, so als würde man Sportflugzeuge Spruchbänder über die Sahara ziehen lassen oder

Anzeigen für Kondome in katholischen Kirchenzeitungen schalten wollen.

Die Werber raten deshalb zu einer sinnvolleren Investition, die dann gleich eine ganze, große Stadt zur Zielgruppe hätte.

Wie wär's, hohe Herren, wenn Sie sich entschließen könnten, wie Touristen in Rom Münzen in die Fontana di Trevi werfen, ein paar größere Scheine in diesen Brunnen zu stecken, natürlich auch wieder nur bildhaft gemeint!

Dann könnte Ihr Stern als großzügiger Förderer im Vorstellungsbild der Düsseldorfer ganz neu über der Landeshauptstadt aufgehen. Selbst bei der Presse, die ja schlecht über Großbuchstaben im Ost-Park schreiben kann, würde Ihr Unternehmen in ganz neuem Licht erscheinen. Werber nennen so etwas Image-Verbesserung.«

Epilog: Lieber Leser, es ist Ihr gutes Recht, jetzt vom durchschlagenden Erfolg meiner Intervention erfahren zu wollen.

Zuerst die schlechte Nachricht: Geld hat mein Freund (noch?) nicht gesehen. Aber jetzt die gute: Unmittelbar nach Eingang des Briefes hat das Unternehmen seinen leuchtenden Schriftzug abends nicht mehr eingeschaltet.

Ich tröste nun meinen Freund, der wegen dieser halbherzigen Reaktion natürlich traurig ist, mit der Hoffnung, das Unternehmen werde ihm ja möglicherweise wenigstens das beim Strom gesparte Geld für den Brunnen schenken.

# Tatort: Restaurant

Was wäre ich bloß ohne meine Tageszeitung!? Ein Nichtwissender und Ungebildeter, an dem die wahrlich wichtigen Ereignisse dieser Welt unbemerkt vorüberziehen. Selbst das Fernsehen kann hier nichts wettmachen, denn in der Regel und erfahrungsgemäß entgehen den Redakteuren solch sensationelle Meldungen oder sie halten sie als Ignoranten einfach nicht für bedeutsam genug, fälschlicherweise. Denn es sollte ihnen ja nicht allein um den Nachrichtenwert gehen, fast noch wichtiger erscheint mir, jede auch noch so scheinbar nebensächliche Meldung daraufhin abzuklopfen, was in ihr an neuen Denkanstößen stecken könnte.

Aber ich habe zum Glück ja meine Journaille und entnehme der heute Morgen die Nachricht, dass ein enttäuschter Gast in einem Fastfood-Restaurant in Miami, dessen Bedienung sich unter Hinweis darauf, dass ihm nicht mehr als drei Plastikbeutel mit Chili-Sauce zustünden, geweigert hatte, ihm, nachdem er bereits sieben zusätzliche gratis bekommen hatte, mehr als diese zehn zu spendieren, mehrfach auf den hinzueilenden Manager geschossen hat und dann flüchtete.

Gut, man kann sich über die Qualität des Hamburgers oder des Hot Dogs und der Pommes dieses Hauses streiten, aber um die ging es ja gar nicht, sondern nur um die Würze.

Dieses brutale Beispiel ist natürlich abschreckend, aber in der Tendenz, und hier ist der Denkanstoß, durchaus nachahmenswert. Man müsste ja nicht unbedingt richtige Schusswaffen auf die Tische unserer Restaurants legen, Wasserpistolen täten es auch, denn damit könnten dann unzufriedene Gäste ihrem Unmut Luft verschaffen und auf den oder die Kellner schießen – mit der Genugtuung, die aber endlich mal richtig nass gemacht zu haben. Auch die nervtötenden roten Trillerpfeifen, die unsere gewerkschaftlich organisierten Arbeitnehmer bei Streiks einsetzen, wären denkbar, wenngleich deren Einsatz besonders bei mehreren Beschwerden gleichzeitig störend laut werden könnte. Die einfachste Lösung wären gelbe und rote Schiedsrichterkarten, die man auf jedem Tisch der Speisekarte dezent mit einer kurzen Erklärung beilegen würde.

Auf jeden Fall, und das ist für mich besonders praktisch, könnte man mit solchen Ausdrucksmitteln die ehrliche Antwort auf die Frage des Kellners »Wie hat's geschmeckt?« elegant umgehen, denn die lautet ja sehr oft: »Ich müsste lügen!«

Der Vollständigkeit halber, weil es ja auch vorkommen soll, dass es gut gemundet hat, wird einfach geklatscht, so wie es die Passagiere von Charterflügen nach gelungenen Landungen tun. Aber auch dazu gibt es Alternativen: International gesehen könnte man in französischen Restaurants »Maître« oder »Chef« rufen, in italienischen »Amore«, den spanischen und argentinischen sollte man ihr »Olé« lassen, die fußballverrückten Brasilianer bleiben bei »Pele«, und in griechischen Schlemmerlokalen erklingt das berühmte »Heureka!«, Ich hab's gefunden, obwohl dieser Freudenausbruch eher für die wahren französischen Nobeletablissements empfehlenswert ist, in denen mit zunehmender Zahl der Sterne vom »Guide Michelin« die Quantität des Gebotenen abnimmt. Skandinavien und Holland, Länder, die ja nicht gerade bekannt für eine gediegene Küche sind, kann man locker übergehen, wenngleich in Holland »Matjes, yes, yes, yes!« eine sehr gut klingende und passende Form von Zustimmung wäre. All diese Versionen hört man dann auch in der Küche gut. Will man jedoch ein Lob noch vornehmer verpacken, könnte man den Gästen nahelegen, wie nach erfolgreichen amerikanischen Theater-Premieren üblich, durch gedämpfte »Author, Author«-Rufe nicht den Autor, sondern den Chefkoch auf die »Bühne« des Restaurants zu bitten. Dies wäre eine wirklich würdige Zeremonie, die den so Gelobten bestimmt zu weiteren kulinarischen Höchstleistungen anspornen wird. (Wie das mit zunehmender Erweiterung der EU, besonders durch die Länder des ehemaligen Ostblocks, weitergeht – darauf bin ich noch nicht vorbereitet. Ich müsste mir erst die entsprechenden Lexika besorgen, hoffe aber, dass ich mir wenigstens das türkische schenken kann, denn ein »Inschallah« vom Nachbartisch würde mir sofort den Appetit verderben, bei Kemal Atatürk!)

Mit kurzen Beifallsbekundungen für die indische, thailändische, japanische und chinesische Küche muss ich mich auch noch beschäftigen, könnte mir aber gut vorstellen, dass in japanischen Restaurants »Tora! Tora!« oder »Bansai!«, die traditionellen Schlachtrufe kommandierender japanischer Admirale und der gefürchteten Kamikaze-Flieger im 2.Weltkrieg, zum Einsatz kommen, was wohl soviel wie »Attacke« bedeutet. Die Chinesen könnten Mao wieder hochleben lassen, allein schon deshalb, weil der Ruf »Putin!« in russischen Häusern zur Pflicht wird.

Sie gehören zwar nicht gerade zur gehobenen Gastronomie, aber da auch vor ihnen »gefressen und gesoffen« wird, Sie ahnen schon, was jetzt kommt, müssten sich auch die Betreiber von Würstchen- und Frittenbuden neue signifikante Formen von Zustimmung und Ablehnung einfallen lassen, die aber schon deutlich rustikaler als die vorher beschriebenen sein dürften. Ich schlage deshalb vor, dass die Gäste per Anschlag gebeten werden, so ihre Meinung zu »sagen«: War es gut (weil das Öl frisch war), rülpst man je nach Grad der Begeisterung einmal, zweimal oder dreimal (Höchstnote), ist es einem nicht so gut bekommen (weil das Öl alt war), wird es einem sowieso gleich schlecht und man erbricht, wobei es dann aber keiner weiteren Abstufung bedarf. Einmal reicht!

Da seht ihr mal, sehr geehrte Damen und Herren Redakteure bei Presse, Funk und Fernsehen, welch revolutionäre Visionen in den 10 Zeilen von dem Mann stecken, der mangels einiger Beutel Chili-Sauce glaubte, zur Waffe greifen zu müssen. Das wäre, wie gelesen, wirklich nicht nötig gewesen.

# Vergessen Sie's!

Diese lapidare Aufforderung eines wenigstens von der Seite wie Humphrey Bogart aussehenden Schnüfflers, gerichtet an eine geheimnisvolle Blondine mit Sonnenbrille über karminroten Lippen, die ihn inständig gebeten hatte, einen Optiker zu finden, der günstiger sei als Fielmann, was der natürlich nicht kann, weil Fielmann viel Geld für diesen Misserfolg an Filmproduktion und Sender bezahlt hat, ist bezeichnend für eine ganze Berufsgruppe.

Denen fällt auch nichts mehr ein. Also hört doch auf, ihr Columbos, Hercule Poirots, Sam Spades, Mike Hammers and Philip Marlowes!

Schauen Sie sich deren Ermittlungen im Kino und Fernsehen an! Eineinhalb Filmstunden brauchen die immer, obwohl das täuscht, da diese Movies ja nicht in Echtzeit gedreht wurden, sondern sich die Entlarvung des Übeltäters im richtigen Leben meistens über Wochen, Monate und Jahre hinzieht. (Es gibt sogar eine Serie namens »Cold Case, kein Opfer ist je vergessen«, in der die Detektive über 20 und mehr Jahre hin ungeklärte Fälle aus verstaubten Kisten im Archiv wieder hervorkramen und bearbeiten.)

Angesichts solcher Pleiten empfehle ich: Engagieren Sie mich!

Der Grund für diesen guten Rat liegt in der Tatsache begründet, dass sich meine Frau neuerdings weigert, sich mit mir Krimis im Fernsehen anzusehen. Warum das so ist, möchte ich Ihnen an einem Beispiel erklären.

Die Geschichte auf dem Bildschirm beginnt mit einem Schuss und dem hinterhältigen Mord an einer Frau. Das nimmt etwa drei Minuten in Anspruch. Die Polizei ermittelt wie verrückt und erfolglos in alle Richtungen wie Freundinnen, Geschwister, Ex-Lovers usw. – nur nicht gegen den Ehemann.

Nicht dass es immer das am nächsten Liegende wäre, die bessere Hälfte zu verdächtigen, aber schon nach vier weiteren Minuten Laufzeit war mir klar, dass nur er es gewesen sein konnte, was ich meiner Frau anhand der Indizien in der nächsten Werbepause auch gleich beweisen konnte. Statt mich jetzt zu loben und auf einen anderen, komplizierter gelagerten Fall in einem anderen Programm umzuschalten, besteht sie darauf, sich die letzten rund 40 Minuten auch noch anzuschauen, was für mich natürlich immer sehr ermüdend ist, müssen sich doch die Inspektors und Lieutenants Schritt für Schritt der Lösung nähern, die mir meine geniale Eingebung schon lange vorher beschert hatte.

Als diese endlich kurz vor dem Abspann da angekommen waren, jammert sie, ich hätte ihr die ganze Spannung genommen. Das finde ich ungerecht.

Als potentieller Kunde möchten Sie natürlich jetzt auch wissen, welche schwierigen Fälle ich bereits gelöst habe. Dazu fällt mir sofort ein sehr dramatischer ein, der 2005 die Gemüter erregte. Wer hat Gerhard Schröder vor seinem »suboptimalen« (Frau Doris) Auftritt in der Elefanten-Runde nach seinem »Wahlsieg« heimlich den Schnaps ins Bier gegossen, so dass der Arme zeitweise den Sinn für die Realität verlor und Angela Merkel Unfähigkeit und das Ende ihrer politischen Karriere prophezeite?

Nachdem ich unter Einbeziehung des BKA, BND und MAD alle Fakten gesichtet, die Ergebnisse der Untersuchung von Speichelproben und Fingerabdrücken an Flaschen und Gläsern vorliegen hatte, versammelte ich meine Erkenntnisse und Intuitionen in einem imaginären Halbkreis um mich und kam zu dem Schluss: Er war es zweifelsfrei selbst, nicht heimlich, sondern unheimlich.

Es gibt leider, zum Glück selten genug, auch Rückschläge einzugestehen und zu verdauen, meistens dann, wenn die Leiche fehlt, weil sie zum Beispiel bei Nacht und Nebel unter Ausschluss der Öffentlichkeit verbrannt wurde und man die Asche in die in die Rednitz mündende Pegnitz, die dann in den Main fließt, gekippt hat, womit wenigstens die sterblichen Überreste noch an schönen Landschaften vorbeigeschwommen sind. Sie wissen, von wem ich rede?

In der Tat ist es mir bis heute nicht gelungen aufzuklären, wie Hermann Göring im Herbst 1946 im Nürnberger Kriegsverbrechergefängnis trotz strengster 24-Stunden-Überwachung an das Zyankali gekommen ist, das ihm den Gang unter den Galgen ersparte.

Aber das bekomme ich auch noch heraus, und wenn nicht – wen interessiert das heute noch?

Doch, einen Verein kenne ich, das sind die deutschen Weidmänner, die ihren einstigen ersten und letzten Reichs-Jägermeister noch heute ehren, indem sie zum Beispiel auf der Jagdmesse 2007 in Dortmund ein Riesenplakat aufgehängt haben, von dem Hermann, im großartigen, pelzbesetzten Outfit, mit Gamsbart am Hut, die Flinte geschultert, das Zeiss-Fernglas vor der breiten Brust baumelnd, herablassend lächelnd, für eines seiner wunderbaren Jagdbücher wirbt. (Jäger waren mir im Übrigen immer schon suspekt.)

## Armes Oberhausen!

Es ist fest davon auszugehen, dass diese Stadt im Ruhrgebiet nach einer sehr düsteren Zeitungsmeldung schon bald eine riesige Fluchtwelle erfassen wird. Sie wird sich zunehmend leeren, was verhängnisvolle Auswirkungen auch auf den Stadtsäckel haben wird, und dann letztendlich pleite gehen.

Das wäre wirklich schade, denn hier fanden doch bislang immer die beliebten Kurzfilm-Tage statt, die sich dann wohl einen anderen Austragungsort suchen müssen.

Auslöser dieses katastrophalen Exodus ist jene Meldung, in der veröffentlicht wurde, dass aus einer groß angelegten Studie des »Instituts für Rationelle Psychologie« die Oberhausener Männer als die dümmsten Deutschlands hervorgegangen sind. Das wird nun eine wahre Kettenreaktion auslösen, denn welcher Mann möchte schon als Dummkopf dastehen?

Dazu muss man auch wissen, dass dieselben Forscher Hamburg zur Stadt mit den schlauesten Männern gekürt haben.

Konsequenz: Wer in Oberhausen was auf sich hält und nicht mehr unter diesem gravierenden Standort-Nachteil leiden will, zieht folgerichtig in die Hansestadt um, deren kluge, preisgekrönte Einwohner diesen plötzlichen Ansturm aber überhaupt nicht gutheißen, denn er würde bei der nächsten Erhebung den guten Durchschnitt und damit das glänzende Ergebnis total versauen.

Oberhausen wird danach wieder zu einem bevorzugten Ort neuer Eliten, denn es gibt Wohnraum en masse, aber keine Dummen mehr, denn die sind ja jetzt in Hamburg. (Natürlich kehren auch die Kurzfilm-Tage an ihren angestammten Platz zurück.)

Auch Düsseldorf wird erwähnt. »Meine« Stadt landet leider aber nur abgeschlagen auf dem vierten Platz, wobei sie noch Glück hat, denn lebte ich nicht hier, hätte sie noch schlechter abgeschnitten. Schließlich weiß ich, dass eine Bulle kein kastrierter Stier ist.

Aber es gibt bedauerlicherweise auch etwas, das Düsseldorf viel Ansehen kosten und in der öffentlichen Meinung weiter zurückwerfen wird: Laut Studie leben rund um die Königsallee die eitelsten Männer unseres Landes, was allerdings keinen Insider schon der vielen Modemessen wegen überraschen dürfte. Interessant in diesem Zusammenhang auch, dass Düsseldorf als die Stadt gilt, in der im Deutschlandvergleich die meisten Ferraris, Maseratis, Lamborghinis und Porsches auf Pump gekauft werden. Pfui Neureichtum! Deshalb bin ich froh, fast immer im Gammel-Look herumlaufen zu können und nur einen 3er BMW zu fahren.

Noch ein Wort zum rivalisierenden Köln: Meine Animosität hat leider stark gelitten, denn welche Vorbehalte kann man als Mann noch haben, wenn hier die mutigsten Artgenossen der Republik ansässig sein sollen?

Anders als in Düsseldorf muss man in der Domstadt wohl auch mutig sein, schon um den steinzeitlichen Ansichten eines Kardinals zu trotzen, im so genannten »kölschen Klüngel« die Oberhand zu behalten, nicht im so genannten rheinischen Frohsinn unterzugehen und das ständige Ab- und Aufsteigen des 1. FC ohne Schaden an Leib & Seele zu überleben.

Da haben wir Düsseldorfer es wenigstens in Sachen Fußball leichter, denn unsere Fortuna hat selten Fortune und dümpelt schon seit Jahren in irgendwelchen unteren Ligen herum, obwohl ihre leidenschaftlichen Fans nicht aufhören, darauf hinzuweisen, dass so renommierte Kicker wie Turek (»Toni, du bist ein Fußballgott!«), Erich Juskowiak, der aber bei der WM 1958 in Schweden im Halbfinale gegen die Gastgeber wegen eines Fouls, das aber vom Gegenspieler provoziert gewesen sein soll, vom Platz geflogen ist, woraufhin Deutschland prompt 1:3 verlor, und natürlich auch unser Ex-Nationaltrainer Jupp Derwall einst das Fortuna-Trikot trugen. Aber was hat das alles mit Oberhausen zu tun, frage auch ich mich? Und mache Schluss.

## In Spendier-Laune

Aufgeheizt und angestachelt durch die groß aufgemachten Berichte in der Presse und im Fernsehen, fand auch ich für die so genannte, im holländischen TV inzwischen ausgestrahlte »Organ-Spenden-Show«, in der eine »todsterbenskranke« junge Frau darüber befindet, wem der drei um eine ihrer Nieren buhlenden Bewerber sie den Zuschlag erteilen solle, zunächst keine besseren Worte als scham- und geschmacklos, zynisch, makaber, ekelhaft, gottesverachtend usw. Besonders grausam fand ich, einem Menschen die Macht zu geben, sozusagen spielerisch über Leben und Tod anderer zu entscheiden.

Da erzählt mir meine Frau gestern Abend vor dem Schlafengehen, das Ganze sei nur ein gestellter Spaß gewesen, die junge Frau habe gar keinen inoperablen Gehirntumor, nur die drei »Mitspieler« warteten tatsächlich auf eine Niere, und man habe das alles nur veranstaltet, um mehr Menschen für dieses Problem zu sensibilisieren und zu größerer Opferbereitschaft zu bewegen. Sofort hatte sich meine Meinung geändert. Welch super Idee, sagte ich mir und fragte mich sogleich, warum man aus der Sache keine Eurovisions-Sendung gemacht habe? Aber das ging ja nicht mehr, weil sich bei uns schon so viele der besserwisserischen Prominenten, wie unsere Gesundheitsministerin, die

Leute vom Ethik-Rat, von den Ärztekammern und -verbänden, von »Eurotransplant« etc., ganz weit in kollektivem Abscheu aus dem Fenster gelehnt hatten.

Dass diese Inszenierung in Holland die zweithöchste Sehbeteiligung überhaupt verzeichnete, ist etwas für die Statistik. Viel wichtiger erscheint mir aber die ungeheure Resonanz bei den Menschen vor dem Bildschirm, die ein nachahmenswertes Zeugnis von Menschlichkeit, Mitgefühl und Hilfsbereitschaft abgelegt haben.

Deshalb auch habe ich mir die Mühe gemacht, im klassischen Dreisatz auszurechnen, wie viele Deutsche sich womöglich gemeldet hätten, wenn wir, auf der Basis von rund 30.000 während der Sendung eingegangenen Bitten um Zusendung der entsprechenden Unterlagen, bei einer Gesamtbevölkerung von rund 16 Millionen Holländern, diese Kontakte auf unsere rund 82 Millionen hochgerechnet hätten: Es sind rund 153.000!!! Nicht auszudenken, was passiert, wenn dann irgendwann die Tiefkühltruhen bei »Eurotransplant« mangels Abnehmer überquellen und man, wie es die Autobranche exemplarisch vormacht, gebrauchte Organe mit Slogans wie »2. Hand, aber 1.Wahl« oder »Gebraucht steht nicht dran« offensiv vermarkten müsste. (Grund genug für mich, diese Rechnung nicht auch noch für die rund 700 Millionen Europäer aufzumachen.)

Was mich in diesem Zusammenhang ebenfalls wieder maßlos ärgert, ist der für die Mehrheit unserer Medien typische Umgang mit solchen Ereignissen. Konnten vorher die Schlagzeilen nicht groß und fett genug sein und platzierten einige TV-Sender diese Story sogar an die Spitze ihrer Nachrichten, so ist das »glückliche Ende« zum Beispiel meiner Tageszeitung nur noch ein paar Zeilen rechts unten, aber immerhin auf Seite 1, wert. Auch so kann man versuchen, aber hoffentlich vergeblich, von einer durch vorlaute und vorverurteilende Berichterstattung verursachten Blamage abzulenken. (Zur Ehrenrettung der Branche sei eingeräumt, dass wenigstens meine Sonntagszeitung auf mehr als einer halben Seite das Event unter dem Strich so positiv bewertet, wie ich es tue, und sich am Montag »danach« auch andere Gazetten selbst relativieren.

Nein, Mitleid mit Frau Schmidt & Co. habe ich nicht, obwohl

Erstere inzwischen halb eingeknickt ist, meint sie doch jetzt, die Absicht sei gut, aber der Weg bliebe falsch.

Mitleid mit mir aber habe ich schon, da mir bei der Überlegung, ob ich nicht doch einen Spenderausweis beantragen sollte, siedend heiß klar wurde, dass es dafür jetzt zu spät ist. Meine Frau, die ich rhetorisch fragte, wer denn ein Herz brauchen könne, das nicht mehr richtig tickt, eine vom Rauchen angegriffene Lunge, eine altersgerecht vergrößerte Prostata oder eine vom Alkohol und durch falsche Ernährung verfettete Leber, meinte tröstend, es blieben doch noch genug Organe übrig, zum Beispiel meine Milz, auch das Zwerchfell, das noch in gutem Zustand sein müsse, weil ich doch im Leben viel gelacht hätte, vielleicht auch die Nieren, was ich aber bezweifele, weil mir in meinem langen Berufsleben zu vieles an dieselben gegangen ist. Ganz zweifelsfrei aber sei meine »künstlerische Ader« unversehrt und deshalb bestimmt heiß begehrt. Aber wie ich mich kenne, habe ich ausgerechnet an der ein Aneurysma, was das gute Stück bedauerlicherweise unbrauchbar macht. Sorry, liebe Leute, die ihr etwas von mir erwartet, ich muss euch leider enttäuschen.

Aber es gibt doch genug Menschen, die jünger als 71 und deshalb weniger verbraucht sind als ich!

Werdet Organspender, entsprechend der einzigen, richtigen und übereinstimmenden Empfehlung aller Kritiker des »Skandals« in Holland: Denkt daran, wer eines Tages etwas braucht, zum Beispiel ein Organ, müsste auch bereit sein, etwas zu geben, zum Beispiel ein Organ!

Und noch einmal zurück zur Sendung. Da man sie weder wiederholen noch kopieren kann, bleibt als trauriges Fazit: Chance vertan!

# Z-MTA mit Mikox?

Dass MTA für medizinisch-technische Assistentin steht, wissen Sie. Das Z davor soll hier Zahn bedeuten, weil die Dame, von der die Rede sein wird, bei einem Zahnarzt arbeitet, den ich zu Hause immer Cato nenne, weil er mich über viele Jahre zum Ende eines jeden meiner Besuche immer mit fast derselben Formulierung verabschiedete, die mich eben an Cato, diesen Senator im ollen Rom erinnert, der seine Kollegen stets mit seiner gleichformulierten Meinung nervte, Karthago müsse unbedingt zerstört werden, weil dort der böse Hannibal nur darauf warte, mit Elefanten über die Alpen bis vor die Tore Roms zu marschieren, was dem dann auch tatsächlich gelungen ist, ihn aber nach den Punischen Kriegen 146 v. Chr. nicht vor der Vernichtung bewahrte. Der Senator im O-Ton: »Ceterum censeo Karthaginem esse delendam.« (Im Übrigen bin ich der Meinung, dass Karthago zerstört werden muss.)

Würde mein Zahnarzt mit mir lateinisch sprechen, hätte er vermutlich Folgendes gesagt: »Ceterum censeo dentem sapientiae esse extrahendem«, womit er bohrend meint, mein Weisheitszahn müsse gezogen werden. Kein Wunder also, dass ich seinem Werben irgendwann nachgegeben habe und heute ohne den Zahn, aber weiter mit Weisheit vorzüglich lebe.

Aber zurück zur MTA. Sie versteht es immer wieder in dieser einen Stunde, in der sie Zahnstein entfernt, mir einzubläuen, meine Zähne müssten für mich endlich unbedingt absoluter Lebensmittelpunkt sein, zu den Teilen meines Körpers gehören, die meine höchste Aufmerksamkeit verdienen und nicht die geringste Nachlässigkeit verzeihen, also zum Wichtigsten überhaupt.

Sie erreicht das, indem sie mir zunächst eine Flüssigkeit auf die Zähne streicht und mich dann zwingt, selbst einen Spiegel zu halten. Dann lenkt sie das Licht des Tiefstrahlers so in meinen Mund, dass ich mit Entsetzen feststellen muss, dass meine ohnehin nicht perlweißen Beißerchen tiefblau-violett geworden sind. Das käme vom Rauchen und von zu viel Kaffee, aber auch von der Schlamperei, nicht regelmäßig Zahnseide zu benutzen und die Zahnzwischenraumbürste wie einen Zahnstocher einzusetzen. Dies sei total falsch. Vielmehr müsse ich sie unter leichtem Druck ganz langsam an den Zahnhälsen vorbeiziehen.

Ich bin dann so verzweifelt, dass alles andere in den Hintergrund tritt, unser Enkel, meine Herz-Rhythmus-Störungen, die Steuernachzahlung und sogar der Abstieg von Borussia Mönchengladbach in die zweite Liga. Damit hat sie ihr Ziel endgültig erreicht.

In den Pausen, wenn sie meine Lippen neu mit Vaseline bestreicht und ich durch Kau-Übungen einer Maulsperre vorzubeugen hoffe, versuche ich, die Atmosphäre durch Sprüche wie: »Ach, lassen Sie doch ein bisschen Plaque fürs nächste Mal übrig« zu lockern, was sie aber gar nicht lustig findet und deshalb auch nicht tut.

Dafür bekomme ich zu hören, dass sie hier eine bedenklich tiefe Tasche beunruhige, sich dort die Oberfläche eines Zahnes weit unter dem Zahnfleisch immer noch kratzig anfühle, was auf Karies hindeute, und da hinten auch noch eine kleine, merkwürdig verfärbte Stelle sei. Wie schlimm die wäre, könne sie aber erst später feststellen, außerdem müsse sich das auch der Doktor ansehen.

Besonders erheitern kann ich sie mit der laut und mehrfach geäußerten Vorfreude auf den wunderbaren Geschmack, den sie mir gönnt, nachdem sie die filigranen Folterinstrumente abgelegt hat und meine Zähne salzstrahlt. Dass ich das toll finde, versteht sie nicht, wo das doch für alle anderen Patienten ein wahrer Albtraum sei. Die Politur mit leckerem Pfefferminzgeschmack danach ist dann ein zusätzlicher Genuss.

Sie hat das Cato bei einer seiner Endkontrollen sogar erzählt, worauf dieser sehr sophistische Mensch von mir wissen wollte, ob meine Urvorfahren vielleicht im Meer gelebt hätten, was ich natürlich nicht beantworten konnte, obwohl mein Stammbaum als Ausgangspunkt unserer Linie eindeutig die Ostseeküste angibt. Daran könnte schon etwas sein, erwiderte ich dann, unter Hinweis auf meine ausgeprägte Vorliebe für Strand, Meerwasser, Sonnenuntergänge, Segelboote, Austern, Kaviar, Matjes, Rollmöpse und Bismarckheringe.

Überhaupt diese Endkontrolle: Dazu muss meine hoch geschätzte

MTA einen Blick auf das hinterleuchtete Röntgenbild werfen und auf Zuruf von Cato den Befund in ein Blatt mit Piktogrammen von Zähnen eintragen. Cato zerlegt, natürlich nur bildhaft gemeint, mein loses Mundwerk in vier Quadranten und gibt ihr dann in Kürzeln wie Eins-Sieben, Zwei-Vier usw., Lückenschluss, fehlt, Mesial Karies, Inlay oder Überkronung (-krönung klänge doch viel besser!) den aktuellen Grad des Verfalls an.

Manchmal, aber eher selten, konstatiert er »o.B.«, das heißt, dass wenigstens einige Zähne ohne Befund und damit noch brauchbar sind.

Und warum jetzt Mikox? Bei Psychologen ist das eine gebräuchliche Abkürzung für Minderwertigkeitskomplex.

Ganz einfach: Wer es schafft, Zähne so wichtig zu machen, ja sogar zeitweise ins Zentrum meines Bewusstseins zu rücken, so dass ich darüber mehr als eine Seite schreiben kann, muss a) sehr überzeugend sein, aber b) auch etwas überkompensieren. Und das geht am besten mit einem Mikox.

Vielleicht würde sie ja lieber bei einem Eingriff am offenen Herzen dem operierenden Chirurgen den Schweiß von der Stirn tupfen, bei einem Nieren-Wechsel das ausgedient habende Organ entsorgen oder wenigstens bei der Entnahme eines vereiterten Blinddarms die Bauchdecke mit Klammern aufhalten. Wer weiß das schon?

Oder: Sie liebt einfach nur ihren Beruf, was gerade für mich als Patienten sehr beruhigend wäre.

Ich glaube Letzteres, sage »Tschüss, bis zu nächsten Mal«, setze mich ins Auto, blicke in den Rückspiegel, der »lachend, strahlend, lebensfroh« reflektiert, gebe Gas und weise meinen Zähnen schon vor der ersten Ampel wieder den alten, untergeordneten Stellenwert zu und freue mich wahnsinnig auf einen Kaffee und ein Zigarillo zu Hause.

## Ich bin ein Faunatiker

Machen Sie sich erst gar nicht die Mühe, in einen Duden oder ein anderes schlaues Buch zu schauen, diesen Begriff werden Sie nicht finden, weil es ihn (noch?) nicht gibt, was sich aber schnell ändern könnte, weil es doch außer mir sicher noch viele andere gibt, die fanatische Freunde der heimischen Fauna sind, solche, die als Kinder nie Frösche mit Strohhalmen aufgeblasen, Fliegen nie Beine ausgerissen haben und die heute noch in ihr Bierglas gefallene Insekten vor dem Ertrinken und Spinnen vor dem Staubsauger der sich ekelnden besseren Hälfte retten.

Nicht erst seit ich Rentner bin, interessiert mich die Tierwelt außerordentlich, aber jetzt habe ich endlich auch die Zeit, zum Beispiel Ameisenstraßen zu beobachten und darüber nachzudenken, was geschieht, wenn die sich begegnenden fleißigen Tierchen kurz mit ihren Köpfchen aneinander stoßen. Teilen sie sich etwas mit, zum Beispiel, dass »da hinten« nichts mehr zu holen ist, erzählen sie sich gar Witze, muntern sie sich mit »Weiter so!« auf oder beklagen sie sich nur ob der schweren Last und des langen Fußmarsches? Jetzt habe ich noch Sensationelleres über Ameisen gelesen, über ihr ausgeprägtes soziales Bewusstsein. So legen sie sich einzeln und, wenn das dann immer noch nicht reicht, zu mehreren übereinander in Schlaglöcher, um den Waren- und Nahrungsmitteltransport sozusagen auf ihrem Rücken zu beschleunigen. (Kein Mensch würde so etwas machen und selbst wenn, gäbe es gleich wieder das Geschrei von Ungleichheit und Benachteiligung zwischen Ost- und West-Deutschland, denn leider gibt es in den neuen Bundesländern gar keine Schlaglöcher mehr!)

Meiner Frau darf ich von diesem Hobby nichts erzählen. Sie käme sofort mit einer Sprühdose, und die armen Ameisen könnten sich gegenseitig nur noch zum kurz bevorstehenden qualvollen Ableben kondolieren.

Auch Wespen haben es mir angetan. Mit denen ist das eine komische Sache. Wenn wir in Südfrankreich zum Frühstück auf der Terrasse Honig, Marmelade der Marke »Bonne Maman« und »Nutella« auf den

Tisch stellen, bleiben wir immer unter uns, keine Wespe lässt sich blicken, obwohl sie das, wie ich gelesen habe, eigentlich müsste, denn anders als Hornissen lieben sie Süßes. Hier irrt sich der Autor. Denn kaum habe ich Hunger auf Schinken und Salami, dauert es höchstens zwei Minuten, bis die ersten Wespen erscheinen. Dann sind wir im wahrsten Sinn des Wortes umschwärmte Gastgeber.

Dieser Ansturm versetzt meine Frau leider so in Panik, dass ich mich genötigt fühle, entweder auf Herzhaftes zu verzichten oder drinnen meinen Kaffee zu trinken.

Ich kann sogar anhand von Videoaufzeichnungen beweisen, dass Wespen definitiv Süßes meiden, nach Parma-Schinken und italienischer Wurst aber verrückt sind.

Lässt man sie in Ruhe, fräsen sie aus dem Schinken Stücke heraus, die doppelt so groß sind wie sie selbst und deshalb den Abflug in der Weise erschweren, dass es so aussieht, als wäre ein Helikopter ins Taumeln geraten.

Die deutsche Wespe dagegen bevorzugt andere Delikatessen. Dazu gehören vor allem die kleinen braun-blauen Trauben des wilden Weins, die an unserem Haus im Herbst reifen.

Wir könnten Süßes wie Saures herausstellen, nichts kann sie davon abhalten, sich an die Trauben heranzumachen und dabei unser Heim mit einem zigtausend-stimmigen Summen zu erfüllen.

Das Herunterrieseln der vom Stiel abgefallenen Teilchen hört sich dann an, als würde es heftig regnen.

Einen Horrorfilm »Die Killerwespen« hat es wahrscheinlich schon gegeben. Unsere Wespen wären aber selbst als Komparsen ungeeignet, denn sie tun, welch witziges Bild, keiner Fliege etwas zuleide.

Jetzt zu einer anderen Spezies, den Vögeln. Sir Alfred Hitchcock hat das Verhalten dieser aus unerklärlichen Gründen plötzlich hinterhältig und mordlustig werdenden Viecher ja schon eindrucksvoll verfilmt.

Auch dazu hätte unser Haus den Drehort abgeben können, dank der schon erwähnten kleinen Trauben. Denn kommt die goldene Herbsteszeit und die Birnen leuchten weit und breit (und sich die Wespen weiter auf der Südseite voll fressen), sammeln sich nördlich auf Dachfirsten, -rinnen und Antennen der Häuser gegenüber Hunderte von Amseln und Drosseln, wahrscheinlich auf Schnabel-Propaganda hin, um sich wellenartig und in Staffeln, wie es die Jagdflieger nennen, in die Blätter zu stürzen. Sie sind dabei so verwegen und furchtlos, dass man sie vom geöffneten Fenster aus streicheln könnte.

Sie sehen, das Vergnügen habe ich, die Arbeit bleibt dagegen meiner Frau, wenn sie eimerweise die Überreste der Fressorgien wegfegen oder die nun auch braun-blau gefärbten Hinterlassenschaften meiner gefiederten Freunde von den Basaltplatten abspritzen muss. Ja das Leben kann ungerecht sein.

Während sich meine Frau nun endgültig abwendet, wende ich mich einem anderen Tier zu, das, lässt man mal die niedlichen Impalas und Warzenschweine in Südafrika außen vor, zu meinen absoluten Favoriten zählt: Es ist die ordinäre Ratte.

Ich mag die Nager gern, seit ich in der Schule erfahren hatte, welch hohes soziales Bewusstsein sie als Familientiere besitzen, wie mutig sie sind, vor allem aber, dass sie eine überragende Intelligenz besitzen. So hat mir ein Kammerjäger berichtet, man könne Ratten nur mit einem Gift töten, das ihre Kommunikationsfähigkeit sofort unterbindet, sonst wüssten alle anderen gleich, dass der Tod drohe, hielten Abstand davon und das teure Gift wäre umsonst ausgestreut worden.

Wie dünn(e) sich Ratten machen können und was das, bis hin zur Scheidung, bei uns beinahe bewirkt hätte – davon erzählt diese Passage. (Am Wörtchen »beinahe« erkennen Sie aber, dass ich mit dem Faible für dieses Tier an meine Grenzen gestoßen bin.)

Vorausschicken muss ich, aber das können Sie sich fast schon denken, dass wir weder in Slums wohnen, noch drinnen oder drum herum Unrat und Abfall liegen.

Es war an einem schönen, warmen Sommer-Sonntagnachmittag. Meine Frau bügelte im Garten, ich saß im Arbeitszimmer und versuchte unlustig, mir witzige Texte für einen ungeliebten Kunden aus den Fingern zu saugen. Da höre ich ihren Aufschrei.

Völlig verstört schilderte sie, dass nach seltsamen Geräuschen irgendein Tier im wilden Wein nach oben verschwunden sei.

Als routinierter Beruhiger versicherte ich, es könne sich ja nur um eins unserer beiden Eichhörnchen handeln, die ja genau da oben ihr Lager hätten. Das wurde akzeptiert.

Weil es an diesem Tag, wie schon gesagt, sehr warm war, hatte meine Frau das Fenster zum Badezimmer im 1.Stock weit geöffnet, was wenig später den nächsten Aufschrei auslöste und mich erneut auf den Plan rufen sollte. Da hatte sie kleine schwarze Teilchen in unserem Whirlpool entdeckt, von denen sie behauptete, dies seien unwiderlegbar »Küttel«. Wieder musste ich besänftigend eingreifen, diesmal mit der Erklärung, bestimmt habe sich eine der Drosseln oder Amseln aus unserem Garten kurzfristig verflogen und sich in ihrer Angst erleichtert. Auch das kam gut an, es herrschte wieder Friede.

Aber nicht lange, denn am späten Abend des Freitags danach, ich hatte mir schon den Bademantel angezogen und war im Begriff, meinen Platz vor dem Fernseher einzunehmen, um bei N-TV hereinzuschauen, da geschah es. Der dritte, aber diesmal von Panik erfüllte Aufschrei »Hilfe! Peter!« rüttelte mich auf.

Was war geschehen? Ich wollte meinen Augen zuerst auch nicht trauen, aber da saß doch tatsächlich in meinem Fernsehsessel eine feiste grau-schwarze Ratte. Mein Versuch einer Beschwichtigung, dies sei doch nur ein Iltis oder im ungünstigsten Fall eine harmlose Wanderratte, scheiterte kläglich. »Nein, in einem Haus, in dem Ratten vor dem Fernseher hocken, werde ich nicht länger wohnen«, schluchzte meine Frau, worauf ich sehr bestürzt war, denn dieses, unser »Traumhaus«, hatten wir erst kurz vorher bezogen.

Ich musste also etwas tun. Bei der Planung meiner Aktion kam mir das profunde Wissen über diese Rasse zu Hilfe, wusste ich doch, dass Ratten Menschen nur dann angreifen, wenn sie sich bedroht fühlen und keinen anderen Ausweg mehr sehen, und dass sie, bevor sie ihrem Feind an die Gurgel oder andere wichtige Teile gehen, einen durchdringend hohen Pfeifton ausstoßen. Ich wies Frau und Sohn an, im Flur zu warten und auch dafür zu sorgen, dass unsere kleine Katze draußen bliebe. Dann öffnete ich die Tür zur Terrasse so weit wie möglich, schnappte mir zur Story passend den Sportteil der FAZ, musste mir dabei aber immer das Lamento meiner Frau anhören, es sei unverantwortlich dem Sohn und ihr gegenüber, immer noch barfuß und im

Bademantel »mit nix darunter« herumzulaufen, was mich aber nicht störte. Dann bewegte ich mich, darauf vorbereitet, mit einem Side-Step einem Angriff auszuweichen, langsam auf die Ratte zu, die sich jetzt wie ein Häschen aufgerichtet hatte und eigentlich ganz possierlich aussah. Als ich mich ihr bis auf etwa drei Meter genähert hatte, ertönte der erwartete Pfiff, sie sprang aus dem Stand in Halshöhe auf mich zu.

Olé!!! Blitzschnell, aber elegant machte ich einem erfahrenen Torero gleich meine Seitwärtsbewegung und beförderte das im Flug befindliche, in der Luft aber steuerungsunfähige Objekt mittels einer perfekt geschlagenen Rückhand längs durchs Wohnzimmer auf die Terrasse. Die Ratte war verschwunden, die Familie wieder entspannt.

Aber das war immer noch nicht das Happy End. Denn schon wenige Tage später, ich kam todmüde aus München zurück, empfing mich meine Frau völlig aufgelöst und mit Tränen in den Augen, sie habe am Morgen beim Bettenmachen ein kleines Tier gesehen, das unter der Heizungsverkleidung hervorgekommen und eilends auf dem Balkon verschwunden sei.

Jetzt geht das schon wieder los, war mein erster Gedanke. Außerdem fiel mir kein Tier mehr ein, das eine Ratte in meinem nächsten Beruhigungsversuch hätte ersetzen können.

Dazu musste ich mir noch anhören, sie würde sich scheiden lassen, wenn wir jetzt nicht umgehend auszögen.

Unter Hinweis auf meine bleierne Müdigkeit vertröstete ich sie auf den nächsten Morgen, was zur Folge hatte, dass ich allein im großen Bett liegen musste, da sie es vorgezogen hatte, bis zum Sonnenaufgang mit angezogenen Beinen in meinem Ohrensessel im Arbeitszimmer zu nächtigen. Später hat sie gestanden, mehrfach nachgesehen zu haben, ob ich vielleicht schon angeknabbert worden wäre.

Nachdem ich sie meines Mitleids der erlittenen Unbequemlichkeit wegen versichert hatte, ergriff ich erneut die Initiative, schnitt eine Pappe in kleine Rechtecke, ließ meine Frau Speck anbraten und platzierte die Lockmittel im Abstand von 20 cm in direkter Linie von der Verkleidung bis auf den Balkon. Für die letzte Pappe hatte ich mir eine besondere Gemeinheit ausgedacht. Ich legte sie so auf Kippe, dass, sollte eine hungrige Ratte den Speck ergattern wollen, sie unweigerlich auf die Terrasse darunter stürzen würde. Die Schlafzimmertür wurde geschlossen. Warten war angesagt.

Ein vorsichtiger Blick zwischendurch stimmte mich hoffnungsvoll, denn die ersten beiden Pappen waren bereits abgeräumt. Und dann am Abend lag auf unserem Balkon tatsächlich eine kleine, offensichtlich leblose Ratte.

Um zu verhindern, dass unser Sohn so ängstlich wie seine Mutter werden würde, bat ich diese, ihn zu wecken, um ihm das kleine, niedliche, harmlose Wesen zu zeigen. Doch unglücklicherweise bewegte sich das plötzlich auf der Kehrschaufel. Und hier nun, wie schon angedeutet, stieß ich an meine Grenzen, denn meine Frau befahl mir mit drohendem Unterton, die Ratte nicht im Garten oder auf dem Bürgersteig auszusetzen, sondern mit Schmackes an die Außenwand der Gartenmauer zu schmettern. Das tat ich widerwillig.

Am nächsten Morgen, es war Sonntag, wurde angeordnet, ich hätte mir gefälligst eine Stichsäge zu leihen und die Verkleidung aufzusägen, um zu kontrollieren, ob sich dort, wie meine Frau behauptete, das Kindbett vieler weiterer junger Ratten befände. Das war nicht der Fall, aber die schöne Verkleidung war so gut wie hin.

Ab Montag wurde dann in unserem Stadtviertel kolportiert, dass massenhaft Ratten unser Haus besetzt hätten, denn unser Sohn musste natürlich nach Schulschluss sofort allen Freunden die Leiche zeigen.

Dann kamen die Kammerjäger und wir hatten Ruhe. (Interessant zu sehen war übrigens, wie unsere Gäste aus der Kanalisation gekommen waren – durch ein höchstens zwei Zentimeter großes Loch am Übergang des von der Dachrinne kommenden Rohres in das in den Boden führende Fallrohr. Ja, so dünn können die sich machen!)

Da wir immer noch ungeschieden im Tatort wohnen, zeigt sich, dass sich die Viecher wohl auf immer verdünnisiert haben.

(In einem nächsten Forschungsprojekt will ich versuchen, die Feldmaus unter unserem Gartenhaus anzulocken, zu fangen und zu dressieren.)

## Betr. Überlebenshilfe

Verehrte Kolleginnen und Kollegen von der schreibenden Zunft,
 bestürzt und betrübt wie Sie sicher auch, habe ich zur Kenntnis nehmen müssen, dass einige von mir sehr geschätzte Wörter vom Aussterben bedroht sind. Deshalb kann ich nicht anders, als in folgender Hymne an die Todeskandidaten einen spontanen Rettungsversuch zu starten.

Ich kenne einige alte Jungfern, die mag ich aber nicht so sehr, weil sie meistens mürrisch sind, da sie ob ihrer *Blaustrümpfigkeit* nie einen abbekommen haben und deshalb auch auf eine großzügige *Mitgift*, aber schlimmer noch, auf den Genuss einer *Hochzeitsnacht* zeitlebens verzichten müssen.

Dagegen habe ich einen sehr lustigen *Oheim*, der als erklärter Frauenfeind, wie einst Schopenhauer und Oscar Wilde, ein wahrer *Hagestolz* ist. Nie hat er sich bei mir wegen des freiwilligen Verzichts auf einen geliebten *Augenstern* und in der Folge auf einen *Dreikäsehoch* als Sohn oder Enkel beschwert. Im Gegenteil, er fühlt sich geradezu *gebauchpinselt*, wenn ich ihn für seine Konsequenz lobe. Er ist so sehr gegen das angeblich schwache Geschlecht voreingenommen, dass er, nimmt man nur das Wort *Schlüpfer* in den Mund, sofort Herpes simplex an der Oberlippe bekommt und es ihm *blümerant* wird. (Ich reagiere so auf das noch schrecklichere Wort Unterhose.)

Leider ist er auch ein erklärt Gegner moderner Technik. So habe ich ihn schon mehrfach gefragt, ob ich ihm zum Geburtstag nicht mal einen DVD- oder MP 3-Player schenken solle. Immer winkt er ab, unter Hinweis, dass sein *Kleinod*, eine uralte SONY- *Tonbandmaschine*, es sehr wohl noch täte, auch wenn es hin und wieder mal *Bandsalat* gäbe. Auch mit dem Fernsehen hat er nichts am Hut, lieber ginge er ins *Lichtspielhaus*, sagt er, weil dort das Bild größer sei, schließlich seien seine Augen nicht mehr die allerbesten. Außerdem gäbe es in den Pausen vorzüglich mundendes *Labsal*. Dorthin könne man übrigens in einer knappen halben Stunde an der frischen Luft gemütlich *bummeln*.

Es versteht sich fast von selbst, dass er der *Wählscheibe* am Telephon (er wird es nie mit »f« schreiben!) wehmütig nachtrauert. Er behauptet, dass er sich, wenn er mit einem anderen *Hagestolz fernmündlich* Kontakt aufnehmen wolle, mit dem Treffen der richtigen Tasten schwer täte, wieder unter Hinweis auf seine Augen. Ich glaube aber eher, dass der alte *Schlawiner* sauer ist, die Telekom nicht mehr durch Klopfen der gewünschten Nummern auf die *Gabel* betrügen zu können, wie wir es früher immer getan haben.

Zu guter Letzt: Niemand sollte *bass* erstaunt sein, wenn ich versichere, ihm gerade wegen seiner liebenswerten *Schrullen* immer *hold* zu bleiben.

Also liebe Schriftsteller und Redakteure bei Presse, Funk und Fernsehen, statt dem nahenden Ende dieser Schmuckstücke tatenlos zuzusehen, sollten Sie es mir nachmachen und mithelfen, die bedrohten Wörter zu retten! Sie haben doch jetzt gelesen, wie viele davon man allein in einer kurzen Geschichte unterbringen kann, wenn man es nur will.

## Unverbesserlich

Einem meistens übelgelaunten, griesgrämigen und deshalb auch nur entfernten Bekannten muss zu Ohren gekommen sein, dass ich ein Buch geschrieben habe. Ob in der Hoffnung, es könne seine vorherrschend miese Stimmung noch verschlechtern, weiß ich nicht – jedenfalls hat er mich angerufen und gebeten, doch einmal eine Geschichte lesen zu dürfen.

Da mir sofort klar war, dass ich bei ihm mit meiner Schreiberei auf keine allzu positive Resonanz stoßen würde, hatte ich schon überlegt, ob ich auf seine Anfrage überhaupt reagieren sollte. Aber dann erinnerte ich mich an das Lob vieler stets gutgelaunter, kompetenter Vorableser und habe ihm fünf Seiten gemailt.

Seine Reaktion kam, wie sie kommen musste. Nach einigen einleitenden Floskeln rückte er mit seiner Kritik heraus: Im Prinzip fände er das alles so weit gut, und er bewundere auch meinen Mut, den Versuch gewagt zu haben, einen Verleger zu finden. Er würde mir aber keine allzu großen Chancen einräumen, denn sicher erschienen den Lektoren, wie auch ihm, die Sätze viel zu lang und verschachtelt, was die Lektüre und damit auch das Verständnis erheblich verlangsame und erschwere. Ich hätte auch viel zu viele Nebensätze eingeschoben, was es ihm am Ende der Sätze beinahe unmöglich mache nachzuzählen, ob ich vielleicht ein Verb vergessen hätte. Auch die Anhäufung von schmückenden Adjektiven würde ihn stören, ebenso wie die vielen Konjunktive und Konditionale. Und dann folgt die Frage, ob ich es etwa nötig hätte, mit meinen Fremdsprachen zu protzen, anders könne er sich die französischen, englischen und lateinischen Zitate nicht erklären. Diese dann auch noch gleich in Klammern oder mit Sternchen am Fuß der Seite zu übersetzen, empfände er als den Gipfel bodenloser Unverschämtheit gegenüber dem Leser, dem man damit ja unterstelle, er beherrsche diese Sprachen nicht. Kurzum – sein Urteil war vernichtend.

Da ihn wegen seiner harschen Worte offenbar das schlechte Gewissen plagte und er mich, wie er betonte, nicht allein im Regen stehen lassen wolle, rückte er mit einem aus seiner Sicht ebenso freundlichen wie hilfreichen Rat heraus: Ich möge es doch mal mit Subjekt, Prädikat, Objekt versuchen, so wie wir es in der Schule hätten lernen müssen, um zu zwingenden Formulierungen in einem perfekten Satzbau zu kommen.

Weil er aber irgendwie hintergründig durchblicken ließ, gewisse Zweifel zu haben, ob ich denn das wenigstens schaffe, fühlte ich mich an der Ehre, meinem Wortschatz und der Grammatik gepackt und habe es einmal versucht. Hier ist das Ergebnis.

*Es ist spät. Draußen tobt ein Sturm. Regen prasselt hernieder. Ich bin müde. Meine Frau schnarcht. Düstere Gedanken verfolgen mich. Was habe ich falsch gemacht? Bin ich gar eitel? Ich habe Hunger. Aber der Kühlschrank steht unten. Der Weg ist mir zu mühsam. Ein Jet überfliegt das Haus …* und da wird mir dieser vorbildlich simple Satzbau schon zu langweilig, muss ich doch noch loswerden, dass dieses Flugzeug nur deshalb noch zu nächtlicher Stunde von unserem Flughafen, der normalerweise nach 23.00 h niemanden mehr rein und raus lässt, starten darf, weil es eine Sondergenehmigung hat, da es auf Eis in Blechbehälter gelegte Organe von kurz vorher Verstorbenen mit Spenderpass in die Krankenhäuser anderer Städte transportiert, in denen arme Patienten schon ewig auf eine Niere, Leber oder ein Herz warten, was ich deshalb so genau weiß, weil unser Sohn, als er vor langer Zeit seinen Zivildienst beim Roten Kreuz ableistete, einer jener Fahrer war, die bevorzugt mit Sirene und Blaulicht diese kostbare Fracht von der Uni-Klinik zum Flughafen fahren durften.

Froh, meinen Stil wieder entdeckt zu haben, verabschiede ich mich aus dieser Abhandlung mit einem Grußwort an meinen Kritiker, den nicht nur ich für einen Banausen halte, und dann sogar noch in genau der von ihm geforderten prägnanten Form: Ich (Subjekt) verachte (Prädikat) Sie (Objekt)!

## Pseudo-Philosophisches

Gerade in alten deutschen Schlagern aus Ufas Zeiten findet man Gedanken, über die länger nachzudenken sich lohnt.

Erinnert sei nur an die Frage »Was machst du mit dem Knie, lieber Hans, beim Tanz?« Die Antwort darauf erscheint mir noch ziemlich leicht. Oder auch: »Mein Gorilla hat 'ne Villa im Zoo.« Hat sich da ein Baulöwe vielleicht ein Denkmal gesetzt? Sehr gelungen finde ich auch die Songs »Der Onkel Bumba aus Kulumba«, obwohl ich beide in keinem Lexikon gefunden habe, und noch abgedrehter von Willy Fritsch »Ich lass' mir meinen Körper schwarz bepinseln«, wohingegen mir die Zeile »Der Spargel wächst« aus »Veronika, der Lenz ist da« doch ein wenig zu schlüpfrig ist, obwohl die »Comedian Harmonists« sich nicht weiter darüber auslassen, wo dieses Wachstum stattfindet. Man kann es sich schließlich ja denken! Jetzt aber habe ich die »transzendente« Stimme des von mir sehr bewunderten Thomas Quasthoff auf seiner ersten Jazz-CD gehört. Darauf singt er ein Lied unter dem für Erstklässler wichtigen, unwiderlegbaren Titel »Eins und eins, das macht zwei« und schließt dann mit einer ebenso erinnerungswürdigen Erkenntnis: »Denken schadet der Illusion.« Daran muss man hängen bleiben und ins Grübeln geraten oder, noch besser, ins Denken. Und da das selten lustig ist, sei jetzt Schluss mit den Albernheiten! Wenden wir uns lieber den Dingen zu, die diese Behauptung beweisen.

Da sind zum Beispiel die Türken mit ihrer Illusion, Vollmitglied der EU zu werden. Statt sich aber anständig zu benehmen, grenzen sie in ihrem Land Christen aus, boykottieren und töten sie, ihre Demokratie ist inzwischen so weit entwickelt, dass ihr Außenminister auch beim zweiten Anlauf, Präsident zu werden, gescheitert ist und das Militär unverhohlen mit Putsch droht. In Deutschland gibt es »Ehren-Morde«, wobei die Ehre darin besteht, dass zwei Brüder ihre Schwester wegen deren Vorliebe für die westliche Lebensart »ohne Kopftuch« einfach hinrichten.

Die Türken bestreiten auch, zigtausende von Kurden hingeschlachtet zu haben, obwohl man das in allen nicht-moslemischen Geschichtsbüchern nachlesen kann. Da denke ich mir doch, dass die Türkei keine echte Bereicherung für unser Europa darstellt. Und was muss ich dazu lesen? Zum Beispiel, dass der EU-Chefdiplomat Solana meint, die Türkei »gehöre an unsere Seite«.

So bleibt mir nur die Illusion zu hoffen, dass sie noch möglichst lange braucht, die EU-Kriterien wie Rechtsstaatlichkeit, eine funktionierende Marktwirtschaft und die Übernahme der EU-Gesetzgebung zu erfüllen. Was mich bei Herrn Solana noch sehr verwundert, ist, dass er die Religionsfreiheit mit keinem Wort erwähnt hat. Gehört die etwa nicht dazu?

Mein Denken stellt sich auch beim Blick auf Simbabwe der Illusion entgegen, dieses ehedem wunderbare, reiche Land könne sich irgendwann einmal ihres verbrecherischen Herrschers Mugabe entledigen und sich erholen.

Lese ich dazu in einem Beitrag des von mir sehr verehrten Herrn Grill in der »Zeit« von 70 % Arbeitslosen und einer Inflationsrate von 1700 %, was der Autor mit der Information belegt, dass »ein Ziegelstein heute so viel kostet wie ein Haus mit Pool vor eineinhalb Jahrzehnten«. Auch der Erzbischof Pius Ncube muss eine Illusion haben, denn er betet jeden Sonntag von der Kanzel seiner Kathedrale für den Tod des Tyrannen.

Ich denke aber leider schon wieder und komme zu dem traurigen Schluss, dass sich, sollte der Tod oder die Kugel eines mutigen Mannes den Strolch in die Hölle befördern, nichts ändern wird, denn wie auch in Südafrika lauern im Hintergrund schon gierig die Nachfolger, die locker in der Lage sind, durchaus noch Schlimmeres anzurichten. Steigerungsmöglichkeiten gibt es ja immer und überall.

Und was muss ich dazu aus einer anderen Zeitung erfahren? Dass Simbabwes Umweltminister, sicher ein Komplize des Präsidenten, (gegen den Protest der EU) zum Vorsitzenden der UN-Kommission für »nachhaltige Entwicklung« gewählt wurde. Wie nachhaltig die sein könnte, habe ich gerade vorher angedeutet. Und überhaupt Umwelt: Die armen, eingeschüchterten und unterdrückten Menschen in Simbabwe haben doch so wenig, dass ihnen gar nichts bleibt, mit dem sie die Umwelt belasten könnten. Also wurde auch in dieser Beziehung der Bock zum Gärtner gemacht.

Mich von der nächsten Illusion zu trennen, fällt mir leichter, denn der Abschied von ihr ist nicht sonderlich schmerzlich. Es geht um die der Wahrheit, diesmal in der Presse. Habe ich noch vor wenigen Tagen aus einem Blatt, das vornehmlich in Frisörsalons ausliegt, erfreut zur Kenntnis genommen, dass Victoria & David Beckham nun doch ein geeignetes Domizil in Beverly Hills gefunden haben und jetzt Nachbarn von u. a. Tom Cruise sind. Dazu veröffentlichte dieses Blatt genaue Angaben zum Kaufpreis, zur Größe der Wohnfläche, der Zahl der Bade- und Schlafzimmer etc. und druckte dazu sogar eine Luftaufnahme des Anwesens ab. War ich erst erleichtert, dass die mühselige Suche der beiden endlich ein glückliches Ende gefunden hat und damit die Illusion vom idealen Zuhause Realität geworden ist, stürzen mich Bericht und Fotos einer anderen Zeitung, die sonntags auch auf unserem Frühstückstisch liegt, in große Verwunderung, denn in ihr sieht das Haus von oben nicht nur völlig anders aus, auch der Kaufpreis, die Quadratmeter- und die Zimmerzahl differieren erheblich. Ich denke mir also, dass hier irgendeiner gelogen hat, oder haben die gar zwei Häuser gekauft? (Schon wieder eine Illusion weniger!)

Wenn ich Ihnen mit meinem schlecht versteckten Hinweis, doch auch häufiger zu denken statt Luftschlösser zu bauen, jetzt die gute Laune verdorben habe, möchte ich Sie mit einem »Zuckerl« in Form der Rückkehr zur musikalischen Alberei, zu einem Lied aufmuntern, das einem gewissen Herrn Lehmann auch die letzte Illusion genommen haben muss, weil es wieder einmal anders gekommen ist, als er gedacht hatte. Darin heißt es:

»Herr Lehmann, was macht denn Ihre Frau grad in Marienbad?
Dort sind die schönsten Männer unsres Landes grad!
Sie fuhr dorthin, um wieder schlank zu werden,
ich fürchte fast, das Gegenteil passiert.«

So bitter diese Aussicht für Herrn Lehmann sein mag, so geeignet ist dieser Text als Werbemaßnahme, ganz im Sinn von »morgens Fango, abends Tango« für den tschechischen Fremdenverkehrsverband.

Ob sich diese Zeilen aber mit dem heutigen Namen von Marienbad noch zum Reimen bringen lassen, bezweifele ich, denn das berühmte Mineralbad heißt Mariánské Lázně.

Die deutschen Vertriebenen-Verbände mit ihrer ganz speziellen Illusion werden natürlich sofort wieder behaupten, dass der deutsche Name um einiges besser klingt, was mich geradewegs zu dem überzeugenden Schluss (nicht nur dieser Geschichte) führt, dass der von Thomas Quasthoff interpretierte Satz auch in seiner Umkehrung gültig ist. Denn Illusionen können auch schädlich fürs Denken sein!

Nachwort: Auch dieses Buch fußt auf einer Illusion, der nämlich, dass es doch wieder mehr Literatur geben müsste, die man nach der Lektüre von zwei oder drei Seiten weglegt, um am nächsten Tag oder im nächsten Jahr weiterzulesen, ohne völlig aus dem Kontext geraten zu sein, wie zum Beispiel Woody Allen und Art Buchwald häufig geschrieben haben. (Bei Jerry Cotton konnte man sogar die Hefte verwechseln.)

Auf der Suche nach einem intelligenten Geschenk für Leute, die sich in Flugzeug oder Bahn gern mal für ein halbes Stündchen unterhalten lassen wollen, bin ich in den letzten Jahren immer seltener fündig geworden. Ein Verlag, zu dem ich im Vorfeld meiner Schreiberei Kontakt aufgenommen hatte, strafte mich sogar mit der Bemerkung ab, »Ach so, Belletristik! So etwas ist heute nicht mehr gefragt.« Hätte ich allerdings einen Roman von der Länge »Krieg und Frieden« anzubieten, könne man vielleicht ins Gespräch kommen. Das war desillusionierend. Bis vor kurzem. Da sagt mir meine Frau, die eine Buch-Sendung mit Elke Heidenreich und einer prominenten Vorleserin gesehen hatte, doch Folgendes: »Denk mal, da wurde aus einem Buch vorgelesen, das mich sehr an deins erinnert, und beide fanden es toll, man könne es locker vom Hocker lesen, und der Autor erfände sogar völlig neue Begriffe. Sie wären sogar so weit gegangen, sich zu wünschen, es gebe mehr solcher Bücher.«

Da ich mir unendlich viel Mühe gegeben habe, auch dahin zu kommen, hoffe ich, dass sich das Denken bei der Realisierung meiner Illusion gelohnt hat.

## Klasse(n)-Treffen

Sie sind wirklich schön und erhebend. Ich weiß, wovon ich schreibe, denn ich habe gerade das zum 50. Jahrestag meines Abiturs erleben dürfen. In den beiden ersten Nächten danach habe ich von den guten alten Zeiten geträumt, und in Morpheus' Armen war die Erinnerung genauso wunderbar wie die Realität.

In der dritten Nacht aber wurde ich um 3.30 h wach, mit dem selbst von meiner Müdigkeit nicht zu vertreibenden Drang, die Treffen der Vergangenheit Revue passieren zu lassen und sofort alles niederzuschreiben. Hier ist das Ergebnis meiner Nachtarbeit.

Bei unserem ersten Wiedersehen, zehn Jahre nach Erlangung der so genannten Reife, die der Direktor bei der feierlichen Schlussfeier zu einer schier endlosen Mahnung, doch bitte vorbildliche Staatsbürger zu werden, missbraucht hatte, waren wir natürlich noch weitgehend vollzählig.

Die kleine Einschränkung ist notwendig, weil berichtet wurde, einer der Unsrigen sei verschollen und wahrscheinlich in einer Nervenheilanstalt untergetaucht. An dieser Stelle kommt zum ersten Mal jene Frage ins Spiel, die sich dann durch alle folgenden Meetings wie ein nostalgischer Faden durchziehen wird: »Weißt du noch?« Was natürlich alle mit »ja« beantworten konnten. Bei einigen meldete sich das schlechte Gewissen, ja die Befürchtung, am ungeklärten Schicksal des Mitschülers mitschuldig zu sein, gehörten sie doch zu den Bösewichtern, die dem Verschwundenen, der sich selbst unter primitiven Umständen wie in sanitären Jugendherbergs-Einrichtungen unter freiem Himmel allmorgendlich sein schwarzes Haar mit Unmengen von Pomade sorgfältig aufs Haupt zu klatschen pflegte, diese nächtens aus der Tube gedrückt und durch Colgate Zahnpasta ersetzt zu haben, was dazu führte, dass der so Gestrafte nicht nur über Nacht weiß geworden war, sondern auch ein Brett statt vor dem Kopf auf demselben hatte. Einer ist nachweisbar nicht wirklich von der Bildfläche verschwunden, reagiert aber weder auf Briefe noch auf Anrufe. Ein dritter ist noch nicht zu Potte gekommen, da er soeben das vierte Studium begonnen hat. Ein ganz besonderer Typ ist der, der schon im Jungmänneralter sehr würdig, gesetzt und vor allem schweigsam war. Er bringt es zum Beispiel fertig, mich anzurufen und zu schweigen, bis ich nach Minuten fragen muss, was er eigentlich auf dem Herzen habe. So versteht sich von selbst, dass er auch bei unseren Treffen das überschäumende Geplapper einfach totschweigt. Ich mag ihn gerade deshalb sehr.

Das »Weißt du noch?« hielt sich bei der Premiere aber noch in Grenzen. Weil die Zeit zu kurz war, musste doch jeder erst einmal von seiner rasanten Karriere berichten, jede davon, dass sie einen abbekommen und schon X Kinder hätte, worüber sich alle freuen. Man zeigt sich überrascht angesichts der doch oft dramatischen

Abweichung von zum Abi genannten Berufszielen. Da ist aus dem Piloten ein promovierter Physiker geworden und aus der Lehrerin eine Kinderärztin, um nur zwei Beispiele zu nennen.

Lehrer waren natürlich auch dabei. Man begegnete ihnen aber noch ein bisschen reserviert, weil man ja nicht einschätzen konnte, wie tief deren Animositäten oder Faibles für die eine und den anderen noch verwurzelt waren. Außerdem konnte man selbst ja so manchen »Lehrkörper« nicht ausstehen, zum Beispiel den, der einem stets eine düstere oder sogar überhaupt keine Zukunft prophezeite, während man andere sehr verehrte.

Vor dem Auseinandergehen bittet man mich noch, zum nächsten Mal meinen Deutschaufsatz über »Egon, die Stubenfliege« mitzubringen, den ich, in Aberkennung meiner wahren Talente, mit des Lehrers Bemerkung »Thema verfehlt, deshalb nur ausreichend« zurückbekam. Ich versprach das.

Nach 20 Jahren nimmt das »Weißt du noch?« dramatisch zu, denn die meisten sind sesshaft geworden, sind erfolgreich im Beruf und glückliche Familienmütter und -väter. Da gibt es nicht mehr allzu viel zu erzählen. Wir gratulieren einem zur Habilitation, einem anderen zum erfolgreichen Abschluss des vierten Studiums, worauf der aber meint, er wisse noch nicht, ob dies alles gewesen sei. Er ist übrigens mein besonderer Spezi, weil er sich zum Beispiel in der Unterprima nach einer Blinddarmoperation aus dem Krankenhaus bis vor unsere Penne geschleppt hatte, um mir bei einer Mathearbeit zu helfen, wofür ich die von ihm zu übernehmende Aufgabe auf die Fensterbank des ebenerdigen Klassenzimmers legte, er sie dort wegnahm, auf einer Parkbank in Rekordzeit löste und den Zettel wieder auf der Fensterbank deponierte. Der, der sich schon vor zehn Jahren nicht gemeldet hat, bleibt sich treu. Die Zahl der erschienenen Lehrer ist kleiner, die Annäherung aber größer geworden. Man stellt überrascht und erfreut zugleich fest, dass sie auch nur Menschen sind, man wagt es jetzt sogar, Schandtaten zu gestehen, zum Beispiel die, das auf der Ruhr schwimmende, fest verankerte »Tanzschiff Thetis«, getauft auf den Namen jener griechischen Meernymphe, die, mit Peleus verheiratet, auch Mutter des tapferen Achilleus mit der gleichnamigen Ferse war, unter der Wasserlinie angebohrt und ihm so zu gefährlicher Schlagseite verholfen zu haben, was naheliegend war, weil auf diesem Kahn vornehmlich »schräge Typen verkehrten«. Verdruss über ungerecht beurteilte Klassenarbeiten zu äußern und sich über diese eine ganz & gar ungerechtfertigte Ohrfeige zu beschweren, das alles konnte man jetzt unbeschadet tun. Aber natürlich war es wieder ein lustiger Abend. Vor dem Auseinandergehen bittet man mich wieder inständig, »Egon, die Stubenfliege« zum nächsten Mal mitzubringen, was ich wieder verspreche.

Zehn Jahre später, wir zählen das Jahr 1987, sind die ersten Toten zu beklagen. Man erinnert sich in diesem traurigen Zusammenhang an die Tonbandkassette unseres besten Sportlers, die er voller Stolz auf dem Gipfel seines Schaffens und des Kilimandscharos für uns mit seinen überwältigenden Eindrücken besprochen und uns zum Abspielen geschickt hatte, da er selbst beruflich nicht abkömmlich war.

Eines unserer Mädels, unsere »prima omnium«, für die eine »Eins« immer eine viel zu schlechte Note war, hat sich in Verzweiflung unter tragischen Umständen das Leben genommen. Sie war in allem so gut, dass sie womöglich selbst nicht mehr wusste, worin sie am besten war. Der Brief eines Freundes, den man immer unterschätzt hatte, macht uns eine Zeitlang stumm und rührt uns zu Tränen. Darin schreibt er, dass er nicht kommen könne, weil er sich 24 Stunden an allen Tagen der Woche um Behinderte kümmere, die ihn mehr bräuchten als wir, was uns allen Respekt und Bewunderung abnötigt.

Der Verschollene ist immer noch verschollen, und der, der sich nie gemeldet hat, bleibt weiter stumm. Auch der große Schweiger schweigt weiter. Ein Hochbegabter, auf den wir ganz große Stücke gesetzt hatten, beschließt, Mime zu werden und sich nur noch mit Goethes »Faust« auseinander zu setzen und darüber zu schreiben. Es gibt auch Bekenntnisse, geschieden worden zu sein. Das kommt in unserer Familie, pardon Klasse, aber eher selten vor.

Das »Weißt du noch?« läuft zur Höchstform auf, da ja die persönliche und familiäre Entwicklung abgeschlossen ist. Man wundert sich retrospektiv, natürlich nur im Spaß, dass keins unserer Mädels während der Klassenfahrt auf den Spuren von Tilman Riemenschneider und Veit Stoß schwanger geworden ist, man erinnert sich an die vom im Übermaß genossenen Äppelwoi verursachte unsanfte Landung mit dem Fahrrad im Straßengraben, dass sich die Männer als Mädchen verkleidet und mit ihrer ungezügelten Lebenslust sogar die beiden Begleitlehrer angesteckt haben. (Nur der meine Zukunft leugnende Kunstlehrer beklagte sich später angesichts der Photos von den Exzessen, wir hätten die Leistung der beiden großen Künstler nicht nur nicht angemessen gewürdigt, sondern sogar durch den Schmutz gezogen.) Ja, wir Banausen!

Man erinnert daran, dass wir einen in den Reihen hatte, dem es »dank« eines rheinischen Sprachfehlers nicht gelang, uns im Auftrag der Lehrer mitzuteilen, was wir gefälligst in Ruhe zu lassen hätten, die Kirschen oder die Kirchen, wobei uns Letzteres, glaube ich, lieber war. Mein Spezi gewann eine Fünf-Mark-Wette, indem er in einen Brunnen des Schlosses Weikersheim hechtete. (Auch ich war bei den Verlierern.) Und man erzählt noch einmal genussvoll, zu denen gehört zu haben, die schon vor dem Abitur ihre Bücher und Hefte in der Ruhr versenkt haben. Vor dem Auseinandergehen wurde ich wieder mit Nachdruck gebeten, »Egon« diesmal aber nicht zu vergessen. Ob meine Lüge geglaubt wurde, ich hätte ihn nicht gefunden, obwohl ich nur zu faul war, auf den Boden zu steigen und in verstaubten Umzugskisten zu suchen, weiß ich nicht. Es war natürlich wieder eine unvergessliche Veranstaltung!

Weitere zehn Jahre später haben sich die Reihen der Alt-Mitpennäler zum Glück nicht weiter gelichtet, aber leider weilen wieder einige unserer liebsten Lehrer nicht mehr unter uns, Schande über Gevatter Hein! Das Verhältnis zu den verbliebenen ist jetzt sehr vertraut, man ist altersmäßig und rechnerisch zwar immer noch gleich weit voneinander entfernt, bei 60 zu 40 ist man sich aber virtuell irgendwie nähergekommen. Oder ist das nur Einbildung?

Nichts Neues vom Verschollenen, von dem, der sich auch diesmal nicht gemeldet hat, und vom Schweiger. Einige nähern sich dem Rentenalter und bekennen, bereits unter gewissen Einschränkungen und an Wehwehchen zu leiden, worauf man sich sofort gegenseitig glänzendes Aussehen bescheinigt und außerdem darauf verweist,

Hauptsache sei es doch schließlich, noch im Kopf gut drauf zu sein, was selbstverständlich niemand bestreitet. (Als Egoist sagt man zu sich selbst aber beruhigend, auch aussehensmäßig viel jünger zu wirken als die anderen.)

Mein Spezi, der inzwischen mehr als sechs und weniger als acht Kinder von mehr als einer Frau hat, für ihn als Mathegenie kann ich das so verschlüsseln, ist des Studierens überdrüssig geworden und hat eine sehr erfolgreiche Firma gegründet. (Übrigens: Wenn man ihm dieses Genie unterstellt, wehrt er sich immer heftig. Er sei kein Genie, sondern habe nur die Denkweise unseres Lehrers verstanden. Er hätte besser »Sprache« gesagt, dann könnten wir anderen ihm entgegnen, dass dies für uns immer eine Fremdsprache geblieben sei.)

Alle Verheirateten sind noch verheiratet, alle Ledigen noch ledig. Mit Betrübnis wird zur Kenntnis genommen, dass einem unserer Mädchen eine Reise mit ihrem Sportklub offenbar wichtiger ist als wir tollen Hechte. Man fragt sich, ob diese Exkursion nur vorgeschoben worden ist, um irgendetwas zu vertuschen, vielleicht ein grauseliges Aussehen oder einen abhanden gekommenen Mann, man weiß ja nie? Aber man glaubt das eigentlich nicht. Im Übrigen ergibt eine Blitzumfrage, dass die Mehrheit unter Hinweis auf unser Alter meint, das nächste Treffen schon in fünf Jahren stattfinden zu lassen, was sogleich einstimmig beschlossen wird. Und vor dem Auseinandergehen fordert man mich diesmal ultimativ auf, an »Egon« zu denken, was ich wiederum verspreche, jetzt aber mit dem festen Vorsatz, ihn wirklich zu suchen. Aber sonst war es wieder ein tolles Fest!

An unsere Begegnung 2002 kann und will ich mich nicht groß erinnern, denn ich stand am Anfang einer schweren Depression, die mich länger als ein halbes Jahr absolut lust- und teilnahmslos gemacht und mich fast in den Suizid getrieben hat. So habe ich in diesem Zustand meine Zeit mit den Freunden von der Schule desinteressiert und stumm, dem Schweiger ähnlich geworden, einfach so abgesessen.

Außer mir war niemand krank, was übereinstimmend darauf zurückgeführt wurde, dass wir als Ausläufer der Kriegsgeneration offenbar aus besonders hartem Holz geschnitzt sein müssten.

Hinterher hat man mir berichtet, dass zwei Lehrer gestorben seien, darunter der mit meiner »düsteren Zukunft«, der verschütt Gegangene weiter verschwunden sei und der Nichtmelder sich nicht besonnen, man sich aber sonst wieder sehr gut verstanden und unterhalten habe. Ich weiß nicht einmal mehr, ob mich jemand nach dem immer noch auf dem Boden schlummernden »Egon« gefragt hat, weshalb ich mich auch nicht an ein Versprechen erinnern kann, ihn 2007 bestimmt dabeizuhaben.

Unser 07er-Treffen ist erst ein paar Tage her, und es war unglaublich harmonisch, wieder von dieser spontanen Vertrautheit gekennzeichnet, die einen schnell vergessen lässt, dass die Zeit der »verschworenen Gemeinschaft« eigentlich schon lange Vergangenheit ist, aber eben nur eigentlich.

Eine 88 Jahre junge Lehrerin hat uns mit ihrer Anwesenheit beschenkt. Eine zweite, die in diesem Jahr 94 wird, hatte traurig mit der Entschuldigung abgesagt, sie wolle nicht, dass wir sähen, wie sie abgebaut hätte. Als wären nicht auch wir alle dem schleichenden Verfall ausgesetzt! (Jedenfalls wurden von einigen zu den Getränken auch Pillen verzehrt.) So lustig es war, hatte ich aber doch das Gefühl, dass ein hohes Maß an Dankbarkeit und Demut unsere Spaßgesellschaft befallen und überlagert hat, was in der Versicherung vieler, mit uns die schönste Zeit ohne Sorgen verbracht zu haben, ja wir hätten geradezu das Gefühl eines warmen zweiten Zuhauses vermittelt, zum Ausdruck kam. Alle sind jetzt Rentner und -innen, bis auf meinen Spezi, der es nicht lassen kann, und der mich ein paar Tage vor unserem Treffen extra angerufen hatte, um mich an »Egon« zu erinnern, und hoch erfreut war zu hören, dass meine Frau das alte Heft aus der Untersekunda auf dem Speicher gefunden hatte und ich die Stubenfliege garantiert zum Vortrag bringen würde. Wir mussten bedauerlicherweise vor dem Ausbruch des Frohsinns auf drei tote Freunde anstoßen, darunter unser Professor und der Mensch (!), der sein Leben ganz und gar den Hilflosen gewidmet hatte.

Ich dachte bei meines Spezis launigem, aber trotzdem ergreifendem Nachruf auch an das »Man sieht sich« und stellte mir vor, wie lustig es sein könnte, droben im Himmel wiedervereint noch einmal von vorn anzufangen, besonders mit dem »Weißt du noch?« Dann taucht bestimmt auch der Verschollene wieder auf, der, der uns immer die kalte Schulter gezeigt hat, müsste auch erscheinen, die Toten werden wieder lebendig, und als Grund für ein Fehlen gälte dann nur noch die Entschuldigung, man sei aus allen Wolken gefallen und habe sich dabei ein Schütteltrauma geholt. Der Schweiger aber darf weiter schweigen, denn gerade im Himmel muss gelten, dass Reden Silber, Schweigen aber Gold bleibt. Selbst die mit den schlechteren Noten (im Leben) müssten nichts fürchten, denn vor Gott, heißt es, sind alle Menschen gleich.

Man konnte auch wieder Komplimente loswerden, zum Beispiel an unser Nesthäkchen, an dem die Spuren der Zeit wirkungslos vorüberzugehen scheinen, oder an eine Frau, die ich schon als Mädchen toll fand und deren Lebenswerk als verwitwete Bäuerin ich sehr bewundere. Auch der in der Heilanstalt kam vor, aber nur im Gespräch, selbst der große Schweiger, der nie ein Wort sagt, geschweige denn eins zuviel, schien guter Dinge zu sein, der, der sich nie gemeldet hatte, bewies Kontinuität und die Entschuldigung mit dem Sportklub wurde glaubhaft von einem gebrochenen Fuß abgelöst. Außerdem wurde über eine weitere Verkürzung der Zeit »dazwischen« diskutiert, allerdings noch ohne Ergebnis, weil mein Spezi erst eine Telefon-Konferenz mit allen veranstalten will. Ich glaube aber, will man nicht eines Tages da allein hocken, dass maximal drei Jahre angemessen wären. Aber auch damit werden sich letzten Endes, wie passend, stark dezimierte Auftritte bis hin zum Solo nicht vermeiden lassen, womit sich auch das Problem mit dem separaten Raum automatisch gelöst hätte. Zum einen braucht man den dann nicht mehr, zum anderen sieht ein Vierer- oder Zweiertisch in einem größeren Raum nicht sonderlich gemütlich aus.

»Egon, die Stubenfliege« hatte ich übrigens tatsächlich in der Tasche. Da aber niemand danach gefragt hat, ist sie ungehört in derselben geblieben. Aber auch ohne sie war es wieder toll!

Zum Schluss ein sehr persönlicher Gedanke: Mir liegen diese Wiedersehen sehr am Herzen, da ich zu denen gehöre, die vorher irgendwie gescheitert, sofort von einer wunderbaren Gemeinschaft aufgenommen wurden und in ihr eine neue Heimat gefunden haben.

Meinen Dank ausdrücken zu können – dafür gibt es unsere klasse Treffen, waren wir zusammen doch auch immer eine Klasse für sich oder noch treffender: Für uns!

Spätestens jetzt muss dem geneigten Leser klar geworden sein, dass diese Zeilen keine Satire, sondern eine Liebeserklärung sind – an meine geliebte, alte Penne, meine verständnisvollen, toleranten Lehrerinnen und Lehrer, besonders aber an alle, die mit mir in diesen Jahren die Schulbank gedrückt haben.

## So wird man erfolgreicher Terrorist

Was nun kommt, mag Ihnen zynisch und makaber vorkommen, potentielle oder bereits aktive Terroristen aber wird es interessieren und deshalb vielleicht sogar unsere Sicherheitskräfte an den Flughäfen wachrütteln. Deshalb muss diese Geschichte sein.

Im Winter 2004 bin ich von Düsseldorf über Dubai und Johannesburg nach Kapstadt geflogen, mit einem Hochsicherheits-Flug, wie mir die Beamten vor der zweiten peniblen und langatmigen Handgepäckkontrolle und Leibesvisitation erklärten, sozusagen als Bitte um Verständnis, auch die Schuhe untersuchen zu müssen. Selbst an Klaus-Maria Brandauer, der nach mir die Kontrolle passierte, vergingen sie sich so. Diese Sorgfalt beeindruckte mich schon gewaltig, geschah doch alles nur zu unserer Sicherheit. (Aus schlechten Erfahrungen vorher hatte ich schon gelernt, weshalb Nagelschere und -feile, Zigarrenabschneider und anderes gefährliches Zeug im Koffer verstaut waren. In Nizza hatte man das mir schon einmal abgenommen.)

Als es vier Wochen später über dieselben Stationen wieder zurückging, diesmal aber mit gebrochenem, dick geschientem und gepolstertem rechten Fuß, war Schluss mit Hochsicherheit, denn es passierte nichts, was ich im ersten Moment und überhaupt als »an einer schweren Behinderung Leidender« als sehr komfortabel empfand. Man schaute in den Flughäfen zwar mal kurz ins Handgepäck, aber ob in Kapstadt, Jo'burg oder Dubai, überall wurde ich mit Klumpfuß und Krücken im Rollstuhl sitzend an allen Beamten und Röntgengeräten vorbei direkt aufs Rollfeld und dann auf einen Hubwagen geschoben, der mich ans Flugzeug hoch beförderte. Von dort aus humpelte ich dann an den mir zugewiesenen Platz. Auch das war, abgesehen vom Gewicht meines Beines, vergleichsweise bequem, zumal ich auf dem Weg dorthin viel echtes, tiefempfundenes Mitgefühl erfahren durfte.

Meine Frage ist jetzt: Wie viel Sprengstoff hätte ich unter Verbänden und Schiene verstecken können? Heute sind ja bekanntlich bereits kleine Mengen wirkungsvoll. Wäre ich Selbstmordattentäter (oder gewesen), hätte ich zuerst das Hotel zum Abschied in die Luft sprengen können, dann das Taxi, das mich zum Flughafen fuhr, was sich aber nicht recht gelohnt hätte, da außer meiner Frau und mir nur der Fahrer drin saß, als nächstes Ziel die vor den Schaltern Schlange stehenden Menschen und zu guter Letzt den großen Airbus.

Also, ihr Al Quaida-Leute, denkt daran, dass die einfachsten Ideen immer noch die besten sind. Man braucht keine konspirativen Wohnungen in Hamburg oder Pinneberg, keine geheimen nächtlichen Treffen, keine »toten Briefkästen«, keine obskuren Geldquellen, nicht einmal Vorsicht ist gefordert. Man muss sich nur irgendetwas brechen oder das vortäuschen. Gips gibt es für kleines Geld in allen Baumärkten, Schienen hält der orthopädische Fachhandel feil, und Verbandsmaterial hat man meistens sogar im Haus. Und dann müsste eigentlich alles wie geschmiert gehen.

Ich frage mich nun doch ziemlich beunruhigt und in Sorge, beim nächsten Flug möglicherweise neben einem maghrebinisch aussehenden Unfallopfer zu hocken, ob man die geschienten Körperteile nicht auch röntgen müsste. Ich würde mich garantiert nicht zieren, auf einem Band am Röntgenapparat vorbeizurollen.

Jedenfalls habe ich wenige Tage nach unserer Ankunft in Düsseldorf am Flughafen angerufen und dem Bundesgrenzschützer von meinen Bedenken und Sorgen berichtet. Der höfliche Mensch am anderen Ende der Leitung machte aber einen eher gelangweilten Eindruck, wahrscheinlich war er gerade in der Kaffeepause, außerdem sei er sowieso nicht der richtige Ansprechpartner, antwortete er, versprach aber, mein Anliegen an eine höhere Stelle weiterzuleiten.

Jetzt frage ich Sie: Haben Sie nach dem Winter 2004 an irgendeinem Flughafen unserer Republik Menschen gesehen, die auf dem Rollband durch das Röntgengerät geschoben wurden? Ich nicht. Also vermute ich, dass sich mein mutiger Vorstoß noch auf dem Instanzenweg befindet oder auf diesem schon versandet ist, was unseren Herrn Bundesinnenminister, der sich doch gerade jetzt mit ganzen Bündeln von Schutz- und Abwehrmaßnahmen bis hin zur Online-Überwachung dem Kampf gegen Terroristen verschrieben hat, nicht sonderlich erfreuen dürfte.

## Eine »temporäre Erscheinung«

Wäre damit gemeint, dass unsere Zeit auf Erden begrenzt ist und wir alle einmal von ihr scheiden müssen, ist diese Aussage in Ordnung. Wenn aber der Geschäftsführer eines Fußballclubs der 1. Liga, wie vor kurzem geschehen, diese Aussage auf noch lebende Menschen bezogen wissen will, ist das mehr als bedenklich, auch wenn es sich dabei »nur« um Fußballtrainer handelt. (Dazu ist temporär für mich zu verallgemeinernd, finden darin doch nicht so verdiente, scheinbar unsterbliche Legenden wie Otto Rehagel, Bremen, und Volker Finke, Freiburg, Berücksichtigung.)

Also gut, lassen wir dem guten Mann seine Einschätzung, die ich dann doch wenigstens für fair halte, denn er wendete diese verschlüsselte Form von Warnung bei seinem Trainer an, bevor er ihm den Stuhl vor die Tür setzte, während Fußballlehrer sonst von ihrem Rauswurf gemeinhin erst einen Tag später durch die Medien erfahren.

Diese Trennungen, ob mit oder ohne beidseitiges Einvernehmen, haben dann oft katastrophale Konsequenzen. Da hockt dann der arme (?) Entlassene samstags nach 18.00 h vor dem Fernseher oder noch folgenschwerer, vorher auf der Tribüne eines nahe liegenden Vereins. Bei Beobachtung des Spiels wird ihm schnell klar, dass es mit ihm als neuem Coach mindestens auch nicht schlechter laufen würde, trotz des momentanen Rückstands von 0:2 der gastgebenden Mannschaft.

Natürlich macht seine auch von den Medien zur Kenntnis genommene Anwesenheit, ab Montag wird er als hoffnungsvoller Nachfolger des glücklosen Vorgängers gehandelt, den noch auf der Bank amtierenden Kollegen nervös, was sich sogleich auf dessen Elf überträgt, die daraufhin noch lustloser und konfuser kickt, noch zwei reinkriegt und hoch verliert, was das Ende auch dieses Übungsleiters beschleunigt. Ein wahrer Teufelskreis!

Warum setzen die hohen Herren Funktionäre nicht wie bei solchen Problemen üblich eine Kommission ein, deren Aufgabe ist, zum Beispiel folgende geniale Lösung auf ihre Machbarkeit hin zu prüfen. Die könnte so aussehen: Man errechnet das durchschnittliche Verfallsdatum eines Trainers, indem man alle Laufzeiten aller Trainer seit Bestehen der Bundesliga mittelt, was ganz einfach ist, weil immer einer mitzählt.

Man kommt dann auf einen Wert von, sagen wir mal, 3,2 Jahren. (Ohne die beiden vorher erwähnten Herren wären es noch weniger.) Der DFB rundet nun dieses Ergebnis der Einfachheit halber auf drei Jahre ab und legt diesen Zeitraum als minimale bzw. maximale Vertragslaufzeit fest, beginnend an einem für alle Vereine der 1. und 2. Liga identischen Tag.

Die Vorteile eines solchen Vorgehens überwiegen die leider auch vorhandenen Nachteile, auf die ich noch eingehen werde, aber deutlich.

Nach Ablauf der drei Jahre ist der Markt auf einen Schlag voll von Trainern, die Vereine könnten je nach Geldbeutel aus dem Vollen schöpfen, die berühmt-berüchtigten, meist erfolglosen so genannten Feuerwehrmänner hätten ausgedient, das Argument der Ermüdungserscheinungen im Verhältnis zwischen Trainer und Mannschaft entfiele, man ersparte sich hohe Abfindungen und dem Trainer die rufschädigende Schmach der vorzeitigen Beurlaubung.

Dieses Verfahren hat aber leider auch eine nachteilige Spätfolge: Es könnte ab einem bestimmten Zeitpunkt, wenn nämlich immer wieder dieselben Trainer bei immer wieder denselben Vereinen gewesen sind, was man »ewige Rotation« nennt, wie in der Natur als Folge von Inzucht zur Degeneration bis zur (seelischen) Verkrüppelung führen.

In einer TV-Sportsendung habe ich neulich von den Schwierigkeiten gehört, frisches Trainerblut aus dem Ausland zu importieren. Man war sich einig, dass dies an Verständigungsproblemen scheitern würde, weil zu wenige deutsche Kicker zum Beispiel Englisch sprechen. Dieses Argument kann ich nun überhaupt nicht nachvollziehen.

Die Deutschen in unseren Ligen sind doch längst die Minderheit. Schauen Sie sich in der ARD nur die Wahl zum »Tor der Woche, des Monats und des Jahres« an. Hat von den fünf ausgewählten Toren eines ein Deutscher geschossen, ist das schon ein Wunder. Und dann: Wenn schon so viele Ausländer bei uns spielen, was im Übrigen belegt, dass wir wirklich ein Integrationsland sind, dann könnten doch auch die exotischen Trainer kommen. Englisch würde dann aber nicht mehr ausreichen. Aber auch das wäre kein Problem. In den DFB-Ausbildungszentren könnte man den einreise- und lernwilligen Coaches statt Taktikvorlesungen, was die ja schon beherrschen, kostenlose Sprach-Rush-Up-Kurse anbieten. Um aber wirklich alle Barrieren niederzureißen, müssten dann Holländisch, Türkisch, Griechisch, Französisch, Spanisch, Portugiesisch, Schwyzerdütsch, Polnisch und einige andere slawische sowie afrikanische Sprachen gelehrt werden.

Ich finde Multi-Kulti auf dem Platz sowieso gut, nicht nur, weil die Ausländer geschickter mit dem Ball umzugehen verstehen, sondern ihrer oft witzigen Zeremonien wegen, die sie den Zuschauern bieten, wenn sie das Runde ins Eckige befördert haben – die Samba mit der Eckfahne, das virtuelle Kind, das sie im Arm schaukeln, der Kuss auf das am Hals baumelnde Kreuz, das Sichbekreuzigen oder auch nur der stumme, dankbare Blick zum Himmel der wohl vornehmlich russisch-orthodoxen Kicker, sowie das Hochreißen des Trikots, unter dem dann das Shirt mit dem Aufdruck »I love Jesus« oder, in Portugiesisch,

»Du bist unser Herr« zum Vorschein kommt. Wie gesagt, ich liebe das und meine deshalb, dass sich die Trainer in dieser Richtung auch etwas einfallen lassen sollten. Aber die dürfen ja nicht so richtig aus sich herausgehen, weil sie dann sofort vom 4. Schiedsrichter auf die Tribüne verbannt würden.

Aber Schluss mit den Luftschlössern, denn wie ich den »Verein« beim DFB kenne, wird alles beim Alten bleiben, es werden weiterhin viele Trainer vorzeitig über die Wupper gehen, was nur die Wettbüros freut, die schon jetzt Ihren Einsatz für die nächste zu erwartende Entlassung dankbar entgegennehmen.

Und noch ein versöhnliches Wort zu dem, der die »temporäre Erscheinung« ins Rollen gebracht hat: Das war kein Mensch, sondern nur ein Kaufmann.

## Nichts richtig zu Ende gebracht?

Es ist schon traurig, wenn ich am Ende dieser Erzählungen und karrieremäßig auf mein Leben zurückblicke. Gut, das Abitur habe ich locker bestanden, studiert habe ich auch, aber ein Doktor oder Professor, nicht einmal ein Magister ist aus mir geworden. Und in der Werbung? Kein zweiter Ogilvy, kein zweiter Schirner. (Der Hinweis sei erlaubt, dass ich das auch nie werden wollte.) Und in der Musik? Kein Nachfolger von Ray Brown am Bass. Und in der Malerei? Kein neuer van Gogh des 20. Jahrhunderts. Und als Schriftsteller? Kein zweiter Arthur Miller, geschweige denn Goethe oder Schiller.

Alles Mögliche hat man mit Lust und Leidenschaft angefangen, ein wahrhaft Großer ist man aber weder hier noch da geworden. Als (schwacher) Trost bleibt, dass man dieses Schicksal mit vielen nicht Höchstbegabten teilt und sich damit abfinden muss, wenigstens bei den Mittelmäßigen ganz vorn dabei zu sein und sich darüber zu freuen, dass dies auch die Steuerklärungen erheblich vereinfacht. Und uneigentlich sei das gar nicht so traurig, behauptet wenigstens meine Frau.

Na ja, wenigstens dieses Buch ist fertig geworden.


## FINALE DESPERATO (CON GRAVITÀ)

Es ist 02.15 h, mitten in der Nacht, ich wache auf, in Schweiß gebadet, mit beschleunigtem Puls und zittrigen Händen, so schrecklich war der Traum, den ich bis gerade »durchleben« musste.

Also stehe ich sofort auf, wechsele den Pyjama und hocke mich an den Schreibtisch, um alles frisch zu Papier zu bringen. (Auch um mit meinem Psychiater zu besprechen, was ich davon zu halten habe.)

Daraus wird jetzt ein, wie im Titel angekündigt, wirklich verzweifeltes Finale, mit schwerem Herzen geschrieben. (Hoffentlich bekomme ich die Reihenfolge noch korrekt zusammen.)

Es begann damit, dass ich mich selbst für verrückt hielt, jemals ein Buch geschrieben zu haben, wo ich es in meiner selbst gewählten Freiheit und relativer Untätigkeit doch so gut hatte. Statt im Garten auf der Liege einen Drink zu genießen, sehe ich mich in Auto, Bahn und Flugzeug »auf Dichterlesung« durch die Lande tingeln, von einer zur anderen hochkulturellen Veranstaltung hecheln, leide darunter, auf Buchmessen herumgereicht zu werden und ständig Autogrammstunden in Buchhandlungen und Großmärkten abzuhalten.

Es kommt aber noch schlimmer. So sitze ich, immer noch im Traum und in Südafrika im tiefsten Busch und beobachte drei Giraffen, da klingelt mein Handy, was nicht nur sofort die Langhälse vertreibt, sondern mich umgehend nach Deutschland zurückbeordert. Und warum? Nur weil man mir den Friedenspreis des Deutschen Buchhandels verleihen will. Das ist doch wirklich nicht nötig, finde ich, auch nicht im Traum.

Dauernd sprechen mich Leute auf der Straße an und nennen mich Schriftsteller, wo ich doch nur ein schlichter Werbetexter war, oder sie sagen, was dann doch deutlich schmerzhafter ist, dass sie mir »so was« nicht zugetraut hätten.

Ich muss mich von Marcel Reich-Ranicki durch den Schmutz ziehen lassen, während ich in »Wickerts Büchern« schon besser wegkomme und mich Elke Heidenreich sogar in ihre Büchersendung eingeladen hat.

Überhaupt, dieses lästige Fernsehen, ständig rufen die Sekretariate von Kerner, noch ärgerlicher Beckmann, an, wann ich endlich mal Zeit hätte, Gast ihrer Talk-Show zu sein. Das kostet doch alles nur unnötig Zeit! Und die habe ich nicht mehr.

Außerdem müsste ich wohl Mitglied des PEN-Clubs werden. Dabei hasse ich Clubleben aller Art.

Auch meine Frau nervt mich zunehmend. Jeden Montagmorgen mahnt sie mich mit strengem Unterton, noch vor dem Frühstück in den »Spiegel« zu schauen, ob mein Buch vielleicht in der Bestsellerliste schon wieder einen Platz nach oben gerückt ist. Nicht vergessen hat Morpheus, mir noch einmal die Schrecken der technischen Vorbereitung meiner Texte für den Verlag vor die (geschlossenen) Augen zu führen. Diese Tortur, die mich auch im wachen Zustand den Laptop zu hassen lehrte, will ich mir nie mehr antun.

Kurz vor dem Aufwachen war ich dann endgültig fix & fertig, denn da fiel mir noch siedend heiß ein, dass ich ja Einkünfte aus dem Verkauf des Buches haben würde und wieder komplizierte Steuererklärungen abzugeben hätte, die auf die sprichwörtlichen Merz'schen Bierdeckel bestimmt nicht mehr passen würden. Da habe ich mir nur noch ganz schnell gewünscht, dass möglichst wenige den blöden schmunzelnden Zeitgenossen kaufen mögen, was aber für Sie persönlich, wenn Sie das gerade lesen, zu spät kommt. Kurzum, es war schrecklich.

Und was passiert am nächsten Morgen? Da sitze ich am Laptop und überlege, ob ich die Fortsetzung meines »Werkes«, wie es inzwischen auch der Verlag ausdrückt, »Bitte weiter schmunzeln!« taufen soll, oder vielleicht doch anders.

Und wenn mich dann, in Erinnerung an meinen bösen Traum, das schlechte Gewissen des Umfallers packt, rede ich mich unter Berufung auf das geflügelte Wort, dass »der Weg zur Hölle mit guten Vorsätzen gepflastert ist« einfach aus allem raus. Und schreibe ... jetzt schon an der 42. neuen Geschichte. Soviel Zeit muss eben doch sein!

# Inhalt

| | |
|---|---|
| Warum ich wohl überhaupt etwas geworden bin | 7 |
| Output lähmt Input | 7 |
| Vom Eise befreit sind … | 8 |
| Vom narkotisierten Fisch und den »Göttern in Blau« | 10 |
| Das (Doppel-)Leben ist schön | 12 |
| Danke, Edvard Munch! | 18 |
| Zurück zum Proporz | 21 |
| Betr.: Diese elenden Anreden | 22 |
| Von den hilfreichen Nebenwirkungen der Volltrunkenheit | 23 |
| Der Mond des Verfassers | 26 |
| Der germanische Streber | 29 |
| Nachruf auf Dr. D. | 31 |
| Skal we go igsengenü | 33 |
| Moderne Personenkraftwagen sind unmusikalisch | 34 |
| Begegnung mit einem (toten?) Genie | 36 |
| Der Bass als »Puppenfänger« | 37 |
| Warum ich die »Callas« und Co. liebte | 38 |
| Die Ermordung des Günther K. | 40 |
| Als Günther K. noch lebte | 44 |
| Macumba | 46 |
| Einbruch auf Brasilianisch | 47 |
| Aufgepasst in Rio! | 49 |
| Jeitinho (portugiesisch) | 50 |
| Prost Freischütz! | 52 |
| »How to succeed in business with really trying« | 54 |
| Ein Ehrentag als Profit-Dämpfungsmittel | 55 |
| I remember the Early Roaring Sixties of Advertising | 57 |
| Ein Auto als Millionengrab | 60 |
| Warum ich zweimal heiraten musste | 61 |
| Neunundsechzig | 62 |
| Sex auf dem Lande | 63 |
| Das toskanische Städtchen | 64 |
| Voll zum Erfolg | 67 |
| Fliegen ist schön | 69 |
| Eigentlich bin ich verkuppelt worden | 74 |
| Spätes Geständnis | 77 |

| | |
|---|---|
| Rache macht warm | 78 |
| Hilfreiche Sabotage | 79 |
| Linkes Ohr, rechtes Ohr | 80 |
| Wie schön Berlin doch hätte werden können | 82 |
| Betr: »Wir wollen uns'ren alten Kaiser Wilhelm wiederhaben!« | 84 |
| »Nijcht mäglich« | 85 |
| Muss das sein? | 88 |
| Eine wahre Geschichte … | 88 |
| Schmerzhafte Floskel | 89 |
| Zu spät | 91 |
| Der perfekte Mord | 91 |
| Wie intelligent sind Tauben? | 93 |
| Ein herber Verlust? | 95 |
| Ein großer Gewinn! | 96 |
| Mein Dank an Beiersdorf | 98 |
| Nach-Weihnachts-Depression | 99 |
| Das das Goldland und andere Verbrechen | 100 |
| Es stinkt zum Himmel | 103 |
| Tierliebe – einmal anders | 104 |
| Musik ist für die Ohren | 105 |
| Schlechter Service macht sich bezahlt | 109 |
| Protektionismus auf Französisch | 110 |
| Hausfriedensbruch | 111 |
| Das Herren-Täschchen | 114 |
| Das ungerechte Vogelhäuschen | 116 |
| Die Medien-Grippe | 117 |
| Irgendwer tickt hier nicht richtig, oder doch? | 120 |
| Wie man geschickt Arbeitsplätze vernichtet | 121 |
| So streng sind hier die Bräuche | 122 |
| Einem geschenkten Gaul … | 123 |
| Schaulaufen | 127 |
| Er oder ich | 132 |
| »Neue Formel, bis zu …« | 133 |
| Der Papst lässt hoffen | 136 |
| Das zahle ich dem aber heim! | 139 |
| Schande über Wuppertal! | 145 |
| Bella Oberkassel | 147 |
| Wehret den Dickmachern! | 150 |

| | |
|---|---:|
| Wie machen die nur? | 153 |
| Viele Fliegen mit einer Klappe | 155 |
| Friedliche Übernahme? | 159 |
| Toter Vogel als Weckruf | 162 |
| Betrogener Rasierer | 164 |
| Es ist zum Heulen | 167 |
| Thanks United States!!! | 168 |
| Einsteigen, wenn andere aussteigen | 172 |
| Meine neue Liebe | 175 |
| Der 100-Millionen-Euro-Mann | 177 |
| Es muss wieder mal sein | 179 |
| »Die Suppe« – Drama in einem Akt | 183 |
| Traumberuf: Leiche | 184 |
| Deutsche Sprache schwere Sprache | 187 |
| Serviced in Germany | 188 |
| Betr.: Liebeserklärung an einen »Miller-Chair« | 190 |
| Einmal und nie wieder | 193 |
| Unser Sohn wird Mutter | 197 |
| Tod den Zigarren-Fressern! | 199 |
| Ehrenrettung für einen Taubenmann | 202 |
| Ein Fortschritt, der mir Angst macht | 203 |
| Warum die Kuh lacht | 206 |
| Armes Deutschland! | 209 |
| Von den Nachteilen der Mittäterschaft | 212 |
| Posthum: Danke, Herr Jürgens! | 213 |
| Unser altes, neues Leben | 216 |
| Das geheime meteorologische Kartell | 218 |
| Betr.: Böses Erwachen | 220 |
| Der ovale Bleistift | 220 |
| Seeleute dürfen abergläubisch sein | 221 |
| Waren Sie schon mal landkrank? | 224 |
| Slogan auf der Suche nach Nutzer | 226 |
| So werden dauerhaft tragfähige Images geschaffen | 227 |
| L'amitié franco-allemande | 229 |
| Beobachtungen an der Côte d'Azur | 233 |
| Dann mal tschüss! | 238 |
| Wenn schon, denn schon | 241 |
| Über Urheberschaften und Ästhetik in der Werbung | 243 |
| Adi – das müsst ihr machen! | 245 |

| | |
|---|---:|
| Die spinnen, die Römer? | 246 |
| »Hotel Mama«, pränatal | 249 |
| Eine ganz neue Erfahrung | 253 |
| Haben auch Sie 1,35 Autos? | 255 |
| Europa macht sich, wirklich | 258 |
| Kaum zu glauben | 259 |
| Hätte ein Golfball doch nur Ohren! | 260 |
| Golfen kann für die Karriere auch schädlich sein | 263 |
| Tut das weh? | 264 |
| Immer Ärger mit der Bedienungsanleitung | 266 |
| Drei Sterne für Frau Marlis | 268 |
| Den Tätern auf der Spur | 269 |
| Produktentwickler hören gut | 270 |
| Frohe Feste! | 271 |
| Ngiyabonga | 274 |
| Neun Kilometer sind relativ | 281 |
| Zu Besuch bei Frau Doktor Witch | 284 |
| »Ich hab es doch nur gut gemeint« | 289 |
| Open-Air-Check | 294 |
| Die mysteriöse Verwandte | 295 |
| Der Fluch der guten Tat | 298 |
| Wir werden langsam wunderlich | 299 |
| Modernes Gleichnis | 301 |
| Es gibt bald keinen Spargel mehr! | 303 |
| Liebe alte Schönleinstraße | 304 |
| Macht-Worte | 311 |
| Tatort: Restaurant | 314 |
| Vergessen Sie's! | 317 |
| Armes Oberhausen! | 319 |
| In Spendier-Laune | 321 |
| Z-MTA mit Mikox? | 324 |
| Ich bin ein Faunatiker | 327 |
| Betr. Überlebenshilfe | 333 |
| Unverbesserlich | 334 |
| Pseudo-Philosophisches | 336 |
| Klasse(n)-Treffen | 340 |
| So wird man erfolgreicher Terrorist | 348 |
| Eine »temporäre Erscheinung« | 350 |
| Nichts richtig zu Ende gebracht? | 353 |
| Finale desperato (con gravità) | 354 |